G. Ulrich Großmann

Östliches Westfalen

Vom Hellweg zur Weser

Kunst und Kultur
zwischen Soest und Paderborn, Minden und Warburg

DuMont Buchverlag Köln

Umschlagvorderseite: Gütersloh, alte Kirchringbebauung (Foto: P. Klaes †, Radevormwald)
Umschlagklappe vorn: Soest, Altarbild (Detail) der Kirche ›Maria zur Höhe‹, um 1480
(Foto: W. Ligges, Flaurling)
Umschlagrückseite: Corvey, Westfassade der ehemaligen Abteikirche (Foto: M. Jeiter, Aachen)
Frontispiz S. 2: Wewelsburg, Renaissanceschloß von 1604–07 auf dreieckigem Grundriß mit markanten runden Ecktürmen (nach Johann Georg Rudolphi, um 1670)

CIP-Kurztitelaufnahme der Deutschen Bibliothek

Grossmann, Georg Ulrich:
Östliches Westfalen : vom Hellweg zur Weser ;
Kunst u. Kultur zwischen Soest u. Paderborn,
Minden u. Warburg / G. Ulrich Grossmann. –
Köln : DuMont, 1983.
(DuMont-Kunst-Reiseführer)
ISBN 3-7701-1436-1

Satz und Druck: Rasch, Bramsche
Buchbinderische Verarbeitung: Boss-Druck, Kleve

Printed in Germany ISBN 3-7701-1436-1

WEVELSZBURG.
Arx à Reverendissimo et Illustrissimo Principe THEODORO Episcopo Paderbornensi ædificata, ubi olim Hunnorum temporibus, et postea à Friderico Arnsbergæ Comite, castellum situm fuit.

Kunst-Reiseführer in der Reihe DuMont Dokumente

Zur schnellen Orientierung – die wichtigsten Orte und Sehenswürdigkeiten des östlichen Westfalens auf einen Blick:
(Auszug aus dem ausführlichen Ortsregister S. 317–322)

In der vorderen Klappe: Übersichtskarte Östliches Westfalen

In der hinteren Klappe: Zeittafel

Inhalt

Westfalen – Ostfalen – Ostwestfalen?

Die Bezeichnung ›Westfalen‹ ist urkundlich im Jahre 775 erstmals greifbar und bezieht sich auf einen Teil der sächsischen Volksstämme. Später kommen auch zwei weitere Begriffe auf, die heute zumeist nur noch Historikern bekannt sind: ›Engern‹ und ›Ostfalen‹. Wir erkennen hierin die Dreiteilung Sachsens, die etwa bis zum 12. Jahrhundert bestanden haben dürfte, damals verschwand der Begriff Engern. Westfalen machte das westliche Gebiet Sachsens aus, den Bereich westlich des Teutoburger Waldes, das westliche Sauerland, die Soester Börde, das Münsterland bis Osnabrück und weiter das Oldenburger Münsterland bis hinauf zur Grenze Frieslands. Engern entsprach dem Raum von Büren bis Verden an der Aller nahe Bremen, beidseits der Weser; Ostfalen war das Territorium von Hildesheim bis zur Elbe als Nord- und Ostgrenze. Genaue Grenzziehung kann man allerdings kaum vornehmen, sondern vielmehr die Gebiete nur umschreiben.

Seit etwa dem 12. Jahrhundert kann man statt der Dreiteilung eine Zweiteilung zu Grunde legen, mit der Weser als Grenze zwischen Westfalen und dem übrigen (Nieder-)Sachsen, für das der Name Ostfalen außer Gebrauch kam. Der so entstandene (bzw. verbliebene) westfälische Bereich ist weitaus größer als der Geltungsbezirk des Landschaftsverbandes Westfalen-Lippe es heute ist. Er umschließt Osnabrück (bis 1803 zu Westfalen gerechnet), das Oldenburger Münsterland, die heute niedersächsischen Gebiete links der Weser, aber auch eine Reihe bis 1803 bzw. 1947 politisch selbständiger Territorien wie z. B. Lippe, Rietberg und Rheda, die heute zum Landschaftsverband gehören.

Diese Region trat schon vor etwa 2000 Jahren in das Licht der Geschichte. Im Jahre 12 v. Chr. ließ der römische Kaiser Augustus, dem wir jene bekannte Volkszählung in Judäa zwölf Jahre später verdanken, seine Truppen über den Rhein nach Osten vordringen, um das noch freie Germanien zumindest bis zur Weser, vielleicht gar bis zur Elbe zu erobern und dem römischen Imperium einzuverleiben. Zwar setzte damit wohl kein langandauernder Krieg ein, doch in verschiedenen Gefechten hatten die Römer Erfolg und konnten ihre Kastelle allmählich bis nahe an die Weser verlegen. Im Jahre 9 n. Chr. allerdings erlebten sie einen entscheidenden Rückschlag, der durch römische Geschichtsschreiber verbürgt ist: In der sagenumwobenen Schlacht im Teutoburger Wald vernichteten die Cherusker unter Führung eines in Rom ausgebildeten Arminius (ungenau übersetzt: Hermann) drei römische Elitelegionen. Allerdings wird es sich dabei nicht um eine offene Feldschlacht gehandelt haben, sondern eher um zahlreiche Einzelgefechte, in die die Cherusker die in solchem Kampf unerfahrenen Römer verwickelt haben – vielleicht ist dies auch ein Grund dafür, daß man den Schlachtort bis heute nicht hat feststellen können; der Gegend um Detmold wird von manchem Historiker nur ein gewisser Vorrang eingeräumt.

Dasselbe Gebiet wurde knapp 800 Jahre später nochmals Schauplatz heftiger Kämpfe, nämlich ab 772 in den Sachsenkriegen, in denen Karl der Große die Sachsen zu unterwerfen (und zu christianisieren) suchte. Nach zunächst wechselnden Kriegserfolgen gelang es Karl, nach der Schlacht bei dem Ort, der ›Theotmalli‹ (= Detmold) genannt wurde, bis zur Elbe vorzudringen. Zwar dauerten die Kämpfe noch bis zum Jahre 804, doch schon durch die Taufe des Sachsenherzogs Widukind 785 war das Schicksal der sächsischen Autonomie besiegelt. In den ersten Jahren nach 800 entstanden die wichtigsten Bistümer, Minden um 803 und Paderborn um 806, ferner Münster um 805. Verbunden mit der historischen Bedeutung dieses Raumes wird deutlich, weshalb hier so wichtige frühe Baudenkmäler – mit der Klosterkirche Corvey an der Spitze – zu finden oder wenigstens noch nachzuweisen sind.

Nochmals 400 Jahre später, 1180, wurde das Herzogtum Sachsen unter Heinrich dem Löwen zerschlagen. Da er Kaiser Friedrich I. in Italien die Heeresgefolgschaft verweigert hatte, konnten ihn sächsische Adelige mit einer Hochverratsklage vor dem kaiserlichen Hofgericht belangen. Heinrich wurde geächtet, verlor die Herzogtümer Bayern und Sachsen und verfiel der Verbannung.

Um eine Wiederherstellung der dem staufischen Reich gefährlichen Herzogsmacht in der Hand der Welfen auszuschließen, erklärte Friedrich I. die bisherigen Vasallen Heinrichs des Löwen für reichsfrei. Die Herzogswürde für den östlichen Teil (Nieder-)Sachsens ging an die Askanier über. Das engere Westfalen gelangte als Herzogtum an den Erzbischof von Köln, der vorher schon die Stadt Soest besessen hatte; dies neue Herzogtum Westfalen umfaßte im wesentlichen jedoch nur das heutige Sauerland. Sicher verband sich mit dem Namen der kölnische Anspruch, dereinst ganz Westfalen zu besitzen, entsprechend seiner kirchlichen Zuständigkeit. Die Bemühungen Kölns, Einfluß und Besitz nachhaltig zu vergrößern, bestimmten die Politik der folgenden Jahrzehnte und Jahrhunderte. In diesem Zusammenhang legte Köln beispielsweise die Stadt Rüthen an, seine früheste westfälische Städtegründung.

Besonders heftig waren die Machtkämpfe zwischen dem Erzbischof von Köln und dem Bischof von Paderborn, 1254 kriegerisch ausgetragen und zunächst mit einer Niederlage Paderborns endend. Die Kölner Erzbischöfe bauten seit dem späten 12. Jahrhundert ihre Stützpunkte ringförmig um Paderborn aus, so gewannen sie später selbst Einfluß auf das weit nordöstlich gelegene Lügde. Erbittert waren die Auseinandersetzungen um Helmarshausen.

Das Hochstift Paderborn widersetzte sich durch die Anlage eigener Stützpunkte, wie Schloß Neuhaus, Salzkotten, Kleinenberg, Borgentreich, Nieheim und Steinheim. Burgen sicherten die Ansprüche des Bischofs militärisch. Allerdings mußte er seinen Hauptsitz aus Paderborn nach Neuhaus verlegen, da die Stadt sich gegen ihn wandte und dabei vom Kölner

Porta Westfalica, 1837

Erzbischof unterstützt wurde. Koalitionen wurden geschlossen, wie es im jeweiligen machtpolitischen Interesse stand. Seit etwa 1300 konnte das Hochstift Paderborn sein Territorium stabilisieren, es geriet allerdings Ende des 15. Jahrhunderts zunehmend unter den Einfluß der Landgrafen von Hessen, an die es 1471 Stadt und Burg Trendelburg verlor. Das Hochstift bestand bis 1802/03, als es im Zuge der Säkularisation an Preußen fiel.

Der Erzbischof von Köln erlebte in der Soester Fehde 1444–49 einen empfindlichen Rückschlag: Die Stadt Soest widersetzte sich dem Erzbischof. Im Mühen um Selbständigkeit schloß sie sich dem Herzog von Cleve-Mark an. Zwar konnte dadurch die Unabhängigkeit von Köln gesichert werden, doch gehörte Soest fortan zur Mark; die Kämpfe hatten für zahlreiche Orte in Westfalen die Zerstörung mit sich gebracht. Zu den in der Soester Fehde zerstörten Städten gehört beispielsweise auch Detmold.

Das Hochstift Minden war verglichen mit Paderborn nur ein wenig bedeutender Territorialherr, erlangte erst 977, rund hundert Jahre später als Paderborn, Immunitätsrechte und bestand nur bis 1648: Im Westfälischen Frieden wurde es als Entschädigung Brandenburg zugesprochen. Bereits 1614 waren Cleve, Mark und Ravensberg an Brandenburg gefallen, 1666 bestätigt. Für Brandenburg und in seiner Nachfolge für Preußen war dies ein wesentlicher Schritt zur Ausweitung des Gebietes über die Weser nach Westen; bis 1803, vor allem aber 1815 wurden große Teile des Rheinlandes und Westfalens preußisch.

Bedingt durch die Machtkämpfe zwischen den vielen kleinen und größeren Territorien waren das 14. Jahrhundert und auch noch das 15. Jahrhundert Zeiten besonderen Unfriedens. In diese Phase fällt die folgenschwere Pest im Jahre 1349, die nahezu im ganzen Reich Anlaß für Judenverfolgungen und blutige Ausschreitungen war, ganze Judenviertel sind damals vernichtet worden. In Lübbecke berichtet eine zeitgenössische Schrifttafel (1350) an der Kirche von diesen Ereignissen.

Das Jahr 1524 gilt als Geburtsstunde der Reformation in Westfalen. Zwar hatte es zuvor schon an mehreren Orten reformatorische Bestrebungen gegeben, doch in diesem Jahr schloß sich Lippstadt als erste westfälische Stadt dauerhaft der Reformation an, nachdem der Augustinermönch Dr. Johannes Westermann seit 1520 in Wittenberg Gedanken und Ziele der Reformation Martin Luthers aus erster Hand hatte studieren können. Die instabile politische Situation Westfalens bewirkte den sehr unheitlichen Erfolg der Reformation, teilweise das Hin und Her zwischen lutherischer und katholischer Lehre, wie wir es etwa in Paderborn beobachten können. Unter hessischem Einfluß schlossen sich mehrere Gebiete um 1530 der Reformation an, doch die mächtigen Bistümer konnten ihre Territorien langfristig wieder zum katholischen Glauben zurückführen, sieht man wiederum von Minden ab, das seinen politischen Einfluß verlor. Die Machtkämpfe gerieten zunehmend unter den Eindruck der religiösen Streitigkeiten, obgleich sowohl der Schmalkaldische Krieg (den Hessen und seine Verbündeten gegen den Kaiser verloren) als auch der Dreißigjährige Krieg kaum religiös, sondern vor allem machtpolitisch motiviert waren.

Die Bedeutung der Städte war schon im 16. Jahrhundert allmählich zurückgegangen. Hatte die Gemeinschaft der Hansestädte im Spätmittelalter und im beginnenden 16. Jahrhundert noch eine gewisse Wirtschaftskraft sichern können, so gingen politische und wirtschaftliche Führung nun eindeutig an die Territorialherren über, die im 17. Jahrhundert zunehmend absolut regierten.

Im Bauwesen können wir diese Verschiebung durch die Priorität des Schloßbaues gegenüber dem Bau von Pfarrkirchen einerseits und Stiftskirchen andererseits erkennen; selbst bei Klöstern stand der Bau der schloßähnlichen Konventsgebäude im Vordergrund, Kirchen erhielten allenfalls neue Ausstattungen. Den wirtschaftlichen Niedergang im 17. Jahrhundert können wir zudem am städtischen Bauwesen ablesen – die Qualität der Bürger- und Patrizierhäuser nimmt zusehends ab.

Aus dem Siebenjährigen Krieg ist die Schlacht bei Minden (1759) zu vermelden, in der französische Truppen durch die alliierten Engländer, Preußen, Hannoveraner, Hessen, Schaumburg-Lipper und Braunschweiger vernichtend geschlagen wurden.

Im Jahre 1803 endete die Herrschaft der geistlichen Territorien abrupt. Der Reichsdeputationshauptschluß brachte für Westfalen stärkste politische Umwälzungen, die 1815 bestätigt und gefestigt wurden: Die Fürstbistümer Münster und Paderborn, ebenso die 1792 zum Fürstbistum erhobene Abtei Corvey und das Stift Herford wurden preußisch, nicht anders erging es Köln, und es entstand die preußische Provinz Westfalen. Nur die Selbständigkeit des Fürstentums Lippe blieb dank dem geschickten Taktieren der Fürstin Pauline noch für mehr als ein Jahrhundert gewahrt.

Erst nach dem Zweiten Weltkrieg entwickelte sich aus der Provinz Westfalen und dem Land Lippe der Landschaftsverband Westfalen-Lippe, parallel dazu der Landschaftsverband Rheinland, die zusammen das Bundesland Nordrhein-Westfalen bilden. Beide Gebietskörperschaften haben eigene Parlamente, die über die Wahlen zu Kreistagen und kreisfreien Städten zusammengesetzt werden. Außer Straßenbau und Sozialwesen betreuen sie im wesentlichen die Kultur, namentlich die (Landes-)Museen und die Denkmalpflege, also Aufgaben, die in den übrigen Bundesländern in der Zuständigkeit der Landesregierungen liegen.

Der Mühlenkreis Minden-Lübbecke

Minden und die Westfälische Pforte

Westfälische Pforte – Porta Westfalica – ist die Bezeichnung des Weserdurchbruchs im Wesergebirge, mit dem der innerwestfälische Raum von der Norddeutschen Tiefebene abgegrenzt wird (Abb. 1); westlich der Weser handelt es sich um das Wiehengebirge. Der im Jahre 1800 zuerst erwähnte Name ist 1973 auf die aus den alten Gemeinden gebildete Stadt an dieser Stelle übergegangen. – Oberhalb der landschaftlich einst reizvollen, heute sehr zersiedelten Stelle entstand 1892–96 das bekannte *Kaiser-Wilhelm-Denkmal* (›Porta-Denkmal‹). Es greift die Gedanken des Hermannsdenkmals bei Detmold auf und paßt sie der Epoche des gefestigten Kaiserreiches an. Es bedarf nicht mehr einer Symbolfigur wie des Arminius, durch den Kaiser und Einigkeitsidee verherrlicht werden, hier ist es der Kaiser selbst, der als unumschränkter Herrscher durch den Staat (die Provinz Westfalen ist Auftraggeber, im Gegensatz zum Hermannsdenkmal, das zu großen Teilen aus Spenden finanziert wurde) gefeiert wird.

Das Bauwerk aus einer großen Terrasse, dem durch zwei geschwungene Freitreppen zugänglichen Denkmalssockel und dem Kuppelaufbau aus sechs Pfeilern in Rustika-Mauerwerk und gekrönter Kuppel wurde von Bruno Schmitz entworfen. Er galt als der bedeutendste Denkmal-Künstler seiner Zeit, gewann 1880 den Wettbewerb um das Nationaldenkmal in Rom, erbaute 1890–96 das Kyffhäuser-Denkmal und ab 1896 das Völkerschlachtdenkmal bei Leipzig.

Das Porta-Denkmal hat eine Höhe von insgesamt 88 Metern. Interessant ist es zu beobachten, wie am Unterbau Buckelquadermauerwerk und behauener Fels ineinandergreifen. Das sieben Meter hohe Standbild des Kaisers ist ein Bronzeguß nach Entwurf des in Herzebrock gebürtigen Prof. Caspar Ritter von Zumbusch (Wien). Es steht auf einem gemauerten Steinsockel. Mit machtvoller Geste nimmt der Kaiser die Huldigung der unten auf der Weser Vorbeiziehenden entgegen.

Einen Steinwurf von der Porta Westfalica entfernt liegt **Minden**. 798 erstmals urkundlich genannt und um 800 durch Karl den Großen zum Bischofssitz als Ausgangspunkt der Sachsen-Missionierung erhoben. Zu dieser Siedlung gehörten der Bereich um den Dom (Domburg) und ein Wohnplatz beim Marienstift im Nordwesten der heutigen Altstadt. Bereits im 11. Jahrhundert dürften die wichtigsten Straßen in Ober- und Unterstadt angelegt

Porta Westfalica und Minden. Stahlstich nach einer Zeichnung von C. Schlickum

worden sein. Im späten 12. Jahrhundert mag das Gemeinwesen zur Stadt erhoben worden sein. Zu dieser Zeit hatte die Altstadt weitgehend ihre heute erkennbare Größe erlangt.

Im späten Mittelalter war Minden Mitglied der Hanse. Die Wirtschaftsbeziehungen mit den norddeutschen Hansestädten lassen sich noch recht gut an den Kaufmanns- und Bürgerhäusern jener Zeit ablesen. 1529 wurde die Reformation eingeführt; mit der Aufhebung des Bistums Minden 1648 fiel sein Territorium an das Kurfürstentum Brandenburg und gehörte so ab 1701 zu Preußen. Diese Epoche ist durch den Ausbau der Stadt zur Festung gekennzeichnet, deren Einzelbauten noch immer das Stadtbild mitbestimmen und den besonderen Rang Mindens in der westfälischen Bau- und Kunstgeschichte für das frühe 19. Jahrhundert mitprägen.

Politisch zum Sitz der Kreisverwaltung abgesunken (der Regierungssitz für Ostwestfalen ist seit 1948 Detmold), ist die Stadt heute ein Verkehrsknotenpunkt durch die Kreuzung von Landstraßen, der Wasserwege Weser und Mittellandkanal sowie durch die Eisenbahn.

Einer ersten *Domkirche* aus der Zeit um 800 folgte um 920/40 der Neubau einer Basilika, die nach einem Brand (1062) bis 1071 erneuert werden mußte. Der Westbau (Abb. 5) hat nach einer erneuten Umgestaltung um 1150 die Form eines Querriegels mit einem turmartig erhöhten Glockengeschoß und zwei flankierenden niedrigen Treppentürmen; nur sein Unterbau stammt noch aus ottonischer Zeit. Eine dreibogige Vorhalle (1071) ist ihm

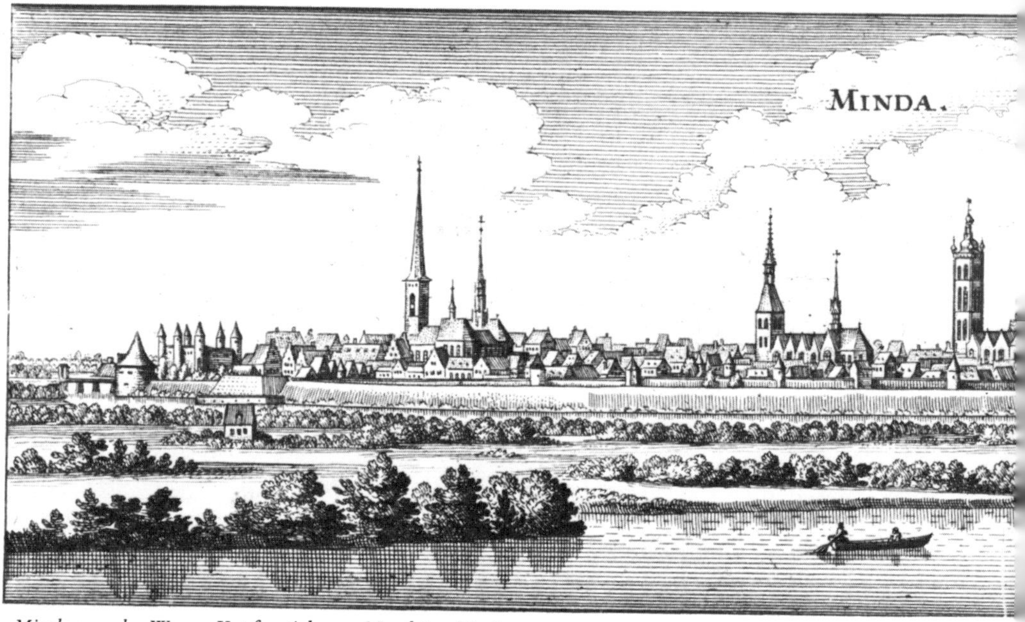

Minden an der Weser. Kupferstich von Matthäus Merian

vorgestellt. Die enge Anlehnung an die Westfront des Hildesheimer Domes ist besonders bei den Schallarkaden des Glockengeschosses deutlich zu bemerken.

Ab etwa 1210 errichtete man Chor und Querhaus aus grauem Quadermauerwerk. Der um 1230 begonnene Bau eines basilikalen Langhauses wurde nicht vollendet, sondern zwischen 1267 und 1290 als Halle aus rotem Stein fortgeführt (Abb. 6). Eindrucksvoll sind die Seitenschiffsfronten mit den reichen Maßwerkfenstern. Die Strebepfeiler zwischen den drei Fenstern der Nordseite sind in Tabernakel aufgelöst, die Statuen eines Königs und eines Bischofs enthalten. Diese Bauplastik steht in Beziehung zur Kathedrale von Reims.

Der Westbau öffnet sich innen im Obergeschoß durch drei Arkaden, die dem Umbau des 12. Jahrhunderts entstammen. Das Langhaus besteht aus nur drei Jochen, ein schmales Joch mit Pfeilerpaar unmittelbar vor dem Westbau verhindert eine Überlastung des Turmes durch den Schub der Gewölbe. Die Joche nehmen in der Tiefe nach Osten hin ab, was die Größe des Raumes noch unterstreicht. Es handelt sich hier nach der Marienkirche in Herford und dem Dom in Paderborn um den dritten monumentalen Hallenbau in Westfalen. Aus Paderborn ist der Typ der weiträumigen Halle übernommen worden. Trotz des völlig anderen Raumeindrucks muß man auch die Kenntnis der Marburger Elisabethkirche (Hallenlanghaus dort ab etwa 1245) voraussetzen, wie dort verwendete man in Minden Rundpfeiler, allerdings mit acht Diensten statt wie in Marburg nur mit vier. Die kräftigen (›alten‹) unterstützen Gurt- und Scheidbögen, die dünnen (›jungen‹) die Rippen.

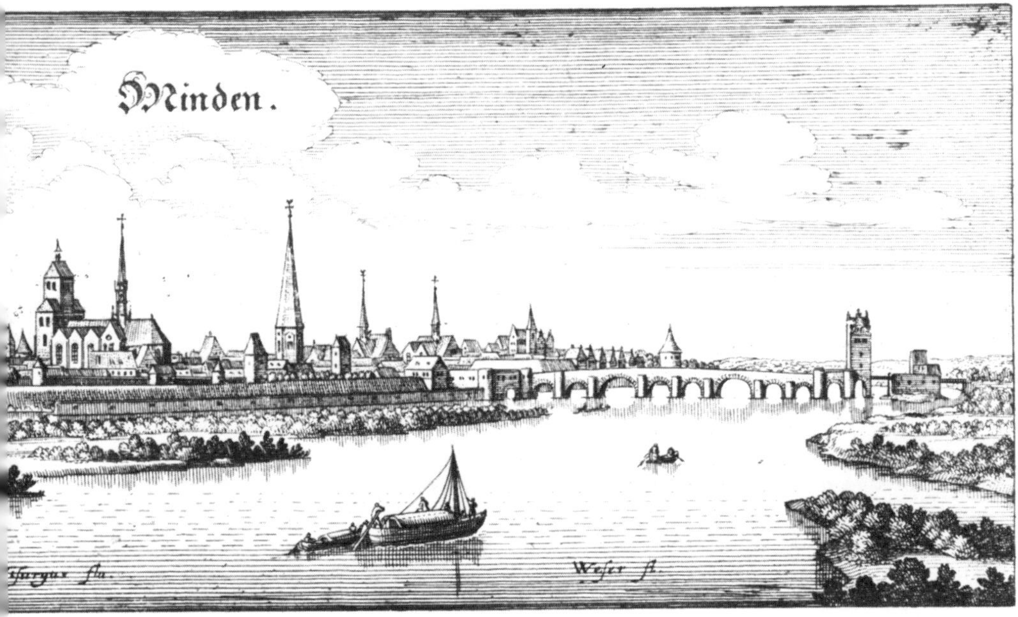

Die Kapitellornamentik wurde nach den Zerstörungen im Zweiten Weltkrieg durch die Bildhauer Karl Ehlers und Hans Mettel geschaffen, ausgenommen am westlichen Pfeilerpaar. Besondere Würdigung verdienen die (erneuerten) Maßwerkfenster des Langhauses, die innerhalb eines spitzbogigen Gewändes das Motiv der Fensterrose vervielfachen und hier auf französische Kathedralbauten Bezug nehmen. Die Verglasung stammt von Vinzenz Pieper und Anton Wendling, Pieper schuf auch die Fenster in Chor und Querhaus (1957, Werkstatt O. Peters).

Querhaus und Vorchorjoch, als dunkle Räume im Kontrast zum Langhaus stehend, weisen noch romanische Formen auf. Rechteckige Pfeiler sind mit Wandvorlagen und Diensten versehen, breite Gurtbögen teilen die Joche ab. Zwei der Querhausgewölbe sind achtteilig. Das Vorchorjoch gliedert eine dreigeschossige Blendarkatur, so daß der Eindruck eines Emporengeschosses entsteht. Die Apsis mit großen Maßwerkfenstern wurde erst um 1340 anstelle des älteren Chorschlusses angefügt. – Das Hochaltarretabel (Farbt. 11) schuf der Maler Gerd van Loen (um 1500). Zu seiten des Kruzifixes stehen Maria (mit Schwertern als Zeichen des Schmerzes), Petrus und weitere Heilige; Engel fangen das Blut Christi in Kelchen auf. Unter dem Kreuz kniet die Stifterin des Bildes.

Am nördlichen Vierungspfeiler hängt das ›Mindener Kruzifix‹, ein Bronzeguß wohl aus einer Hildesheimer Werkstatt der 2. Hälfte des 11. Jahrhunderts. Das einst vergoldete Werk ist symmetrisch in Faltenwurf, Haaren und Rippen, die Körperhaltung Christi kaum geneigt. Die Füße stehen streng parallel auf einem geflügelten Drachen (Original in der Schatzkammer). Der Apostelfries an der südlichen Querhauswand ist Rest des ehemaligen Lettners zwischen Langhaus und Chor. Zwischen Säulen mit Knospenkapitellen thronen unter kleinen Arkaden Christus und Maria (Abb. 4), gerahmt von den Sitzfiguren der Apostel Petrus und Paulus sowie – stehend – den übrigen neun Aposteln und dem hl. Gorgonius (rechts, mit Schild). Der Lettner war gemeinsam mit dem Langhaus im dritten Viertel des 13. Jahrhunderts errichtet worden. Am südwestlichen Vierungspfeiler erkennen wir acht gemalte Heiligenstatuen unter Dreipaß- bzw. Spitzgiebelarkaden, bedeutende Werke der frühgotischen Malerei in Westfalen (gegen 1300). Die über den Heiligen aufgemalte Madonna ist leider nur noch schwach zu erkennen.

Im Nordseitenschiff befindet sich die seltene Gruppe der hl. Emerentia-Selbviert aus dem frühen 16. Jahrhundert. Die Plastik stellt die Erweiterung der häufigeren Anna-Selbdritt-Darstellungen dar und zeigt das Jesuskind (verloren), Maria, Anna und die legendenhafte Mutter Annas, Emerentia. Vermutlich handelt es sich um den Rest eines Schnitzaltars. Am dritten nördlichen Langhauspfeiler steht eine hölzerne Anna-Selbdritt-Gruppe des Weichen Stils (um 1420), eine sehr qualitätvolle Figurengruppe, die bisher kaum Beachtung gefunden hat. Die lange Zeit hier aufgestellte Madonnenstatue aus der Mitte des 15. Jahrhunderts, Überbleibsel eines gotischen Flügelaltars, wird z. Z. (1983) restauriert. Das aus Holz geschnitzte Vesperbild in der Kapelle unter dem Nordturm (um 1430) ist nach schweren Kriegsschäden wiederhergestellt worden. – Am zweiten südlichen Langhauspfeiler steht der Schrein samt den Seitenflügeln eines spätgotischen Schnitzaltars, als Hauptfigur ein hl. Matthias.

Der bedeutende Domschatz enthält Reliquienbehältnisse, Buchdeckel und Kreuze aus Elfenbein, Gold und Silber, zumeist aus dem 9. bis 13. Jahrhundert (›Haus am Dom‹).

Den Bereich zwischen dem Dom und dem Markt nimmt das *Neue Rathaus* ein, 1974–78 nach Plänen des Architekten Harald Deilmann errichtet. Der durch rote Pfeiler und Bänder

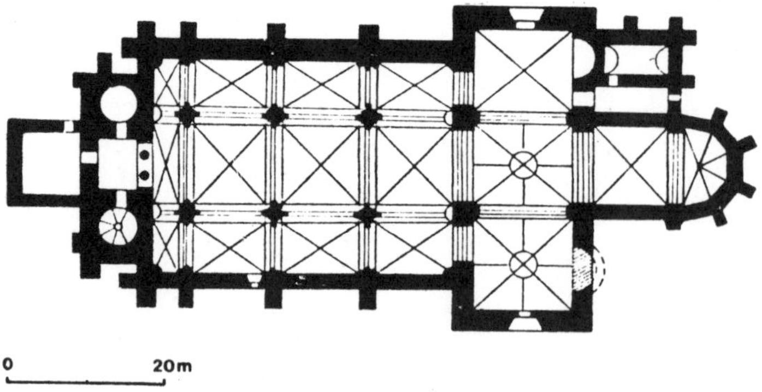

Minden, Dom, Grundriß

Minden, Dom. Stahlstich von Pescheck nach August Wenderoth, 1838

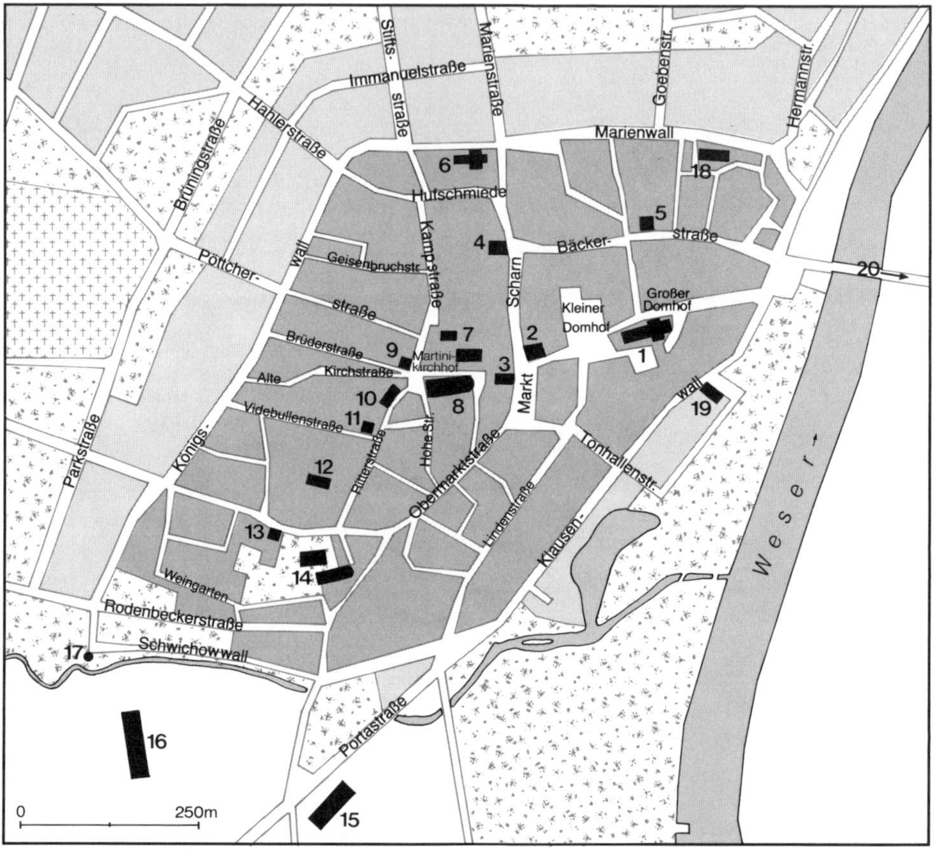

Minden 1 Dom 2 Altes Rathaus 3 Löwenapotheke 4 Haus Hagemeyer 5 Haus Hill 6 Marienkirche 7 Körnermagazin und Heeresbäckerei 8 Martini-Kirche 9 Alte Münze 10 Städtisches Museum 11 Bürgerschule 12 Petrikirche 13 Artillerie-Zeughof 14 Simeonskirche und Mauritiuskirche 15 Garnisonslazarett 16 Defensionskaserne 17 Denkmal von Schwichow 18 Johanniskirche 19 Ehemaliges Regierungsgebäude 20 Bahnhof (Festung)

gegliederte Bau bildet durch Vor- und Rücksprünge zwei Plätze und unterstreicht trotz, vielleicht wegen seiner Eintönigkeit die Wirkung des Domes.

Das *Alte Rathaus* gehört im Kern noch dem 13. Jahrhundert an (Arkaden) und wurde nach der Kriegszerstörung 1953–54 weitgehend neu aufgebaut. Am stark erneuerten Markt ist das historistische *Fachwerkhaus (Nr. 20)* bemerkenswert, es nimmt Bezug auf das Knochenhauer-Amtshaus in Hildesheim, etwa in der Gestaltung der Fußknaggen und der verschieferten Giebelspitze, ist aber gegenüber dem Vorbild noch um eine Utlucht und einen Bausch-Walm im Lokalkolorit bereichert (1909). Die *Löwenapotheke* (Markt 8, 1899) ist ein opulent gestalteter Bau des Historismus, mit Erdgeschoß aus Sandsteinquadern und Ziegelaufbau. Bemerkenswert ist die vollständige Einrichtung mit Wandschränken, Theke, Holzdecke usw.

Über den Scharn gelangt man in die Bäckerstraße. Das *Haus Hagemeyer* (Scharn 17, 1592) ist ein besonders prachtvoller Bau der Weserrenaissance. Über dem Hallengeschoß erheben sich zwei Obergeschosse mit rechteckigen und drei Giebelgeschosse mit rundbogigen Fenstern, durch der Wand vorgestellte Säulen in sechs Achsen geteilt, wobei die oberste Säule in manieristischer Weise ein Fenster halbiert. An den Giebelkanten hocken nackte Gestalten. Die Fassade gilt als Werk des Bildhauers Arend Robin, insbesondere die Reliefs der sieben Helden (u. a. Widukind, heute am Nebenhaus).

Das *Haus Hill* (Bäckerstr. 45, um 1590) dürfte in den Details der Giebelgestaltung Vorbild des Hauses Hagemeyer gewesen sein. Der Giebel ist durch Halbsäulen mit rundbogigen Fenstern gegliedert; in den durchbrochenen Beschlagwerkkanten sitzen und turnen nackte Gestalten. (Zugehörige Erkerreliefs befinden sich am Haus gegenüber.) Beide Bauten sind die einzigen markanten Beispiele der Weserrenaissance in Minden.

Die beiden modernen Kaufhausbauten in der Bäckerstraße (1975/76) sprengen leider die ursprüngliche kleinteilige Bebauung und zeigen die Problematik, Baugiganten in eine Altstadt zu integrieren, gehören aber dennoch zu den besser gelungenen Beispielen für eine derartige Architekturform. Kurz vor dem Neubau fanden hier viel beachtete Ausgrabungen statt, die die Fundamente hochmittelalterlicher Steinwerke und Wohnbauten zutage förderten.

Nördlich des Scharns gelangt man zur *Marienkirche* empor. Die einschiffige Stiftskirche aus der 2. Hälfte des 12. Jahrhunderts wurde im 14. Jahrhundert zur dreischiffigen Hallenkirche erweitert und mit Quergiebeln versehen, dem 14. Jahrhundert gehört auch der stattliche Westturm an. Die Kirche birgt neben dem Taufstein von 1598 mit feinen Reliefs das Epitaph des Kriegsobersten Jürgen von Holle († 1576) und seiner Gemahlin Gertrud von Horne, das dem Bildhauer Arend Robin zugeschrieben wird (J. Soenke[1]). Das durch Kronleuchter des 17. Jahrhunderts erhellte Langhaus birgt die Kanzel von 1605, deren steinerner Korb mit den Reliefstatuen der Apostel und Christi auf einer Mosesstatue ruht. Fußbodenfliesen der Zeit um 1900 sind heute schon zur Seltenheit geworden.

In der *Oberstadt* sind nahezu alle wichtigen und interessanten Gebäude an einem von Nord nach Süd reichenden Straßenzug aufgereiht. Von der Marienkirche gehen wir durch die Kampstraße zum *Martinikirchhof* mit der Heeresbäckerei und dem Körnermagazin

(Abb. 7). Deren Errichtung steht im Zusammenhang mit dem Ausbau der preußischen Festung Minden im 19. Jahrhundert. Das *Körnermagazin* (1835–36) ist ein viergeschossiger klassizistischer Quaderbau mit Rundbogenfenstern. Die kleinere *Heeresbäckerei* (1832–34) nimmt deutlich bereits historistische (gotische) Formen auf: Die Fensterachsen sitzen paarweise in vertieften segmentbogigen Wandfeldern, ein schweres Traufgesims schließt den Bau gegenüber dem Dach (bzw. heute gegenüber dem neuen Obergeschoß) ab. In der Gliederung dieses Gebäudes wird der Einfluß Schinkels deutlich. Als Vermittler der Formen wird der Baukondukteur und Schinkelschüler Wilhelm Salzeberg angesehen[2].

Die *Martinikirche*, ursprünglich Kollegiatstiftskirche des 1029 genannten Martinistiftes, ist eine gewölbte Basilika aus dem letzten Viertel des 12. Jahrhunderts, die ab 1338 neue Seitenschiffe erhielt und dadurch zur Hallenkirche umgestaltet wurde. Der Turm gehört noch der romanischen Bauperiode an, während der Chor im späten 13. Jahrhundert entstand. Für das Äußere dieses Quaderbaues sind besonders die Quergiebel über den Seitenschiffsjochen charakteristisch. Im Langhaus und im Querhaus (Abb. 3) erkennt man die rechteckigen Pfeiler (im oberen Teil Reste der alten Obergadenwand) und die rechteckigen Gurtbögen der romanischen Basilika, den Seitenschiffen zugewandt die halben Achteckpfeiler, die zur Phase der gotischen Hallenkirche gehören. Die abgekragten romanischen Gewölbevorlagen sind an der Stiftskirche in Lippoldsberg orientiert.

Im Südquerhaus hängt das von Bildhauer Adam Stenelt 1615 geschaffene Bulläus-Epitaph mit frühem Knorpelwerkdekor und den Darstellungen des Jüngsten Gerichtes, des Sündenfalls, der Vertreibung aus dem Paradies und des Opfers Abrahams. Die Kanzel (1608) ist nicht nur mit aufwendigen Schnitzereien versehen, darunter Fabelwesen am Gehänge, verschiedene Statuen am Schalldeckel, von Christus Salvator bekrönt, sie zeigt auch die alte Farbigkeit mit gemalter Holzmaserung, Marmorierung und Färbungen in Blau, Rot und Braun. Von den zahlreichen Messingleuchtern stammen die beiden größeren in Mittelschiff und Vierung aus dem Jahr 1647. Das Taufbecken im Chor, 1583 von Thomas von Kampen gestiftet, hat sehr eigenwillige Formen durch die drei Balustersäulchen des Unterbaues und des Deckels, der mit einem Leuchteraufsatz versehen ist und an einem schwenkbaren Kranarm hängt. Das Chorgestühl (um 1500) ist an den seitlichen Gewänden rechts mit zwei gefesselten Nashörnern und links mit zwei gefesselten Drachen versehen, Symbolen des (gefesselten und überwundenen) Zorns und der Zwietracht. An der Brüstung der Westempore (bemalte Tafeln) ist das 1591 datierte Rückpositiv der Orgel angesetzt. Das Hauptwerk von 1747 stammt von Orgelbauer Mencke, der Prospekt vielleicht schon von 1677.

Am Martinikirchhof gehört das *Haus Nr. 9* noch dem späten 16. Jahrhundert an. Die *Alte Münze* (Brüderstr. 2, Ecke Kampstraße) ist ein Quaderbau des 12. Jahrhunderts mit Maßwerkfenstern des späten 13. Jahrhunderts, wohl der älteste profane Massivbau der Stadt. Die Fachwerkgruppe gegenüber *(Alte Kirchstr. 1–3)* wurde im 16. Jahrhundert errichtet, ebenso wie das den Eingang der Ritterstraße verstellende *Haus Nr. 38* (1603 umgebaut). Die Straßenzeile mit dem *Städtischen Museum* in der Ritterstraße (23–31) zeigt die Bedeutung des Massivbaus in der Stadt der frühen Neuzeit, Nr. 27 allerdings ist ein Neubau unter Verwendung alter Bauteile.

Häuser aus Bruchstein und Ziegel haben im 16. bis 18. Jahrhundert eine erhebliche Rolle gespielt (wahrscheinlich schon früher), im Gegensatz zu vielen Städten in den südlich angrenzenden Landschaften. Die Erklärung für diese Bauweise dürfte in der Hanse-Mitgliedschaft Mindens zu finden sein. Beispiel für einen solchen Ziegelbau ist das *Haus Papenmarkt 2* (1547, Anbau mit Erker 1628), dessen Seitenwände aus Bögen und Wandfeldern konstruiert sind. Der Kernbau hat keine Zwischenwände, einen Kamin gibt es im Erdgeschoß an der Seite.

Gegenüber der Einmündung des Papenmarktes steht in der Ritterstraße die 1834 erbaute *Bürgerschule,* ein klassizistisches Bauwerk mit großem Schulhof, dessen Einfriedung ebenfalls noch die klassizistischen Stilmerkmale trägt.

Weiter in südlicher Richtung kommen wir an der *Petrikirche* (1739–43) vorbei, einem kleinen barocken Zentralbau mit zwei halbkreisförmigen Apsiden (Turm von 1896). In der Königstraße steht der *Artillerie-Zeughof* von 1820, ein gewinkelter Bau mit Tordurchfahrt, Teil der über die gesamte Stadt verstreuten Festungs- und Militärbauten. Das *Fachwerkhaus Nr. 20* aus dem 16. Jahrhundert wurde um 1820 grundlegend umgebaut, das *Backsteinhaus Nr. 32* gehört ebenfalls noch dem 16. Jahrhundert an.

Die angeblich 1214 geweihte *Simeonskirche* erhielt durch Umbau ab 1305 ein zweijochiges Hallenlanghaus, an das 1434 ein spätgotischer netzgewölbter Chor mit 3/10-Schluß angefügt wurde. Den Turm setzte man erst 1911 hinzu. Im Innern befindet sich heute ein romanisches Tympanon (Anfang 13. Jh.), ferner das Taufbecken aus Bronze, 1609.

In der 2. Hälfte des 15. Jahrhunderts wurde nordwestlich die *Mauritiuskirche* für den Benediktinerorden angebaut, nachdem deren Kloster 1434 hierher verlegt worden war. Das Bauwerk entspricht dem Typ zweischiffiger (›reduzierter‹) Hallenkirchen, wie sie sonst bei Bettelorden häufig sind. Der besonders lange Chor ist der Gottesdienstraum der Benediktiner gewesen. Von 1811 bis 1945 diente das Gebäude als Artilleriezeughaus, damals wurde u. a. das große Westfenster vermauert.

Wir kehren nun wieder in die Unterstadt zurück. Am Ende der Simeonsstraße fallen drei klassizistische Wohnhäuser auf, von denen Nr. 33 einen rechteckigen Blendgiebel hat, hinter dem sich die Dachschräge völlig versteckt (um 1840). Jenseits des Schwichow-Walles steht das ehemalige *Garnisonslazarett* (Portastr. 9), ein klassizistischer Quaderbau von 1829–32, etwas weiter außerhalb folgt am Simeonsplatz die *Defensionskaserne* (1827–29), mit schloßartiger Vorderfront, rückseitig wehrhaft mit Schießscharten. Das *Militär-Ökonomiegebäude* aus dem Jahr 1837 wird durch kräftige Eckpylonen gekennzeichnet. Das gußeiserne *Denkmal* des Generalmajors und Festungskommandanten *v. Schwichow* geht auf einen Entwurf Friedrich Schinkels zurück, nach dem die Berliner Eisengießerei das Werk in Form eines gotischen Sarkophages herstellte.

Stadteinwärts kommen wir in der Simeonsstraße an einem Steinbau aus der Mitte des 16. Jahrhunderts vorbei *(Nr. 19),* an der Straßenseite mit Rund- bzw. Segmentbogenfenstern. In der anschließenden Obermarktstraße verdient das *Haus Nr. 16* einen Hinweis; auch dies ist ein klassizistischer Quaderbau, dessen drei Fensterachsen durch Pilaster eingefaßt werden.

Minden, Bahnhof. Ausschnitt aus einem Sammelbild nach einer Zeichnung von J. J. Sickert, um 1855

Am Markt können wir den Rundgang durch die Altstadt abschließen, falls nicht den an alten Häusern interessierten Besucher der Weg noch an den nördlichen Rand der Altstadt führt. Hier steht an der Ecke *Tränkestraße/Seidenbeutel* eine Gruppe von drei Fachwerkbauten des 16. Jahrhunderts, kleine zweigeschossige Häuser mit gebogenen Fuß- und Kopfbändern. Die nahe gelegene *Johanniskirche* wurde 1824 als Landwehr-Zeughaus eingerichtet, nachdem die ursprüngliche Basilika schon im 18. Jahrhundert ihre Seitenschiffe eingebüßt hatte. Bei der jüngsten Restaurierung stellte man den backsteingemauerten Turmaufbau wieder her.

In der nach Norden aus der Stadt führenden Marienstraße befinden sich besonders eindrucksvolle Villen des Historismus mit zeittypischem Dekor.

Nahe der Brücke auf das östliche Weserufer steht das *ehemalige Regierungsgebäude* (Weserglacis 2), heute Bundesbahnzentralamt, 1902–06 nach Entwurf von Oberbaurat Kieschke unter Bauleitung von Regierungs-Baumeister P. Kanold errichtet. Während hier der Einfluß der Renaissance sehr deutlich wird, gehört das von Kanold entworfene *ehemalige Landratsamt* (Tonhallenstr. 5/7, 1906–08) bereits dem Neubarock an, der das Ende des strengen Historismus markiert.

Der *Bahnhof* jenseits der Weser war einst die Endstation der Köln-Mindener Eisenbahngesellschaft und leitete über zu einer Anschlußstrecke nach Hannover, Magdeburg und Berlin. Das 1847 nach Entwurf von Bau-Inspector Schelle fertiggestellte Bahnhofsgebäude ist Teil einer preußischen *Festung*, die in Erweiterung der Stadtbefestigung jenseits der Weser angelegt wurde und von der drei Forts noch bestehen. Sie liegen im Norden, Osten und Süden des Bahnhofs. Das südliche (Fort C) ist auf der Außenseite halbrund und hat auf der Bahnhofsseite einen schmalen Flügel; es besteht aus Quadermauerwerk, zeigt Kanonenschießscharten und hat ein flaches mit Erde beworfenes Dach. Das Innere ist gewölbt. Die beiden anderen Forts sind hufeisenförmig; Dach und Fenster wurden verändert. Alle waren ursprünglich eingeschossig über hohen Sockelgeschossen. Hierzu gehört die Bahnhofskaserne im üblichen preußischen Stil. Das Empfangsgebäude, eines der ältesten und bedeutendsten erhaltenen in der Bundesrepublik, ist gleichfalls ein Quaderbau und weist die für die Mitte des 19. Jahrhunderts typische Verbindung aus klassizistischem Grundtyp mit romanisierenden und gotisierenden Formen auf, etwa Rundbogenfenster und Fialen; es folgt in der Gestaltung dem Schloß Erdmannsdorf, das 1841 vom preußischen Baumeister Friedrich August Stüler entworfen wurde. (Auf das Schloß Erdmannsdorf bezieht sich auch die Ravensberger Spinnerei in Bielefeld, während Stüler später zu Bauten in Bad Oeynhausen herangezogen wurde.)

Ein Beispiel phantasievoller moderner Architektur ist die *Villa Hahler Str. 23,* 1982/83 nach Entwürfen von B. Elliger und H. P. Korth errichtet, ein Bau mit deutlichen Anklängen an Palladios Villa Rotonda.

Der Mühlenkreis

Die Region um Minden und der gesamte Landkreis Minden-Lübbecke sind reich an technischen Kulturdenkmalen. Weithin bekannt ist die ›Westfälische Mühlenstraße‹, die über einem Rundweg von 250 km Länge an den wichtigsten vorindustriellen und industriellen Anlagen vorbeiführt (Minden – Dankersen – Schlüsselburg – Petershagen – Hille – Rahden – Stemwede – Lübbecke)[3]. Es handelt sich um den windmühlenreichsten Kreis Nordrhein-Westfalens mit über dreißig erhaltenen und vielfach restaurierten Bock- und Kappenwindmühlen.

Zur Stadt Porta Westfalica zählt der Ort **Nammen**, der am Foßbrink (zugänglich über die Laurentiusstraße) noch einen aus Bruchstein gemauerten Kalkofen des frühen 20. Jahrhunderts aufweist (Abb. 9). Er hat rechteckige Grundform und wird von einem ziegelgemauerten konischen Schlot überhöht. Die Beschickung mit dem Rohmaterial erfolgt von oben, annähernd ebenerdig durch eine kurze Brücke, während man unten am Kalkofen die Feuerungslöcher sowie die angebauten Lagerschuppen zur Aufbewahrung des gebrannten Kalkes sieht.

Im Nachbardorf **Lerbeck** fallen die für den Mindener Raum charakteristischen Fachwerkhäuser der Zeit um 1800 auf, vielfach mit hell gestrichenem Holzwerk im Kontrast zu ziegelroten Gefachen und mit weit vorgewölbten ziegelgedeckten ›Bausch‹-Walmdächern.

Am nördlichen Stadtrand Mindens wird die schon im Mittelalter zur Schiffahrt genutzte Weser vom *Mittellandkanal* gekreuzt, mit dessen Bau man 1905 begonnen hatte (1938 vollendet) und der von Bevergern bei Rheine am Dortmund-Ems-Kanal bis Hohenwarthe bei Magdeburg reicht (325 km). Da der Kanal in weitgehend einheitlicher Wasserhöhe gebaut werden sollte (bis Hannover ohne Schleuse), mußte er die Weserniederung auf einer Brücke überqueren. Dieses *Wasserstraßenkreuz* (Abb. 8), 1911–14 errichtet, erhielt zusätzliche Verbindungen: Zwei Schleusen machen den Wechsel vom Kanal zur Weser und umgekehrt möglich. Das Schleusenbecken des Nordabstiegs (1911–14) wird von vier niedrigen Maschinenhäusern und den zwei hohen Treppentürmen seitlich des Hubtores zur Weser gerahmt. Die Bauwerke sind mit Sandsteinquadern verkleidet und machen, besonders durch die Türme seitlich der Weserüberführung, einen recht wehrhaften Eindruck. Die Schachtschleuse hat eine Länge von 83,54 m, eine Breite von 10 m, eine Hubhöhe bis zu 13,2 m und eine Wasserfüllung von rund 11 000 Kubikmetern. Seitliche Wasserspeicher dieser ›Sparschleuse‹ bewirken, daß bei jedem Abwärtsschleusen nur etwa ein Drittel des Wassers verlorengeht.

Fußwege neben der Wasserführung (einst als ›Leinpfade‹ zum Schleppen der Schiffe wichtig) ermöglichen es, den gesamten Bereich des Nordabstiegs und des Wasserstraßenkreuzes zu umwandern. Dabei gelangt man westlich der Weser kurz vor der Kanalbrücke an einem einzelnen Gebäude vorbei, zu dem sowohl von der Weser wie auch vom Mittellandkanal kurze Stichkanäle hinführen. Es handelt sich hier um das Pumpwerk, durch das der Mittellandkanal mit dem nötigen Wasser versorgt wird. Am östlichen Ende der Kanalbrücke befindet sich noch ein kleineres Hilfspumpwerk. Beide zusammen können bis zu 17 Kubikmeter Wasser pro Sekunde in den Kanal pumpen. Die Brücke überwölbt in zwei 50 m langen Bögen die Weser sowie in sechs 32 m weiten die Hochwasserzone. Mit insgesamt 375 m ist sie die längste Brücke der europäischen Binnenschiffahrt. – Der Südabstieg wurde 1926 eröffnet und verbindet den Kanal mit der Weser durch zwei weitere Schleusen.

Auf dem östlichen Weserufer kommen wir, nach Norden fahrend, an der *Windmühle* in **Lahde** vorbei, die 1876 auf eine ältere Wassermühle aufgesetzt wurde und so den Betrieb durch Wind und Wasser wechselweise ermöglichte (Abb. 12). Es handelt sich um die einzige kombinierte Wind-/Wasser-Mühle in Westfalen. Die Technik ist heute allerdings stark modernisiert, inzwischen dient nur noch eine Turbine als Mühlenantrieb, und die Flügel der Windmühle wurden erst 1982 wieder angebracht. Die Technik erinnert ganz an eine moderne Mehlfabrik, vor allem durch die zahlreichen Rohre, die das Mahlgut durch die Mühle transportieren. Begonnen wurde mit der Modernisierung schon zu Beginn unseres Jahrhunderts, als man in die Kappe eine stählerne Flügelwelle einbaute; bis dahin waren Flügelwellen aus Holz üblich. Nur eine ältere Holzbütte (Steinkiste) zur Umschließung eines Mühlsteinpaares erinnert noch an den traditionellen Mühlenbetrieb.

Die *Bockwindmühle* in **Neuenknick** (17. Jh.) ist 1899 aus Warmsen (Kreis Nienburg) hierher versetzt worden. Der Bock besteht aus gekreuzten Schwellen und jeweils doppelten Streben. Die Schwellen liegen lose auf Keilen über den Steinsockeln, allein das Gewicht der

Mühle bewirkt die Standfestigkeit. Die Vorderseite des Mühlengehäuses ist als Wetterschutz verschindelt, die Seiten sind verbrettert. Zum Drehen des Gehäuses über dem feststehenden Bock dient der Steert mit einer Kurbel an seinem Ende. Eine Außentreppe, die frei über dem Boden schwebt, führt in das untere Geschoß, den Mehlboden, eine Innentreppe weiter hinauf auf den Steinboden. Dort befand sich der ursprünglich einzige Mahlgang der Mühle, mit seinem Gewicht direkt auf dem mächtigen Hammerbalken gelagert. Eine hölzerne Kiste, die Steinkiste, umschließt die Mühlsteine (daher Steinboden). Über dem Steinboden sieht man die kräftige Flügelwelle mit dem großen Kammrad, durch das die Drehbewegung von den Flügeln auf den Mahlgang übertragen wird. Am hinteren Ende ist die Flügelwelle mit der Sackwinde verbunden, so daß durch Windkraft die Kornsäcke heraufgezogen werden können. Auf dem Mehlboden sehen wir die Mehlpfeifen, durch die das Mahlgut vom oberen Mahlgang auf diesen Boden fließt (daher Mehlboden), hier werden beim Mahlen die Säcke angebunden. Der runde Hausbaum ist das obere Ende des feststehenden Bocks, über ihm dreht sich der schwere Hammer, der das Gehäuse zu tragen hat. Am Hausbaum erkennt man mehrere Einritzungen, u.a. die Jahreszahlen 1741 (1747?), 1797, 1831 usw., ferner die Darstellung einer Kappenwindmühle mit Steert und Bremsseil, wohl aus dem frühen 19. Jahrhundert, seinerzeit sehr fortschrittlich, im Laufe des 19. Jh. aber überholt.

Die Königsmühle in **Seelenfeld** ist, wie die Schrifttafel erkennen läßt, 1731 auf Geheiß des preußischen Königs Friedrich Wilhelm I. erbaut worden. Der Bruchsteinbau gehört zu den ältesten noch erhaltenen Kappenwindmühlen des Landes, die technische Einrichtung samt Windrose wurde im Laufe des 17. Jahrhunderts geschaffen bzw. erneuert.

Besonders eigentümlich ist das *Scheunenviertel* in **Schlüsselburg** westlich der Weser aus 27 Fachwerkscheunen des 17. bis 19. Jahrhunderts, zumeist mit seitlichen Einfahrtstoren (Abb. 15). Das Dorf selbst wurde im 14. Jahrhundert gegründet, zwei parallel angeordnete Straßen erinnern an mittelalterliche Stadtpläne.

In südlicher Richtung gelangen wir nach **Ovenstädt,** wo die Bremer Kaufleute C. Lampe und Joh. C. F. Schrader 1812 die *Glashütte Gernheim* gegründet hatten.[4] Die Glashütte besteht neben den Betriebsgebäuden aus eingeschossigen Fachwerk-Arbeiterhäusern mit mehreren Wohnungen, sie enthalten meist eine fensterlose Kammer, damit die Arbeiter der Nachtschicht tagsüber ungestört schlafen können, die etwas zurückliegende Fabrikantenvilla, die Schule mit Korbflechterei und das Wohnhaus der Meister. Nächst der Weser befinden sich die Fabrikationsgebäude mit dem 1826 errichteten Glasschmelzturm in der Mitte (Abb. 10). Die eindrucksvolle geometrische Kegelform soll die Sogwirkung erhöhen, die bei den Arbeitsvorgängen wichtig ist. Die segmentbogigen Öffnungen am Turmsockel werden während des Schmelzens geschlossen, zum Blasen allerdings geöffnet, da die Temperatur sonst zu hoch wäre. Die beiden Nebengebäude enthalten Öfen zum Abkühlen des Glases, hier werden Temperaturen von etwa 800 °C im Gegensatz zu den etwa 1200 °C des zentralen Schmelzofens erreicht. Die wesentlichen Arbeitsvorgänge sind alle in diesem einen Gebäude möglich, für das es nur in Steinkrug bei Hannover noch eine Parallele gibt; um 1900 gab es bei Minden noch mehr als ein halbes Dutzend verschiedenartiger Glasfabriken.

Die *Pottmühle* zwischen Ovenstädt und Petershagen ist durch die recht junge technische Einrichtung bekannt, die 1938 in einen im späten 19. Jahrhundert schon vorhandenen Windmühlenturm eingebaut wurde.

Das *Renaissanceschloß* in **Petershagen** an der Weser entstand 1544–47 durch Umbau einer bischöflichen Burg, ausgeführt durch den aus Schwaben stammenden Baumeister Jörg Unkair. Dazu gehört u. a. der charakteristische Treppenturm (ähnlich in Schloß Neuhaus und Detmold), ebenso die in spätgotischer Art mit Stabwerk gerahmten Portale und Fenster.

Die *Stadtkirche* von 1615–18 ist eine dreischiffige nachgotische Hallenkirche mit achteckigen Pfeilern und Maßwerkfenstern. Sie wurde unter dem Eindruck der kurz zuvor errichteten Bückeburger Stadtkirche erbaut, einem gleichfalls nachgotischen Bau, dort jedoch mit wesentlich aufwendigerem Dekor und höherer architektonischer Qualität. – Neben mehreren Fachwerkhäusern des 18. und 19. Jahrhunderts steht am südlichen Ortsrand die *Büschingsche Mühle,* eine Kappenwindmühle von 1856 mit Windrose, die die Flügel in den Wind dreht (Holzgerüstkonstruktion, daher achtkantiger Grundriß). Auch in **Todtenhausen** steht eine *Kappenwindmühle,* ein Bruchsteinbau von 1731 über niedrigem Erdwall.

Das *Schloß* in **Haddenhausen** südwestlich Mindens ist ein Renaissancebau Eberhard Wilkenings (1613–16), wie *Wendlinghausen* durch Hilmar von Münchhausen errichtet. Haddenhausen sollte der Wohnsitz seiner Tochter werden. In Anlage und Bauform sind beide Schlösser eng verwandt, obwohl in Haddenhausen beide Flügel erhalten sind, ebenso wie das rundbogige Hoftor mit Kerbschnitt-Bossenquadern.

Von Minden führt die Mühlenstraße nach Westen bzw. Nordwesten, über *Nord-* und *Südhemmern, Hille, Wehe* (Bockwindmühle des 17. Jh., 1839 umgebaut) nach **Rahden** (neben der Burgruine kleines Freilichtmuseum mit bäuerlicher Hofanlage, einschließlich einer Roßmühle von 1860, Abb. 11).

Die in einem hochaufragenden Wald liegende Stadt **Espelkamp-Mittwald** wurde ab 1947 als Siedlung zur Aufnahme von Ostvertriebenen angelegt, indem man die Gebäude einer Munitionsfabrik aus dem Zweiten Weltkrieg ausbaute. Der Aufbau der Stadt erinnert an Viertel, wie sie beispielsweise in Berlin in den zwanziger Jahren entstanden. Wahrzeichen der Umnutzung ist die schlichte 1952 geweihte *Martinskirche* in der Rahdener Straße. Nach der Erhebung zur Stadt 1959 begann der Bau der *Thomaskirche* (1962 geweiht), nach einem Plan des Hamburger Architekten Gerhard Langmaack. In ihr verbinden sich Motive des ›Nierenstils‹ der 50er Jahre mit stärker winkligen Formen des neuen Jahrzehnts. Für das Äußere ist der quergelagerte Turm über verglaster Eingangshalle bestimmend, für das Innere die Durchgliederung der Fenster. Das ›Vertreibungsfenster‹ in der Turmhalle (rechts) entwarf E. Grasset, Lübeck.

Von Espelkamp führt eine Landstraße westwärts nach **Levern**. Ein hierher verlegtes Zisterzienserinnenkloster wurde im 17. Jahrhundert in ein freiweltliches Damenstift umgewandelt und 1810 aufgehoben. Die *Kirche* mit einem romanischen Westturm aus der vorklösterlichen Zeit erhielt 1283 das ursprünglich als Klosterkirche genutzte, heute

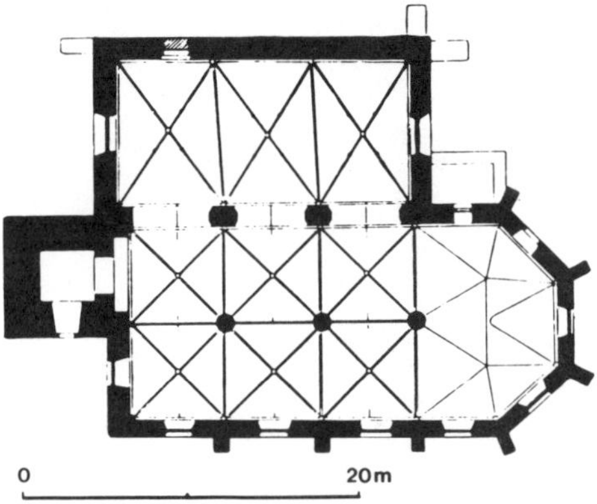

Levern, Kirche, Grundriß

nördliche Seitenschiff mit geradem Ostabschluß und im 15. Jahrhundert ein neues zweischiffiges Langhaus mit 5/8-Schluß, das weiterhin als Pfarrkirche diente. Die Bauform als zweischiffige Hallenkirche mit mittlerer Stützenreihe ist für Westfalen ganz ungewöhnlich. Erst 1828 brach man die Mauer zwischen beiden Kirchenteilen ab. Die Ausstattung gehört dem späten 17. Jahrhundert an: Der Hochaltar mit gedrehten Säulen und ›Ohren‹ im Knorpelstil ist 1691 bezeichnet, etwa gleich alt ist der verglaste Äbtissinnen-Sitz. Bereits 1684 wurde die hölzerne Taufe gestiftet, deren Deckel nur durch einen Flaschenzug angehoben werden kann. Das Seil des Flaschenzuges ist einem geschnitzten Putto in die Hände gegeben, so als zöge dieser den Deckel empor. Der Orgelprospekt entstand 1682. Das Epitaph über der Nordempore (1617) wird dem Umkreis des Bildhauers Adam Stenelt zugeschrieben.

Den Bereich um die Kirche nehmen mehrere Fachwerkbauten zumeist aus dem 17. und 18. Jahrhundert ein *(Stiftsgebäude)*, die ein geschlossenes Ensemble ergeben. Die *Stiftskurie Nr. 89* östlich der Kirche wurde 1675 erbaut und war Sitz des Propstes. Das *frühere Pfarrhaus* (Stiftskurie V) entstand 1714, *zwei Kurien* nördlich der Kirche 1693 bzw. 1725, Fachwerkbauten mit reichen Wappensteinen. Bei Levern stehen zwei weitere Kappenwindmühlen der Mühlenstraße.

Jenseits des Mittellandkanals kommen wir nach **Lashorst** mit dem Landschlößchen *Hüffe* (Farbt. 8; Hüffer Straße, nahe Getmold), das 1775–84 durch den landgräflich-hessischen Hofbaumeister Simon Louis du Ry für den hessischen Gouverneur und Staatsminister Christian Arnold von Jungkenn (1732–1806) errichtet wurde und ursprünglich ein verputzter Fachwerkbau war. Jungkenn hatte 1773 das alte Rittergut Hüffe erworben und anschließend die Burggebäude abbrechen lassen. Der Neubau von du Ry steht unter dem Eindruck des Schlosses Wilhelmsthal bei Kassel, das unter seiner Beteiligung 1747–70 für die Landgrafen gebaut worden war. Der Schloßbau in Hüffe markiert den Übergang vom späten Barock zum Klassizismus, wie aus der strengen Fassadengliederung mit Zopfstil-Ornamenten einerseits und der reichen Verwendung von Rokoko-Stukkaturen (Abb. 16) im Innern

Schloß Hüffe. Lithografie von P. Herle, um 1840

andererseits deutlich wird. Die Gesamtanlage ist durch die Selbständigkeit des siebenachsigen Hauptflügels und der beiden niedrigeren fünfachsigen Seitenflügel gekennzeichnet, alle zweigeschossigen Bauten mit Mansarddächern und flach vortretenden Mittelrisaliten mit Dreiecksgiebeln. Die Flügel sind nur durch eingeschossige gekurvte Gänge verbunden. In Kassel-Wilhelmshöhe hat du Ry ab 1786 diese Anlageform in größerem Maßstab wiederholt. Auch die Ausstattung stammt von hessischen Handwerkern, der Stuck von dem Kasseler Stukkateur Widmann, die Supraporten und Gemälde von den Malern Strack und Joh. W. Kobold aus der Tischbein-Schule; für die Gartenplanung war der Hofgärtner Bourgignon verantwortlich.

Der langgestreckte schmale Park war zunächst trotz des ungünstigen Zuschnitts des Grundstücks als geometrischer französischer Garten geplant worden. Heute jedoch haben wir einen englischen Landschaftspark vor uns, der einerseits dem Schloß eine breite Schneise als Sichtachse gewährt und andererseits den Wunsch verrät, eine ›natürliche‹ Landschaft künstlich zu schaffen. Am Rand des Parkes befindet sich ein kleiner Teich, auf dessen Insel das Erbbegräbnis des Schloßherren Platz gefunden hat. – Der Wirtschaftshof neben dem Schloß wiederholt die barocke Dreiflügelanlage. Der mittlere Scheunenbau ist zweigeschossig und folgt dem Schema spätbarocker Herrschaftsbauten, während die beiden Nebengebäude eingeschossige traditionelle Hallenhäuser sind. Die Fachwerkbauten wurden 1786 vollendet.

Das Dorf **Offelten**[4] verfügt über das besterhaltene Dorfbild Westfalens. Es erstreckt sich längs des Dorfbaches als Straßen-Haufendorf. Die malerischen Fachwerkhöfe gehören zumeist dem 18. und 19. Jahrhundert an (Abb. 13). Im Ortskern nahe der Mindener Straße befinden sich die wohlhabenderen Voll- und Halbspännerhöfe, während am nördlichen Teil der Offelter Dorfstraße (also bachabwärts!) die abhängigen und grundbesitzlosen Kötter (Heuerlinge) siedelten. Die Häuser Offelter Dorfstr. 12 (1722), Diekweg 6 (1713) und 7 (1780) zeigen noch das weitgerasterte Fachwerk mit kerbschnittverzierten Torbögen, während die Mehrzahl der Bauten aus dem 19. Jahrhundert das typische enggerasterte Fachwerk des Mindener und Osnabrücker Landes aufweisen (Abb. 14), innerhalb eines Giebelgeschosses aus bis zu zwanzig Pfosten und fünf Riegelreihen bestehend, mit bis zu 113 Gefachen (Glockenweg 2). Die Häuser Offelter Dorfstr. 4 (1846), Im Kamp 3 (1846) und 8 (1847), Bollstr. 1 (1850), Diekweg 5 (1850), Offelter Dorfstr. 13 (1859) und 17 (1863) sind Bauten des Zimmermeisters Blomenkamp. Das jüngste Beispiel dieser Bauweise ist das Haus Offelter Dorfstr. 15, 1895 von Meister E. Gülker errichtet.

Die *Pfarrkirche St. Andreas* in der früheren Kreisstadt **Lübbecke** war zunächst einschiffig mit Querhaus und rechteckigem Chor (Ende 12. Jh.). In der Mitte des 14. Jahrhunderts wurde sie zur dreischiffigen Hallenkirche erweitert. Pfeiler, Wandvorlagen, Kämpferprofile und Kreuzgratgewölbe des romanischen Baues sind noch erkennbar und deutlich von der gotischen Erweiterung zu unterscheiden, deren Kreuzrippengewölbe an der Außenwand auf schlanken Diensten und zum Mittelschiff hin auf halben Achteckpfeilern ruhen. An der Brüstung der 1561 datierten Orgelempore sehen wir neben Rosetten-Schnitzereien das Bild des hl. Andreas. Die Orgel wurde vermutlich 1628 von Cord Krüger gebaut und wohl 1642 erweitert, der Prospekt ist durch Pilaster gegliedert. Im Brustwerk sind zwei geschnitzte Reliefs des 16. Jahrhunderts eingelassen (Apostel). Die Kanzel als zweites bedeutendes protestantisches Ausstattungsstück ist am Portal mit der Jahreszahl 1666 bezeichnet, der Kanzelkorb mit Christus und derben Evangelistenreliefs ruht auf zwei Säulen. Zwei Leuchter im Langhaus entstanden 1679 bzw. 1680. Der Chor birgt noch Ausstattung aus der Bauzeit der Kirche. Der hölzerne überlebensgroße Kruzifixus (um 1200) entspricht in seiner starren Haltung (Viernagelkruzifix) noch dem romanischen Schema. Die Apostelfriese an den Chorwänden gehören dem mittleren 13. Jahrhundert an. Die Schnitzfigur am Wandpfeiler zwischen Nordquerhaus und Seitenschiff aus dem späten 13. Jahrhundert zeigt die thronende Maria mit dem voll bekleideten Kind. Unter den zahlreichen Epitaphien ist das des Gerhard Tanen besonders sehenswert (1600, auf der Orgelempore). Das Bild mit der Vorführung Jesu im Tempel ist teils gemalt (Hintergrundsfiguren), teils schwach reliefiert (Hintergrund) und teils stark plastisch (Hauptfiguren). – Eine Schrifttafel von 1350 erinnert an die Pest und die anschließende Judenverfolgung 1349.

Ein besonders eindrucksvolles ländliches Bauwerk lenkt in **Oberbauerschaft** am Südhang des Wiehengebirges den Blick auf sich. Der Hof Meyer zu Kniendorf (Oberbauerschafter Straße) verfügt über eine *Roßmühle*, deren achteckiger Kernbau vielleicht noch auf das Jahr 1655 zurückgeht. Der Göpel mit einem Kammrad von 32 m Umfang, hoher achteckiger Säule und kranzartiger Aufhängung wurde 1797 durch den Mühlenbauer Johann Heinrich

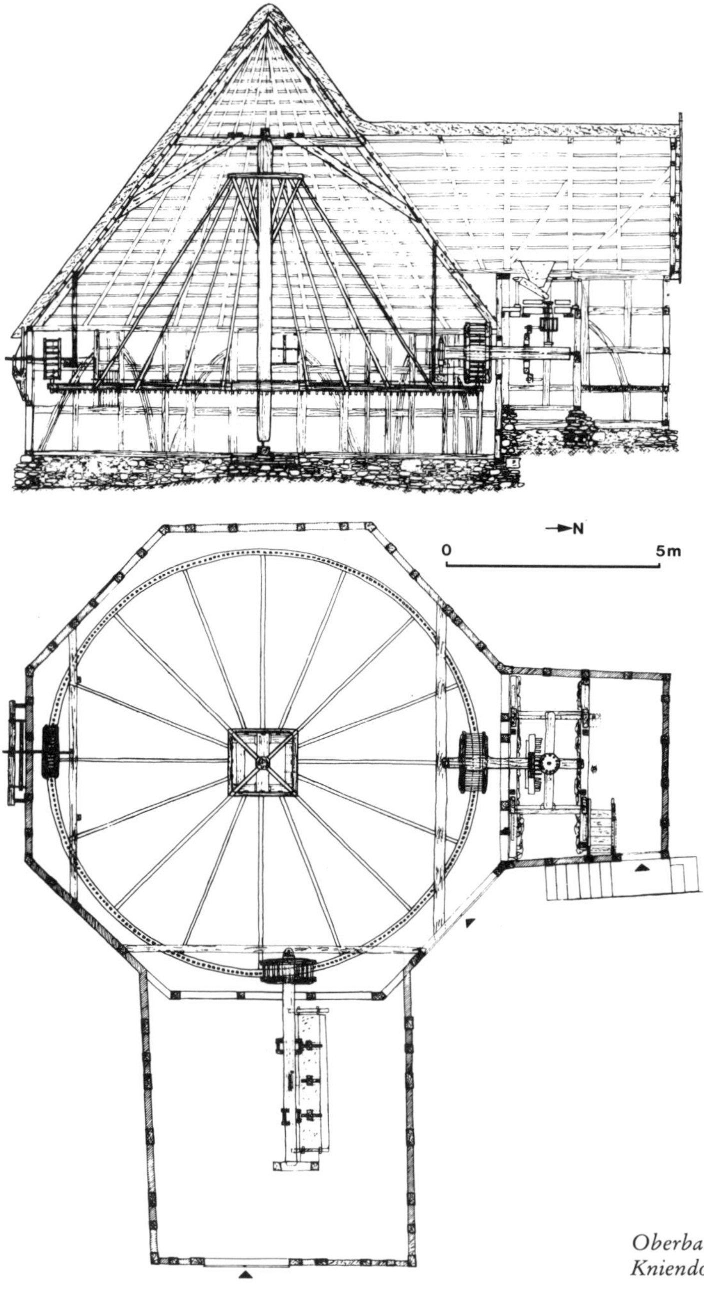

Oberbauerschaft. Hof Meyer zu Kniendorf, Roßmühle

Dieckmann eingebaut. Das Kammrad des von sechs Pferden gezogenen Göpels kann wahlweise eine Flachsboke (Holzstampfwerk zum Brechen des Flachses) und einen Kornmahlgang antreiben, dieser sitzt in einem Anbau aus dem Jahre 1810. Das Haupthaus mit charakteristischem Raster-Fachwerk im Giebel wurde 1852 von Zimmermeister J. H. Tödtmann errichtet. Ähnliche Häuser gibt es in der Umgebung vor allem noch in der Bauerschaft *Huchzen* (Gemeinde Hüllhorst, östlich der B 239; Farbt. 23).

Als 1839 der aus dem Kreis Höxter (Grevenburg) stammende Berghauptmann Karl Freiherr von Oeynhausen auf dem Gebiet des Dorfes *Rehme* nach einem Salzlager bohren ließ, stieß man statt dessen auf eine Heilquelle, die Anlaß zur Errichtung eines kleinen Bades war. Schon nach kurzem kaufte der preußische Staat das Gelände auf, um 1845 das Bad zu eröffnen und aus **Bad Oeynhausen** (Name ab 1847) ein repräsentatives Staatsbad zu machen. Ab 1853 wurde im Zentrum des (1860 zur Stadt erhobenen) Ortes der *Kurpark* nach Plänen des preußischen Landschaftsgärtners Peter Joseph Lenné (1789–1866) angelegt; 1854–57 entstand das bedeutende *Badehaus I* (Wannenbadehaus) nach Plänen des Schinkel-Schülers Carl Ferdinand Busse (Abb. 18). Es schließt den Kurpark gegenüber der im Norden vorbeiführenden Eisenbahnlinie Köln – Minden ab. Der überkuppelte Mittelbau mit dreibogiger Säulenvorhalle wird von zwei basilikal aufgebauten Seitenflügeln gerahmt, die die Badezellen aufzunehmen hatten. Die Giebel sind mit Akroterien bekrönt, das Relief des Vordergiebels bezieht sich auf das Heilbad. Die Büste des Freiherrn von Oeynhausen vor dem Badehaus entstand 1895. – Nahe dem Badehaus steht im Kurpark ein kleiner *Gartenpavillon,* das zweite aus der Frühzeit des Bades erhaltene Gebäude. Es ist ein achteckiges Tempelchen; das Dach wird von Säulen mit Akanthus-Kapitellen getragen. Der Fußboden ist mit Mosaikbildern ausgelegt: auf Fabelwesen und Delphinen reitende Putten. Auffallender ist die repräsentative *Wandelhalle* mit einem von geschwungenen Kolonnaden eingefaßten Mittelbau. Ihr gegenüber liegt das neubarocke *Kurtheater* aus dem 2. Jahrzehnt des 20. Jahrhunderts. Auch beim *Badehaus II (IV)* im Westen des Kurparks, 1883–85, ist der überkuppelte Mittelbau durch eine Säulenhalle hervorgehoben. Das antikisierende Giebelrelief nimmt Bezug auf das Badewesen: Eine Quellnymphe lehnt über einem umgestürzten Krug, aus dem heilkräftiges Wasser in eine Wanne fließt; zwei Putten heben gerade einen dritten aus dem Rollstuhl in die Wanne. Zeitgemäß ist dieses Badehaus ein Ziegelbau mit Putz- und Werksteingliederung. Die ursprüngliche Farbigkeit der Mittelkuppel konte 1976 wiedergewonnen werden.

Im Süden – bergseitig – wird der Kurpark durch das gewaltige *Kurhaus* abgeschlossen, das 1905–08 im Stil eines barocken Schlosses errichtet wurde und zum Park hin eine Quaderfassade aufweist. Die innere Ausstattung steht im Übergang vom Jugendstil zum Neubarock, wie an Glasfenstern, Stuck und Deckenbildern deutlich wird. Der Kursaal ist in der Art eines Kirchenraumes mit Arkaden und Emporen gegliedert, über denen sich noch eine Fensterreihe als Obergaden hinzieht. Ebenso gediegen wie die alte Ausstattung mit Lüstern, Stuck und Bildern ist auch die moderne für die heutige Nutzung als Kursaal und Spielbank.

Am westlichen Rand des Kurparks steht die katholische *Peter-und-Paul-Kirche.* Der kurze gotisierende Quaderbau wurde 1871–74, wohl nach Plänen des 1865 verstorbenen

Bad Oeynhausen. Nach einer Zeichnung von Louis Grupe, 19. Jh.

Architekten Stüler, errichtet und nach späteren Veränderungen bis 1977 auf den alten Bestand zurückgeführt. Einen Erweiterungsbau im Norden ersetzte man 1973–77 durch den Neubau des Architekten Rainer Disse (Karlsruhe). Auch wenn dieser Neubau äußerlich mit dem alten Kirchengebäude nicht harmoniert, so ist doch die eigenwillige und bemerkenswerte Raumschöpfung hervorzuheben. Der gesamte Neubau ist in die Erde vertieft; ein mittlerer Teil wird von acht Betonpfeilern getragen und von einem höher hinaufragenden Umgang umgürtet – die Umkehrung des klassischen frühchristlichen Zentralraumes also. Der Gesamteindruck einer kryptenartigen Versammlungshalle bestimmt den neuen Kirchenbau, der auf den zentralen Altar unter einem Oberlichtfenster ausgerichtet ist. – Gegenüber der Kirche steht am Westkorso noch eine der älteren, im spätklassizistischen Stil erbauten Villen mit kleiner Vorhalle und niedrigen Seitenflügeln.

In einem abseits gelegenen Teil des Kurparks befindet sich das *Heimatmuseum* in einem aus Hüllhorst herversetzten Haupthaus und Nebengebäuden, u. a. einer Wassermühle (Aufbau 1983).

2 MINDEN Dom, Anna Selbdritt

3 MINDEN St. Martin

◁ 1 PORTA WESTFALICA mit Kaiser-Wilhelm-Denkmal

4 MINDEN Dom, Christus und Maria (Apostelfries)

5 MINDEN Dom, Westanlage

6 MINDEN Dom, Langhaus ▷

7 MINDEN Heeresbäckerei und Körnermagazin

8 Wasserstraßenkreuz bei MINDEN

9 NAMMEN Kalkofen

10 OVENSTÄDT Glasbrennturm

11 RAHDEN Roßmühle im Museumshof

12 LAHDE Wind-Wasser-Mühle

13 OFFELTEN Bauernhof Offelter Dorfstraße 3

14 OFFELTEN Fachwerkgiebel

15 SCHLÜSSELBURG Scheunenviertel

16 SCHLOSS HÜFFE bei Lashorst, Rokokostukkaturen

17 BÜNDE Tabakmuseum

18 BAD OEYNHAUSEN Badehaus I
19 ENGER Pfarrkirche, Grabplatte des Herzogs Widukind

21 HERFORD Münster, Langhaus nach Osten ▷
20 HERFORD Fachwerkhaus in der Brüderstraße

22 HERFORD Stift Berg, Kirche, Hochaltar

23 HERFORD Johanniskirche in der Neustadt

24 SENNESTADT bei Bielefeld, Rathaus

25 BIELEFELD Kunsthalle

26 BIELEFELD Neustädter Marienkirche, Langhaus und Chor

27 BIELEFELD
Neustädter
Marienkirche,
Grabtumba
Ottos III. von
Ravensberg
und seiner
Gemahlin
Hedwig zur
Lippe

28 BIELEFELD Altstädter Nikolaikirche, Altar

29 BIELEFELD Neustädter Marienkirche, Altarbild

30 BIELEFELD Ravensberger Spinnerei

31 BIELEFELD Dampfmaschine (H.-Bertelsmann-Str. 10)

32 BIELEFELD Bockwindmühle aus Hille im Bauernhaus-Museum

Ravensberg

Enger und Herford

Für das flache Land beidseits des Teutoburger Waldes sind die Wasserburgen typisch. Leider können nur wenige von ihnen besichtigt werden, da sie sich zumeist in Privatbesitz befinden. Doch in vielen Fällen ist auch das Äußere schon so malerisch, daß sich ein Abstecher lohnt. Dies gilt z. B. für das *Wasserschloß Ulenburg,* zu dem lange Alleen hinführen, darunter die mit Linden bepflanzte ›Buchenallee‹ längs des Schlosses. Die breite Gräfte ist von Seerosen überwuchert. Von hier hat man den schönsten Blick auf das Schloß mit seinem in Formen der frühen Renaissance gehaltenen Volutengiebel. 1568–69 wurde es für Hilmar von Quernheim errichtet, 1902 durchgreifend erneuert.

Die evangelische *Laurentiuskirche* in **Bünde** gehört zu den Urpfarrkirchen des Bistums Osnabrück. Der heutige Bau (1. Hälfte 13. Jh.) war eine kreuzförmige einschiffige Kirche mit rechteckigem Chor und zwei Nebenapsiden; im 14. Jahrhundert erfolgte die Erweiterung zur zweischiffigen Hallenkirche mit Kreuzgewölben auf Rundpfeilern. Die Bronzetaufe auf einem Leuchterfuß des 16. Jahrhunderts trägt eine Darstellung der Taufe Christi aus dem frühen 17. Jahrhundert. Die Kanzel mit Renaissance-Schnitzwerk hat an der Brüstung gemalte Evangelistenbilder (1660).

Die katholische *Pfarrkirche St. Josef* (1968 nach Plänen von J. G. Hanke) wurde 1972 durch Otto Herbert Hajek ausgemalt, der auch Altar, Kreuz und Tabernakel schuf.

Im 19. Jahrhundert erlebte Bünde durch die Tabakindustrie eine wirtschaftliche Blütezeit. Neun Jahre nach der Gründung des Deutschen Zollvereins (1834) ließ sich Tönnies Heinrich Wellensiek in Bünde nieder, um hier Tabak zu Zigarren zu verarbeiten. Binnen kurzer Zeit gelangte Wellensiek zu Ansehen und Wohlstand.

Das *Deutsche Tabak- und Zigarrenmuseum* im Striedieckschen Hof (Fünfhauser Str. 10–12), einem Fachwerkbau von 1828 mit Nebengebäuden von 1737 und 1787, erinnert an diese noch andauernde Phase ostwestfälischer Wirtschaftsgeschichte (Abb. 17). Der Glokkenstuhl war 1845 in Hedem bei Lübbecke aufgestellt worden.

Sachsenherzog Widukind hatte mehrfach versucht, die unter Karl dem Großen nach Norden vordringenden Franken abzuwehren, doch die Unterwerfung Sachsens konnte er nicht verhindern. Dreizehn Jahre nach Beginn der ›Sachsenkriege‹ gab er den Kampf auf, ließ sich taufen und angeblich in **Enger** eine Kirche errichten. 947 gründete seine Urenkelin Mathilde das Chorherrenstift St. Dionysius, eine tatsächlich um 800 erbaute *Kirche* wurde in dieser Zeit erweitert. Der bestehende Bau der Jahre um 1200 war zunächst eine kreuzförmige Basilika mit drei Apsiden. Während die Ostteile noch romanisch sind, wurde das zweijochige Langhaus um 1330/40 auf den alten Fundamenten neu aufgebaut, es hat außergewöhnlich schmale Seitenschiffe. In dieser Zeit könnte auch der freistehende Glockenturm neben der Kirche entstanden sein. Am Tympanon des Südportals (um 1200) sehen wir Christus in der Mandorla, zu seiten Maria und Dionysius. Die Gewölbe werden von den zwei quadratischen Vierungspfeilern und zwei achteckigen Langhauspfeilern gestützt. Den Hochaltar (Farbt. 10) mit geschnitztem Schrein und Flügeln schuf 1525 Meister Hinrick Stavoer. Er stellt die Passion Christi vom Abendmahl über die Kreuzigung bis zur Auferstehung dar, ferner mit Bildern des hl. Georg und Hubertus und einst überhöht durch eine Statue des hl. Dionysius im Altargesprenge. In der Predella stehen die zwölf Apostelstatuen. – Die Grabplatte des Herzogs Widukind († 807) ist ein vielbeachtetes Werk der hochmittelalterlichen Bildhauerkunst (2. Hälfte 11. Jh.). Das qualitätvolle Stück zeigt den Verstorbenen mit königlichen Insignien (Abb. 19). Der große zeitliche Abstand zwischen dem Todesjahr Widukinds und dem Entstehen der Grabplatte ist für das Mittelalter nicht ungewöhnlich; vorrangig sollte die Grabplatte die Beziehung zwischen dem Chorherrenstift und dem Sachsenherzog als Urahn der Gründerin verdeutlichen und damit den erwünschten hohen Rang des Stiftes belegen. Die aus Kalksandstein gehauene Platte zeigt den Herzog fast frontal mit leicht ausgestelltem linken Bein unter einer Arkade und auf einem flachen Sockel stehend. In seiner vom Mantel umhüllten Linken trägt er das Lilienzepter. Das Gewand fällt in gleichmäßigen flachen Falten. (Die Vertiefungen enthielten einst geschliffene Glassteine.) – Umgeben ist die leicht erhöht liegende Kirche von den Resten der früheren Kirchringbebauung mit Fachwerkhäusern des 18. Jahrhunderts.

Herford ist eine der beiden historischen Metropolen des östlichen Westfalen, seit dem vorigen Jahrhundert durch die einst viel kleinere Stadt Bielefeld ›überrundet‹. Ausgangspunkt der Stadtgründung ist das seit 819 hier bestehende Frauenstift, das, 789 zunächst nahe Bielefeld gegründet, bald zu einem wichtigen Reichsstift wurde und als Vorbild für spätere Gründungen (z. B. Quedlinburg) diente. Das schon im 9. Jahrhundert verliehene Markt-, Münz- und Zollrecht wurde von Otto II. 973 bestätigt und bewirkte die Entstehung einer kleinen Marktsiedlung im Bereich des Stadtteils *Radewig*. Neben der *Altstadt* mit dem Stift entwickelte sich seit dem frühen 13. Jahrhundert die vom Kölner Erzbischof Engelbert und der Äbtissin Gertrud gegründete *Neustadt,* wohin 1414 das Dionysius-Stift aus Enger übersiedelte. *Stift Berg* als vierter der alten Herforder Stadtteile entstand in der Folge der Gründung des zweiten Frauenstiftes, das dort für den niederen Adel eingerichtet worden ist.

Verglichen mit anderen Altstädten haben wir es in Herford also nicht nur mit einem oder zwei historischen Zentren zu tun, sondern gleich mit vier alten Stadtvierteln.

Münsterkirche und *Stiftsbezirk* bilden den Mittelpunkt der Stadt. Die heutige Stiftskirche entstand mehr als 400 Jahre nach dem ersten Bau. Sie wurde um 1220 unter der Äbtissin

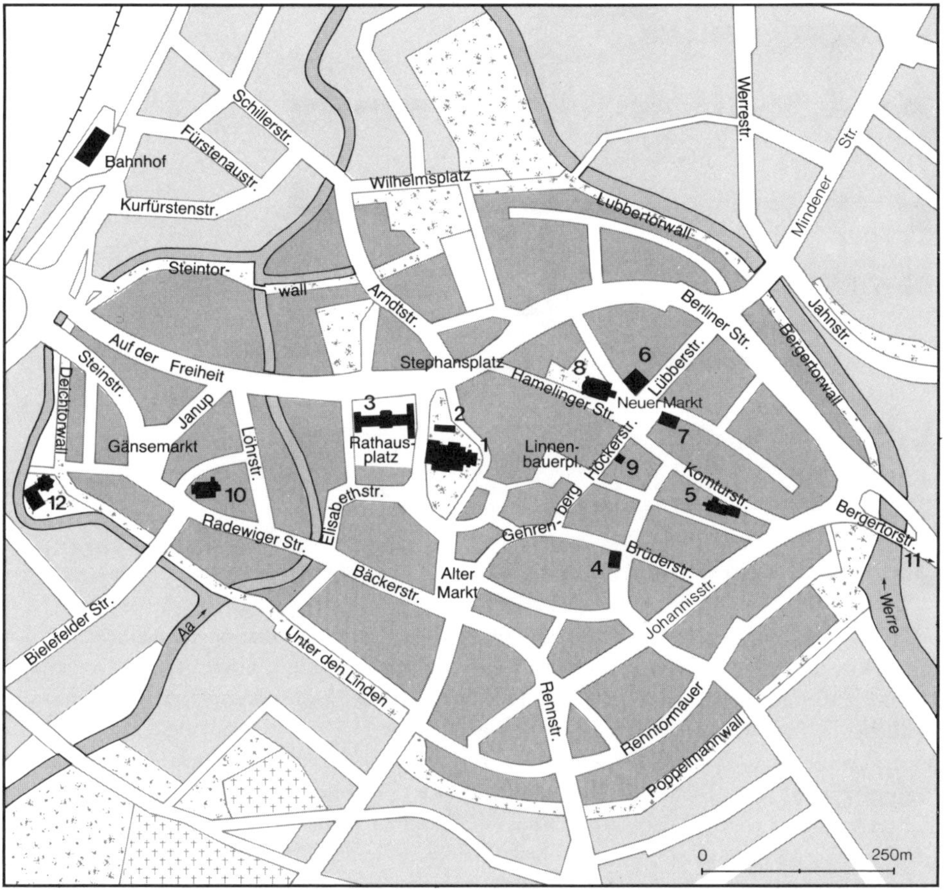

Herford 1 Münster 2 Wolderuskapelle 3 Neues Rathaus 4 Haus Brüderstr. 26 (›Remensniderhaus‹) 5 Pfarrkirche St. Johannes d. T. 6 Altes Rathaus 7 Haus Neuer Markt 2 (Wulfert-Haus) 8 Johanniskirche 9 Haus Höckerstr. 4 (Bürgermeisterhaus) 10 Jakobikirche (Pfarrkirche Radewig) 11 Marienkirche (Stift Berg) 12 Städtisches Museum

Gertrud II. zur Lippe begonnen und gegen 1280 vollendet. Größte Bedeutung hat sie erlangt, weil sie neben dem Paderborner Dom der erste Monumentalbau ist, bei dem das Prinzip der Hallenkirche angewendet wurde, auch wenn hier die mächtigen Pfeiler noch keinen großzügigen Gesamtraum entstehen lassen (Abb. 21).

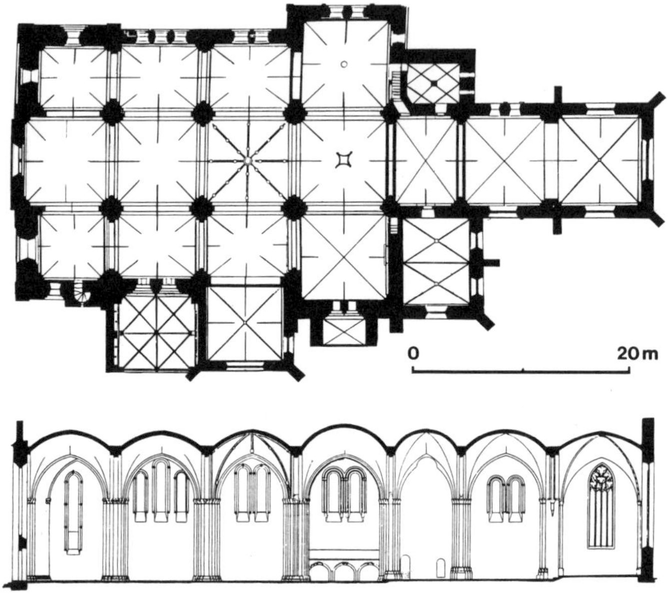

Herford, Münster, Grundriß und Längsschnitt

Die Kirche zeigt weitgehend noch die Formen der späten Romanik. Es handelt sich um eine Querhauskirche mit ursprünglich zweijochigem Chor und einer Apsis, der heutige Chorschluß stammt erst aus dem 15. Jahrhundert. Von der Doppelturmfront wurde nur der südliche Turm hochgeführt, Obergeschoß und Helm 1850–60 hinzugefügt. Die Nordfassade vermittelt noch am stärksten einen romanischen Eindruck; Turm und Querhaus springen leicht vor. Die seitliche Turmfront hat ein hohes Fenster, das Querhaus eine Fenstergruppe zwischen Lisenen. Die zwei Langhausjoche dazwischen sind mit einem gekuppelten zweiteiligen bzw. einem gestaffelten dreiteiligen Fenster versehen. Dreiecksgiebel schließen die Joche ab. Der Südfassade ist der hohe gotische Krämerchor (um 1400) vorgebaut, eine zweite Kapelle nimmt den Zwickel zwischen Chor und Querhaus ein, so daß diese Seite moderner erscheint. Das Paradies ist ein kleiner gewölbter Vorbau, die Mittelstütze mit Knospenkapitellen; seine beiden Portale mit offenen Kleeblattbögen und eingestellten Gewändesäulen führen in das südliche Seitenschiff. – Die Gewölbe des Langhauses werden von kräftigen Pfeilern getragen, die zwischen den Schiffen halbrunde und zwischen den Jochen rechteckige Vorlagen haben. Das östliche Mittelschiffjoch ist rippengewölbt und zeigt auf Ornamentscheiben das Jüngste Gericht; die übrigen Gewölbe haben aufgemalte Rippen. Das Vierungsgewölbe kann in die Jahre gegen 1230 datiert werden, was die frühe Entstehung der Halle bestätigt. Die Empore der Stiftsdamen im Nordquerhaus bildet eine dreischiffige kryptenartig vertiefte Eingangshalle (einst Zugang vom Stift, jetzt Taufkapelle), entsprechend der Turmhalle in Corvey oder der Nonnenempore in Lippoldsberg. Am Taufstein (um 1500) erkennen wir Reliefs mit Bildern aus dem

Alten und Neuen Testament. Die Kanzel aus der Zeit um 1630/40 ist reich geschnitzt, wenn auch in derber Qualität. Am Geländer sowie an der Brüstung ist sie mit den Darstellungen des Opfers Abrahams, der Ehernen Schlange, der Verkündigung an Maria, der Geburt und der Taufe Christi, des Pfingstwunders, Christi als Weltenrichter und der Auferstehung Christi versehen. Im südlichen Querhaus gibt es noch eine spätromanische Altarnische. Das Triumphkreuz ist ein Werk von Ulrich Henn (1970). Die figürlichen Glasgemälde schuf 1953–57 der bekannte Marburger Glasmaler Erhard Klonk, im Chor mit der Himmelfahrt Christi und im Krämerchor mit dem Gleichnis des barmherzigen Samariters. Der Krämerchor wird gegen das Langhaus durch eine geschnitzte hölzerne Brüstung abgeschlossen (Schuhmacher- und Leinenweber-Amtsstuhl). Der Ostchor enthält eine Grablege mit Hochgräbern und Platten des 15. bis 18. Jahrhunderts sowie den Sockel eines spätgotischen Schnitzaltars.

Die *Wolderuskapelle* nördlich des Münsters, heute ein Bau von 1735 mit einem Anbau von 1852, gehört zum früheren Stiftsbezirk und hatte Vorgänger aus dem hohen und späten Mittelalter.

Das *Rathaus* mit anschließender *Markthalle* westlich des Münsters, ein großer neubarokker Bau mit vorragenden Seitenflügeln, wurde 1913–16 nach Plänen des Architekten P. Kanold (Hannover) errichtet, der ein Schüler des wichtigen historistischen Architekten Carl Schäfer war und bei ihm vor allem die Betonung der handwerklichen Qualität bewunderte.

Zu den alten Stiftsgebäuden nahe dem Münster gehört auch eines der ältesten ostwestfälischen Fachwerkhäuser, das zwischen 1484 und 1494 errichtete *Kantorhaus.* Es ist zweigeschossig, das Obergeschoß kragt auf Knaggen vor. Die Gefache sind mit Backsteinen ausgemauert. Der Ziehbrunnen mit steinerner Einfassung und kunstvollem schmiedeeisernem Überbau entstand 1616.

Über den *Alten Markt,* einst Standort des Rathauses, gelangt man in die Brüderstraße. Hier ist das Haus Nr. 26 sehenswert: das ›*Remensniderhaus*‹ (1521; Abb. 22). Für die Bauzeit charakteristisch sind die gebogenen Fuß- und Kopfbänder. Die Knaggen unter den vorkragenden Giebelgeschossen zeigen in der obersten Reihe Christus, umgeben von Paulus, Augustinus, Nikolaus und Petrus, in der mittleren Reihe links Andreas, Matthias und Katharina, rechts Jakobus d. Ä. und dazwischen die Anbetung der Könige, unten Fratzen und Gestalten der seelischen und körperlichen Laster. Die Gefache waren einst mit Backstein ausgemauert. Drei der benachbarten Häuser gehören ebenfalls noch dem 16. Jahrhundert an.

Parallel zur Brüderstraße führt die Komturstraße zum *Neuen Markt.* An ihr liegt die *ehemalige Johanniterkirche St. Johann d. T.*, von 1715/16, heute *katholische Pfarrkirche,* 1891 in romanischen Formen erweitert. Der *Neue Markt* ist das Zentrum der Herforder Neustadt. Das *Rathaus* aus dem Jahre 1600 erhielt 1930 einen neuen, expressionistischen Giebel. Gegenüber steht ein bedeutendes *Kaufmannshaus* (Neuer Markt 2), 1560 wohl von Johann von Brachum für den Ratsherrn Jobst Wulfert über älteren Teilen errichtet, jetzt wieder mit der Farbfassung der Renaissance versehen. Über dem Unterbau mit für die

Bauzeit typischen riesigen Fenstern erheben sich ein Speichergeschoß und der reich verzierte Giebel mit ornamentalen Bändern in Kreis- und Rautenform.

Das *Haus Höckerstr. 4* wurde 1538 für Heinrich Crüwell, Bürgermeister der Neustadt, erbaut. Obwohl nur 22 Jahre älter als das Wulfert-Haus, steht es noch ganz unter dem Eindruck des spätgotischen Stils und erinnert mit seinem steilen Giebel und seinen durchbrochenen Maßwerkkanten an das Bielefelder Crüwell-Haus und an das Rathaus in Münster.

Vor dem Chor der *Johanniskirche* steht ein Ziehbrunnen von 1599. Die Kirche selbst ist ein dreischiffiger Hallenbau mit Rundpfeilern. Sie entstand in mehreren Abschnitten bis um 1360 und ist wegen ihrer Ausstattung mit Glasfenstern berühmt. Das nördliche Medaillonfenster im Chor (um 1320) stellt Leben und Passion Christi dar; um 1360 datieren die Heiligenfenster seitlich im Chorschluß, links mit einem Kreuzigungsbild und rechts mit dem auferstehenden Christus Salvator. Die Kreuzigung des 16. Jahrhunderts im Ostfenster umfaßt alle drei Fensterbahnen. Die geschnitzte Kanzel (1602) vertritt den Stil der späten Renaissance. Weitere Kunstwerke sind das Epitaph der Familie Lasterpagen, um 1625 (Knorpelstil), der Zelebrantenstuhl im Chor (Anfang 16. Jh.), die Wandvertäfelungen (Anfang 17. Jh.) und die Amtsstühle der Zünfte (17. Jh.). Auf dem Altarblatt sehen wir das Abendmahl unter der Kreuzigung Christi, um 1600.

In den sechziger Jahren des 19. Jahrhunderts setzte in Herford – etwas später als in Bielefeld – die Industrialisierung ein. Zeichen setzte hier die Möbelfabrik Gustav Kopka, deren viergeschossiges aus Backstein gemauertes *Werksgebäude* (Linnenbauerplatz) heute als Stadtbücherei dient. – Am nördlichen Rand der Altstadt ist in der Straße ›Holland‹ auf einige bemerkenswerte *Fachwerkhäuser* hinzuweisen, die Kriegszerstörung und Sanierung überstanden haben: Holland 21 ist am Torbogen ›1554‹ datiert; Nr. 29 mit umgebauter Giebelfront gehört im Kern noch dem frühen 16. Jahrhundert an, und Nr. 39 mit taustabverzierten Knaggen stammt aus der Mitte des 16. Jahrhunderts.

Der westliche Teil der Innenstadt, *Radewig*, bildete einst eine selbständige Gemeinde mit eigener Kirche. Diese ist dem *hl. Jakobus* geweiht und war Station auf dem Weg der Pilger nach Santiago de Compostela. Wir haben hier eine einfache und für das östliche Westfalen typische Hallenkirche vor uns, dreischiffig und drei Joche lang. Der Westturm ist über das mittlere Westjoch gestellt und ruht innen auf zwei kräftigen Rundpfeilern, denen im Langhaus zwei schlankere östliche Rundpfeiler gegenüberstehen. Sie erfordern ein sehr ungleichmäßiges Kreuzrippengewölbe. (Die zwei nördlichen Pfeiler haben runden Querschnitt mit vier Diensten.) Auch in der Jakobikirche sind ein Epitaph, die hölzerne Taufe (1617) und die Kanzel (1590) bemerkenswerte Zeugnisse des Stilwandels von der Renaissance zum Barock. Der frühbarocke Orgelprospekt (1638) wurde 1966–73 rekonstruiert.

Der vierte bedeutende Kirchenbau Herfords ist die *Marienkirche des Stifts Berg*, am Hang oberhalb der Altstadt gelegen (Abb. 23). Anlaß für die Errichtung der Kirche um 1011/20 war die Vision der Jungfrau Maria, die nach neueren Erkenntnissen[5] bereits im 10. Jahrhundert einem Bettler und anschließend in Gestalt einer weißen Taube den Stiftsdamen des Herforder Stiftes auf einem Baumstumpf erschienen sein soll. Man gründete hier ein neues

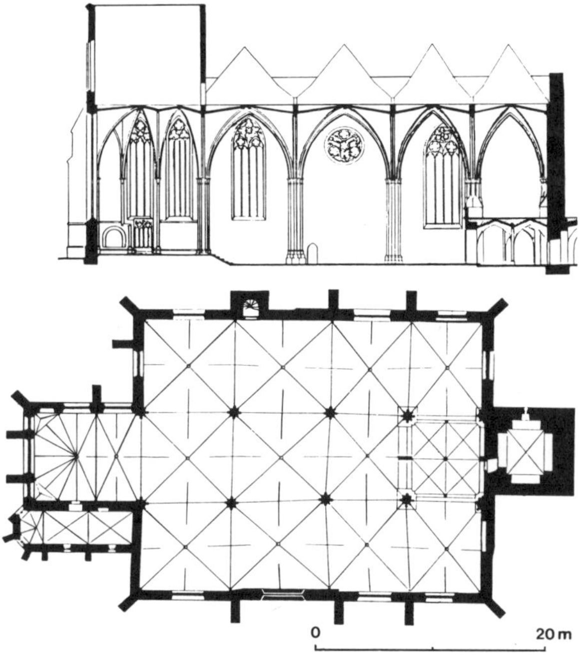

Herford, Marienkirche, Stift Berg, Grundriß und Längsschnitt von Ost nach West

Damenstift. Die heutige Kirche ersetzte zwischen etwa 1290 und 1350 den frühromanischen Vorgänger. Geschaffen wurde eine lichte weiträumige Halle mit schlichten Kreuzrippengewölben auf Rundpfeilern mit acht Diensten. Man orientierte sich am Langhaus des Mindener Domes. Das westliche Joch enthält die alte Nonnenempore, 1902–04 in die Seitenschiffe verbreitert. Das dritte Joch ist etwas tiefer als die übrigen und entspricht dem Querhaus der früheren Kirche; da auch Teile des Mauerwerks erhalten blieben, hat man hier auf hohe Fenster zugunsten kleinerer Rundfenster verzichtet. Das nördliche Fenster sowie die des Chores erhielten 1954/55 neue Farbverglasungen des Marburger Glasmalers Erhard Klonk. Eigenwillig sind die Rippenansätze des Chorgewölbes. Man hat die Wandflächen hochgezogen und die Rippenzwickel mit Maßwerk durchbrochen. Der Hochaltar (um 1480), dessen Tabernakel den Baumstumpf umschließt, hat im Aufbau reiches durchbrochenes Maßwerk (Abb. 22). Die Rückseite ist mit Blendmaßwerk verziert, wahrscheinlich war der Altar für die Prozessionen umgehbar. Dort finden sich verschiedene Kritzeleien, u. a. von 1581 und 1594, eine weitere nennt in einer Schriftform des 17. Jahrhunderts den Namen ›Daniel Pöppelma‹ (wohl Daniel Pöppelmann, Baumeister des Dresdener Zwingers, 1662 in Herford geboren). Zu den ursprünglichen Figuren des Altars gehört die Doppelmadonna im Baldachin. Ein ähnliches, aber einfacheres Werk ist das Sakramentshaus neben dem Chorbogen. Der Taufstein von 1866 ist die Kopie eines spätgotischen Stücks. Der Schnitzaltar des 15. Jahrhunderts im nördlichen Seitenschiff enthält Darstellungen der hl.

Familie, der Anbetung der Könige, der hl. Ursula mit der Gesellschaft der 11 000 Jungfrauen sowie des Martyriums der 10 000 Ritter. Das Triumphkreuz an der Südwand und die ›weinende Madonna‹ entstanden um 1500. Den Außenbau der Marienkirche bestimmen die verzierten Giebel über dem rechteckig geschlossenen Chor und über den einzelnen Jochen des Langhauses. Der Westturm wurde 1902–04 neu aufgebaut.

Bielefeld

Bielefeld, die Industriemetropole und mit 300 000 Einwohnern größte Stadt Ost-Westfalens, wird von der *Sparrenburg* bekrönt, die in der Mitte des 13. Jahrhunderts von den Grafen von Ravensberg angelegt worden ist. Nach mehreren Zerstörungen und wiederholtem Aufbau sind heute die Kasematten und Bastionen des 16. Jahrhunderts (Rondelle 1536, spitze Bastion 1556 von Alexander Pasqualini) besonders eindrucksvoll. Der Bergfried, im Kern noch mittelalterlich, wurde ab 1879 weitgehend erneuert. (Der Stammsitz der Grafen war die Burg Ravensberg bei Halle.)

Von der Sparrenburg können wir den Blick über das Bielefelder Becken schweifen lassen. Gleich unterhalb liegen die *Neustadt* mit der zweitürmigen Neustädter Marienkirche und die *Altstadt* mit der eintürmigen Nikolaikirche (Farbt. 3). Die Stadt verdankt ihre Bedeutung der ungeheuren wirtschaftlichen Entwicklung im 19. Jahrhundert, als sie Zentrum der Tuchherstellung und in der Folge davon der eisenverarbeitenden Industrie (Nähmaschinen, dann auch Fahrräder, Autos) wurde. Seit der letzten Jahrhundertwende spielt auch die Lebensmittelindustrie eine erhebliche Rolle.

Erstmals erwähnt wurde ›Bilivelde‹ bereits zu Zeiten Bischof Meinwerks zwischen 1015 und 1036. Die (Alt-)Stadt ist jedoch erst um 1210 durch die Grafen von Ravensberg gegründet worden, Ende des 13. Jahrhunderts erfolgte die Anlage der Neustadt, die bis 1520 eine selbständige Gemeinde blieb.

Der historische Kern Bielefelds[6] ist nicht durch einen regelmäßigen Stadtplan gekennzeichnet, wie dies für die nahen lippischen Städte gilt. Durch die enormen Erweiterungen des 19. und 20. Jahrhunderts hat die Altstadt zudem ihre Dominanz verloren. Umschrieben wird sie von einer breit ausgebauten Ringstraße. Zentrum ist der *Alte Markt,* noch von mehreren älteren Giebelfronten eingefaßt: *Nr. 3* von 1680 mit späten Renaissanceformen, *Nr. 4* mit einem Giebeldreieck von 1593 sowie das bedeutende *Crüwell-Haus* (Obernstr. 1; Abb. 33) von 1530 mit einem reichen durchbrochenen Maßwerkgiebel der Spätgotik (vgl. Herford).

Die *Altstädter Nikolaikirche* steht nicht unmittelbar am Marktplatz, sondern wird durch einen Baublock (Rathaus) von ihm abgetrennt. Die kriegszerstörte Kirche wurde 1952–54 wiederaufgebaut und erhielt 1961–63 den neuen Turmhelm (Architekten Hopp und Jäger, Hamburg). Das Portal von Gerhard Marcks (1963) zeigt den Einzug Christi in Jerusalem sowie die Geißelung Christi und die Vorführung vor Pilatus, darunter die triumphierende

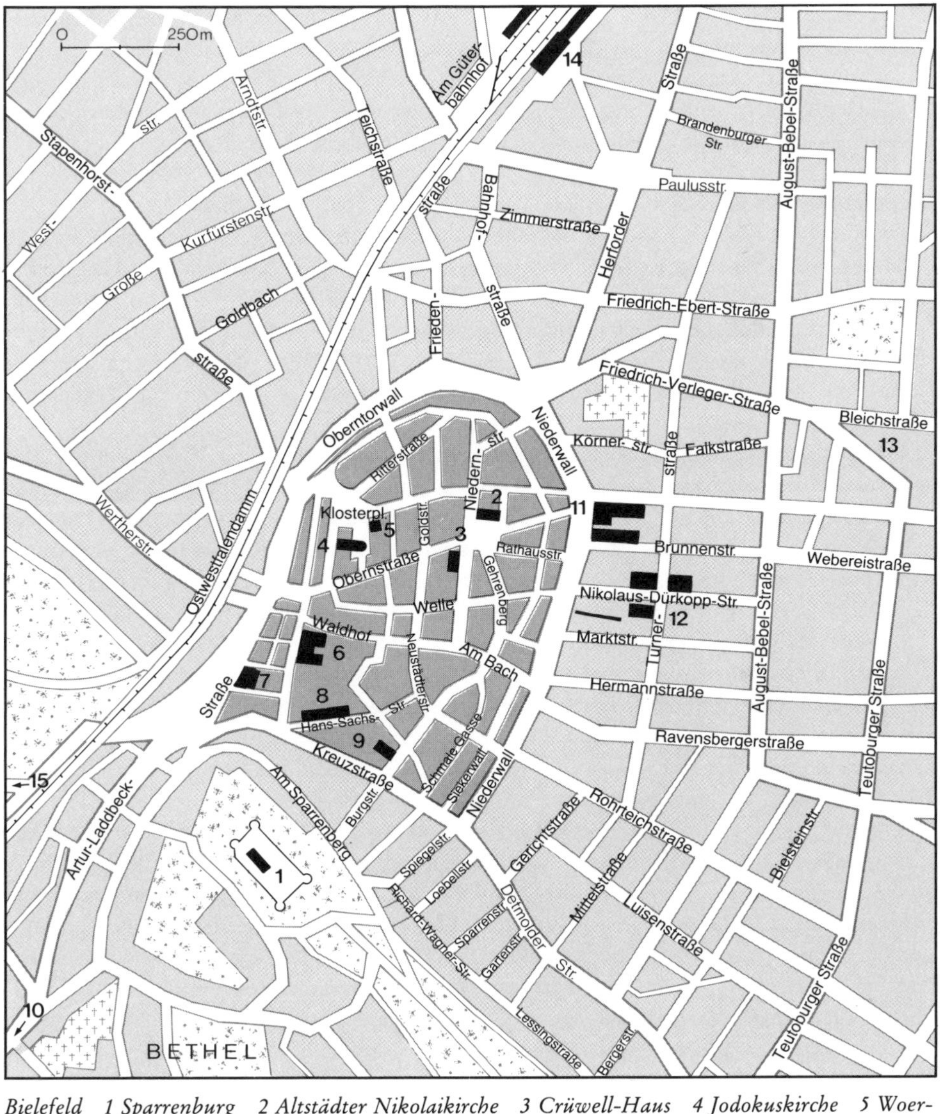

Bielefeld 1 Sparrenburg 2 Altstädter Nikolaikirche 3 Crüwell-Haus 4 Jodokuskirche 5 Woermannscher Hof 6 Ratsgymnasium 7 Kunsthalle 8 Fabrikgebäude der ehemaligen Spinnerei Vorwärts 9 Neustädter Marienkirche 10 SS-Kaserne 11 Rathaus und Theater 12 Dürkopp-Werke 13 Ravensberger Spinnerei 14 Bahnhof 15 Bauernhof-Museum

bzw. wütende Menge. Sehenswert ist der Hochaltar (um 1520) einer Antwerpener Werkstatt (Abb. 28). Das Schnitzwerk des Schreins und der Predella ist von hoher Qualität geprägt, wir sehen die Kreuztragung, Kreuzigung, Kreuzabnahme und Beweinung Christi, darunter die Geißelung, Dornenkrönung und Grablegung sowie in der Predella die Geburt Christi (Bethlehem), die Heilige Familie und die Beschneidung Christi. Die Predella-Flügel sind in geöffnetem Zustand mit den Bildern der Verkündigung, der Verlobung Maria und Josephs, der Anbetung der Könige und der Vorführung Jesu im Tempel versehen.

Die Obernstraße führt zur katholischen *Jodokuskirche* (1511), unter deren Chor ein Fußweg auf den Klosterplatz führt, dort ist auch der Eingang in die Kirche. Das Hauptschiff wird von hohen Wandnischen auf der einen Seite und einem sehr niedrigen Seitenschiff (ehem. Kreuzgang des Franziskanerklosters) auf der anderen gerahmt. Der barockisierende Orgelprospekt ist eine weitgehende Neuschöpfung von 1975, bei dem wenige ältere Teile (1653) verwendet werden konnten. Das *Kloster*, dessen Gebäude im Kern um 1515 entstanden (Umbau 1713), wurde 1829 aufgehoben.

Das Eckhaus neben der katholischen Bürgerschule von 1894 ist der *Woermannsche Hof*, mit Renaissanceschnitzereien des späten 16. Jahrhunderts an der Fachwerkfassade. Einige ältere Häuser am Ende der Obernstraße blieben im Krieg verschont, darunter ein Haus mit schlichtem Renaissancegiebel (Nr. 34, 1606), ein Fachwerkbau mit klassizistischer Steinfassade (Nr. 38) und ein Renaissancehaus von 1591 (Nr. 51), in dem Dr. August Oetker erste Backversuche mit seinem neu entwickelten Backpulver machte.

Jenseits des Nebelswalles steht das historistische *Ratsgymnasium* (1906), dessen linker Flügel noch ein ehemaliger Adelshof (v. Greste) des späten 16. Jahrhunderts ist. Die Einbeziehung eines Altbaus in einen Neubau in Formen der um 1900 beliebten ›Deutschen Renaissance‹ ist eine Besonderheit, für die es nur wenige Vergleichsbeispiele gibt. Das *Gebäude der Handwerkskammer* (um 1840) zeigt mit seinem dreiachsigen portikusartigen Risalit Anklänge an Schinkel-Bauten.

Am Anfang der Arthur-Ladebeck-Straße ließ die Stadt Bielefeld den ihr gestifteten Bau der *Kunsthalle* (Abb. 25) 1966–68 nach Plänen des amerikanischen Architekten Philip Johnson erstellen. Es ist ein kubisches sandsteinverkleidetes Gebäude, dessen fensterloses Obergeschoß (Oberlicht-Saal) auf hohen, außen gerundeten Quermauern ruht, optisch geradezu eine Umkehrung der statischen Verhältnisse, indem ein schwerer Block von leichten Stützen getragen zu werden scheint. Die Quermauern dienen zugleich als Hängefläche für die Gemäldegalerie (Malerei des 20. Jh.). Im Park vor dem Museum sind mehrere moderne Plastiken aufgestellt, darunter Werke der Bildhauer Henry Moore und Auguste Rodin.

In der Fortsetzung der Arthur-Ladebeck-Straße steht das *Fabrikgebäude der ehemaligen Spinnerei Vorwärts*, die 1851 als erste mechanische Spinnerei in Bielefeld die Arbeit aufnahm und so den Anfang der industriellen Entwicklung der Stadt markiert. Das zweigeschossige aus Bruchstein errichtete Betriebsgebäude, teilweise in einfachen expressionistischen Formen gebaut, blieb nach der Stillegung 1925 erhalten und ging in den Besitz der Firma Oetker über, deren Stammwerk sich hier befindet.

Der ›Waldhof‹ trennt Alt- und Neustadt. Zwar hat die Neustadt durch die Kriegszerstörungen ihre Geschlossenheit verloren, doch enthält sie mit der *Marienkirche* das wichtigste Baudenkmal Bielefelds. Der um 1270 begonnenen Kirche wurde 1293 ein Stift zugeordnet, das bis 1810 bestand. Anfang des 14. Jahrhunderts war der Bau vollendet. Er ist eine dreischiffige Halle von 52 m Länge (Abb. 26). Der Turmbereich ist in den Innenraum vollständig einbezogen, vierkantige Pfeiler stützen von hier die Türme. Das Erscheinungsbild des Querhauses wird durch Bündelpfeiler geprägt. Der mit drei Jochen sehr lange, im Osten gerade geschlossene Chor ist durch die Nutzung als Stiftschor der Kanoniker begründet. Einst trennte ihn ein Lettner vom Laien-Raum, dem Langhaus, ab. Daran erinnert die heutige Altarwand, 1840 als ein frühes Zeugnis neugotischer Kunst geschaffen, die das Hauptbild (Abb. 29) des im Jahre 1400 entstandenen Hochaltars enthält (Seitenflügel 1840 verkauft). Zu beiden Seiten des Madonnenbildes finden sich je sechs Szenen auf drei Reihen verteilt, links oben die Begegnung unter der Goldenen Pforte, die Geburt Mariens, rechts die Darstellung Mariens im Tempel und die Vermählung Mariens, in der mittleren Reihe die Taufe Christi, Einzug in Jerusalem, Abendmahl und Christus am Ölberg, unten die Kreuzabnahme, Grablegung, Christus in der Vorhölle und Auferstehung. Der Altar ist ein Hauptwerk der gotischen Malerei in Norddeutschland. Der Maler, Vorläufer des Conrad von Soest, zugleich Meister des Berswordt-Altars in der Dortmunder Marienkirche, schuf einen bemerkenswerten Farbkontrast, der auf die blau gewandete Patronin der Kirche, Maria, ausgerichtet ist. Der Farbakzent ihres Gewandes bestimmt den Eindruck des gesamten Werkes (Blau ist seinerzeit eine besonders teure und wertvolle Farbe gewesen). Die Altarbekrönung bildet der Maßwerkfries des alten Lettners samt fünfzehn Statuen, um 1320/30 vielleicht in der Cappenberger Werkstatt geschaffen.

Aus derselben Werkstatt stammt das bedeutende Hochgrab (Abb. 27) an der Nordseite des Chores, das Grabdenkmälern in Marburg und Cappenberg ähnelt. Die Bildnisse des Grafen Otto III. von Ravensberg († 1305/06) in voller Rüstung und seiner Gemahlin Hedwig zur Lippe († 1320) sind auf dem Löwen als Symbol der Macht bzw. dem Hund als Symbol der Treue unter Baldachinen stehend dargestellt, liegen jedoch gleichzeitig auf Kopfkissen. Engel zwischen den Häuptern nehmen die Seelen der Verstorbenen in Empfang. Zwischen dem Ehepaar ruht ein frühverstorbener Sohn, zu seinen Füßen ein Gebete lesender Kanoniker. An den Gewänden des Hochgrabs stehen Trauernde. Einst befand sich das Denkmal in der Mitte des Chores, stellt es doch den Gründer des Kanonikerstiftes und damit der Kirche in ihrer heutigen Form dar. Der Chor war sozusagen sein persönliches Mausoleum. Erst 1840 schob man das Grabdenkmal an die Seite. Gegenüber befindet sich ein zweites, ähnliches Grabmal, das Graf Wilhelm II. von Ravensberg († 1428) und dessen Gemahlin Adelheid von Tecklenburg († 1429) zeigt. – Das Triumphkreuz stammt aus dem Ende des 15. Jahrhunderts. Die Kanzel schnitzte 1683 B. Chr. Hattenkerl; zwischen gedrehten Säulen sehen wir am Kanzelkorb die üblichen Evangelistenbildnisse mit ihren Symbolen. An der Nordseite des Chores befindet sich das Epitaph des 1621 verstorbenen Otto von Oye, Drost des Sparrenbergs, mit Darstellung der Familie des Verstorbenen vor den Bildern der Auferstehung und Himmelfahrt Christi.

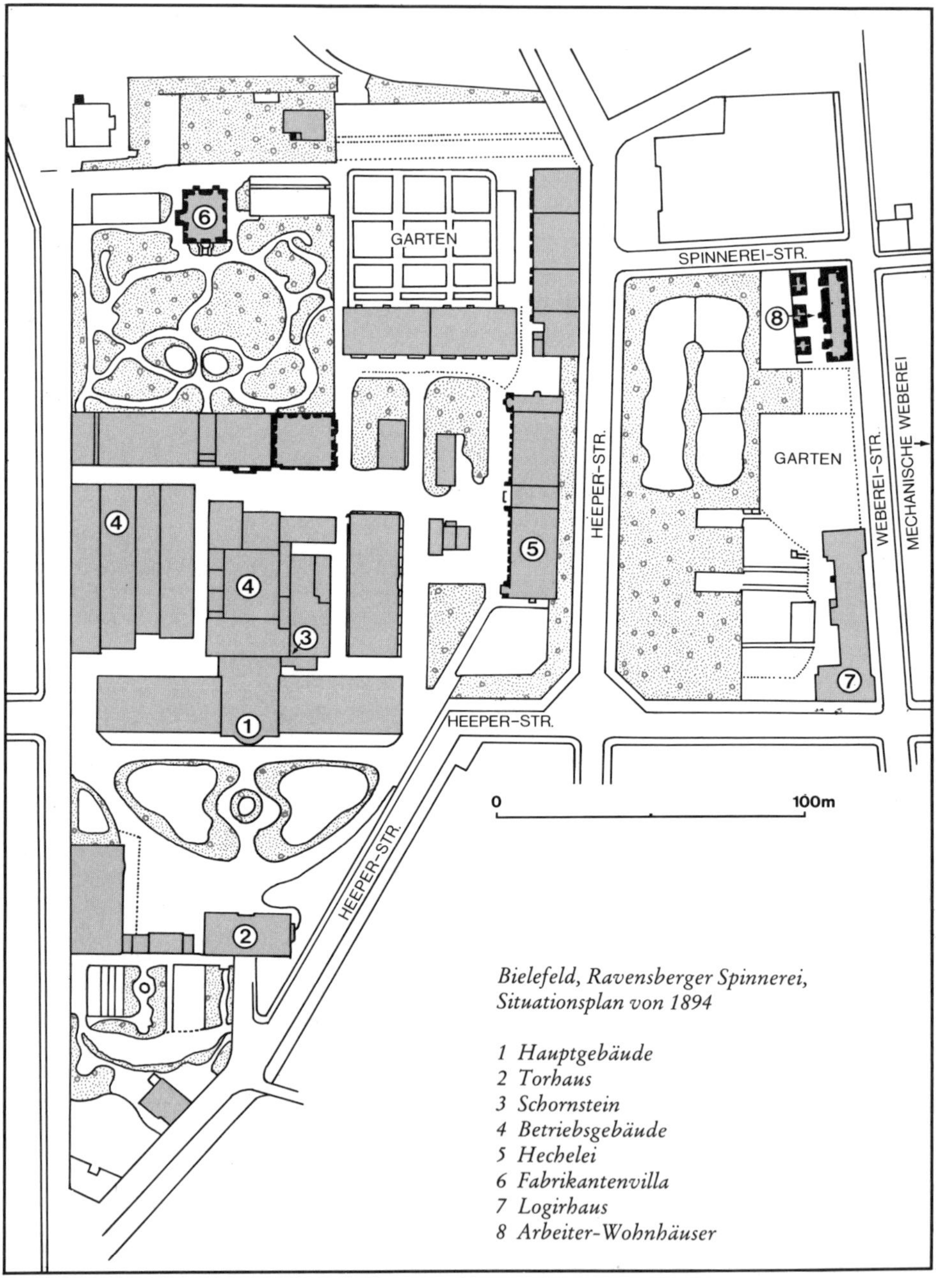

Bielefeld, Ravensberger Spinnerei, Situationsplan von 1894

1 Hauptgebäude
2 Torhaus
3 Schornstein
4 Betriebsgebäude
5 Hechelei
6 Fabrikantenvilla
7 Logirhaus
8 Arbeiter-Wohnhäuser

Der benachbarte *Spiegelshof* ist ein Bruchsteinbau mit gerundeten Giebelkanten und halbkreisförmigen Aufsätzen, mit Steinkugeln verziert. Der durch Bauten des Meisters Jörg Unkair beeinflußte Adelshof entstand Mitte des 16. Jahrhunderts. Ihm gegenüber steht die 1755 errichtete *55-Kaserne* (Hans-Sachs-Straße), ein breitgelagerter Massivbau mit barockem Mittelrisalit, um 1850 verändert.

Auf dem Gelände östlich der Stadt, dem Fabriquengarten, bestanden schon im 18. Jahrhundert Bleichen, die der Erzeugung und Verarbeitung des seit dem 16. Jahrhundert geschätzten Bielefelder Leinens dienten. An die frühe Industrialisierung erinnert die 1842 aufgestellte Dampfmaschine (Abb. 31) vor der Fachhochschule Maschinenbau (H.-Bertelsmann-Str. 10). 1854 wurde hier die *Ravensberger Spinnerei* (Heeper Str. 35; Abb. 30) gegründet, deren Fabrikationsgebäude 1855–62 entstanden und eine Produktion mit 22000 Spindeln ermöglichten. Die Spinnerei stellte in der wirtschaftlichen Entwicklung Bielefelds einen wichtigen Schritt dar und war letztlich auch Ausgangspunkt für die Maschinenindustrie (Nähmaschinen!).

Der erste technische Direktor, F. Kaselowsky, Ingenieur und Kaufmann, dürfte für die Gesamtplanung verantwortlich gewesen sein und damit auch für die Übertragung von Formen des 1841/42 erbauten Schlosses Erdmannsdorf in Schlesien – dort war Kaselowsky Werkleiter einer Spinnerei. Wir haben es mit einem Bau klassischer frühhistoristischer Prägung zu tun, an dem sich Klassizismus, Gotik und Romanik verbinden. 1868 konnte eine Fabrikschule errichtet werden, 1869/70 ein Mädchenheim, ferner entstanden 74 Arbeiterwohnhäuser, u. a. an der Webereistraße, sowie ein Logirhaus ebendort. Ergänzt wurde die Anlage durch die Hechelei von 1892

Die 1862–64 nach Entwurf von Ing. Landwehr errichtete Mechanische Weberei (Webereistraße) bot nach Erweiterungen bis 1884 Platz für 900 mechanische Webstühle. Der Bau ist in der Art des Münchner Rundbogenstils gestaltet, er hat bei einer klassizistischen Grundform rundbogige Fenster. Die Mitte ist turmartig überhöht, ebenso sind die Seitenflügel architektonisch betont (heute Kaufhaus).

Zwischen der Webereistraße und der Altstadt stehen an der gleichnamigen Straße die *Dürkopp-Werke* (Produktion von Nähmaschinen, Fahrrädern und Autos), deren Betriebsgebäude sich über mehrere Blocks verteilen und durch Häuserbrücken verbunden sind. Kennzeichnend ist der Hauptbau mit zwei Türmen und klassizistisch-barockisierender Gliederung (nach 1896).

Das *Rathaus* steht noch ganz unter dem Eindruck eines strengen Historismus. Es wurde 1905 nach Entwürfen des Stadtbauamts (Leiter: Ritscher) erbaut. Haupt- und Seitenflügel folgen dem Stil der Renaissance. Das 1901–04 errichtete *Theater* (Entwurf von Bernhard Sehring, Berlin) ist dagegen schon ein frühes Beispiel für die Anwendung schlichter barocker Formen und zeigt zugleich Anklänge an den Jugendstil (Foyerfenster).

Der *Bahnhof* nördlich der Altstadt ist ein Jugendstilbau von 1907–10 aus rustizierenden Quadern. Die jenseits der Bahnlinie anschließenden Viertel gehören zumeist dem beginnenden 20. Jahrhundert an. Leider sind sie durch vielkritisierte Bodenspekulationen gefährdet. Die von der Stadtverwaltung geförderte ›Sanierung‹ hat u. a. den Abbruch der bekannten

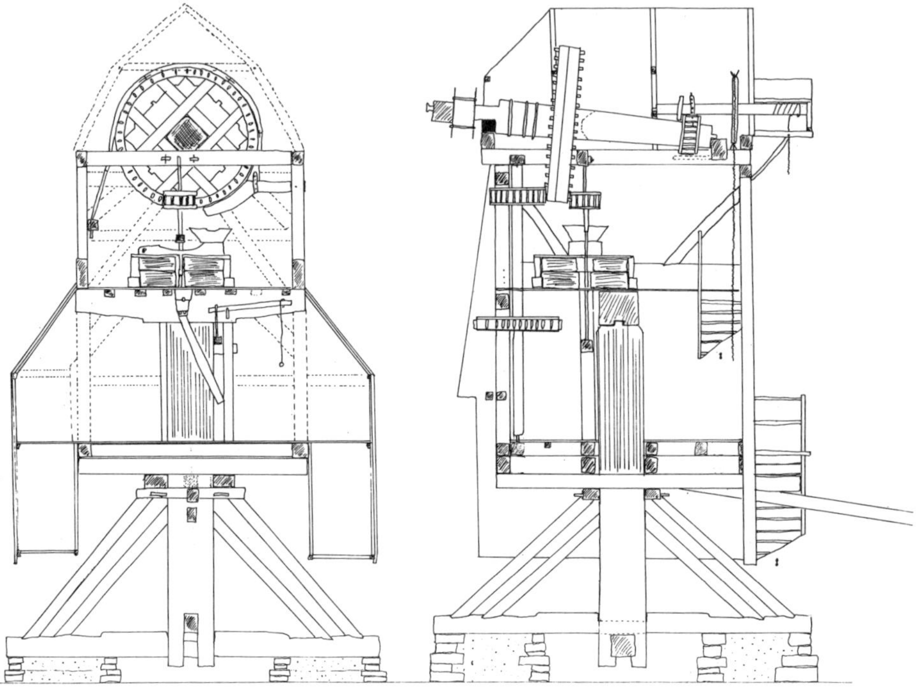

Bielefeld, Bockwindmühle aus Hille, Bauernhofmuseum

Kochs-Adler-Nähmaschinenfabrik (Industriebau von 1896/97) bewirkt. Dennoch handelt es sich bei diesem Stadtteil zwischen Bahnhof, Stapenhorststraße und Siegfriedstraße um das wichtigste historistische Viertel einer ostwestfälischen Stadt. Zuerst wurden die Siegfriedstraße im Nordwesten, die Siechenmarschstraße und die Große Kurfürstenstraße bebaut (bis 1895), zunächst mit kleinen Giebelhäusern (um 1890), im folgenden mit Mietshäusern und Wohnblocks Bielefelder Bauunternehmen (Rolandstraße, Friedrichstraße, um 1900/10), zuletzt mit neubarocken Häusern und Verwaltungsbauten in wieder etwas bescheideneren Dimensionen (z. B. Turmstr. 16, 1913).

Das *Bauernhof-Museum* am Rande der Innenstadt gehört zu den frühesten Bemühungen in Deutschland, Bauernhäuser durch Umsetzung und museale Nutzung zu erhalten. Allerdings kann von einem ›Freilichtmuseum‹ hier kaum gesprochen werden, das Haupthaus des Meierhofes zu Ummeln (1606) stand nach der Wiedereröffnung 1917 zunächst allein und erhielt erst 1935–37 einen Speicher und zwei Mühlen als Nebenbauten. Der Speicher entstand 1795, die pferdegetriebene Bokemühle 1826 und die altertümliche Bockwindmühle 1686, einer der letzten in Westfalen erhaltenen Mühlenbauten dieses Typs (Abb. 32). Der Aufbau eines Backhauses ist geplant.

Stadtoberbaurat Schultz, unter dessen Leitung die Umsetzung des Meierhofes stattfand, trat vor allem als Planer zahlreicher städtischer Bauten hervor, die er in der an den Barock erinnernden Art des Heimatstils schuf. Erwähnt sei neben *städtischen Betriebsgebäuden* und der *Kunstgewerbeschule* (1913) der *Sennefriedhof* mit den zwei Torbauten und der Kapelle, einem antikisierenden Mausoleum (1912).

Zu einem eigenen Stadtteil haben sich die ›Bodelschwinghschen Anstalten Bethel, Sarepta und Nazareth‹ entwickelt, 1867 zunächst nur in einem Bauernhaus (Ebenezer genannt) untergebracht und nicht zuletzt durch die Tätigkeit der drei Anstaltsleiter aus der Familie von Bodelschwingh berühmt geworden. Eine Ausstellung im Fachwerkhaus ›Alt-Ebenezer‹ informiert über die Geschichte Bethels.

Die heutigen Bielefelder Stadtteile Senne und Sennestadt haben ihren Namen von der flachen sandigen Landschaft, die sich nach Süden entlang dem Teutoburger Wald bis zur Paderborner Hochfläche erstreckt. Der sandige Boden liegt an zahlreichen Einschnitten frei und gewährt vor allem Nadelbäumen (Kiefern) gute Wachstumsbedingungen, so daß sich die Sennewälder und -flächen deutlich von der Umgebung abgrenzen.

Seit 1973 ist auch *Sennestadt* Teil Bielefelds. Nach Vorplanung und Wettbewerb seit 1954 wurde ab 1957 die neue Stadt in der Senne unter Leitung Prof. H. B. Reichows und Prof. Eggelings gebaut[7], 1965 erhielt sie Stadtrechte (Sennestadt); Grundsätze waren die Schaffung einer autogerechten Stadt sowie die Trennung von Fahr- und Fußverkehr, daneben auch die Einbindung der Stadt in die Natur. Der planende Architekt, Reichow, sagte selbst über Sennestadt, die Stadt sei »auf die Ansprüche und technischen Möglichkeiten des Autos einerseits und das natürliche Verhalten des Menschen am Steuer andererseits gerichtet«. So entstand seitlich eines bewaldeten, unter Naturschutz stehenden Tales jeweils eine Hauptstraße, von der viele kleine Wohnstraßen abzweigen, so daß auf Kreuzungen zugunsten einfacher Einmündungen verzichtet werden konnte. Der Fußgängerverkehr ist vom Straßenverkehr möglichst getrennt. Sämtliche Straßen sind gekurvt; Kernstück ist der nierenförmig angelegte See mit dem *Rathaus* (Abb. 24) von Reichow (1972–74).

Unter den Kirchen ist vor allem die katholische *St. Thomas-Morus-Kirche* in der Rheinallee bemerkenswert, die 1960–62 nach Plänen des Bielefelder Architekten Alfons Schmidt errichtet wurde. Von der gekurvten und reich durchfensterten Eingangsfassade ist der Kirchensaal zum Altar hin in die Höhe gestaffelt, seitlich mit schmalen Fensterbändern für indirekte Beleuchtung versehen. – Die evangelische *Jesus-Christus-Kirche* wurde 1963–66 nach Plänen von Prof. Oesterlen (Hannover) erbaut.

Im Ortsteil *Windflöte* (Senne I) steht die 1967 entworfene und 1969–71 erbaute *Kirche St. Johannes* (Architekt Paul Krisch), ein interessanter moderner Betonbau mit plastischer Durchgliederung der gestaltenden Elemente. Zwischen Turm und Saal ergibt sich ein kleiner ummauerter Vorhof als Ruheschleuse zwischen Ort und Kirche.

In den Nordpark wurde das unter Einfluß Schinkels errichtete *Gartenhaus* aus der Detmolder Straße umgesetzt, ein Häuschen mit Portikus und Rundbogenfenstern. – Am Rande des Bürgerparks (Stapenhorststraße) steht die *Dr.-Rudolph-Oetker-Halle*, 1929/30 als Stiftung der Familie errichtet. Der kubische Bau verkörpert die Diskussion zwischen

Architekten der Neuen Sachlichkeit und des Expressionismus in den zwanziger Jahren. Die Front gliedert eine rundbogige Pfeilerhalle.

Die *Universität* im Norden der Großstadt ist ein imposanter moderner Baukomplex, von 1972–76 nach Entwürfen der Architekten Helmut Herzog, Klaus Köpke, Peter Kulka, Wolf Siepmann und Katte Töpper (Planung seit 1969) für etwa 13000 Studenten errichtet. Kennzeichnend ist die räumliche Konzentration, durch die die gesamte Universität in einem einzigen Bauwerk zusammengefaßt wird. Das Hauptgeschoß enthält neben der großen Halle die besuchsintensiven Räume, wie Hörsäle, Auditorium Maximum, Mensa, Café und Läden, ferner die Zugänge zu den Institutsblöcken. Das 1. Obergeschoß ist das Bibliotheksgeschoß, während weiter oben die Seminar-, Labor- und Büroräume liegen. Gestalterisch sind die einfach gegliederten Institutsflügel zwischen schlanke massive Türme gespannt; hervorgehoben sind nur wenige Bauteile, wie die verglaste Mensa oder das kompakte Auditorium Maximum mit dem runden Frischluftsauger an der Ostseite. Die Flexibilität des Grundrisses (Versetzbarkeit der Wände innerhalb des Grundrasters) und die Ordnungsprinzipien erinnern an die seinerzeit viel gerühmte ›Marburger Bauweise‹ der in den sechziger Jahren errichteten Naturwissenschaftlichen Institute der Marburger Universität.

Das Dörfchen **Schildesche** ist inzwischen in der Großstadt Bielefeld vollkommen aufgegangen. Die ehemalige Stiftskirche steht inmitten einer noch teilweise erhaltenen Kirchringbebauung aus Fachwerkhäusern, darunter das Haus An der Stiftskirche 5 aus dem 16. Jahrhundert. Der Kirchring wird von einer gepflasterten Straße mit älteren Fachwerkhäusern umgeben. Das adelige Damenstift ist 939 gegründet und 1810 aufgehoben worden. Die einschiffige kreuzförmige *Stiftskirche* aus dem 2. Viertel des 14. Jahrhunderts mit schlankem Westturm von 1869 hat einen geradezu geschlossenen Chor, der innen im Schema eines 5/8-Chorschlusses eingewölbt ist. Er birgt einen figurenreichen Schnitzaltar, der wohl 1501 durch den Bildschnitzer Conrad Borgentrik[8] (Braunschweig) angefertigt worden ist. Über einer Predella mit Darstellung der Marienkrönung und acht weiblicher Heiliger zeigen 18 geschnitzte Tafeln zu seiten einer großen Kreuzigungsgruppe Szenen aus dem Leben Christi, Johannis und Mariä. Die Malereien der Flügelaußenseiten sind stark verloschen. Die Inschrift gibt das Jahr einer ersten Erneuerung (1535) durch J. B. Munsrer an.

Die *Pfarrkirche* des heutigen Bielefelder Stadtteils **Kirchdornberg**, eine einschiffige gotische Dorfkirche mit romanischem Westturm, besitzt einen Schnitzaltar aus der 1. Hälfte des 14. Jahrhunderts mit der Marienkrönung und vier Heiligenstatuen innerhalb einer fünfteiligen Arkatur. Die Kreuzigungsgruppe auf dem Altar gehört sogar noch der Mitte des 13. Jahrhunderts an, während die Predellamalerei spätgotisch ist. Die übrige Kirchenausstattung wurde im 17. Jahrhundert geschaffen, die Kanzel ist 1685 datiert.

Die *Pfarrkirche* der früheren Kreisstadt **Halle** ist im Kern ein Bau des 13. Jahrhunderts, im 15. Jahrhundert und 1886 erweitert, eine dreischiffige Hallenkirche mit gerade geschlossenem Chor. Sie wird von einer Kirchringbebauung aus Fachwerkhäusern des 16. bis 19. Jahrhunderts umgeben (Farbt. 2), wie sie sich in dieser Vollständigkeit nur noch selten erhalten hat (vgl. Delbrück, Enger, Gütersloh, Herzebrock). Eines der Häuser, Kirchplatz

11, zeigt Schnitzereien mit Fächerrosetten und Masken (um 1580). Auch in den anschließenden Straßen stehen noch mehrere bemerkenswerte Fachwerkbauten.

Unweit von Halle liegt oberhalb von *Cleve* die Ruine der *Burg Ravensberg* mit ihrem romanischen, 1836/37 wiederhergestellten Bergfried. Die Burg war Stammsitz der Grafen von Ravensberg.

Gleichfalls bei Cleve steht in der Ebene das *Wasserschloß Holtfeld.* Man biegt von der B 68 in Cleve oder Bödinghausen ab (talwärts), überquert die Bahn, fährt dann nach links, um sich anschließend rechts zu halten; auch von Stockkämpen aus ist das Schloß gut zu erreichen. Das Herrenhaus von 1599–1602 ist ein verputzter Bruchsteinbau mit Kreuzstockfenstern, nur durch Gesimse gegliedert. Lediglich die Giebel sind aus Quadern gemauert. Man hat sie mit Beschlagwerkdekor versehen, durch den sich eine vollständige Ornamentfläche ergibt, der südliche Giebel mit moderneren Formen. Der rechteckige, wohl von Johannes von Brachum errichtete Bau mit einem quadratischen Eckturm sowie einem Erker hatte ursprünglich auch einen Treppenturm. Am Fenster neben dem Eingang sehen wir 32 Wappen. Eine derartige Ahnengalerie ist typisch für die Renaissance. Das turmartige Torgebäude in der Reihe der äußeren Wirtschaftsgebäude entstand 1705, das innere mit bossierten Quadern 1632. Der Vorhof, einst auch von einer Gräfte umgeben, wird von Wirtschaftsgebäuden eingefaßt, darunter ein Fachwerkbau mit Fächerrosetten (Ende 16. Jh.).

Das dreiflügelige *Wasserschloß Tatenhausen* (Farbt. 6) bei Halle wurde 1540 in Anlehnung an Formen des Baumeisters Jörg Unkair errichtet, ist vielleicht sogar ein Werk von ihm. Dafür mag die frühe Verwendung von Treppentürmen im Hofwinkel sprechen, deren Fenster dem Treppenverlauf entsprechend schräg geschnitten sind. Typisch für Unkair sind besonders die gekurvten Giebel mit Kugelbesatz. Der Westflügel wurde 1740 verändert oder hinzugefügt. Gleichzeitig entstand das gut gegliederte dreigeschossige Torhaus, dessen Durchfahrt von einem Risalit hervorgehoben wird (Abb. 34). – Im angrenzenden Schloßpark steht das von Johann Conrad Schlaun um 1738 erbaute Treibhaus, später zum Wohnhaus umgebaut, mit ovalem Mittelsaal. Die reich durchfensterte Vorderseite ist weitgehend in Fachwerk konstruiert, heute jedoch verputzt und blau gestrichen.

Zwischen den Schlössern Tatenhausen und Holtfeld liegt **Stockkämpen** einsam im Wald. Außer der kleinen 1690–96 durch beide Schloßherren errichteten Kirche, einst auch Sitz einer Franziskanerniederlassung, stehen noch mehrere Gebäude, darunter die Schule aus dem frühen 19. Jahrhundert, ein Wohnhaus von 1848 und das 1842 nach Entwurf von Friedrich August Ritter erbaute Mausoleum der Grafen Korff-Schmiesing mit einer dreibogigen gotisierenden Eingangshalle.

Rheda, Reckenberg und Rietberg

Das Gebiet des heutigen Kreises Gütersloh setzt sich aus drei verschiedenen historischen Territorien zusammen, nämlich der *Herrschaft Rheda,* die durch Erbgang später an die Grafen von Bentheim-Tecklenburg gelangt war, dem osnabrückischen *Amt Reckenberg* (Hauptstadt Wiedenbrück) und der *Grafschaft Rietberg.*

Am Rande des gleichnamigen Ortes liegt das bis 1616 errichtete *Jagdschloß* **Holte** (Ft. 7). Das einflügelige Wasserschloß hat an der Frontseite zwei rechteckige Seitentürme und einen polygonalen mittleren Treppenturm. Es ist von einer niedrigen Hofbebauung mit ehemals sechs kleinen Ecktürmen umgeben. Die Gesamtanlage nach geometrischem Grundplan ist eigenwillig und selbst für die späte Renaissance ungewöhnlich. – Die Zufahrtsbrücke (um 1840) wird von spätklassizistischen Eisengußgittern gerahmt, mit geflügelten Drachen verziert, Produkte der 1839 gegründeten und unmittelbar gegenüber dem Schloß gelegenen Holter Eisenhütte. Das Schloß war 1822 an F.L. Tenge aus Niederbarkhausen bei Oerlinghausen übergegangen, den Gründer der Gießerei. Der Schwiegersohn Tenges, Julius Meyer, Leiter der Gießerei, stand in Kontakt mit den führenden Persönlichkeiten der Revolution von 1848, u. a. mit Karl Marx. Meyer beherbergte im Schloß ›Anarchisten‹ wie Robert Blum und Georg Herwegh. Die Holter Eisenhütte wurde inzwischen stillgelegt, ihre Gebäude sind weitgehend abgebrochen.

Der erst 1825 zur Stadt erhobene Ort **Gütersloh** hat nur einen kleinen Teil seiner einst reizvollen dörflichen Bebauung bewahren können, die fast völlig von der Stadt aufgesogen worden ist. Bemerkenswert ist der Kirchring mit älteren Fachwerkhäusern (Umschlagvorderseite, Farbt. 13), benachbart einige klassizistische Bauten. Die Kirche wurde nach Kriegszerstörung wieder aufgebaut.

Die evangelische *Martin-Luther-Kirche* (Abb. 35) ist ein neugotischer Hallenbau von 1857–61, nach Plänen von Christian Heyden (Barmen) errichtet. Rundpfeiler mit vier Diensten trennen die Seitenschiffe ab, die durch umlaufende Emporen unterteilt sind. Die Fassade wird durch den schlanken Westturm betont, dessen oberstes Geschoß auf achteckigem Grundriß von Schwibbögen gestützt wird.

Wenig abseits der Bundesstraße 64 nach Münster überrascht das Dörfchen **Herzebrock** mit seinem geschlossenen malerischen Kirchplatz, in den ein Torbau des 18. Jahrhunderts führt.

Die meisten der Ringbauten sind aus Fachwerk, sie entstanden im 17. und 18., teilweise im frühen 19. Jahrhundert.

Die *Pfarrkirche*, ehemals Stiftskirche eines 860 gegründeten Kanonissenstifts, wirkt auf den ersten Blick wie ein gotisierender Bau der letzten Jahrhundertwende. Jedoch nur die Seitenschiffe und das Querhaus entstanden 1901, während das Mittelschiff mit auffälligem spätgotischem Netzgewölbe aus dem Jahre 1474 stammt, an einen Westturm des 12. Jh. angelehnt. Der geschnitzte Hochaltar ist ein Werk der Gotisierung um 1900. Das barocke Orgelgehäuse entstand 1699. Eine bemerkenswerte Kreuzigungsgruppe steht auf dem baumbeschatteten Kirchplatz. – Von den Gebäuden des 1803 aufgehobenen Benediktinerinnenklosters (seit 1209) bestehen noch das Abtei- sowie das Konventshaus (1696 bzw. 1703).

1133 wurde von Cappenberg aus ein Doppelkloster der Prämonstratenser in Lette gegründet, wo jedoch nur ein Teil der romanischen Klosterkirche St. Vitus erhalten ist. Bereits 1138/39 verlegte man das Männerkloster nach **Clarholz**. Bei der päpstlichen Bestätigung 1146 war die Kirche *St. Laurentius* schon im Bau, vielleicht sogar weitgehend vollendet. Sie besteht aus dem eindrucksvollen geschlossenen Westriegel, an den eine dreischiffige Basilika mit Querhaus, Chor und zwei Nebenapsiden angeschlossen wurde. Als im ersten Drittel des 14. Jahrhunderts die Umwandlung in eine Hallenkirche erfolgte, blieben die Außenmauern bis auf den Chorschluß erhalten. Man stockte sie auf und stützte die gotischen Kreuzrippengewölbe durch tonnenartige Rundpfeiler ab. Aus dieser Zeit kann man heute noch die farbige Ausmalung der Kirche bewundern. Vor allem die Gewölbe in Chor und Querhaus sind bemerkenswert: Die Schlußsteine werden von einzeln oder paarweise angeordneten Figuren gerahmt: Adler, Drachen, Hähne, Löwen, Kraniche, Einhorn, kämpfende Fabelwesen und ein Affe mit Spiegel als Symbol der menschlichen (weltlichen) Eitelkeit. Die Darstellung steht unter dem Einfluß niedersächsischer klösterlicher Kunst und – von dort vermittelt – auch unter dem Eindruck orientalischen Kunstgewerbes. Das marmorierend bemalte Chorgestühl entstand um 1670/80, der Orgelprospekt spätestens 1740.

Das *Propsteigebäude* südlich der Kirche (1706), ein barocker Bau mit Freitreppe, wurde nach der Säkularisation (1803) Schloß der Fürsten zu Bentheim-Tecklenburg.

Als Tochtergründung des Klosters Hardehausen entstand ab 1185 das **Zisterzienserkloster Marienfeld** zwischen Gütersloh und Harsewinkel, einzige erhaltene Kirche des Ordens in Westfalen (ausgenommen Kirchen der Zisterzienserinnen). Zu den Gründern zählen Wedekind (Widukind) von Rheda, Bernhard II. zur Lippe, die Grafen von Schwalenberg und der münstersche Bischof Graf Hermann II. von Katzenelnbogen. Der Kirchenbau dürfte etwa um 1200 begonnen worden sein, 1222 fand die Weihe statt. Die *Klosterkirche* (Abb. 42) gehört nicht nur zu den eigenwilligsten Zisterzienserkirchen, sondern hat auch im Übergang von der Romanik zur Gotik große kunstgeschichtliche Bedeutung; so hat sie seinerzeit erhebliche Wirkung ausgestrahlt, u. a. auf die Marienkirche in Visby (Gotland). 1803 hob man das Kloster auf.

Das turmlose Äußere vermittelt den Eindruck einer dreischiffigen Basilika, teils mit gotischen und teils mit barockgotischen Fenstern. Der gerade Ostabschluß wird durch die

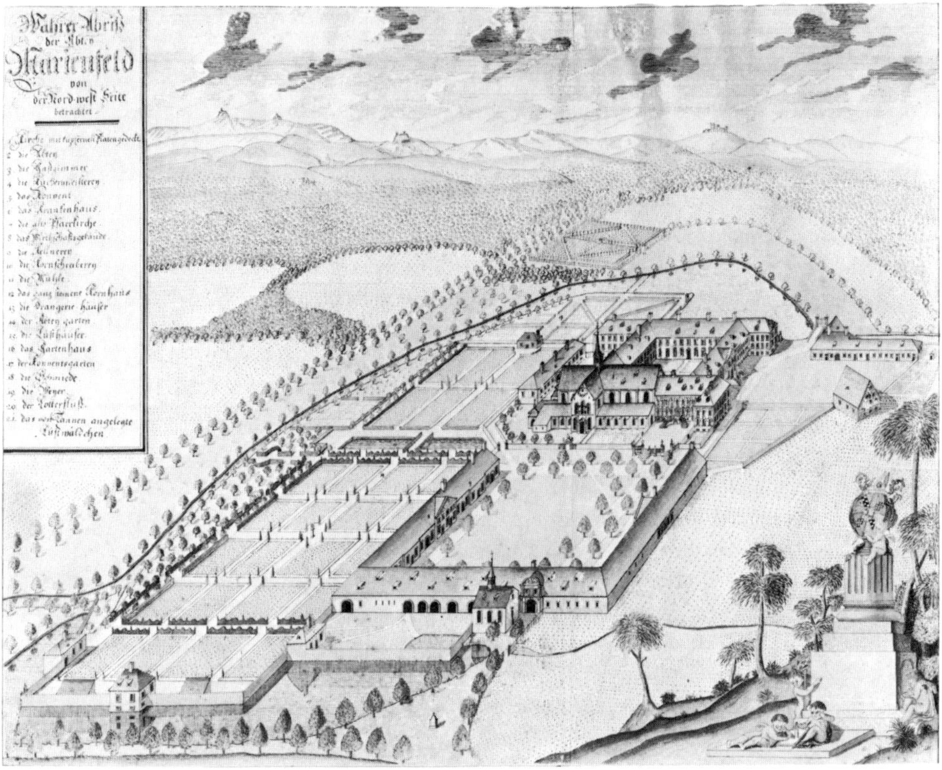

Kloster Marienfeld. Kolorierte Federzeichnung, 1812

Sakristei und zwei Seitenkapellen mit welschen Hauben verlängert. An den Giebeln fallen Rundfenster und Blendarkaden auf.

Wir betreten die tatsächlich nur einschiffige kreuzförmige Kirche von Norden, durch das nördliche Querhaus. Der Bau weicht vom klassischen Schema der Basilika ab – entgegen den Gewohnheiten fehlt ein zweites Seitenschiff zugunsten des Kreuzgangs, und auch das nördliche Seitenschiff nahm ursprünglich nur die zwei westlichen der drei Joche ein, während zum Querhaus hin eine Kapelle folgte. Der Chor von eineinhalb Jochen Länge ist von je drei Kapellen eingefaßt, so daß wir es keineswegs mit einer dreischiffigen Kirche zu tun haben, wie ein Blick auf das Äußere vermuten lassen konnte.

Das Mittelschiff ist durch ein umlaufendes Gesims in zwei Zonen aufgeteilt, Arkaden- und Gewölbezonen haben gleiche Höhe, seinerzeit außerordentlich ungewöhnlich. Die Joche sind mit Domikalgewölben geschlossen, aus Backsteinen ringförmig aufgemauerten kuppelartigen Gewölben, die sich auch in den Domen in Minden, Münster und Osnabrück finden. Gewölberippen gibt es hier zum ersten Mal in Westfalen (kurz darauf in der Kapelle in Rheda) nur im östlichen Langhausjoch in traditioneller Weise aufgemalt, sonst aber plastisch. Sie werden von abgekragten Diensten unterstützt, deren Konsolen reiches frühgotisches Blattwerk zeigen (Kelchblockkapitelle mit Knospen). Die freigelegte und wiederhergestellte Farbigkeit unterstreicht die ursprüngliche architektonische Gliederung, indem helle Streifen Bezug auf die einstigen Fenster nehmen. Diese waren einzelne, zu zweit oder zu dritt angeordnete rundbogige Wandöffnungen, im Querhaus mit Säulchen in den Fensterlaibungen. Die Architektur verrät schon in vielen Einzelheiten den Einfluß gotischer Formen nach französischem Vorbild, so daß die Klosterkirche teilweise als erste (früh-)gotische Kirche in Deutschland angesehen wird.

Von baugeschichtlichem und historischem Interesse sind die Stiftergrabmäler. Obwohl der Zisterzienserorden Grablegen in der Kirche zunächst ablehnte, konnte er sich langfristig nicht dagegen verschließen. Um 1200 war es bereits Adligen möglich, einen Begräbnisplatz im Kloster zu finden, wenn sie mit diesem näher in Verbindung standen. In Marienfeld sehen wir mehrere solcher Grabdenkmäler. Die Grabplatte des Bischofs Hermann II. von Münster ist ein archaisches Kunstwerk, bei dem Figur und Inschrift in eine trapezförmige Platte eingeritzt sind. Ursprünglich lag sie im Hochchor, wie die Aussparung im alten Ziegelfußboden dort erkennen läßt (um 1250), jetzt befindet sich die Platte im Südquerhaus. Mit der Plazierung dieses Grabdenkmals verbindet sich auch der Wunsch des Klosters nach Legitimation durch die Person des Bischofs. Die beiden plastischen Platten der Grafen von Rheda, die eine als Wedekind von Rheda bezeichnet, die andere nur durch das Wappen zu identifizieren und neuerdings als Familien-Erinnerungsstätte gedeutet, können wohl in der Tradition der Hochgräber gesehen werden, wie wir sie an jüngeren Beispielen aus der Bielefelder Marienkirche kennengelernt haben. Sie gehören der 2. Hälfte des 13. Jahrhunderts an und sind heute in die Fensterbänke der südlichen Chorkapelle und des Nordquerhauses gelegt. Die Denkmäler, bis zu hundert Jahre nach dem Tod der Dargestellten geschaffen, dokumentieren die Verbindung zwischen diesen Adligen und dem Kloster. Vor der südlichen Chorkapelle sehen wir auch die Grabplatte des Ritters Serk von Baak. Die Jahreszahl 1383 bezieht sich auf den Tod seiner ersten Frau, doch die Platte entstand erst 1400.

Wesentlicher Bestandteil der klösterlichen Ausstattung sind die seitlichen Chorschranken, einst ergänzt durch einen Lettner, der den Laienraum vom Mönchschor abtrennte. Sie werden durch einen spätgotischen Maßwerkfries bekrönt und schließen einen Sakramentsturm mit ein. In dieses Ensemble gehörten früher auch die heute im Langhaus verstreuten Sitzstatuen sowie zwei steinerne Altäre, von denen der Passionsaltar in der Kirche erhalten ist, während sich der Antoniusaltar im Landesmuseum für Kunst- und Kulturgeschichte (Münster) befindet.

Nach der Aufhebung des Klosters diente St. Marien als Pfarrkirche, so daß die bedeutende Ausstattung erhalten blieb. Hierzu gehört vor allem die Orgel, die als die großartigste in Westfalen gilt. Sie ist ein Werk des Orgelbauers Johann Patroclus Möller (1745–51) und zeigt die für ihn charakteristische Art der Höhen- und Tiefenstaffelung (vgl. Borgentreich und

Marienmünster). Die Breite des Mittelschiffs wird voll ausgenutzt, indem die Orgel nur äußerst schmale ›Ohren‹ erhalten hat.

Die Kanzel ist ein großartiges Schnitzwerk der Jahre bis 1728, gleich alt mit dem Hochaltar und den Beichtstühlen. Die Kanzelbrüstung nehmen die Evangelisten ein, ferner Christus, auf dem Schalldeckel sitzen die vier Kirchenväter, über ihnen Gottvater. Den Fuß bildet ein Erzengel, und am Aufgang steht u. a. eine Madonna.

In **Rheda** wenden wir uns dem *Schloß* zu. Am Beginn der Schloßzufahrt über den alten gepflasterten Steinweg steht das fürstliche Witwenpalais von 1766. Das Schloß selbst ist umgeben von dem Schloßgraben und der Ems samt einem Nebenarm, so daß sich eine doppelte Wassergraben-Sicherung ergibt. Den Flußlauf hat man zugleich für eine Doppelmühle nahe der Zufahrt genutzt. Gegenüber der Kornmühle, einem Fachwerkbau von 1772, steht die ältere Ölmühle. Das Tor zum Wirtschaftshof, mit einem barocken Eisengitter, wird von eingeschossigen Fachwerkbauten gerahmt, dem Komödienhaus und der Kanzlei von 1780. Für die Wirkung des Schlosses sind die beiden Türme bestimmend. Der nordöstliche Wohnturm ist vielleicht im Kern noch älter als der Kapellenturm, möglicherweise hat sich in ihm ein Rest der ursprünglichen Burganlage, einer ›Motte‹ (Turmburg auf künstlichem Erdhügel) erhalten, die spätestens im 13. Jahrhundert auf die heutige Ausdehnung vergrößert wurde. Der bedeutende Tor-Kapellenturm (Anmeldung zur Besichtigung: ✆ 05242/44232) nahe dem Schloßtor entstand um 1230 und gehört zu den eigenwilligsten Architekturwerken Westfalens. Er ist viergeschossig und nimmt in der Mitte eine doppelgeschossige Kapelle auf (Abb. 40). Der innere Teil der Kapelle erstreckt sich auf einer Breite von zwei Jochen über beide Geschosse, an drei Seiten von Emporen hinter kräftigen Pfeilern eingefaßt und an der vierten Seite mit dem Treppenaufgang versehen. Die Westseite wird durch ein Rundfenster mit einbeschriebenem Vierpaß erleuchtet, eine Drei-Bogen-Stellung auf Löwensockeln trennt hier die Außenwand vom inneren Kapellenraum. Dahinter führt eine symmetrische doppelläufige Treppe zum oberen Kapellengeschoß. Die Ostseite erhellt ein rund gefaßtes Sechspaßfenster, durch eine Arkade gerahmt. Das Innere der Kapelle (Abb. 41) besteht aus zwei kreuzrippengewölbten Jochen, im Osten befindet sich der Altarraum mit seitlichem Herrschaftssitz über der Sakristei. Voneinander getrennt werden die Joche durch Wandpfeiler mit gebündelten Vorlagen. Der Turm zeichnet sich durch die frühe Verwendung des Backsteins für verputzte Mauerflächen (Hofseite und Gewölbe) aus, ähnlich der 1222 geweihten Abteikirche Marienfeld. Mit dieser Klosterkirche bestehen auch künstlerische Zusammenhänge, wobei die Vorbilder für die Ornamentik im Rheinland und die für den Bautyp wohl in Frankreich zu suchen sind. Als Torturm (Durchfahrt vermauert) war dieses Bauwerk damals bereits Teil einer größeren Burganlage. – Der mit einer Balkongalerie versehene gewinkelte Flügel mit der heutigen Tordurchfahrt ist ein später Renaissancebau (1612), am Giebel noch mit spärlichen Bänder-Ornamenten (Tor 1719 erneuert); der breit gelagerte Südflügel entstand 1745–47 nach Plänen von Ingenieurmajor Treu. Die Stukkaturen im großen Saal schuf Joseph Geitner aus Münster (bis 1754), bemerkenswert sind darüberhinaus die Bildtapeten. Die Tapetenfolge ›vue de Suisse‹ wurde

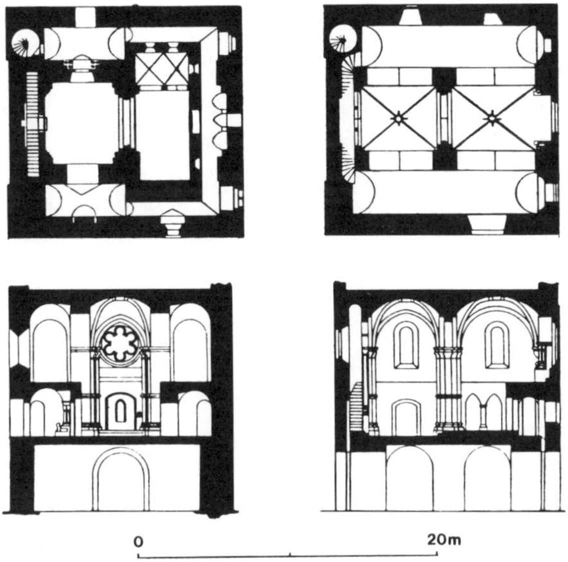

Rheda, Kapelle im Schloß, Grundrisse von Unter- und Obergeschoß, Querschnitt und Längsschnitt

in der Manufaktur J. Zuber & Cie. in Rixheim (Elsaß) 1804 herausgegeben (Entwurf: A. B. Mongin, 1761–1827)[9]; sie zeigt die schweizerische Alpenlandschaft mit Matterhorn und Teufelsbrücke und gehört zu den erfolgreichsten Tapetenproduktionen dieser Zeit (Abb. 39). – Die eindrucksvolle doppeltürmige *Clemenskirche* im rheinisch-romanischen Stil entwarf der Mainzer Architekt Ludwig Becker (1910/11). Das *Mausoleum* der Fürsten zu Bentheim-Tecklenburg auf dem Friedhof entwarf 1830 der Architekt Althoff.

Mit Rheda bildet das nur wenige hundert Meter entfernte **Wiedenbrück** heute eine Doppelstadt. Der Ort war einst berühmt für das geschlossene Bild seiner Altstadt mit langen Reihen giebelständiger Fachwerkhäuser zwischen den Plätzen um Rathaus, St. Ägidius und St. Ursula. Der seiner inneren Ausstattung wegen bedeutende *Schönhof* wurde wegen einer Straßenverbreiterung 1968 an das Westfälische Freilichtmuseum Detmold abgegeben. Noch immer ist die Zahl der Häuser mit interessanten und z. T. sehr aufwendigen Schnitzereien recht hoch. Zu einer Häusergruppe am Marktplatz neben dem Rathaus gehört ein großes, 1635 errichtetes *Eckhaus* (Lange Straße 38), dessen marktseitiger Giebel übereinander sechs Verkragungen zeigt, die Gebälke mit Zahnschnitt versehen. Neben dem *Rathaus* steht der *Ratskeller* (Markt 11) von 1560, mit für Wiedenbrück typischen Schnitzereien an den gekurvten Fußbändern des Fachwerks. Dargestellt sind Fabelwesen wie Drachen, darunter auch zwei kopulierende Tiere und ein Mann, der einer Frau unter den Rock greift. Der Bibelspruch (Jesaias 5 V.11) warnt vor jenen, die des Saufens sich befleißigen und Hurenfreuden lieben (... LEVET HVANFROVDN ...). Gleichfalls gegenüber dem Rathaus befindet sich die *Marktapotheke*, ein verschieferter klassizistischer Fachwerkbau mit außergewöhnlichem Portal (Abb. 38). Das *Haus Kirchplatz 1,* neben dem Westturm der Pfarrkirche St. Ägidius, aus der Mitte des 16. Jahrhunderts ist ebenfalls mit figürlichen Schnitzereien versehen, am Giebel gibt es Schnitzereien und Backsteingefache mit Ziersetzungen. Der Utluchtvorbau von 1610 belegt den Wunsch, Wohnräume vom hinteren Teil des Hauses an die Straßenseite vorzuziehen.

Am durch Abbruch vergrößerten Marktplatz steht noch ein Haus von 1567 (In der Halle 2; Abb. 37), mit Fächerrosetten der Renaissance, einst mit hoher Utlucht; das benachbarte Eckhaus ist noch eine Generation älter. Mehrere Bauten mit eindrucksvollen Giebeln und aufwendigen Detailgestaltungen finden sich noch in der *Langen Straße,* besonders Nr. 27–31, eine der wenigen zusammenhängenden Baugruppen Wiedenbrücks. Das Haus Lange Straße 93 (1559; Farbt. 15) hat unter dem Dachgeschoß verzierte Knaggen mit der Darstellung biblischer Szenen, wie der Gute Hirte, die Opferung Isaaks, die Empfängnis Mariä und Adam und Eva. Die Knaggen im Giebelbereich stammen von dem abgebrochenen Haus Mönchstraße 154 und wurden hier 1965 eingefügt (1595), das Madonnenbild ist

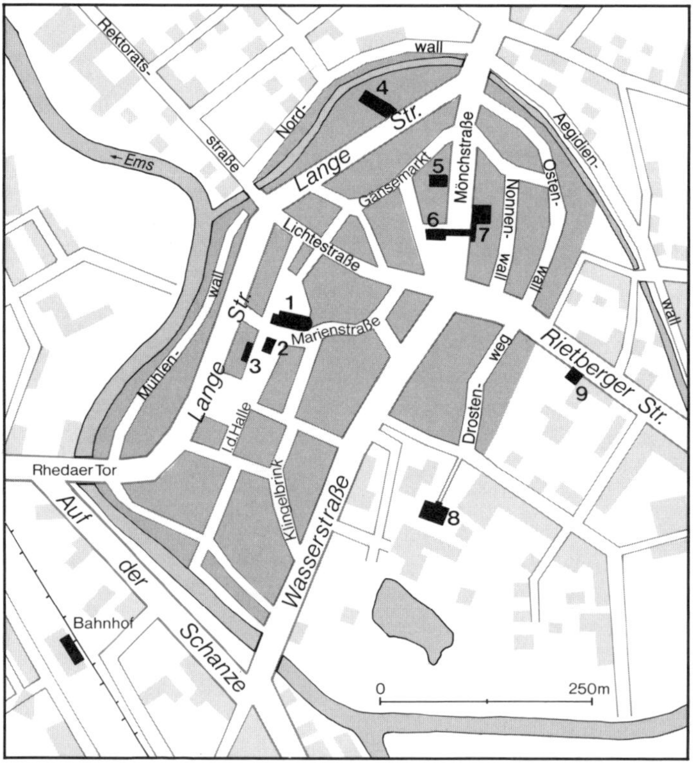

Wiedenbrück

1 Pfarrkirche St. Ägidius
2 Rathaus
3 Ratskeller
4 Haus Lange Str. 93
5 Haus Mönchstr. 8
6 Franziskanerkirche St. Ursula
7 Franziskanerkloster
8 Amtshaus Reckenberg
9 Haus Rietberger Str. 8

Wiedenbrück. Amtshaus Reckenberg. Kupferstich von Nikolaus Mettel nach J. M. Metz, um 1760

modern. In der Mönchstraße (Nr. 8) nahe dem Franziskanerkloster finden wir einen verzierten Bau von 1576.

Die Häuser Wiedenbrücks sind zwei- oder dreischiffig, im hinteren Teil haben sie wie Bauernhäuser eine breite Flettküche und ein Kammerfach oder aber eine schmale Küche neben einem unterkellerten Saal wie viele Patrizierhäuser. – Ein sehr eindrucksvoller Bau steht außerhalb der Innenstadt in der *Rietberger Straße* (6/8). Dieses Doppelwohnhaus von 1904 mit einem Fachwerkgeschoß über massivem Unterbau ist mit außergewöhnlichen gotisierenden Maßwerkschnitzereien verziert und gehört zu den seltenen besonders qualitätvollen historistischen Fachwerkhäusern.

Wiedenbrück war bis 1815 Hauptort des osnabrückischen Amtes Reckenberg und wurde 1815/16 mit der Herrschaft Rheda und der Grafschaft Rietberg zusammengefaßt. Das Amtshaus Reckenberg im Südosten der Stadt ist ein bescheidener barocker Bau von 1726, mit zwei kleinen neubarocken Pavillons (Anfang 20. Jh.) bildet es eine kleine Baugruppe.

Die alles überragende *Pfarrkirche St. Ägidius* ist eine der fünf Urpfarrkirchen des Bistums Osnabrück. Die heutige Hallenkirche mit Querhaus des 13. Jahrhunderts und Langhaus aus den Jahren ab 1502 wurde im Dreißigjährigen Krieg beschädigt, eine Kanonenkugel am

Mittelfenster des Nordseitenschiffs erinnert an diese Geschehnisse. Die Ostteile mußten 1878/79 nach Einsturz 1869 weitgehend erneuert werden, wobei man alte Teile (Portal) wiederverwendete. Der Turm entstand 1848–51 nach dem Vorbild des südlichen Osnabrükker Domturmes.

Die Ausstattung der Kirche stammt teilweise aus der Bauzeit der Halle: Das Sakramentshaus von 1504 ist ein schlanker Turm mit hohem Fialenaufbau. Der etwa gleich alte Taufstein zeigt an den Seiten biblische Szenen innerhalb einer reichen Maßwerkumrandung mit fast manieristisch gebogenen Maßwerkfialen. Aus Stein gehauen ist schließlich auch die Kanzel, 1617 von Moritz von Amelunxen aus Haus Außel gestiftet, eine bedeutende Leistung des beginnenden Barock. Sie wird dem Osnabrücker Bildhauer A. Stenelt zugeschrieben. Die Szenen stellen dar: Sündenfall, Vertreibung aus dem Paradies, Opferung Isaaks, die eherne Schlange; am Kanzelaufgang: Verkündigung, Geburt Christi, Pfingsten und Himmelfahrt Christi; am Kanzelfuß: sitzender Abraham. An einem Seitenschiffspfeiler sehen wir eine ansprechende Plastik Christus als Schmerzensmann (Abb. 36). Zu den jüngeren Ausstattungsstücken zählen die Glasfenster, in der rechten Nebenapsis ein Medaillonfenster mit dem Leben Christi (1878), die Orgel aus der Zeit nach der Kirchenerneuerung Ende 19. Jahrhundert (mit Teilen des 17. Jh.) sowie der Hochaltar, 1942 von Bildhauer H. Püts.

Die nahe gelegene ehemalige Marienkirche, jetzt *Franziskanerkirche St. Ursula* neben dem ab 1667 errichteten *Franziskanerkloster* an der Mönchstraße, ist seit 1644 im Besitz dieses Ordens. Sie ist bereits 1470 eingeweiht worden und diente zunächst als Pfarrkirche der gegen 1250 gegründeten Neustadt. Charakteristisch sind die gedrungenen Maßverhältnisse; das dreischiffige Langhaus mit Hallen-Querschnitt ist kürzer als breit.

Zur Ausstattung gehört im Chor ein Vesperbild aus dem späten 15. Jahrhundert, zu dem mehrfach Prozessionen durchgeführt wurden. 1859 verlieh Papst Pius IX. Ablaß für alle Pilger, die zum Gnadenbild kamen. – Der rechte Seitenaltar, dessen Mittelstück die Beweinung Christi durch Maria (also auch ein Vesperbild) zeigt, ist in Zusammenhang mit den Jesuiten entstanden, die um 1627 für einige Zeit in Wiedenbrück weilten. Das Relief in der Giebelbekrönung des Altars (Krönung Mariens) wird von Ignatius von Loyola und Franziskus Xaverius gerahmt. Die Glasgemälde entstanden 1899. – Das Denkmal des betenden Landmanns schuf Bernhard Heising 1903.

Im Jahre 1902 bezogen 24 Benediktinerinnen das neue *Kloster* in **Varensell** zwischen Gütersloh und Rietberg, 1948 zur Abtei erhoben. Fünfzig Jahre nach der ersten Kirchenweihe konnte 1956 eine größere Abteikirche geweiht werden. Der Altbau blieb als Nonnenchor erhalten, dreischiffig und in historistischen Formen kontrastiert er mit der modernen Wandpfeilerkirche, deren ziegelgemauerte Pfeiler und Bögen noch unter dem Eindruck des Expressionismus stehen. Die Ausstattung entwarf das Ordensmitglied Edeltraud Trost.

Das Städtchen **Rietberg** war einst Zentrum der gleichnamigen Grafschaft. Zu Recht wirbt man hier mit den geschlossenen Fachwerk-Giebelfronten. Das Stadtbild mit einer Haupt-

Rietberg, Schloß Eden und Stadtansicht, Kupferstich von Matthäus Merian

achse (Rathausstraße) und einer annähernd ringförmigen Straße ist noch gut erhalten, obwohl jüngst einige Häuser abgebrochen und durch mißlungene Neubauten (teilweise mit Sperrholz-Fachwerk) ersetzt wurden. Gut erkennbar ist auch der Grabenverlauf außerhalb der Ringstraße. Die *Pfarrkirche* aus spätgotischem Chor und Westturm erhielt 1897 ein neues Kirchenschiff. Das *Rathaus* (Farbt. 16) vor der Kirche war ursprünglich ein schlichter Fachwerkbau (1805), später durch die sehr charakteristische überdachte Doppeltreppe bereichert (Mansarddach 1935). Gegenüber führt die Müntestraße zum *früheren Münzgebäude*, gräflicher Verwaltungs- und Witwensitz aus der Zeit um 1720, einem Fachwerkbau mit verputzter Fassade und Freitreppe. Die benachbarten Fachwerkhäuser entstanden zumeist nach Zerstörungen (u. a. 1635) noch im Dreißigjährigen Krieg. Das älteste Haus steht in der Müntestraße 4 (1553), ein schmaler Bau mit Einfahrtstor. Die Häuser Nr. 2 und 6 (1651 bzw. 1624) sind dagegen größer und auch aufwendiger. Müntestraße 11 war einst die Werkstatt des 1749 geborenen Kunsttischlers Philipp Ferdinand Ludwig Bartscher, der u. a. Möbel für den Schönhof in Wiedenbrück erstellte und der bedeutendste Künstler seiner Berufsgattung in Ostwestfalen war.

Die *Franziskanerkirche* von 1618–29 (am östlichen Stadtrand) wurde 1725 um zwei Joche nach Westen verlängert. Auf Wandpfeilern bzw. runden, vor die Wand gestellten Säulen ruhen gotisierende Kreuzrippengewölbe (1898). Der Hochaltar Joh. Kotmanns (1629) mußte nach Beschädigung 1635 erneuert werden, die beiden Seitenaltäre wurden 1644 geweiht. Die Reliefs zeigen auf dem linken die Anbetung der Madonna, auf dem rechten die Stigmatation des hl. Franziskus – der Körper des Franziskus weist die Wundmale Christi auf. Die Kanzel entstand 1698, das Chorgestühl 1729/30 und der Orgelprospekt 1747.

Südlich Rietbergs stand bis 1804 das *Schloß Eden* des Grafen von Rietberg, ein wichtiger Renaissancebau. Die einst großartige Anlage bezeugen heute nur noch ausgedehnte Weiher sowie ein einfacher Wirtschaftshof. Gegenüber der Schloßauffahrt steht an der B 64 die *Kapelle St. Johannes Nepomuk* (1747/48), unter Leitung des Tiroler Maurermeisters Franziskus Falck aufgeführt. Die Pläne stammen von einem unbekannten Architekten aus

Böhmen[10]. Der überschlemmte Ziegelbau mit Pilastergliederung hat einen ovalen Zentral-Grundriß mit teils konkav, teils konvex geschwungenen Haupt- und Diagonalfronten, in seiner Kompliziertheit an Kirchengrundrisse Borrominis erinnernd. Der Hochaltar mit einer bekrönenden Nepomukstatue ist ein Werk des Kölner Hofbildhauers Joseph Guidobald Licht. Der Gesamtausbau mit Deckenstuck und Wappenstein am Portal konnte 1751 abgeschlossen werden. Zur Kapelle führt ein Weg mit sieben Bildstöcken (1749), wohl von J. G. Licht.

Das einzeln zwischen Langenberg und Wiedenbrück stehende frühere Wasserschlößchen **Haus Außel** (1580) ist ein Fachwerkbau, dessen Ecken durch kleine turmartige Pavillons betont werden. Einst muß der Gesamteindruck des Hauses noch großartiger gewesen sein, als alle Brüstungsgefache mit geschnitzten Platten versehen waren, die sich nur noch zum Teil bis heute erhalten haben. Die volkskundlich interessanten Schnitzereien zeigen Musikanten, Bauern, die ein Feld bestellen, die Heimkehr von der Jagd, die Jagd selbst, einen Armbrustschützen, der auf einen Wolf schießt, während dieser eine Gans reißt, kämpfende Männer sowie das Strebkatz-Spiel (›Luderziehen‹): Dabei haben zwei Männer einen Ring um den Hals gelegt und versuchen, den Gegner mit dem Kopf heranzuziehen. Das Spiel gilt als Landsknechtsspiel – in der Mitte zwischen den beiden ›Spielern‹ brennt häufig ein Feuer (vgl. Soest, Petrikirchhof 8).

Im Innern besteht das Haus aus einer hohen säulenunterteilten Halle und seitlichen unterkellerten Sälen. Dieser dreiteilige Grundriß ist vor allem für Landschlösser in Hessen typisch. Im Obergeschoß gibt es Reste einer reich bemalten Balkendecke und einen einfachen barocken Festsaal.

Am Hellweg von Soest bis Paderborn

Soest

Der Ort besteht wohl schon seit dem 7. Jahrhundert inmitten der Soester Börde am *Hellweg*, einer wichtigen Fernverkehrsstraße des Mittelalters, heute Bundesstraße 1. Die vor 1179 angelegte Stadtmauer umschließt eine Fläche von etwa 100 ha (zum Vergleich: Lemgo 34 ha). Soest gehört damit zu den großen und wirtschaftlich mächtigen Städten des Mittelalters und der frühen Neuzeit. Trotz erheblicher Zerstörung im Zweiten Weltkrieg (62% der Altstadt vernichtet) ist Soest noch immer reich an bedeutenden Baudenkmälern aus Stein ebenso wie an einfacheren, das Stadtbild prägenden Fachwerkhäusern.

Die Stadt entwickelte sich aus einer vielleicht schon im 7./8. Jahrhundert vorhandenen Keimzelle im Bereich um St. Patrokli und St. Petri. Im 10. Jahrhundert umfaßte Soest den Bezirk zwischen Markt, Puppenstraße, Thomästraße und Damm. Der Ausgangspunkt der kirchlichen Entwicklung ist St. Petri, an ihrer Stelle gab es spätestens im 8. Jahrhundert eine erste Kirche. Der Marktplatz wurde im späten 11. Jahrhundert angelegt und besiedelt. Ende des 12. Jahrhunderts war die Altstadt annähernd auf ihre heutige Größe angewachsen und mit einer Mauer umgeben worden. Das schnelle Wachstum und der Reichtum der Stadt dürften u. a. auf die bereits für das 8. Jahrhundert belegte Salzgewinnung zurückzuführen sein, die einen regen Handel nach sich zog.

Eine Eigenheit Soests macht die Verwendung eines auffällig grünlichen Sandsteins aus, der bei Anröchte gebrochen wird. Dieses für die Steinbauten und die charakteristischen Gartenmauern fast durchweg verwendete Material gibt der künstlerischen Erscheinung eine unverwechselbare Note.

Die Fernstraßen wirken von weither auf das Wahrzeichen der Stadt, den Turm der *St. Patroklikirche* (Abb. 43), ausgerichtet (tatsächlich ist es umgekehrt – man hat den Turm auf die ja älteren Fernstraßen ausgerichtet). Das Patroklistift wurde unter Erzbischof Bruno von Köln um 954 gegründet. Damals erbaute man eine einschiffige Kirche, von der Teile des Querhauses und des Obergadens im Mittelschiff erhalten blieben und dort an vermauerten Fensteröffnungen noch zu erkennen sind. Zu Beginn des 12. Jahrhunderts erfolgten die Erweiterung zur dreischiffigen Basilika und – wohl erst nach der Weihe von 1118 – die Einwölbung; bis 1166 errichtete man einen neuen Chor. Der beherrschende Westbau

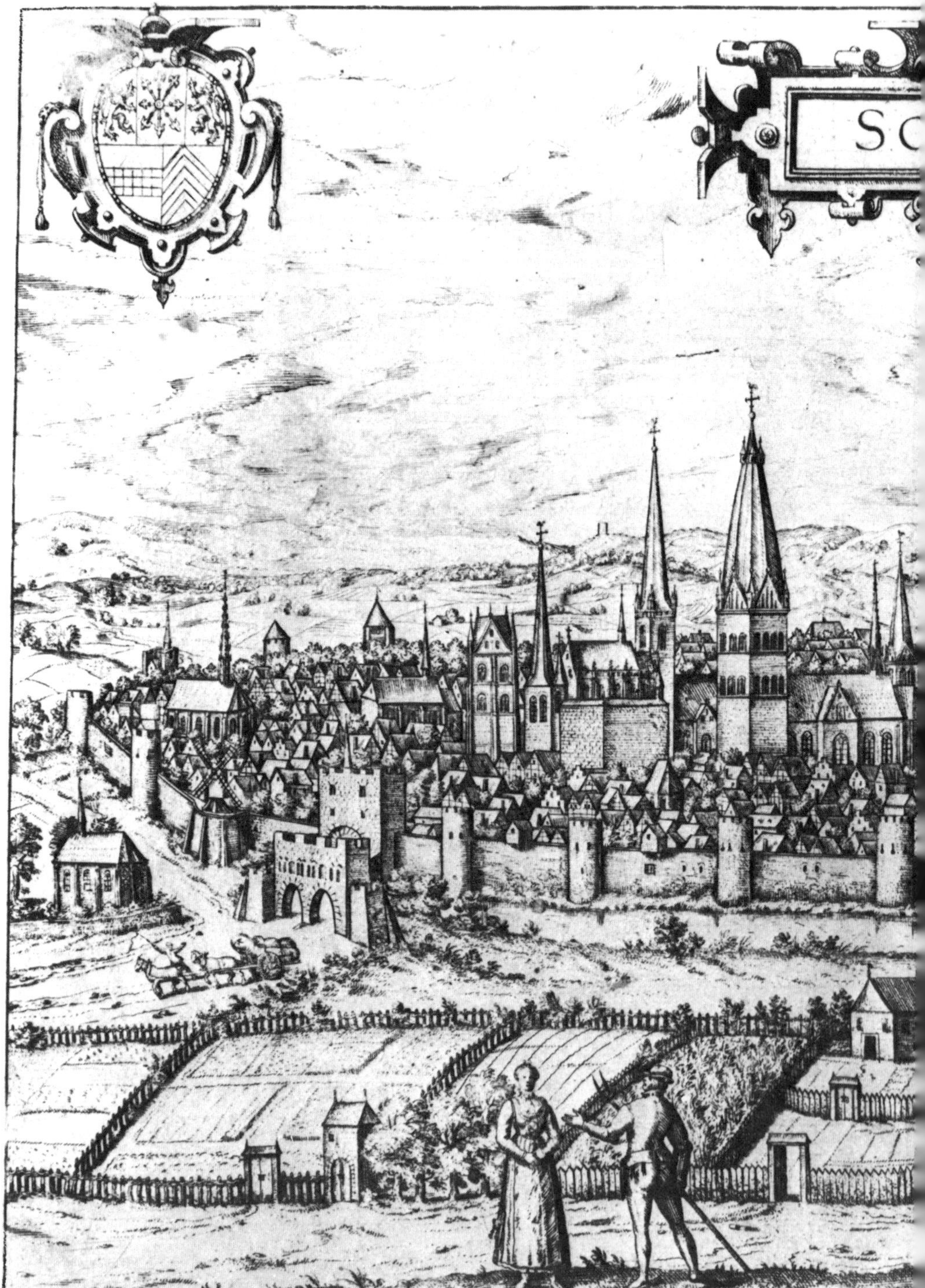

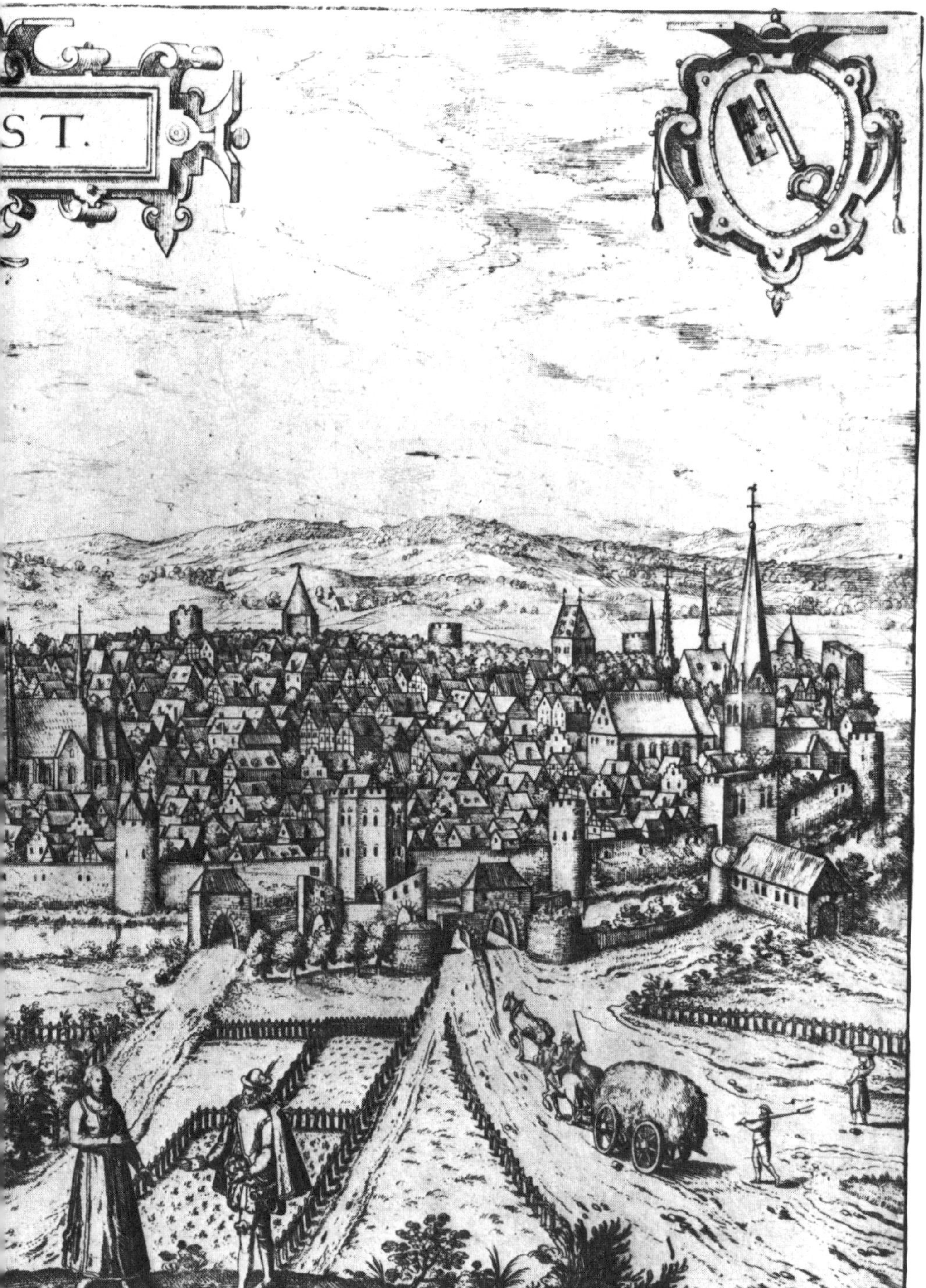
ST.

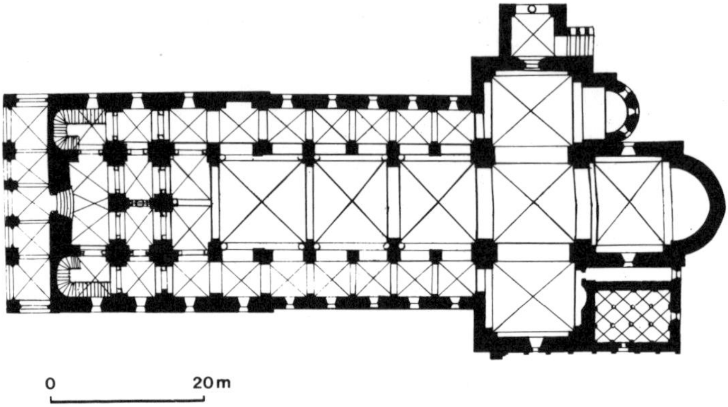

Soest, St. Patrokli, Grundriß

entstand erst zwischen 1190 und 1230. Seine Fassade ähnelt im Unterbau den Gerichtslauben späterer Rathäuser, was durch die gekuppelten Fenster des Obergeschosses noch unterstrichen wird; sicherlich tagte hier das Sendgericht des Propstes. Es ist denkbar, daß sich mit dieser Architekturform mehr politische als religiöse Symbolik verband; in städtischem Besitz ist der Turm erst 1515 genannt[11]. Hinter der Laube öffnet sich die tiefer liegende Kirche in einer vierschiffigen kryptenartigen Halle mit einer Empore darüber, die noch auf das nördliche Seitenschiff übergreift. Dem mittleren Ostpfeiler ist eine Säule auf Drachenbasis und einst mit einer (abgearbeiteten) Figur vorgestellt. Turmemporen repräsentieren vermutlich die bischöfliche Landesherrschaft, was die politische Bedeutung der Westanlage noch unterstreicht. (Das Obergeschoß enthält heute das Museum der Kirche.)

Das Langhaus aus dreieinhalb Jochen wirkt außerordentlich mächtig, unterstrichen durch die kräftigen Wandvorlagen, die für die nachträgliche Einwölbung vor jeden zweiten Seitenschiffspfeiler gestellt wurden. Die dreiteiligen spitzbogigen Fenster gehören erst dem 16. Jahrhundert an, die Glasmalerei (1976–80) folgt Entwürfen von Wilhelm Buschulte (Unna). Das Kircheninnere zeigt heute wieder das Farbschema des 12. Jahrhunderts mit grünlicher Quadermalerei an Pfeilern und Säulen, teils auch an den Wandflächen, sowie Betonung der Gewölbegrate und Bögen durch Ornamentbänder. Es handelt sich hier um das älteste sichtbare Beispiel eines farbig gefaßten gewölbten Kirchenraumes, das derzeit in Westfalen bekannt ist (Abb. 44). – Die Kanzel am westlichen Vierungspfeiler (um 1720 für die Dominikanerkirche geschaffen) ist an der Brüstung mit den Büsten der Evangelisten und am Schalldeckel mit den Sitzstatuen der Kirchenväter versehen.

Der Chorbereich wurde nach der Kriegszerstörung wiederhergestellt und 1976 neugestaltet. Die Ausmalung der zerstörten Hauptapsis von Peter Hecker (1954) in expressiven Formen und Farben lehnt sich an das ursprüngliche Schema mit Christus in der Mandorla

◁ *Soest. Radierung von Franz Hogenberg, 1588*

33 BIELEFELD Crüwell-Haus in der Obernstraße

34 SCHLOSS TATENHAUSEN Torhaus ▷

35 GÜTERSLOH Martin-Luther-Kirche

36 WIEDENBRÜCK Pfarrkirche St. Ägidius, Schmerzensmann

37, 38 WIEDENBRÜCK Fachwerkhaus (In der Halle 2) und klassizistische Haustür der Marktapotheke

39 RHEDA Schloß, Bildtapeten

40 RHEDA Schloß, Torturm und Westflügel

41 RHEDA Schloß, Doppelkapelle

42 MARIENFELD Kirche des ehemaligen Zisterzienserklosters

43 SOEST St. Patrokli und St. Petri ▷

44 SOEST St. Patrokli, Westwerk

45 SOEST St. Petri, Langhaus nach Westen

46 SOEST Wiesenkirche

47 SOEST Maria zur Höhe, Taufstein

48 SOEST Wiesenkirche, ›Westfälisches Abendmahl‹, Fenster über dem Nordportal

49 SOEST Wiesenkirche und Teichmühle

50 BENNINGHAUSEN Kruzifix in der Pfarrkirche

51 DRÜGGELTE Heilig-Kreuz-Kapelle

52 CAPPEL Stiftskirche, Vorhalle (›Nonnenkrypta‹)

53 SCHLOSS OVERHAGEN

54 LIPPSTADT Große Marienkirche

55 LIPPSTADT Lange Straße 12

56 ERWITTE Pfarrkirche St. Laurentius, Kapitell

57 LIPPSTADT Große Marienkirche, Seitenportal

58 LIPPSTADT Große Marienkirche, Langhaus und Chor

59 SCHLOSS SCHWARZENRABEN

60 LIPPSTADT Kleine Marienkirche von Südwesten

61 SCHLOSS ERINGERFELD Innenhof

62 PADERBORN Diözesanmuseum, Imad-Madonna ▷

zwischen Heiligen an. Das Gitter, das den Apsisbereich abschließt, zeigt auf drei Reliefmedaillons von Michael und Christoph Winkelmann die hl. Liborius, Patroklus und Petrus (1976). Darüber schwebt das Bild des gekreuzigten Christus (um 1400). Die ornamentalen Glasfenster in der 1954 rekonstruierten (1817 gesprengten) Krypta schuf Hans Kaiser 1976.

Die Malerei in der Kalotte der nördlichen Nebenapsis mit der thronenden Madonna in der Mandorla zählt noch zur romanischen Kirchenausmalung (12. Jh.), zur Linken überreichen die hl. drei Könige ihre Gaben, rechts stehen ein Engel und zwei Heilige. Die qualitätvolle Mondsichel-Madonna auf dem Altar entstand um 1500. – Überreste der hochbedeutenden romanischen Farbverglasung (um 1160/66) befinden sich im Museum in der Turmhalle. Die Glasgemälde sind in Zusammenhang mit der Helmarshäuser Buchmalerei geschaffen worden[12]. Das Bild der Wurzel Jesse wird z. Z. (1983) kopiert, die Originalscheiben sind später im Museum zu sehen.

Mit St. Patrokli bildet die unmittelbar westlich anschließende *Petrikirche* eine städtebauliche Einheit von besonderer Wirkung. Eine karolingische Saalkirche an dieser Stelle war der erste Kirchenbau in Soest. Die heutige Kirche ist erst ein Werk der Mitte des 12. Jahrhunderts. Zunächst handelte es sich um eine Basilika mit hohem Westturm, die wohl anregend auf St. Patrokli gewirkt hat. Der Westturm wird von Seitenräumen mit Emporen eingefaßt, die man um 1220/40 über die gesamten Seitenschiffe verlängerte. Am Äußeren lassen sich die beiden Bauphasen deutlich unterscheiden: Die Basilika des 12. Jahrhunderts hatte wesentlich kleinere Fenster als das jüngere Emporengeschoß. In das Querhaus (um 1200/10) führen zwei Portale; das Tympanon des südlichen ist mit der Darstellung des Martyriums des hl. Johannes vor Kaiser Domitian versehen (der Heilige wird gesiedet, erleidet jedoch durch ein Wunder keinen Schaden), es stammt noch vom älteren Kirchenbau. Die Portalflügel von Fritz Viegener (1958) stellen die Offenbarung Johannis dar. Portal und Tympanon der Nordvorhalle schuf 1961 Gerhard Marcks.

Unter dem Turm gelangt man durch das Westportal in eine kryptenartige Vorhalle: Kräftige Pfeiler trennen Seitenschiffe ab, schlanke Säulen teilen den Mittelraum dreischiffig (Abb. 45). Die Kapitelle tragen Rankenwerk und Palmettendekor, wohl unter direktem Einfluß von St. Godehard in Hildesheim. Die Fenster sind von gemalten Arkaden umgeben. Das System der Ausmalung betont die Architekturteile, wie Stützen, Bögen und Kanten. Diese Art der Bemalung tritt nach H. Claussen[13] an die Stelle des älteren, noch in St. Patrokli verwirklichten Systems. Das Obergeschoß dieses Westbaues war vielleicht zur Aufnahme eines kaiserlichen Thrones bestimmt, das Gewölbe ist hier mit aufgemalten Rippen versehen. Die Vorhalle ist mit barocken Grabplatten ausgelegt.

Die Seitenschiffe haben Stützenwechsel, auch hier folgen die Säulenkapitelle wohl Hildesheimer Anregungen. Eines ist mit der Künstlerinschrift ›Herenfridus me fecit‹ versehen. Um 1220/40 wurden die Seitenschiffe durch Emporen aufgestockt und die Kirche damit zu einer Vorläuferin der Hallenkirchen gemacht. Seitenemporen sind bis dahin vor allem im Rheinland (und in Frankreich) üblich gewesen, und es mag sich hier der Kölner Einfluß zeigen. An beiden seitlichen Pfeilern sind Kreuzigungsdarstellungen aufgemalt. Das

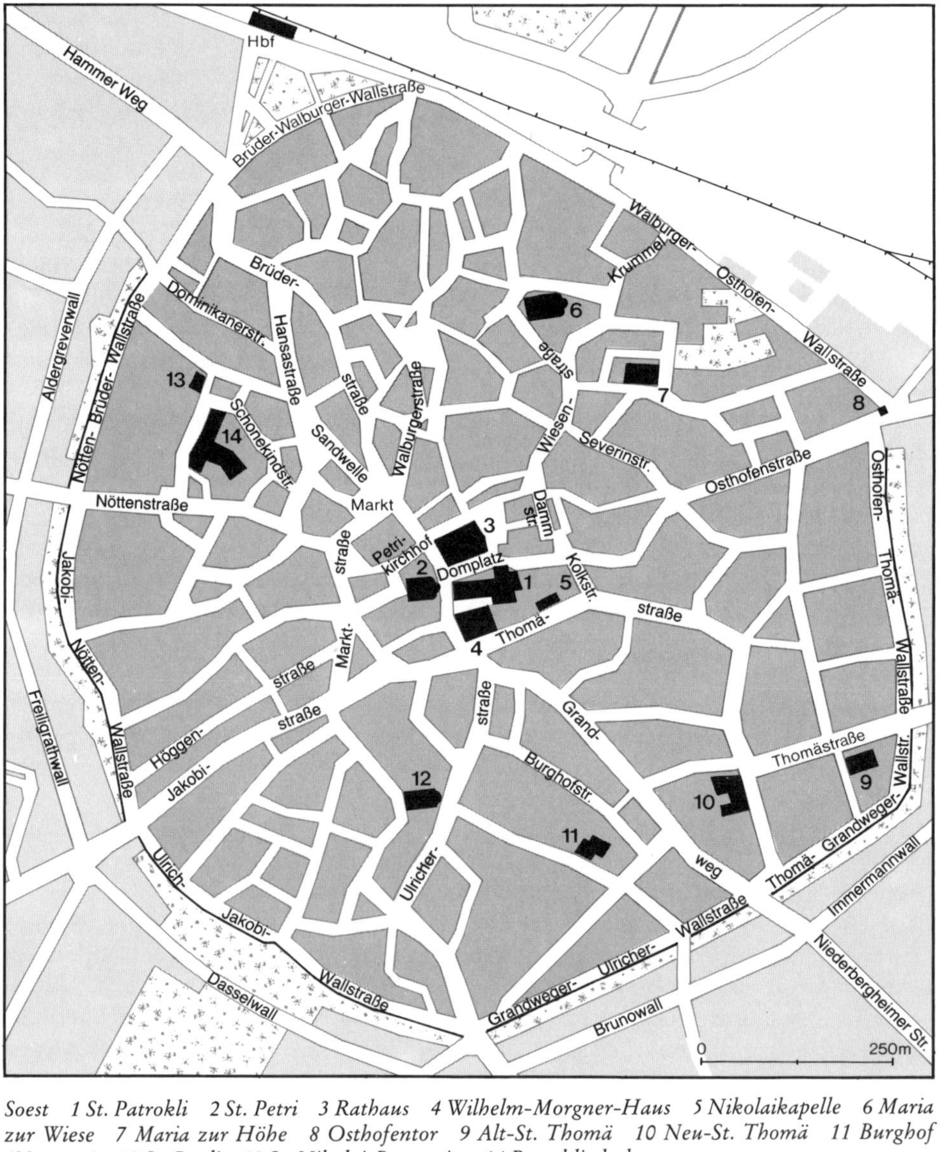

Soest 1 St. Patrokli 2 St. Petri 3 Rathaus 4 Wilhelm-Morgner-Haus 5 Nikolaikapelle 6 Maria zur Wiese 7 Maria zur Höhe 8 Osthofentor 9 Alt-St. Thomä 10 Neu-St. Thomä 11 Burghof (Museum) 12 St. Pauli 13 St. Nikolai-Brunstein 14 Patroklischule

rotgrundige Bild im Norden wird nicht zuletzt aufgrund seiner Qualität einem Maler im Umkreis des Conrad von Soest zugeschrieben, es ist um 1400 entstanden. Das südliche Bild, eine Generation jünger, kann vom Meister des Passionsaltars der Soester Paulikirche stammen. Weitere Malereien befinden sich auf der Höhe der Emporen. Das gemalte Altarbild auf der Südempore stellt das Martyrium der hl. Agatha dar und steht im Zusammenhang mit dem Altarretabel in der Hofgeismarer Altstadt-Pfarrkirche (um 1320). Die Kenntnis dieser Wandmalerei ist für die Kunstgeschichte sehr wichtig, da sich hier der Stil der Soester Malerei feststellen läßt, während Tafelbilder (Altarretabel) durch den Handel mit Kunst schon früh weit vom Ursprungsort entfernt worden sein können.

Der ungewöhnliche Eindruck von St. Petri wird nicht zuletzt durch die Choranlage bewirkt. An das Querschiff fügte man ab etwa 1272 drei polygonale Chöre an (1322 geweiht), wobei die Seitenchöre das Vorchorjoch des größeren Hauptchores zum Trapez verengen. Diese Grundrißgestalt, dem Schema von St. Yved in Braisne folgend, ist hier in Westfalen zum ersten Mal verwendet worden und fand anschließend bei manchem Kirchenbau Nachfolge, u. a. in Soest selbst bei der Wiesenkirche, dort allerdings nicht mehr mit einem so eigenwillig verzogenen Grundriß wie hier, wo er aus der Parabelform entwickelt zu sein scheint.

Der Hochaltar von einer brabantischen Werkstatt (um 1520/30) umschließt mit Szenen aus dem Leben Christi das Bild der Kreuzigung und der Geburt des Gottessohnes. Der Stifter des Altars, Andreas Klepping, ist auf der Außenseite abgebildet. Die modernen Glasfenster im Chor sind in unterschiedlicher Farbwirkung gehalten. Das Konfirmanden-Fenster im Hauptchor (1959) entstand nach Entwurf von Vincenz Pieper in der Paderborner Glasmalerwerkstatt O. Peters, und die Fenster der Nebenchöre stammen von Claus Wallner (1958), im Norden mit alttestamentarischen Darstellungen und im Süden mit neutestamentarischen. Das Triumphkreuz am Durchgang zwischen Querhaus und Nordseitenschiff aus der Zeit um 1500 auf wesentlich älterem Kreuz und mit älteren Nebenfiguren (Ende 14. Jh.) ist an der Rückseite im 16. Jahrhundert durch einen gemalten Kruzifixus ergänzt worden. Die Kanzel von Johann Sasse aus Attendorn (1693) folgt mit den Evangelistensymbolen am Kanzelkorb dem üblichen Schema.

Die ›*Wittekindsmauer*‹ ist der Rest eines Wohnturmes aus dem 11. Jahrhundert (Hohes Hospital), heute in einen großzügigen Neubau westlich St. Petri einbezogen. Das *Haus Petrikirchhof 8,* ein Fachwerkbau von 1574 mit massiven Untergeschossen, ist in seiner Fassadengliederung typisch für die Bauten dieser Zeit: Fächerrosetten bilden den auffälligsten Dekor, die Geschoßvorkragung ruht auf verzierten Knaggen, und die Streben weisen von der Ecke fort (vgl. Osthofenstr. 48 und Wiesenstr. 6). Mit einigen Schnitzereien könnte das Haus Vorbild des Delbrücker Valepagenhofes (jetzt Freilichtmuseum Detmold) geworden sein, dazu zählt neben den Fabelwesen die Szene mit dem Hirsch am Brunnen, ein Symbol der Taufe und im Zusammenhang mit der Verehrung der hl. Ida von Herzfeld sehr beliebt. Daneben beachte man die seltene Darstellung des ›Strebkatz-Spiels‹ an der Schwelle des Giebels, eine Szene, die wir bereits vom Haus Außel her kennen.

Das *Rathaus* (1713–18) grenzt nordöstlich an den Petrikirchhof. Über den Arkaden ist die Jahreszahl ANNO 1713 angebracht, in der Mitte das von Wilden Männern gehaltene Soester Stadtwappen.

Der Neubau südlich St. Patrokli ist das *Wilhelm-Morgner-Haus,* ein von Reiner Schnell 1961/62 erbautes Museum, u. a. für Werke des expressionistischen Malers Morgner (1891–1917).

Weiter östlich an der Thomästraße steht die katholische *Nikolaikapelle.* Die Kaufmannsgilde der Schleswigfahrer ließ sie um 1200 errichten und ihr die symbolhafte Form eines Zweimasters geben: Entgegen aller Baugewohnheit dieser Jahre unterteilen zwei hohe Säulen die Kapelle zweischiffig (statt dreischiffig basilikal), die Säulen werden allgemein mit den Masten eines Segelschiffes gleichgesetzt. Der halbrunden Ostapsis (Bug) steht der polygonal geschlossene Westchor (Heck) mit eingebauter Empore gegenüber (im 19. Jh. als Kajüte bezeichnet) – es ist sicher kein Zufall, daß sich dabei auch Anklänge an herrschaftliche Burgkapellen finden. Die ornamentalen Malereien des 13. Jahrhunderts unterstreichen die Architekturformen. Figürliche Malerei blieb auf die Apsis beschränkt, man erkennt Christus in der Mandorla, umgeben von den Evangelistensymbolen, Maria, Johannes d. T. und weiteren Heiligen. Die Bilder gehören dem Zackenstil an (Mitte 13. Jh.). Die Kapelle birgt eine Altartafel des Conrad von Soest, ein Gemälde von höchster Qualität (um 1400). Auf einem architektonisch reich gestalteten Thron sitzt St. Nikolaus, der Kirchenpatron, zu seinen Seiten stehen die Heiligen Barbara, Johannes der Täufer, Johannes Evangelista und Katharina. Das Vesperbild ist ein qualitätvolles Werk der Zeit um 1370; charakteristisch für diese Phase ist der ausgemergelte Körper des toten Christus.

Von der Kapelle gelangt man nach Norden über den Damm und vorbei am Großen Teich (Wassermühle von 1654, erweitert 1938) zur Wiesenstraße und zur *Wiesenkirche* (Abb. 49). Ihre Doppelturmfront bestimmt von weitem die Stadtsilhouette, die Helme entstanden jedoch erst 1872–75 nach Plänen von August Soller (1841) unter dem Einfluß der Planung

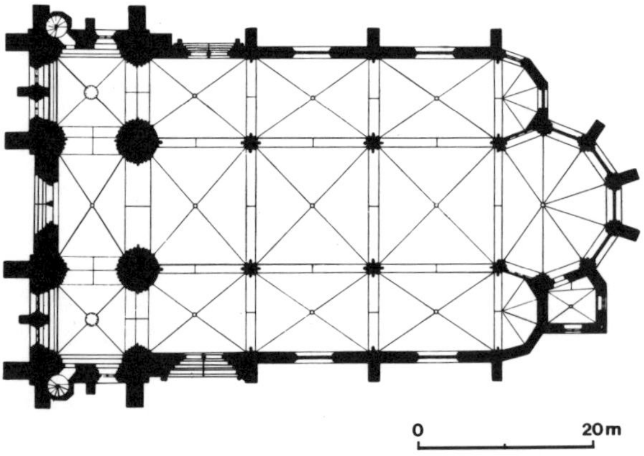

Soest, Maria zur Wiese, Grundriß

zur Errichtung der Kölner Domtürme. Schlanke Strebepfeiler gliedern das Äußere des Baues, die Wandfelder haben fast in ganzer Höhe Maßwerkfenster. Den architektonischen Gleichklang durchbrechen nur die Turm-Untergeschosse mit stärkeren Strebepfeilern und die Portaljoche. Das Südportal ist mit Gewändefiguren sowie am Türpfosten einer Madonnenstatue (um 1400) versehen. Der Grundstein zu diesem wichtigsten Kirchenbau Westfalens an der Schwelle der Hochgotik zur Spätgotik wurde wohl 1313 oder 1331 gelegt. Der Aufbau, der von Ost nach West voranschritt, zog sich bis weit in das 15. Jahrhundert, wobei der südliche Nebenchor 1376 geweiht wurde. Als Baumeister gilt der in einer Inschrift genannte Johannes Schendeler; die Errichtung des Westbaues begann 1421 Johannes Verlach, und unter Meister Porphyrius von Neukirchen wurde der Bau 1530 eingestellt.

Das Innere überrascht durch die – auch außen zu spürende – ungewohnte Höhe des Kirchenraumes (Abb. 46). Dabei hat die Kirche einen fast gedrungenen Grundriß: An die Turmhalle fügt sich ein Langhaus von nur drei Jochen an, deren Gewölbe durch vier Pfeiler ohne Kapitelle gestützt werden. Nur die beiden Joche unter den Türmen sind durch Arkaden unterteilt und haben Emporen, das Mittelschiff reicht dagegen bis zur Westfassade. Der Chor besteht aus der Hauptapsis mit 7/10-Schluß und den schmalen 5/10-Nebenapsiden, die den Hauptchor seitlich einzuschnüren scheinen (vgl. St. Petri). Die figürlichen Glasmalereien, die wesentlich zum Gesamteindruck dieses großartigen Kirchenraumes beitragen, stammen aus zwei verschiedenen Epochen: Die Fenster im Osten mit vorherrschend blauer Farbe entstanden noch im 14. Jahrhundert, teilweise bereits vor der Jahrhundertmitte. Unter einer Maßwerk-Aussteifung steht ein Fries von Heiligen, über dem Maßwerk ein weiterer Fries, von hohen Baldachinen bekrönt. In der Mitte handelt es sich um die Figuren von Christus und der Kirchenpatronin Maria (um 1340/50). In den Vierpässen sehen wir musizierende Engel. Die oberen Teile der Fenster, in denen man figürliche Scheiben nicht mehr erkennen könnte, haben eine ornamentale Verglasung, die ein Teppichmuster ergeben (um 1970 durch H. G. v. Stockhausen erneuert). Die nördlichen Fenster in goldgelben Grundfarben stammen erst aus dem 15. Jahrhundert, es handelt sich im ersten Fenster um die Madonna im Strahlenkranz, die dem hl. Patroklus erscheint, und im zweiten Fenster um den Stammbaum Christi (Wurzel Jesse, um 1500). Das Fenster über dem Nordportal enthält eine Abendmahlsdarstellung (Anfang 16. Jh.), bei der Schweinsköpfe, Schinken und Bierkrüge auf dem Tisch stehen (daher ›Westfälisches Abendmahl‹; Abb. 48). Typisch bei diesen jüngeren Darstellungen ist, daß die Bilder nicht mehr eine einzelne Fensterbahn ausfüllen, sondern die gesamte Breite einnehmen. In der Hauptapsis stehen neben den Diensten Pfeilerfiguren, Christus und Apostel.

Besondere Beachtung verdienen die Altäre der drei Chöre. Vom Hochaltar haben sich nur das gemalte Mittelbild mit einer vielfigurigen Kreuzigungsszene und die beiden Seitenflügel erhalten, sie schildern vor dem Hintergrund stilisierter Architektur die Anbetung Christi durch die Hll. Drei Könige und den Marientod. Der Altar steht in der Nachfolge des Conrad von Soest (um 1420). Der Altar im Nordchor (1473) steht auf einer hundert Jahre älteren Predella, die auf rotem Grund die Szenen ›Noli me tangere‹ (Christus als Gärtner vor Maria Magdalena), Anbetung der Könige sowie Christus mit dem ungläubigen Thomas zeigt. Die

Mitteltafel läßt zu seiten der hl. Sippe Darstellungen aus dem Leben der hl. Anna und der hl. Maria erkennen. – Der Altar im südlichen Nebenchor ist aus kunsthistorischer Sicht das Hauptwerk in der Wiesenkirche. Den geschnitzten Schrein nehmen die Madonna im Strahlenkranz sowie die Heiligen Antonius und Agathe ein. Die Malerei auf Flügeln und Predella gilt als Werk des Heinrich Aldegrever (um 1525)[14], des begabtesten Künstlers Westfalens im Umbruch zwischen Mittelalter und Neuzeit. Die offenen Seitenflügel zeigen die Anbetung des Kindes durch Maria und Joseph (links) bzw. durch die hl. drei Könige, jeweils vor einer reichen, bereits dem Stil der Renaissance verhafteten gemalten Architektur, für die die Balustersäulen kennzeichnend sind. Im Hintergrund des linken Flügels rasten Maria und Joseph auf der Flucht nach Ägypten, die in eine westfälische Dorfarchitektur verlegt ist, im Hintergrund des rechten Flügels gewährt die Architektur den Ausblick auf eine Stadt unter natürlichem blauem Himmel (im Gegensatz zum Goldgrund der Malerei des 14. und 15. Jh.). Auf den geschlossenen Flügeln schwebt links die Madonna in einer Regenbogen-Mandorla, rechts stehen wieder die Heiligen Antonius und Agathe. Die Qualität des Malers zeigt sich auch an den Flügeln der Predella: Drei Nischen werden durch Säulen geteilt. Licht von links (also Nordlicht, das als besonderes Licht vielfach in Verbindung mit Maria steht) wirft Schatten auf die Nischenwand. Vor der Säule spielen sich Szenen aus dem Marienleben ab: die Verkündigung der Geburt Christi, die Anbetung des Kindes durch Maria und Joseph und die Anbetung der Könige; alle Figuren sind als Halbfiguren wiedergegeben. Die Innenansichten zeigen disputierende Apostel.

Der Mittelteil eines weiteren Schnitzaltars des frühen 16. Jahrhunderts steht im Nordseitenschiff, mit der Passion Christi und dem Marienleben. In der nördlichen Turmhalle ist der einstige Reliquienaltar aus der Kirche St. Walburg aufgestellt, ein steinerner Maßwerkturm mit durchbrochenem Maßwerk ähnlich dem in der Stift-Berg-Kirche in Herford. Die beiden spätgotischen Standleuchter hatten einst ihren Platz im Hauptchor.

In unmittelbarer Nähe steht südöstlich die kleine Kirche *St. Maria zur Höhe* (genannt Hohnekirche), die als außerordentlich früher dreischiffiger Hallenbau immer wieder besondere Aufmerksamkeit erlangt hat. Eine erste Kirche (gegen 1200) hatte gleichfalls schon eine dreischiffige Halle, vielleicht die früheste in Westfalen. Von ihr blieb jedoch nur der Westturm erhalten, Teil einer Doppelturmfassade. Er ist allerdings so niedrig, daß er erst aus unmittelbarer Nähe in Erscheinung tritt. Schon um 1220 wurde die bestehende Kirche, vielleicht nach Einsturz des Vorgängers, errichtet. Ihr Äußeres ist im ganzen einfach, wobei der Wechsel von romanischen zu gotischen Formen spürbar wird, etwa an einzelnen spitzbogigen Fenstern.

Der Haupteingang liegt an der Südseite, was sich ab dem 13. Jahrhundert in Westfalen immer mehr durchsetzt. Das Tympanon des Südportals folgt noch ganz der romanischen Auffassung. Innerhalb eines Vierpasses befindet sich eine Darstellung der Kreuzigung Christi, seitlich die Geburt Christi und die Engel am leeren Grab. – Der Blick wird vom Eingang quer durch die Kirche geleitet, darauf ist die elliptische Nebenapsis am nördlichen Seitenschiff berechnet. Die Gewölbe der Seitenschiffe lehnen sich mit ihrem Scheitel an die Seitenschiffarkaden an und sind somit ›einhüftig‹.

Soest, Osthofentor, Feldseite

Die ornamentale Malerei wurde um 1880 nach den damaligen aus der Bauzeit stammenden Befunden angefertigt, bemerkenswert ist ferner die figürliche Ausmalung. In der Hauptapsis sehen wir die Madonna, von Engeln umgeben (um 1240). Der (nördliche) Katharinenchor zeigt unter der Apsiskalotte mit der Marienkrönung Szenen aus dem Leben der hl. Katharina (um 1250/60). Bemalt ist schließlich auch die Heilig-Grab-Nische im Nordseitenschiff, u. a. mit einem Kreuzigungsbild. Die Malereien gehören dem Zackenstil an, der den Übergang von der romanischen zur gotischen Malerei darstellt, und sind bedeutende Vertreter dieser kurzen Stilphase. Ein weiteres hochbedeutendes Kunstwerk befindet sich an der Ostwand des südlichen Seitenschiffes: das romanische Scheibenkreuz (um 1200). Auf einer runden Ornamentscheibe befindet sich das Kreuz, einst mit einem Korpus, an seinen Enden quadratische Tafeln mit flachen Reliefs und in den Feldern runde Tafeln (Einzug in Jerusalem, Christus und die Ehebrecherin, Christus am Ölberg, Judaskuß; Grablegung, Niederfahrt zur Hölle, drei Frauen am Grab, Himmelfahrt). Das Hochaltarbild (Meister von Liesborn, um 1470) zeigt eine figurenreiche Kreuzigungsszene über der Kreuztragung und dem segnenden Christus sowie dem Schweißtuch der Veronika und der Grablegung, Szenen, die alle auf einer Tafel vereint sind (Umschlagklappe vorn). – Der Taufstein in der kleinen Halle unter dem Turm, deren Wand zur Kirche hin durch drei wuchtige Säulen abgefangen ist, entstand gegen 1200 (Abb. 47). Der barocke Orgelprospekt ist 1679 datiert und wurde 1730 erneuert.

Durch die Düsterpothstraße gelangt man zum *Osthofentor* am östlichen Stadtausgang, dem bedeutendsten Überbleibsel der noch in Teilen erhaltenen Stadtbefestigung aus Mauer, Wall und Graben. Das Tor wurde 1523–26 von Meister Porphyrius von Neukirchen erbaut. Während die Stadtseite einfach und kaum gegliedert ist, wurde die Feldseite mit zwei polygonalen Eckerkern, einem Maßwerkfries und einer Figurennische samt Stadtwappen betont. – Das kleine *Trafohäuschen* gegenüber ist ein Beispiel für die Heimatschutzarchitektur aus der Zeit der Weimarer Republik, 1930 nach Plänen von Paul Schlipf errichtet.[15] – Von der Stadtbefestigung hat sich noch der *Katzenturm* des 13. Jahrhunderts am Dasselwall erhalten. Er ist auf der Feldseite halbrund. Auf der flachen Stadtseite hat er große Öffnungen, damit sich Angreifer nicht im Turm gegen die Stadt verschanzen konnten.

Vom Osthofentor führt der Weg über die Wallstraße oder den Hohen Weg zur Thomästraße. Vom vielleicht 1181 geweihten romanischen Bau *Alt-St.-Thomae* blieb das Mittelschiff mit kräftigen Pfeilern stehen. Unter dem Eindruck des Emporenbaues der Petrikirche erfolgte um 1250 die Erweiterung zur Hallenkirche, wobei die Seitenschiffe ›einhüftige‹ Gewölbe erhielten, die sich mit ihrem Scheitel an das Mittelschiff anlehnen (vgl. Hohnekirche). Erst um 1250/70 entstand der fünfseitige Chorschluß, dessen Einzelformen der Marburger Elisabethkirche folgen; anschließend verbreiterte man noch das südliche Seitenschiff. Der stark geneigte Spitzhelm (1653) besteht aus einer Holzkonstruktion; die Neigung entstand wahrscheinlich durch einseitiges Austrocknen des Holzes und war in dieser Form ursprünglich nicht beabsichtigt. Auch in Alt-St.-Thomae enthält die Turmanlage eine Empore, die vereinzelt als Herrscher-Loge (Kaiser-Thron) gedeutet wurde. Doch allenfalls dürfte ein solches Bauelement symbolische Bedeutung und keineswegs tatsächlich die Aufgabe als Herrscherloge gehabt haben.

Die frühere Minoritenkirche einige Schritte weiter westlich dient heute als Pfarrkirche, *Neu-St.-Thomae.* 1233 wurde hier das erste Franziskanerkloster in Westfalen gegründet, nur fünf Jahre nach der Heiligsprechung des Franz von Assisi. Die Kirche aus dem frühen 14. Jahrhundert (Portal an der nördlichen Fassade mit spitzbogiger Blendmaßwerkrahmung) hat im dreischiffigen Hallen-Langhaus Rundpfeiler mit vier Diensten in der Art der Marburger Elisabethkirche. Der dreijochige Chor mit 5/8-Schluß wird durch vierbahnige Maßwerkfenster erleuchtet, welche die ganze Breite der Wandfelder zwischen den Strebepfeilern einnehmen. Wie auch bei italienischen Minoritenkirchen häufiger zu beobachten, war Neu-St.-Thomae beliebte Grablege Soester Patrizierfamilien. Der achteckige Taufstein trägt gotisches Blendmaßwerk sowie die Darstellung des ungläubigen Thomas.

Westlich des Grandweges liegt die Burghofstraße mit dem *Burghof* (Museum). Von einem größeren Gebäude hat sich das *romanische Haus* als Bauteil erhalten (Saalbau?), eines der ältesten städtischen Profangebäude in Westfalen (im 13. Jh. Sitz einer kurkölnischen Ministerialenfamilie). Die Rückfront wird durch gekuppelte Rundbogenfenster mit kleinen Säulchen sowie einen Treppengiebel gegliedert. Das Haupthaus von 1559/60 mit großen zeittypischen Kreuzstockfenstern enthält im Hocherdgeschoß den Kaisersaal, dessen Stuckreliefs Bilder aus der Geschichte der Judith (1560) sowie die vier Evangelisten zeigen, ergänzt durch Reliefs mit der Soester Fehde und sechs deutschen Kaisern, 1939 von W. Wulff.

Noch weiter in westlicher Richtung gelangen wir zur *Paulikirche* zwischen der Pauli- und der Ulrichstraße. Der klobig wirkende Turm und das Langhaus stammen aus der Mitte des 14. Jahrhunderts. Die drei Schiffe der Hallenkirche werden von Rundpfeilern mit vier Diensten getrennt, die dem Vorbild der Minoritenkirche folgen. Der fünfseitige Chor mit hohen vierbahnigen Fenstern gehört der Zeit um 1500 an, wie die sehr verspielten Maßwerkformen belegen. An den Chorpfeilern stehen große Pfeilerstatuen des ›Weichen Stils‹ (Anfang 15. Jh.): Maria, Johannes Evangelista, Jakobus und St. Thomas (?), letzterer aus Holz. Die Mitteltafel des Hochaltars zeigt die Kreuzigung Christi sowie die Anbetung der Könige, den Judaskuß, Christus vor Pilatus und die Auferstehung (Altarflügel fehlen), Werke in der Nachfolge des Conrad von Soest aus dem frühen 15. Jahrhundert. – Einige bemalte Fensterscheiben, u. a. aus der Zeit um 1300, sind bemerkenswerte Zeugnisse dieser Kunstgattung; die Kreuzigung Christi und mehrere Heiligenbildnisse gehören dem beginnenden 15. Jahrhundert an. – Der Orgelprospekt entstand 1674–76 (A. Schneider und P. H. Varenholt). Sakramentshäuschen und Taufbecken mit spätgotischem Maßwerk stammen aus dem 15. Jahrhundert. – Nahe dem Ostchor steht in der Ulrichstraße das Haus Nr. 24 (1592), ein Fachwerkbau der Renaissance mit Fächerrosetten; im gegenüberliegenden Haus Nr. 21 wohnte 1859–69 Dr. Konrad Duden. Das verschieferte Gebäude (Einfluß des nahen Sauerlandes) hat eine hübsche Haustür des Zopfstils (Ende 18. Jh.).

Das Stadtviertel nordwestlich des Zentrums um St. Patrokli und Rathaus birgt noch eine größere Anzahl sehenswerter älterer Häuser, so in der Marktstraße, der Höggenstraße und der Jakobistraße, durch die sich ein kleiner Rundgang lohnt. Ein schönes Fachwerkhaus der Renaissancezeit ist Marktstr. 8 a (1572) mit Schnitzwerk in den Brüstungen. Das Haus Höggenstr. 1 birgt noch ein älteres Steinwerk (Fachwerk von 1719).

Die kleine *Kapelle St. Nikolai-Brunstein,* nahe der Stadtmauer in der Schonekindstraße gelegen (benachbart Nöttenstraße und -tor), ist ein bescheidener einschiffiger Bau mit polygonalem Chor. Die Gewölbe dieses im 15. Jahrhundert errichteten Kapellchens stürzten 1662 ein, erst 1907 stellte man die durchbrochenen Maßwerk-Zwickel zwischen Rippen und Flachdecke her.

In derselben Straße liegt die *Patroklischule,* die 1928/29 nach Plänen der Architekten Steinbeck und Schlegtendal (überarbeitet von Paul Schlipf) errichtet wurde und zu den interessanten öffentlichen Gebäuden des Expressionismus in Westfalen zählt (Parabel-Arkaden zum Hof). Charakteristisch für diese kleineren, z. T. gewundenen Straßen sind die einfassenden hohen Gartenmauern aus grünem Anröchter Bruchstein.

Am Hellweg

Nur wenige Kilometer von Soest entfernt steht bei den Drüggelter Höfen oberhalb des Möhnesees ein eigenwilliges und bemerkenswertes Kirchlein: Die zwölfseitige *Heilig-Kreuz-Kapelle* mit kleiner Vorhalle und Apsis in **Drüggelte** (Abb. 51) ist vermutlich um oder kurz nach 1217 durch Graf Gottfried von Arnsberg gestiftet worden, nachdem dieser

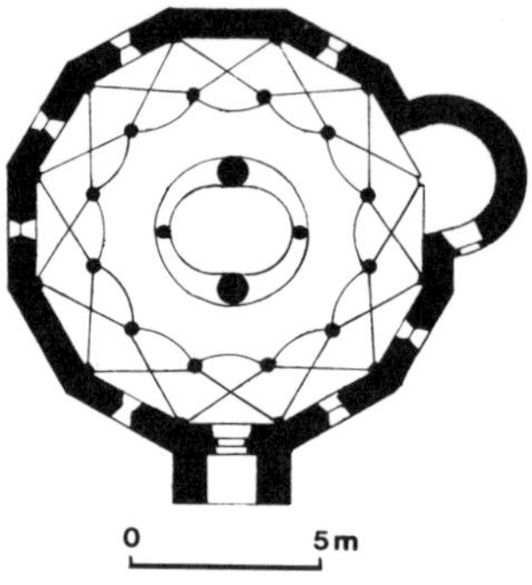

Drüggelte, Heilig-Kreuz-Kapelle, Grundriß

eine Pilgerfahrt zu den heiligen Stätten in Jerusalem unternommen hatte. Der Bau erinnert an die dortige Grabeskirche. Um einen engen inneren Raum sind zwei Umgänge gelegt, der innere durch zwei kräftige Pfeiler und zwei schlankere Säulen, der äußere durch zwölf Säulen abgetrennt, eine sehr ungewöhnliche Bauform. Die Zwölfzahl der Säulen stellt einen unmittelbaren Bezug auf die Grabeskirche dar und dürfte zugleich für die zwölf Apostel stehen, die vier inneren Stützen für die vier Evangelisten. Die Formen der Kapitelle und Säulenbasen stehen noch ganz in der Tradition romanischer Würfelkapitelle, z. T. haben sie Masken und Fabelwesen oder unkonventionelle Ornamente wie Kreisschilde, Widderköpfe usw. Eines erinnert an ein ionisches Kapitell. Die Wände hatten einst eine Bemalung in Teppichstruktur. Die Lade aus Eichenholz, mit Eisen beschlagen, datiert um 1170 und kann aus einer älteren Kapelle stammen.

Die romanische *Dorfkirche* von **Ostönnen** zwischen Werl und Soest ist ein Bau von beispielhafter Erhaltung (12. Jh.). Leicht erhaben liegen Kirche und die aus Fachwerkhäusern des 17. und 18. Jahrhunderts bestehende Kirchringbebauung über den Dorfstraßen. Äußerlich bemerkenswert ist besonders der etwas ältere hohe Westturm, durch je drei gekuppelte Schallarkaden in vier Geschossen reich gegliedert.

Man betritt die Kirche durch das Turmportal (Schlüssel: Kirchplatz 7). Die Orgel in der Turmhalle, noch aus dem 16. Jahrhundert, hat über einem Unterbau mit gotischen Teilen (Maßwerk) einen barock gegliederten Prospekt (1722) von Johann Patroclus Möller. Bis 1720 stand sie in St. Thomae in Soest. Als Möller dorthin eine neue Orgel geliefert hatte, konnte er die alte für 50 Taler erwerben und nach Ostönnen weiterverkaufen.

Das zweijochige Langhaus weist das gebundene System auf, bei dem einem Mittelschiffsjoch vier Seitenschiffsjoche entsprechen. Die Zwischenstützen sind Doppelsäulen mit Würfelkapitellen und verzierten Kämpferplatten. Die wiederhergestellte Ausmalung der Bauzeit läßt ein umlaufendes gemaltes Triforium zwischen den Arkaden und den Obergadenfenstern erkennen, ferner aufgemalte Gewölberippen. Die Malerei wurde als ein der Architektur gleichwertiges Gestaltungselement angesehen, beide ergänzen sich gegenseitig, wie wir dies auch in anderen Kirchen des 12. und 13. Jahrhunderts feststellen können. In der

Apsiskalotte ist eine Majestas Domini zwischen Heiligenfiguren im Zackenstil (um 1260/70) gemalt, an der Westwand das Opfer von Kain und Abel (Anfang 13. Jh.), zu seiten eines ebenfalls gemalten Wandteppichs.

In der *Pfarrkirche St. Severini* in **Schwefe** ist der spätgotische Schnitzaltar zu bewundern (um 1520). Er besteht aus einem überhöhten Mittelteil, der oben mit eigenen Flügeln geschlossen werden kann und die Golgatha-Szene zeigt, darunter die Kreuztragung und das Vera-Ikon (Schweißtuch der Veronika), seitlich die Geißelung Christi, die Vorführung vor Pilatus, die Beweinung und die Auferstehung. Weitere Bilder der Passion Christi sind in den Flügelmalereien dargestellt. Das Orgelgehäuse baute 1715 Martin Möller.

Im Grundriß sind die *Kirchen* in **Neuengeseke** und **Weslarn** der in Ostönnen sehr ähnlich. Bei beiden ist das dreischiffige zweijochige, fast quadratische Langhaus zwischen Westturm und Chorjoch gespannt, Chor und Seitenschiffe enden in Apsiden. Doch fehlen die Zwischenstützen zwischen den Schiffen, nur je ein Pfeilerpaar stützt das Gewölbe ab – es handelt sich um Hallenkirchen in der Folge der Hohnekirche in Soest, um 1220/30 erbaut. In Weslarn konnte die Gewölbemalerei des 13. Jahrhunderts freigelegt und rekonstruiert werden. Ornamentbänder begleiten die Gewölbegrate, Rundbogen umgeben die Fenster. In der Nordapsis ist die Krönung Mariens durch Christus dargestellt. Mehr noch als diese beiden Figuren machen die zwei Heiligengestalten darunter die Malweise des ›Zackenstils‹ in der Mitte des 13. Jahrhunderts deutlich. Der kelchförmige Taufstein mit Akanthusrahmung gehört der Bauzeit der Kirche an, falls er nicht sogar noch aus dem Vorgängerbau übernommen wurde. Im Chor ist das Wandtabernakel mit Fialenaufbau (15. Jh.) bemerkenswert.

Die katholische *Pfarrkirche St. Stephanus* in **Oestinghausen** steht inmitten eines umbauten Kirchhofs mit Fachwerkhäusern, von denen das Haus Kirchplatz 9 mit Fächerrosetten der Renaissance, Langstreben und verzierten Knaggen noch dem 16. Jahrhundert angehört und an Häuser in Soest erinnert. Die Kirche hat einen mächtigen Westturm mit gekuppelten Klangarkaden, sie ist einschiffig mit ausladendem Querhaus. Orgel, Empore, Hochaltar und Kanzel gehören noch dem späten 17. Jahrhundert an, beide Seitenaltäre sind einige Jahrzehnte jünger. Bei einer Restaurierung wurden bis zu zehn ältere Farbschichten an ihnen festgestellt, die an einer Stelle aufgedeckt blieben und einen Einblick in die Restaurierungspraxis der Denkmalpflege zu geben vermögen. – Das Südquerhausportal mit Kleeblattbogen hat Rankenkapitelle aus der 1. Hälfte des 13. Jahrhunderts.

Das **Wasserschloß Hovestadt**, seit dem 13. Jahrhundert nachweisbar, wurde 1563–72 durch Laurenz von Brachum errichtet. Fertiggestellt worden sind zwei der vier geplanten Flügel, zweigeschossige Bauten mit einer dreigeschossigen Eckbastion. Über dem Bruchsteinsokkel, an der Bastion mit Rundfenstern, erhebt sich der Ziegelbau, gekennzeichnet durch plastisch vortretenden geometrischen Dekor und reiche Fensterumrahmungen. Eigenart westfälischer Wasserschlösser ist es, die Außenseiten des Bauwerks stärker zu betonen und zu verzieren als die Hoffronten. (Für denselben Bauherren, Goswin von Ketteler, errichtete L. v. Brachum 1564 das *Haus Assen,* Wasserschloß bei Lippborg.) – Die beiden Torhäuser und die vier eingeschossigen Wirtschaftsbauten mit Mansarddächern in der Vorburg entwarf um 1733 Johann Conrad Schlaun.

Im Nachbarort **Herzfeld** fällt schon aus der Entfernung die 1901–03 erbaute historistische *Wallfahrtskirche St. Ida* auf, eine vierjochige dreischiffige Basilika mit hohem Westturm, Querhaus mit polygonalen Abschlüssen, ferner Hauptchor und zwei Nebenchören sowie zwei sechseckigen Anbauten. Dem Bau liegen Pläne des Architekten Lambert von Fiesenne aus Gelsenkirchen zugrunde. Die Obergadenwände des Langhauses ruhen auf spitzbogigen Arkaden über Rundpfeilern mit Dienstvorlagen. Der Orgelprospekt auf der Empore flankiert mit hohen Maßwerktürmen das frei sichtbare Westfenster. Der Chor ist in eigenwilliger Weise im halben Zwölfeck geschlossen.

Die kunsthistorische Bedeutung der großzügigen Wallfahrtskirche liegt in der vollständig erhaltenen Ausstattung. Außer der Orgel sind die Kanzel in der Vierung und das gegenüberstehende Marienbild, Beichtstuhl, Altäre und Glasfenster zu nennen. Der Hochaltar ist ein nach Entwurf Fiesennes in der Werkstatt Anton Becker geschaffener hoher gotisierender Flügelaltar über steinerner Mensa und mit hohem Maßwerkgesprenge, er stellt die Anbetung der Könige, die Hochzeit zu Kana, das Abendmahl und die Auferstehung Christi vor, in der Mitte über einem kleinen Kruzifix einen ›Gnadenstuhl‹. Von den beiden Seitenaltären enthält der rechte sechs spätgotische Reliefs mit Darstellungen aus der Leidensgeschichte Christi. Ältere Ausstattungsstücke im Chor sind das Denkmal der verstorbenen (ruhenden) Ida und der achteckige Taufstein von 1523. Über dem Sockel mit den Statuen von Aposteln und Heiligen, darunter auch die hl. Ida von Herzfeld mit den Attributen Hirsch und Kirche, ferner Hubertus und Karl der Große, zeigt das Taufbecken die Kreuzigung Christ, den auferstandenen Christus als Schmerzensmann, die Kundschafter mit der Traube (Symbol für die Taufe) und die Taufe Christi. Das Denkmal der Ida (1673) über dem Zugang zur modernen Krypta ist in der Nachfolge gotischer Grabplastiken geschaffen. Die Heilige liegt mit geöffneten Augen, mit den Füßen auf den Hirsch gestützt und mit dem Kirchenmodell in ihrer Rechten. Der Hirsch symbolisiert den Christen, der in manchen Darstellungen von Hunden gehetzt wird und das Wasser des Brunnens sucht; Ida gewährt diesem symbolisch verstandenen Hirsch Schutz.

Die bedeutenden Glasfenster wurden 1902 in der Werkstatt Carl Hertel und Lersch in Düsseldorf geschaffen. Im Chor sehen wir die Verkündigung, Maria und Elisabeth, Geburt und Kreuzigung Christi, Darstellung Jesu im Tempel und den zwölfjährigen Christus unter den Schriftgelehrten. Die Farbfenster in der Idakapelle am südlichen Nebenchor stammen aus der Werkstatt Reuter und Reichart: Die hl. Ida empfängt den Auftrag zum Bau der Kirche, leitet den Bau und spendet Almosen. – In der modernen Krypta sind Mauerreste der karolingischen Kirche zugänglich. Der ausgegrabene Chorgrundriß ist im Fußboden angegeben. In einem Anbau befand sich das Grab der hl. Ida, Grabstelle und Sarkophag sind gleichfalls heute wieder sichtbar. Als wichtigstes Kunstwerk enthält die Krypta den

Idaschrein, den der Goldschmied Friedrich Kreckenberg und der Emailleur Johann Aloys Bruun 1880–82 nach Entwürfen von Marianne Wagener geschaffen haben. Der Schrein in Form eines Bauwerks steht auf vier Löwen. Die Giebelseiten sind mit Maßwerk verziert und zeigen in feinen emaillierten Platten den Tod Idas und die Erhebung ihrer Gebeine (Heiligsprechung 980). An den Seiten stehen in Maßwerknischen die Hll. Bonifatius, Elisabeth von Thüringen (Darstellung des Rosenwunders) und Ludgerus sowie Gertrud von Nivelles, Odilia und Bertheger. Die gravierten Dachplatten sind spätgotisch (um 1515/20). Wir erkennen folgende Szenen: Ritt Idas zu ihrem Verlobten, Hochzeit von Egbert und Ida, ein Engel übermittelt den Eheleuten den Auftrag zum Bau einer Kirche, Ida nimmt einen von Jägern und Hunden verfolgten Hirsch in Schutz, Bau der Kirche, Verteilung von Almosen. In der Krypta wird auch das Kopfreliquiar von wohl 1496 ausgestellt. Ein letztes bedeutendes Kunstwerk ist der strenge romanische Kruzifixus aus der Zeit um 1100, der an der Seitenwand der Krypta hängt.

Die ehemalige Eigenkirche der Herren zu Erwitte und spätere Zisterzienserinnenkirche in **Benninghausen**, jetzt *Pfarrkirche*, besteht aus einem Westturm des 12. Jahrhunderts und dem spätgotischen Saalbau von 1514 (Kapellenanbau 1892). Sie birgt mit dem Triumphkreuz (Abb. 50) über dem Altar ein erstrangiges Werk hochmittelalterlicher Bildhauerkunst, im 3. Viertel des 11. Jahrhunderts in der Nachfolge des Kölner Gerokruzifixes geschaffen. Das stark stilisierende Werk zeigt die Gestalt Christi leicht gekrümmt, der Körper ist kaum breiter als das (neue) Kreuz. Die Falten des Lendentuches, Rippen und Adern betonen die strenge parallele Form, während Zeichen des Schmerzes und naturalistische Elemente der Gestaltung zurückgedrängt sind. In der Qualität nimmt das Triumphkreuz in der Plastik des beginnenden Hochmittelalters in Deutschland eine hervorragende Stellung ein.

Das reiche steinerne Sakramentshaus wurde in der Bunickmann-Werkstatt hergestellt (Anfang 16. Jh.); gleich alt ist die Doppelmadonna im Langhaus. Chorgestühl und ornamentale Gewölbemalerei entstanden 1520. Die Glasfenster im Stil der Spätgotik sind Arbeiten der Glasmalerwerkstatt Hertel und Lersch (1893). – Die Äbtissin Sophia Elisabeth von Oheimb ließ ab 1721 neue Konventsgebäude errichten, die bis auf die hübsche Treppe mit wappenhaltenden Löwen (1725) sehr schlicht sind.

Nördlich von Benninghausen führt die von 1824–28 kanalisierte Lippe vorbei, die hier in einer Schleuse mit Wehr gefaßt ist. Schleuse und Dienstgebäude sind erneuert. Weitere Schleusen gibt es bei Uentrop, Heessen, Werne, Horst und Haus Dahl, am besten erhalten bei Werne.

Das 1139 erwähnte *Prämonstratenserinnenkloster* **Cappel** bei Lippstadt bestand bis zur Umwandlung in ein weltliches Damenstift 1588. Die *Kirche* mit bedeutender zweitürmiger Westfront hat nach dem Abbruch der Seitenschiffe und Nebenapsiden gedrückte Verhältnisse, und das Langhaus macht einen schlichten Eindruck. Die Kreuzgewölbe zwischen breiten Gurt- und Scheidbögen ruhen auf massigen Pfeilern mit quadratischem Querschnitt. Die Seitenschiffarkaden sind geschickt durch Glasstreifen von den nachträglichen Vermauerungen abgesetzt, die Lage und Größe der Seitenschiffe und Nebenapsiden durch rote Pflasterung im Boden angegeben. Der Westbau zwischen den schlanken Türmen enthält eine dreischiffige fünfjochige kryptenartige Vorhalle (›Nonnenkrypta‹), darüber befindet sich die Nonnenempore. Die Vorhalle (Abb. 52) dürfte bereits in der Mitte des 12. Jahrhunderts entstanden sein, das von Beginn an gewölbte Langhaus wurde wahrscheinlich erst gegen Jahrhundertwende angefügt. Das an die Kirche angebaute Kapitelhaus und das große Refektoriums- und Dormitoriumsgebäude, im Süden der Klausur, sind Massivbauten von 1522, teils in Backstein errichtet, mit spitzbogigen Arkadenfenstern im unteren und kleinen Zellenfenstern im oberen Geschoß. Die beiden Fachwerkbauten entstanden um 1780/1800, der nördliche hat klassizistische Haustüren und Treppen. – Zum Baumbestand der Klausur zählt auch ein Mammutbaum.

Das *Renaissanceschloß* **Overhagen** bei Lippstadt (1619) gibt in einer stark verkürzten Form den Grundgedanken der regelmäßigen (geometrischen) Schloßanlage wieder (Abb. 53). Das wohl von Laurenz von Brachum d. J. entworfene Herrenhaus besteht nur aus einem einzigen Flügel, doch mit zwei quadratischen Eckbastionen, die einander diagonal gegenüberliegen und so den Eindruck eines mehrflügeligen Baues bewirken. Die geometrische Ornamentik durch flach vortretende Ziegelstreifen ist dem Schloß Hovestadt nachempfunden. Sie sind teils in roter, teils in grauer Farbe (rahmende Ornamente) gefaßt. Die Fenster unterstrichen einst als Kreuzstockfenster die Gliederung des Hauses. Der Risalit wurde 1735 vereinfacht, das Innere mehrfach verändert. Die Fachwerkkapelle vor dem Schloß datiert aus dem Jahre 1651.

Lippstadt gilt als die älteste ›Gründungsstadt‹ Westfalens. Hier hat ganz offensichtlich die Neugründung einer Stadt an bisher kaum bebauter Stelle unter gleichzeitiger Anlage ihres Grundrisses stattgefunden und am Beginn der Entwicklung gestanden. Der Plan Lippstadts, einer Gründung des Edelherrn Bernhard II. zur Lippe um 1185, sollte zum Vorbild für die lippischen Städte des späten 12. und 13. Jahrhunderts östlich des Teutoburger Waldes werden. Während die Gesamtanlage noch heute gut und klar zu erkennen ist, fehlt in Lippstadt inzwischen die Geschlossenheit des Stadtbildes, wie sie etwa für Lemgo kennzeichnend ist.

Dennoch lohnt sich ein Spaziergang durch die Lippstädter Altstadt. Östlich der Marienkirche steht mit dem *Haus Epping* (Lange Straße 15) einer der seltenen Bauten mit spätbarocker Quaderfassade (Freitreppe), im Kern ein Fachwerkbau, wie ein Blick in das schmale Traufengäßchen zeigt; durch Baumeister Clemens August von Vagedes errichtet und innen mit frühklassizistischen Stukkaturen ausgestattet. Etwas weiter nördlich steht das *Fachwerkhaus Lange Str. 12,* 1566 erbaut (Abb. 55). An den Schwellen und den gekurvten Fußbändern zeigt es reiche Ornamentik im Stil des Cornelis Floris, mit Grotesken, verschlungenen Masken und Ranken. Verglichen mit den zahlreichen Renaissancehäusern, die nur mit Fächerrosetten versehen sind, wird deutlich, wie hier der entwerfende und ausführende Bildschnitzer bzw. Zimmermann auf der Höhe der Zeit steht. *Lange Str. 5* ist

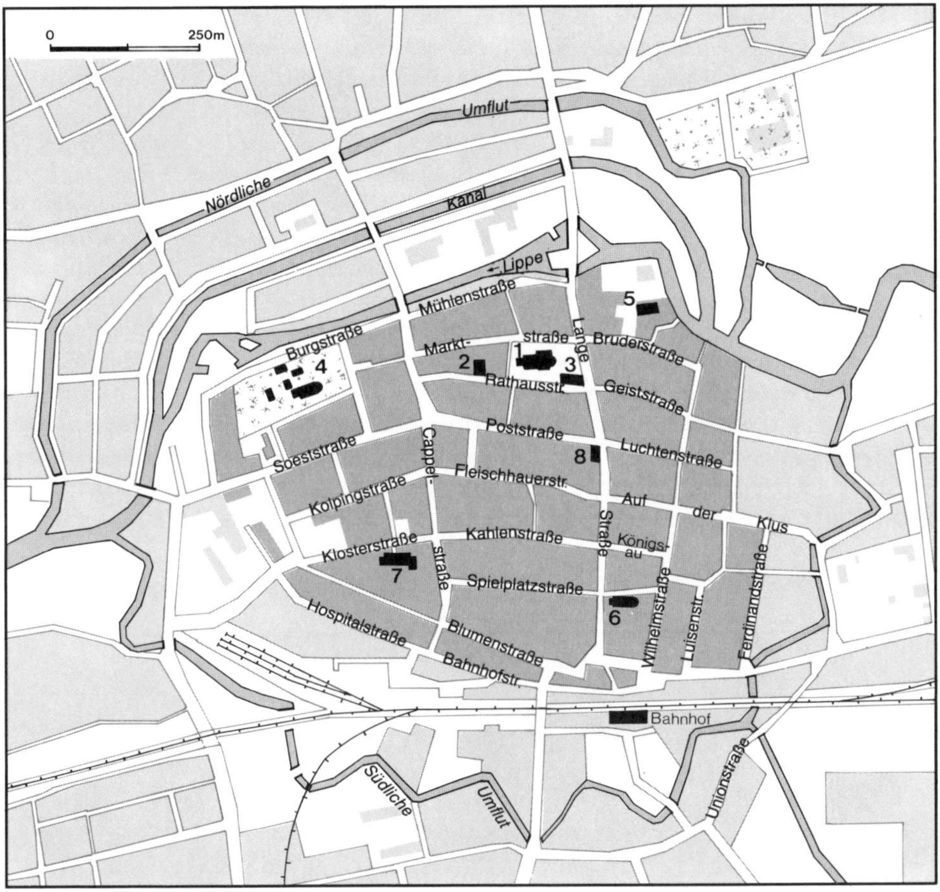

Lippstadt 1 Große Marienkirche 2 Heimatmuseum 3 Rathaus 4 Kleine Marienkirche (Stiftsruine) 5 Evang.-reformierte Kirche (Augustiner) 6 Jakobikirche 7 Nikolaikirche 8 Haus Köppelmann (Lange Str. 30)

mit dem Entstehungsjahr 1532 das älteste bisher bekannte Fachwerkhaus Lippstadts. Das *Haus Köppelmann* (Lange Str. 30, um 1720) erhielt um 1770 im Saal und im Damenzimmer des Obergeschosses (Café) eine aufwendige Ausstattung aus Wand- und Deckenstuck als Rahmung von Ölgemälden mit mythologischen und höfischen Szenen.

In größerer Anzahl bestimmen Fachwerkbauten des 17. Jahrhunderts die Innenstadt. Die Mehrzahl entstand, nachdem ein Brand 1656 einen Teil der Stadt in Schutt und Asche gelegt hatte. Ansehnlich sind die *Häuser Rathausstr. (ehem. Judenstraße) 10, 12, 14 a*, das *Heimatmuseum, Rathausstr. 13* (in Rokokoformen umgebaut und reich stukkiert),

Marktstr. 24, Poststr. 14 und 16 (mit bemerkenswerter Régence-Tür, um 1760) und *Fleischhauerstr. 16,* ein traufenständiges Fachwerkhaus mit Backsteinausmauerung (1667). 1659–62 wurde das *Metzgeramtshaus* an der Poststraße errichtet. Die Jahreszahl 1574 bezieht sich auf die erste urkundliche Nennung des Metzgeramtes.

Ein Baublock zwischen Marktstraße und Rathausstraße wurde bei der Stadtgründung für die Kirche freigelassen. Benachbart blieb noch Platz für das (spätbarocke) *Rathaus,* 1773, das 1903 im Stil des Historismus umgebaut wurde. Die *Marienkirche* entstand im 1. Drittel des 13. Jahrhunderts; bei der Weihe 1222 mögen die damaligen Ostteile fertig gewesen sein. Von diesem vermutlich um 1230 vollendeten Bau sind das Querschiff mit zwei Osttürmen, das Langhaus und der Westturm erhalten, mit spätromanischer Gliederung wie Rundbogenfriese und ein blindes Rundfenster im Giebel des Nordquerhauses sowie ein Rundfenster am Westturm (Abb. 54). Das Langhaus (Abb. 58) ist ein frühes Beispiel einer Hallenkirche, wobei hier die Jocheinteilung noch der romanischen Baukunst entspricht. Es handelt sich um das gebundene System, bei dem zu einem quadratischen Mittelschiffsjoch vier quadratische Seitenschiffsjoche gehören. Die Zwischenpfeiler sind jeoch – das ist das Besondere in Lippstadt – der Höhe der Hauptpfeiler angeglichen, so daß es zwar Arkaden zwischen den Schiffen gibt, aber keinen Obergaden mit eigenen Mittelschiffsfenstern mehr – der Typus

Lippstadt, Haus Köppelmann, Lange Str. 30. Tuschezeichnung von A. Höke, 1906. Heimatmuseum Lippstadt

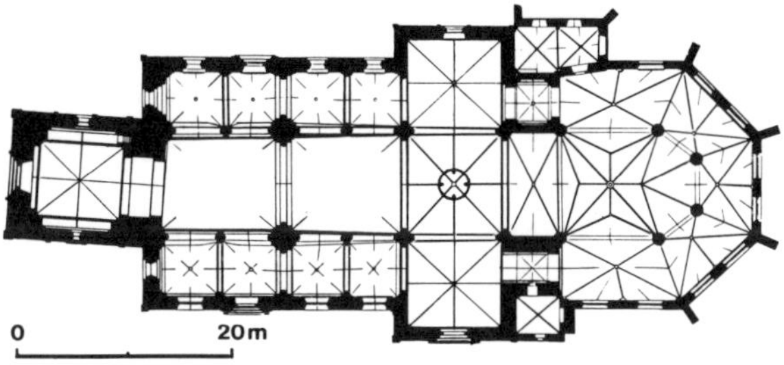

Lippstadt, Marienkirche, Grundriß

der Basilika wurde (vielleicht während des Bauens) zur Hallenkirche umgewandelt. Diese frühe Form der Hallenkirche, abhängig vom Dom in Münster, macht deutlich, daß es dem Bauherrn nicht unbedingt auf einen vereinheitlichten Kirchenraum ankam, in dem die Stützen sozusagen nur noch notwendiges Übel zum Tragen der Gewölbe waren, sondern daß man den seit alters nach Osten gerichteten Raum (›orientiert‹) lediglich durch hohe Seitenschiffe aufwerten wollte. Als Bauherr der Kirche wird der Edelherr Bernhard II. von Lippe angesehen, zugleich Gründer der Stadt, der 1222 als Bischof von Selonien die Weihe vornahm. Gegenüber dem Langhaus mit seinen schweren Formen, den kräftigen Pfeilern und wulstigen Bögen (Gewölberippen nur in der Vierung erhalten) wirkt der Chor frei und licht. Er wurde 1478–1506 an das alte Vorchorjoch angefügt. Es handelt sich um einen ›Hallenumgangschor‹, d. h. die Seitenschiffe haben gleiche Gewölbehöhe wie das Mittelschiff und sind als Umgang um den Chorschluß geführt. Die Gewölbe ruhen auf schlichten Rundpfeilern. Vorbilder dieser für Westfalen seltenen Anlage gibt es sowohl in Nord- wie in Süddeutschland; hier mag die Chorform durch die Stadtkirche in Unna beeinflußt sein, deren Hallenumgangschor 1389–96 errichtet wurde. – Im Innern der Kirche ist vor allem die Bauplastik der frühen Bauzeit bemerkenswert, darunter ein Adlerkapitell im Untergeschoß des nördlichen Chorflankenturmes. In den Gewölben konnte die Ausmalung des 16. Jahrhunderts freigelegt werden, neben reicher hervorragend erhaltener Ornamentik auch figürliche Darstellungen: Christus als Schmerzensmann, Maria und Bartholomäus im Chor (um 1510), in der Vierung Tugenden (1596, Stiche von J. Matham nach H. Goltzius als Vorlage), im anschließenden Joch die vier Evangelisten. Zu den Resten figürlicher Malerei des Zackenstils (Mitte 13. Jh.) gehört das Bild des Marientodes im Vorchorjoch.

Der Hochaltar, der ursprünglich den Chorumgang verstellte, wurde 1662/63 von Meister Ernst Rombergh geschaffen. Im Umgang steht das Sakramentshaus aus dem Jahre 1523. Sein stark durchgliederter Turm, dessen Sockel auf Löwen ruht, ist mit Reliefs versehen. Wie viele bedeutende Sakramentshäuser und Taufsteine dieser Zeit im westfälischen Raum wird es der bekannten Bunickmann-Werkstatt zugeschrieben (vgl. Ahlen, Benninghausen, Herford, Münster, Paderborn, Wiedenbrück). Auch das Heilige Grab mit zwei schlafenden Wächtern am Sockel ist ein Werk der spätgotischen Bildhauerkunst, es steht am westlichen Ende des Nordseitenschiffs.

Durch die Marktstraße gelangt man zur Ruine der ehemaligen *Stiftskirche St. Marien* (›Kleine Marienkirche‹) innerhalb der Stiftsfreiheit, heute von einem Park umgeben (Abb. 60). Der gegen 1200 begonnene Kirchenbau des Augustinerinnenklosters wurde nach Bauunterbrechungen in der Mitte des 13. Jahrhunderts als Hallenkirche vollendet. Nach der Reformation bestand das Kloster als Damenstift weiter. Die Kirche erlitt bei einem Unwetter 1819 schwere Beschädigungen, 1855 wurden die Gewölbe zum Einsturz gebracht. Die Ruine besteht noch aus dem romanisch wirkenden Westbau in Breite des Mittelschiffs, einst mit Nonnenempore, dem zweijochigen Langhaus, anschließendem Querhaus von gleicher Breite, dem Vorchorjoch nochmals in gleicher Breite und dem 5/8-Chorschluß. Die Pfeiler blieben im Innern nur bis zur Höhe der Kapitelle erhalten, die frühgotische Knospenform zeigen. Die Fenster der Außenmauern haben ebenfalls entsprechend dem Baufortschritt teils frühgotische Form, teils verwenden sie noch romanische Elemente. An der Grenze zwischen Nonnenchor und Langhaus steht eine Nachbildung des bemerkenswerten, zur Empore gehörenden Altarunterbaus aus neun Bündelsäulen, die auf kleinstem Raum 34 Einzelstützen ergeben. – Von den Gebäuden der Klausur ist noch der westliche Flügel aus dem 13. Jahrhundert erhalten, einst reichte bis zu ihm der Kreuzgang. Die nördlich gelegenen Fachwerkbauten (Im Stift 1 mit Freitreppe, Haustür, Treppe und Innentüren der Bauzeit) gehören dem 18. Jahrhundert an.

Am nordöstlichen Rand Lippstadts liegt die *evangelisch-reformierte Kirche,* die Kirche des ehemaligen Augustiner-Eremitenklosters. Der schlichte, turmlose zweischiffige Hallenbau besteht aus einem Hauptschiff und einem Seitenschiff (›reduzierte Hallenkirche‹, vgl. Höxter). Der Chor, einst mit 5/8-Schluß, ist nur sehr kurz, die Bedeutung liegt ganz auf dem Gemeinderaum. Die Gewölbe ruhen dort über einfachen Kämpfern auf kräftigen Rundpfeilern. Die um 1300 erbaute Kirche zeigt noch Teile der ursprünglichen Bemalung, einige Gewölbe haben spätgotische Rankenmalereien. – Von den Augustiner-Eremiten ging in Westfalen die Reformation aus, nachdem der Mönch Dr. Johannes Westermann 1520 in Wittenberg die Lehre Luthers kennengelernt hatte: Lippstadt war 1524 die erste Stadt, die sich (dauerhaft) der Reformation anschloß.

Am südlichen Ende der Langen Straße steht die *Jakobikirche,* die Ende des 13. Jahrhunderts errichtet wurde. Der Turm folgt dem Vorbild der Marienkirche, nur die spitzbogigen Fenster weisen auf den gewandelten Stil hin. Das zweijochige Langhaus hat Hallenquerschnitt, es gibt zwei Rundpfeiler mit vier Diensten. Die Hauptapsis wird von zwei Nebenapsiden begleitet, davon ist die nördliche – etwas ältere – wesentlich kleiner als die südliche. Die hier zu beobachtende Vereinheitlichung der Choranlage könnte ein Vorläufer der Entwicklung sein, deren Lösung an St. Petri in Soest zu erkennen ist.

Auch die *Nikolaikirche* markiert den Rand der Altstadt, sie liegt im Südwesten, an der Klosterstraße, und bestand bereits vor der Gründung der städtischen Siedlung. Der Westturm gehört noch der 2. Hälfte des 13. Jahrhunderts an. Das anschließende Schiff wurde 1874/75 nach den Plänen des Paderborner Dombaumeisters Güldenpfennig und seines zeitweiligen Mitarbeiters Carl Schäfer geschaffen. Es ist dreischiffig, vier Joche tief, mit kräftigen Rundpfeilern und bemalten Gewölben. Der polygonal geschlossene Chor wirkt vor allem von außen durch Treppentürmchen und Maßwerkgalerie sehr malerisch. Von den drei Altären in gotischer Form könnte der Hochaltar unter Verwendung spätmittelalterlicher Bilder entstanden sein; den rechten Seitenaltar mit gemalter Kreuzigungsdarstellung und Heiligen unter Baldachinen schuf Gert von Loen (Anfang 16. Jh.), der zweite Seitenaltar gehört zur Ausstattung des 19. Jahrhunderts. – Die Glasfenster nach Entwürfen von Benno Lippsmeier, ausgeführt in der Paderborner Werkstatt O. Peters, konnten 1962 eingesetzt werden. Das Gedächtnisbild für Jakoba von Tecklenburg an der Nordwand der Kreuzkapelle wurde 1558 wahrscheinlich von Hermann tom Ring geschaffen und zeigt sie als die Äbtissin des Stiftes Vreden sowie des Stiftes Borghorst in einem Doppelporträt.

Am nördlichen Innenstadtrand stoßen wir, wie bereits in Benninghausen, auf die kanalisierte Lippe. Wegen der Lippemühlen mußte hier ein eigener Kanal gebaut werden. Ist die *Schleuse* von 1830 auch verschwunden, so können wir zumindest das zehnbogige quadergemauerte Wehr noch entdecken. In jeden Bogen konnte man Staubretter einschieben. Es ist das letzte Wehr dieser Art in Westfalen.

Am südlichen Stadtausgang steht als seltenes technisches Denkmal an der Bökenförder Straße ein *Wasserturm* der Jahrhundertwende, mit Ziegelmauerwerk verkleidet.

Die katholische *Pfarrkirche* in **Hörste** stammt aus der 2. Hälfte des 12. Jahrhunderts. Ursprünglich war sie eine einfache Basilika mit Westturm, 1889 um ein Querhaus und einen neuen Chorschluß vergrößert. Die Seitenschiffsarkaden ruhen abwechselnd auf kräftigen Pfeilern und doppelten Säulen, teils rund, teils achteckig, ähnlich der etwas jüngeren Pfarrkirche in Büren. Der Hochaltar von 1677 gilt als Werk der Giershagener Werkstatt Heinrich Papen. Das Alabasterrelief, von marmorner Architektur umschlossen, zeigt das Abendmahl. Eine Arbeit derselben Werkstatt ist sicher auch die Kanzel. Das Sakramentshaus gehört dem frühen 16. Jahrhundert an, ebenso der lebensgroße Kruzifixus.

Die Kirche in *Bökenförde* ist eine romanische Pfeilerbasilika mit Westturm und rechteckigem Chor. Die Seitenschiffe (das nördliche wurde später erweitert) enden in Apsisnischen.

Eine eindrucksvolle vierreihige Allee, die von der Straße zwischen Bökenförde und Geseke abzweigt, kennzeichnet die Zufahrt zum *Schloß Schwarzenraben* (Abb. 59). Das barocke Wasserschloß wurde als Stiftung des Kölner Kurfürsten Clemens August 1765–68 von Johann Matthias Kitz aus Arolsen für die Herren von Hörde errichtet. Die Wirtschaftsgebäude des Vorhofes von Johann L. M. Gröninger öffnen sich auf das von einer Gräfte umgebene Schloß. Dieses hat zwei kurze Seitenflügel, die Mitte ist auf Hof- und Gartenseite durch schmale Risalite betont, zum Hof hin mit einer Freitreppe verbunden. Rückwärtig führt eine massive Brücke in den kleinen Barockpark, in dem sich noch die von Kitz entworfene Orangerie und zwei Gewächshäuser des 18. Jahrhunderts befinden. Die einst reich ausgestatteten Innenräume des Schlosses wurden durch einen Brand 1935 stark beschädigt, nur einzelne Säle mit Stuckdecken des Rokoko stellte man wieder her.

Die katholische *Kirche St. Laurentius* in **Erwitte** ist durch die romanische Reliefplastik an den Triumphbogensäulen und an den Querhausportalen berühmt. Unter Verwendung von

Mauerwerk aus dem 11. Jahrhundert entstand der heutige Bau um 1170, abgesehen vom erst im 13. Jahrhundert hinzugefügten Westturm. Die dreischiffige Basilika, deren Seitenschiffe bis 1896 erneuert wurden, hat ein breit ausladendes Querhaus mit Chor und südlicher Nebenkapelle. Die Architektur spiegelt die Abhängigkeit sowohl von Paderborn wie von Soest wider. Vor allem im Innern, mit Blick auf das überkuppelte Querhaus und die Apsis, wird die Beziehung zu St. Patroklus in Soest recht deutlich. Die Turmhalle war einst der für den Paderborner Bischof reservierte Westchor, sie ist durch ein achtstrahliges Rippengewölbe mit hängendem Schlußstein besonders hervorgehoben, eine für das 13. Jahrhundert recht aufwendige Bauform. Bemerkenswerte Bauplastik haben schon die Querhausportale mit ihren Tympana. Am südlichen Tympanon sehen wir den drachentötenden Michael, begleitet vom hl. Laurentius, dem die Kirche geweiht ist. Das Nordportal läßt den segnenden Christus zwischen den Symbolen der Evangelisten Matthäus und Johannes erkennen. Dem Bogen zwischen Querhaus und Chor sind Ecksäulchen vorgestellt, die skulptiert sind: Die Säulenschäfte zeigen Seraphim (d. h. Engel mit vier Flügeln, nach Ezechiel 1.24), die auf einer Leiter herabsteigen. Die Büsten an den Säulenbasen werden als Königin von Saba und König Salomon (im Süden) sowie Kaiser Konstantin und Heraklius gedeutet, die mit der Kreuzeslegende in Zusammenhang stehen (Sieg Konstantins an der Milvischen Brücke unter dem Kreuzeszeichen; Befreiung des Kreuzes aus der Hand der Perser durch Heraklius). An den Kapitellen erkennt man Engel sowie die Kreuzesauffindung durch die Kaiserin Helena (betend) und den von ihr gezwungenen Helfer, Judas Cyriacus (mit dem Kreuz und einem Spaten; Abb. 56). In der Gestaltung lassen sich Verbindungen zur romanischen Plastik von St. Patroklus in Soest ziehen, wahrscheinlich gehören die Bauplastik hier und die Tympana dort einer um 1170 arbeitenden Werkstatt an. R. Budde[16] bringt die Ikonographie der Chorsäulen auf einen einfachen Nenner: »die Verehrung des Hl. Kreuzes durch die Menschen und durch die Engel, also im Himmel wie auch auf Erden«.

Als weiteres Werk der romanischen Plastik um 1170 ist das Dedikationsrelief in der südlichen Nebenapsis zu nennen. Es trägt das Bild eines Geistlichen, der die Weihe der Kirche vornimmt, sowie die Hand Gottes, die Weihe entgegennehmend. – Aus der 1. Hälfte des 13. Jahrhunderts stammt der kleine Kruzifixus über dem Altar, noch in romanischer Tradition, wie an der strengen Haltung Christi (›Viernagelkruzifix‹, also parallele Beine) sichtbar wird. An barocker Ausstattung ist nur wenig zu erwähnen: Die Pieta im südlichen Seitenschiff, um 1630 von Heinrich Gröninger geschaffen, zeigt Maria im Relief und Christus in vollplastischer Form, hinter den Figuren die sieben Schwerter als Zeichen der sieben Schmerzen Mariens. Vom ehemaligen, nur in Resten erhaltenen Hochaltar befindet sich an der Südquerhauswand das Altargemälde, 1763 von Anton Joseph Strahtmann, die Himmelfahrt Mariens. Die Orgel (1958–61) birgt noch Teile der Vorgängerwerke des 17. bis 19. Jahrhunderts.

Nördlich des Kirchhofs, der weitgehend geschlossen von Fachwerkbauten des 16. bis 19. Jahrhunderts gerahmt wird, befindet sich das 1701–03 erbaute *Krankenhaus* (Adelssitz Haus Drost). Ein Kanal führt an der erneuerten *Wassermühle* vorbei bis zu einem

Wasserschloß aus dem frühen 17. Jahrhundert (Herren v. Landsberg zu Erwitte). Es hat zwei Risalite an der Hofseite, einen quadratischen Turm außen sowie mehrere Aborterker.

Für die breite Ebene zwischen Soest und Paderborn sind die großen Betriebsanlagen der Zement- und Kalkindustrie charakteristisch, die wie in eine graue Tunke eingetaucht wirken. Vor **Anröchte** liegen die Steinbrüche, in denen der markante grünliche Anröchter Sandstein gewonnen wird. Unvermittelt tun sich nahe der Straße die zerklüfteten Erdlöcher der Brüche auf, die vielfach noch in Betrieb sind. Schon seit mehr als einem Jahrtausend wird hier Stein gewonnen. Wir finden den grünen Anröchter Stein sowohl an romanischen Kirchenbauten wie an den Hofmauern der jüngeren Bauernhöfe am Hellweg.

Fast selbstverständlich ist auch die Anröchter Kirche in diesem Steinmaterial erbaut, das nach dem Ort seinen Namen erhielt. Der Turm der *Pfarrkirche* gehört zu den machtvollen romanischen Kirchentürmen, durch gekuppelte Schallarkaden gegliedert, die das Bild vieler Hellweg-Städte prägen. Um 1230/40 erbaut, handelt es sich um eine der frühen westfälischen Hallen, bei der sich diese ›moderne‹, gotische Bauform mit der Schwere der romanischen Glieder wie Pfeiler, Halbsäulen und Gewölbe verbindet. Eigenwillig ist die Grundrißgestaltung: Der Altbau besitzt nur ein kurzes zweijochiges Langhaus, an das ein Ostteil anschließt, bei dem man sowohl von einem schmalen Querhaus wie von einem abgeflachten Dreikonchenchor sprechen kann; das Mittelschiff öffnet sich trapezförmig auf das breitere Vorchorjoch hin, die Seitenschiffe haben innen einen gerundeten Grundriß und sind (an der Nordseite gut erhalten) noch mit einer östlichen Apsis versehen. Selbst das Vorchorjoch hat innen gekurvte Nischen, ein drittes Mal wiederholt sich dieses Motiv in der Apsis selbst.

Als die Kirche Ende des vorigen Jahrhunderts zu klein wurde, fügte man ihr einen nach Süden gerichteten Neubau an, eine dreischiffige gotisierende Hallenkirche mit Rundpfeilern, durchbrochenen Maßwerkwänden zwischen Hauptchor und Seitenchören sowie vollständiger Ausstattung mit Altar, Gestühl und Beichtstuhl (1894/95, Entwurf G. A. Fischer, Barmen).

In der Langen Straße befindet sich der *ehemalige kurfürstliche Amtshof* (Nr. 63), das Kölner Wappen auf einer Tafel am Tor wird Philipp Soldan zugeschrieben (1551).

In **Eringerfeld** wenige Kilometer südlich von Geseke sollte man sich das *Schloß* ansehen (Abb. 61). Es ist eine für eine so kleine Landgemeinde ungewöhnlich große Anlage, die zwei Domherren aus der Familie von Hörde im wesentlichen zwischen 1676 und 1680 errichteten (Hauptflügel). Die Anlageform ist bemerkenswert und für die Bauzeit bereits ungewöhnlich. Das Kernschloß wird auf einer eigenen Insel von (heute trockenen) Gräften umgeben. Es besteht aus einem zweigeschossigen Herrenhaus und gesonderten niedrigen Seitenflügeln, die, durch Mauern verbunden, einen dreiflügeligen Komplex bilden. Die vierte Seite ist durch das Torhaus und eine Mauer geschlossen. Es verbinden sich hier die Grundgedanken des vierflügeligen kastellartigen Schlosses der Renaissance und des dreiflügeligen Landschlosses des Barock miteinander, wie vorher bereits beim Schloß Kassel-Weißenstein der

Landgrafen von Hessen-Kassel, von dem wichtige Einflüsse ausgegangen sein mögen (heute: Kassel-Wilhelmshöhe). Als Planfertiger gilt der Barockarchitekt Ambrosius von Oelde, die Ausführung leitete Jobst Scheck aus Störmede. – Am Äußeren fallen die Detailformen der Giebel, die Schornsteinköpfe, das Tor des Torhauses (1690) mit zwei weiblichen Statuen als Allegorien der Vergänglichkeit (junge und alte Frau) und vor allem die zahllosen Schießscharten sowie die Taubenschläge im Hof auf. Schießscharten finden sich selbst oberhalb der Schloßkapelle, die als eigener Bauteil an den südöstlichen Eckturm angefügt ist. – Im Inneren ist auf das bemerkenswerte hölzerne Treppenhaus hinzuweisen, dessen Geländerpfosten in gedrehten Säulen bis unter die Geschoßdecke hochgezogen sind, während die Zwischenbaluster übliche barocke Vasenform haben. Die bemalte Wandbespannung im Tapetensaal aus der Mitte des 18. Jahrhunderts zeigt reitende Soldaten (Türken, Husaren) mit gezogenen Säbeln. – Auch der westlich anschließende Wirtschaftshof ist dreiflügelig und hat zwei Rundbastionen mit Schießscharten als äußeren Abschluß.

Das kleine Landstädtchen **Geseke**, am Hellweg zwischen Soest und Paderborn gelegen, geht auf einen urkundlich genannten fränkischen Königshof zurück, bei dem 946 ein Kanonikerstift gegründet wurde. Von der damaligen Stiftskirche, der heutigen *Pfarrkirche St. Cyriakus,* sind noch Teile des Querhaus-Mauerwerks erhalten. Der hochmittelalterliche Neubau ist zwischen die Türme im Osten und Westen eingespannt: Der beherrschende Westturm mit seinen charakteristischen Fenstergruppen entstand Ende des 12. Jahrhunderts. Sein heutiger Abschluß, der die Verwandtschaft mit dem Paderborner Domturm noch verstärkt, ist das Ergebnis der Gesamtrestaurierung unter A. Güldenpfennig (1878–94). Die beiden niedrigen Osttürme wurden gemeinsam mit dem Ostbau auch noch im 12. Jahrhundert errichtet (die Apsis später wieder abgebrochen), im Erdgeschoß enthalten die Türme kleine Seitenapsiden. Dieser Teil zeigt einen eigentümlichen hammerförmigen Grundriß. Das Querhaus wurde samt dem Langhaus in der Mitte des 12. Jahrhunderts weitgehend neu aufgebaut, zunächst als flachgedeckte Basilika, um 1160 aber mit Kreuzgewölben versehen. Das Langhaus erhielt schließlich in der Mitte des 13. Jahrhunderts seine heutige Form als Hallenkirche, wobei das Äußere die Fensteröffnungen aus der Basilika-Phase teilweise noch

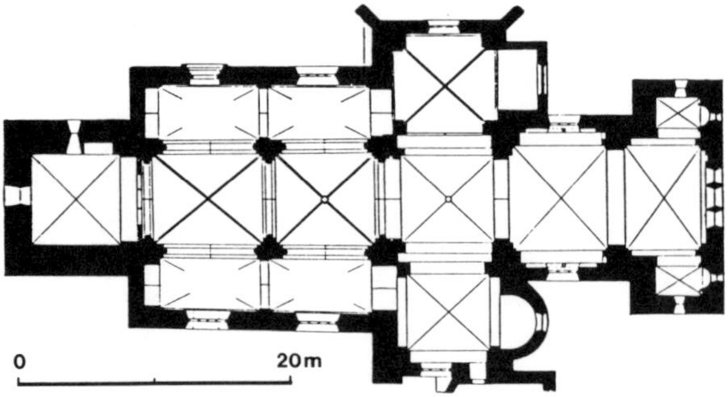

Geseke, Pfarrkirche St. Cyriakus, Grundriß

zeigt. Der Raumeindruck wird durch die stark gegliederten Pfeiler mit Rundvorlagen für Gurtbögen, Scheidbögen und Dienste bestimmt und ist im Gegensatz zu rein gotischen Hallenkirchen sehr dunkel, was die farbigen Glasfenster noch unterstreichen. Sie stammen zumeist aus der vielbeschäftigten Werkstatt Carl Hertel und Lersch, Düsseldorf (1904/09). – An Ausstattungsteilen sind darüber hinaus noch der Hochaltar von 1727, die Seitenaltäre von 1729 und 1731 sowie der Orgelprospekt von 1712 zu nennen. Die Altäre aus Marmor und Alabaster sind Arbeiten des Bildhauers Christophel Papen und seiner Werkstatt (Giershagen). Säulchen stützen die Endstücke gesprengter Giebel und rahmen figürliche Altarbilder mit der Auferstehung Christi, Maria und Elisabeth (Heimsuchung) und Kreuzigung Christi. – An das Südquerhaus fügen sich der quadratische Kapitelsaal und der Ostteil des Kreuzgangs an. Einzelne Kapitelle zeigen Rankenformen, eines auch figürliche Darstellungen im Stil des späten 12. Jahrhunderts. Vorgängerbauten des Kanonikerstiftes konnten ergraben werden.

Südlich der Stiftskirche befindet sich das *ehemalige Franziskanerkloster* (heute Krankenhaus) mit einfacher Klosterkirche in barockgotischen Formen (1668–74). Die im 19. Jahrhundert stark veränderten Klostergebäude hatte man zwischen 1691 und 1712 errichtet.

Die katholische *Pfarrkirche St. Peter* entstand im 12. Jahrhundert als gewölbte Pfeilerbasilika aus zwei Langhausjochen und östlichem Querhaus. In der Mitte des 13. Jahrhunderts wurde ein neuer Westturm angebaut und man erhöhte die Seitenschiffe, so daß sich nun eine Stufenhalle mit tief heruntergezogenen Gewölben ergab. Seitenschiffs- und Querhausjoche erhielten eigene Giebel. Während das Mittelschiff mit wulstigen Rippen über rechteckigen Wandvorlagen überwölbt ist, wurden die Gratgewölbe der Seitenschiffe erst im 14. Jahrhundert gemeinsam mit den Maßwerkfenstern erneuert. Bis 1471 fügte man den zweijochigen Chor mit $^5/_8$-Schluß an, der jedoch nur verhältnismäßig einfache spätgotische Formen aufweist. Zwei polygonale Anbauten entstanden 1907. Die heutige Ausmalung folgt dem spätmittelalterlichen System. Die Kanzel (um 1740) mit weit ausladendem Korb ist mit Flachreliefs an der Brüstung versehen (Erweckung des Lazarus, Taufe Jesu, Verklärung Christi). Vor den gliedernden Pilastern sitzen die Kirchenlehrer Ambrosius, Gregor, Hieronymus und Augustinus, vollplastische Statuen in qualitätvoller Arbeit. Die vier Evangelisten, sonst fast immer am Kanzelkorb dargestellt, thronen hier auf dem kräftigen Schalldeckel, sie sind durch ihre Attribute gekennzeichnet. Das Taufbecken ist 1576 datiert (Beschlagwerkornamente) und wurde 1682 verändert, die Darstellung der Taufe Christi schuf angeblich erst Mitte des 18. Jahrhunderts Joseph Strahtmann. Eine Doppelmadonna des späten 17. Jahrhunderts hängt im Mittelschiff.

Das *Fachwerkhaus* westlich der Kirche, nach neuerer Inschrift aus dem Jahre 1545, zeigt frühe Beispiele von Renaissance-Dekoration. Das *Haus Diekmann,* Hellweg 13 (Hellweg-Museum), ist ein Patrizierhaus aus dem Jahre 1664, heute im verbauten Zustand des 19. Jahrhunderts zu besichtigen: Deele und Deelentor in der Art eines Ackerbürgerhauses sind entfernt, eine kleine Tür ist an die Stelle des Tores gekommen. Durch jüngere Zwischenwände und -decken werden zusätzliche Räume gewonnen, die eine differenziertere Nutzung des Hauses ermöglichen, während ursprünglich die Räume oft sehr groß waren und häufig mehreren Aufgaben dienten. Der unterkellerte Saal hinter der Deele hat noch seine frühere Größe bewahrt.

Zu den Stationen am Hellweg vor der Bischofsstadt Paderborn gehört als nördlicher Ausläufer des früheren Landkreises Büren das Städtchen **Salzkotten**. Zum Schutz der bereits um 1160 genutzten Salzquellen erhielt Salzkotten 1247 eine Befestigung aus Mauern und Toren, von denen das *Westerntor* neben der Bundesstraße 1 noch erhalten ist, da man den Hellweg hier gegenüber dem früheren Verlauf geringfügig verschieben konnte. Das Salzwerk und die Salinen wurden nach der Einstellung der Salzgewinnung 1921 bis auf das Brunnenhäuschen ›Up den Küten‹ abgebrochen. Dies ist ein gestreckter achteckiger Bruchsteinbau, der auf einer durch Ablagerungen leicht erhöhten Felsplatte neben dem modernen Rathaus steht.

Die *Pfarrkirche* entstand in der 2. Hälfte des 13. Jahrhunderts. Die damals übliche Form der Halle verbindet sich hier mit altertümlich wirkenden mächtigen Vierkantpfeilern und einem hochmittelalterlich erscheinenden Grundriß, vor allem durch die schmalen Seitenschiffe. Vor dem gerade geschlossenen Chor steht auf dem Kirchplatz eine schlanke achteckige Friedhofslaterne aus dem 14. Jahrhundert. Von den zahlreichen Fachwerkhäusern (Vielserstr. 8; von 1575) sind die meisten leider mit häßlichen Platten verkleidet.

Östlich von Salzkotten ließen die Bischöfe von Paderborn die im 15. Jahrhundert erwähnte *Burg* errichten. Der mittelalterliche Wohnturm birgt Reste spätgotischer Wandmalereien. Er wird von Wirtschaftsbauten des 19. Jahrhunderts umgeben.

Verne, nordwestlich vor den Toren Salzkottens, gehört zu den wenigen westfälischen Wallfahrtsorten, in denen das Wallfahrtswesen heute noch blüht. Anlaß ist eine Legende aus der Kreuzfahrerzeit, derzufolge der Ritter Wilhard von Vernede beim Gang in die Verner Kirche einen Rosenstrauch abbrach und aus dem Holz später eine kleine Madonnenfigur schnitzte, die er auf den Kreuzzug mitnahm. Vor der Rückkehr in die Heimat verlor er das kleine Andachtsbild. Nach Verne zurückgekehrt, fand er jedoch im strahlenden Rosenstrauch sein Andachtsbild wieder. Das tatsächliche Andachtsbild ist allerdings eine Madonnenstatue aus Eichenholz, die erst der 2. Hälfte des 13. Jahrhunderts angehört. Sie wird im 1669/70 geschaffenen barocken Hochaltar des Bildhauers Schüchting aufbewahrt, welcher der reich gekleideten und (1913 neu) gekrönten ›Trösterin der Betrübten‹ den würdigen Rahmen verleiht. Seit 1763 wird alljährlich am ersten Sonntag im Juli eine Prozession von Paderborn nach Verne durchgeführt, von Fürstbischof Wilhelm Anton von Asseburg eingerichtet. Drei seit dem Mittelalter bzw. dem 17. Jahrhundert jährlich veranstaltete Prozessionen wurden später wieder eingestellt. Derselbe Bischof richtete auch das samstägliche Verner Marienlob ein, jeden Samstagmorgen als Votivmesse gefeiert.

Die *Pfarr- und Wallfahrtskirche*, übrigens dem hl. Bartholomäus geweiht, wurde im späten 12. Jahrhundert als dreischiffige Basilika mit achteckigem Westturm errichtet. Das zweijochige Mittelschiff und das nördliche Seitenschiff werden durch Arkaden auf Doppelsäulchen mit gespaltenen Würfelkapitellen getrennt. Ihr besonderes Gepräge erfährt die

Kirche durch das übergroße Südseitenschiff, das in reinen spätgotischen Formen an die romanische Kirche angefügt wurde (15. Jh., im 18. Jh. verändert) und mit fünf Giebeln nach Süden weist. Dieser Teil der Kirche erhielt 1901 einen zentralbauartigen Chorabschluß, wobei eine Reliefdarstellung des Gnadenbildes von 1769 wieder in die Außenwand eingemauert worden ist.

Das Herrenhaus der *Vernaburg* an der Krewetstraße im Norden des Dorfes ist ein annähernd quadratischer Bau mit einem einzigen runden Eckturm (1607). Quadratisch ist auch die Hauptinsel, die an den Ecken von drei quadratischen Türmen eingefaßt wird; ein vierter, runder Turm steht nahe der Brücke zur Vorburg. Die Türme haben große Fenster, teilweise Fachwerkobergeschosse mit Backstein-Zierausmauerung. Nur wenig weist auf den

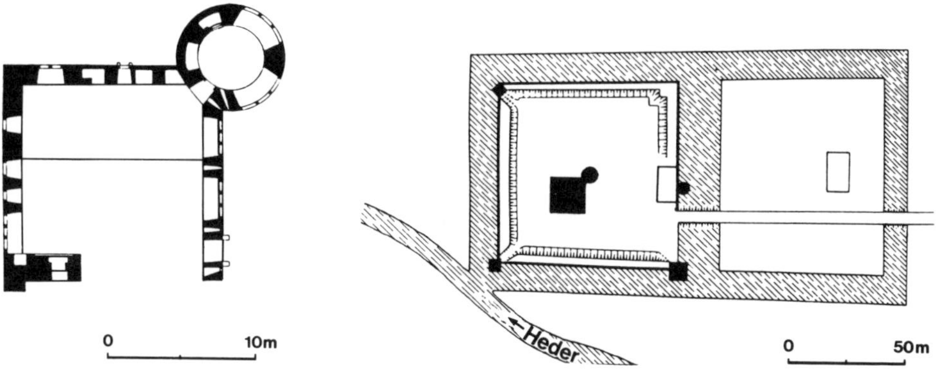

Verne, Vernaburg, Herrenhaus (Ruine) und Lageplan

Wehrcharakter hin, den man bei solchen Bauteilen erwartet. Trotz der Zerstörung ist die Gesamtanlage als geometrisch gestaltetes Renaissanceschloß bemerkenswert, vor allem durch die erhaltenen Wassergräben.

Die katholische *Pfarrkirche St. Landolinus* in **Boke** ist, im Ganzen ähnlich jener in Hörste, eine romanische Basilika von schlichter Gesamterscheinung, abgesehen von der östlichen Erweiterung aus dem Jahr 1890. Die Langhausarkaden ruhen auf Doppelsäulen mit plastisch geschmückten Kapitellen. Die farbliche Fassung der Bauzeit wird durch rot und weiß gerahmte Arkaden, aufgemalte Gewölberippen sowie Ornamentbänder und gemalte Leuchter bestimmt. Aus der Romanik ist an Ausstattungsgegenständen nur noch der Taufstein auf vier (verwitterten) Löwenfiguren und mit einer Darstellung der Taufe Christi erhalten. Die Doppelmadonna im Langhaus entstand um 1700, Orgelempore und -prospekt gehören dem späten 18. Jahrhundert an. In einer Nische des rechten Vierungspfeilers steht ein Vesperbild des Weichen Stils (um 1430), leider entstellend bemalt. Der Hochaltar wurde 1892 gestiftet.

Das Hochstift Paderborn und Corvey

Paderborn

Die Paderborner Hochfläche schließt mit leichter Steigung die flache Westfälische Tieflandsbucht gegenüber den Mittelgebirgen ab. Ein sanfter Hügel, der sich aus der Hochfläche erhebt, und an dem mehr als zweihundert Quellen der Pader zu fünf Quellbächen zusammenfließen, bot bereits in vorrömischer Zeit günstige Siedlungsmöglichkeiten. Fünf Jahre nach Beginn der Sachsenkriege hielt Karl der Große hier, auf sächsischem Boden, 777 einen Reichstag ab. Die Missionierung des eroberten Landes wurde dem Bistum Würzburg übertragen, was durch die Übernahme des Kirchenpatroziniums St. Kilian für verschiedene Kirchen (u. a. den Paderborner Dom) belegt wird. 799 fand in Paderborn das denkwürdige Treffen zwischen Karl dem Großen und Papst Leo III. statt, bei dem der Papst den Frankenkönig um Unterstützung in Rom bat. – Um 806 wurde Paderborn Sitz eines Bischofs und damit zu einem kirchlichen Mittelpunkt des eroberten Sachsenlandes erhoben, erster Bischof war der Sachse Hathumar. Die Bischöfe verstanden es in der Folgezeit, in den Besitz umfangreicher Ländereien zu gelangen und erhielten 1217 den Titel ›Reichsfürsten‹. Erst mit dem Reichsdeputationshauptschluß 1803 wurde das Fürstbistum aufgehoben und in eine rein geistliche Institution (zurück-)verwandelt. Der König von Preußen ließ Stadt und Hochstift besetzen und in den aufstrebenden preußischen Staat eingliedern. – Im Zweiten Weltkrieg erlitt Paderborn schwerste Zerstörungen, die selbst bei den bedeutenden Baudenkmälern unwiederbringliche Verluste bewirkt haben, ganz zu schweigen von der Altstadt als solcher.

Für den Autofahrer ist der Parkplatz bei der Paderhalle im Norden der Altstadt unmittelbar an der Stadtmauer der günstigste Ausgangspunkt für einen Stadtrundgang. Die ziegelumkleidete *Paderhalle* auf unregelmäßigem Grundriß wurde nach Vorentwurf von Prof. A. Hämer, Berlin (1971/72), und Detailentwurf einer Werkgemeinschaft (1977/78) in den Jahren 1978–81 errichtet. Hier, am Heierswall, ist auch noch ein runder Stadtturm erhalten.

Auf dem Weg zum Dom kommen wir in der Hathumarstraße am *Adam-und-Eva-Haus* (Abb. 70), dem *Museum für Stadtgeschichte,* vorbei. Es gehört zu den wenigen Fachwerkhäusern, die den Zweiten Weltkrieg überstanden haben. Die Felder zwischen Fächerrosetten an Obergeschoß und Giebel sind mit biblischen Darstellungen geschmückt, bei denen es sich im Obergeschoß um den Sündenfall und die Vertreibung aus dem Paradies handelt, im

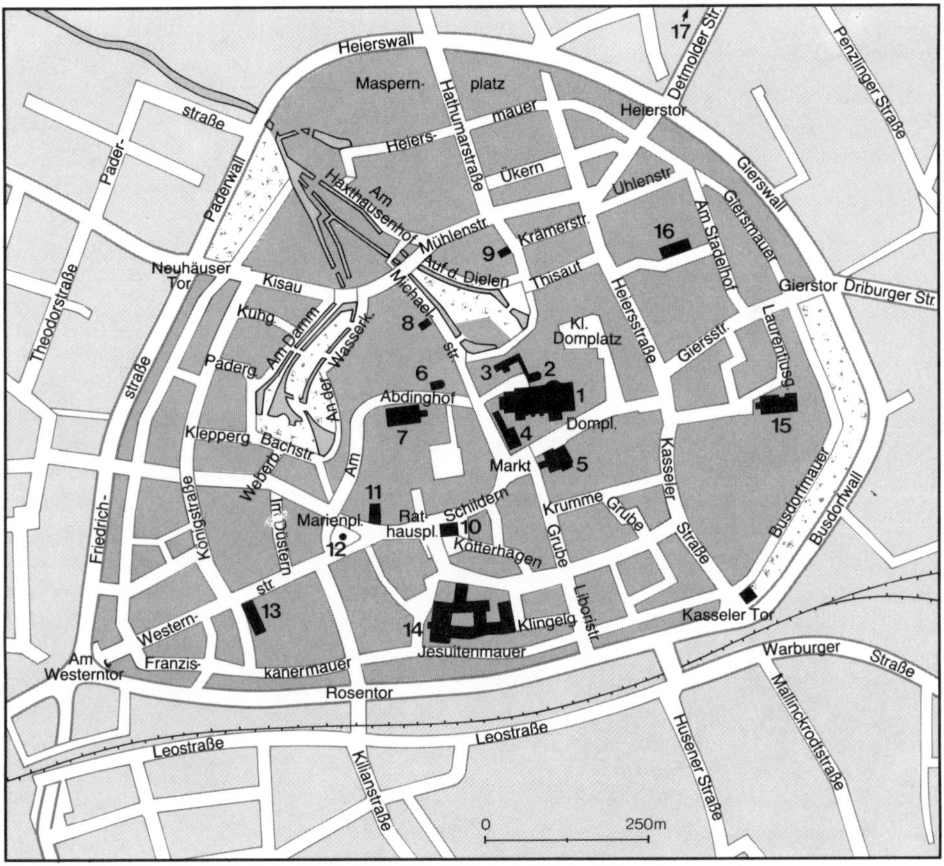

Paderborn 1 Dom 2 Bartholomäuskapelle 3 Kaiserpfalz 4 Erzbischöfliches Diözesanmuseum 5 Gaukirche 6 Alexiuskapelle 7 Abdinghofkirche 8 St. Michael 9 Adam-und-Eva-Haus 10 Rathaus 11 Haus Heising 12 Mariensäule 13 Franziskanerkirche 14 Jesuitenkirche und Universität 15 Busdorfkirche 16 Kapuzinerkirche 17 Heinrichskirche

unteren Dachgeschoß um die vier Evangelisten und im oberen um Fratzen schneidende Männer. Die Inschrift an der Obergeschoß-Schwelle und die Szene mit drei einen Hirsch treibenden Hunden sowie einem vierten, wildernden Hund (rechts) sind aufeinander zu beziehen (der Hirsch läuft zum Brunnen): Glaube, Liebe und Hoffnung treiben den Hirsch zur Quelle, während das Böse ihn davon abzuhalten sucht. Die Quelle gilt als Sinnbild der Erquickung der Seele im Paradies.

R. de Hooghe f.
1671.

p. 163
tes Paderæ, seu Paderborn

Paderborn, Dom. Lithographie, 1859

Die Fachwerkhäuser (18./19. Jh.) an der Dielenpader vermögen noch einen bescheidenen Eindruck der früheren städtischen Bebauung zu geben.

Einige Schritte weiter treffen wir auf die *ehemalige Domdechanei,* die auf einer Insel zwischen zwei Quellbächen der Pader direkt unterhalb der Pfalz gelegen ist. Das Gebäude wurde 1676–78 nach Plänen des Ambrosius von Oelde errichtet und 1740 durch F. Chr. Nagel erweitert.

In der benachbarten Michaelsstraße stehen *Michaelskirche und -kloster.* Nur die Außenmauern der Kirche haben den Krieg überstanden. Die Chorfassade ist mit Pilastern gegliedert, die Giebelvoluten und Wandfelder werden durch schwere barocke Fruchtgirlanden und (Wappen-)Kartuschen überdeckt. Der Entwurf stammt wiederum von Ambrosius von Oelde (1694–98) und folgt dem Vorbild der Franziskanerkirche Petrinis.

Der *Dom* (Abb. 63) mit seinem mächtigen Westturm beherrscht das Stadtbild. In erhöhter Lage errichtet, überragt er die Altstadt und bestimmt mit seinen Giebeln den Markt und den Pfalzbezirk. Mehrere Kirchen gingen dem heutigen Dom voraus. Im 8. Jahrhundert stand nördlich von ihm die Pfalz Karls des Großen. Eine zugehörige Pfalzkapelle ist vielleicht mit der 777 genannten Kirche identisch, die durch eine dreischiffige Basilika abgelöst wurde, in

◁ *Paderborn. Radierung nach Johann Georg Rudolphi, 1671*

der Papst Leo III. 799 vermutlich einen Altar weihte. Seit 806 diente diese Kirche als Dom, und wahrscheinlich wurde sie bis 836 ausgebaut, um die aus Le Mans überführten Gebeine des hl. Liborius aufnehmen zu können. Von einem weiteren Domneubau unter Bischof Meinwerk (1009–1015) blieben nur Teile der Grundmauern, ebenso von dem flachgedeckten salischen Dom des Bischofs Imad (1058–68 oder später), während von der Einwölbung und Erneuerung des 12. Jahrhunderts noch die Krypta besteht (nach 1133 bis um 1144/45 unter Bischof Bernhard I. von Oesede).

Um 1225 begann man den Bau einer neuen Basilika – es war der fünfte völlige Neubau an dieser Stelle. Jedoch schon nach der Errichtung des westlichen Joches entschloß sich der Bauherr, sicher bereits Bischof Bernhard II. aus der Familie der Herren zur Lippe (ab 1228), den Seitenschiffen die gleiche Gewölbehöhe zu geben wie dem Mittelschiff – im Prinzip der Hallenkirche, nach der Marienkirche in Herford die zweite große Halle in Westfalen. Dabei verbindet sich auch hier die architektonische Neuerung mit der Familie der Edelherren zur Lippe. Um 1260 wurde die Kirche vollendet. Der beherrschende Westturm des 13. Jahrhunderts erhielt einen neuen Turmhelm bei der Restaurierung unter Dombaumeister Güldenpfennig 1887–89, nach dem Vorbild von St. Patrokli in Soest, doch zugleich auch in Anlehnung an die zu vermutende ursprüngliche Form (nach der Zerstörung im Zweiten Weltkrieg leicht verändert wiederhergestellt). Lange hat man den Turm für einen Teil aus dem 11. Jahrhundert gehalten, doch bestätigt sich dies durch jüngste Ausgrabungen nicht. Die archaische Wirkung scheint allerdings im 13. Jahrhundert beabsichtigt gewesen zu sein, vielleicht um auf die Tradition Paderborns zu verweisen. Er gilt als führendes Turmbauwerk einer großen Reihe von Kirchen in Ostwestfalen und am Hellweg. Ein großer kubischer Mittelbau wird von zwei schlanken Rundtürmen flankiert. In sechs Geschossen übereinander hat er – oberhalb des Kirchendaches – gekuppelte Fenster, die auf allen Seiten bis in die Giebelflächen hineinreichen. Die Ecken sind durch schlanke Fialen bekrönt, die in ihrer heutigen Form auf die Treppenerneuerung des Dombaumeisters Güldenpfennig bzw. die Wiederherstellung bis 1955 zurückgehen.

Die von zwei Strebepfeilern gerahmte Chorfassade des Domes ist besonders reich gestaltet, ein großer Blendbogen rahmt drei Maßwerkfenster. Der Giebel enthält eine doppelte gestaffelte Drei-Arkadengruppe. Langhaus und Querhaus sind durch Dreiecksgiebel abgeschlossen; am mittleren der Südseite wurde beim Wiederaufbau eine Totenleuchte nach gotischem Vorbild zum Gedenken der Opfer des Weltkrieges eingefügt. Die Maßwerkfenster enden in kleinen Fensterrosen. Die Bildwerke an der Südfront des Ostquerhauses gehören zur ehemaligen Brautpforte. Über den Reliefs der klugen und törichten Jungfrauen erkennt man einen Fries biblischer Szenen, bei denen es sich um Verkündigung, Geburt Christi, Versuchung Christi und um den Einzug Christi in Jerusalem handelt. Auch diese Bildwerke aus dem späten 13. Jahrhundert stehen unter dem Einfluß französischer Plastik und beziehen sich auf ähnliche Darstellungen am nördlichen Querhausportal der Kathedrale Notre-Dame in Paris.

Wie für viele größere Kirchen Westfalens charakteristisch, liegt der Haupteingang an der Seite: Dem westlichen Querhaus ist an der zum Domplatz weisenden Südfront eine Vorhalle

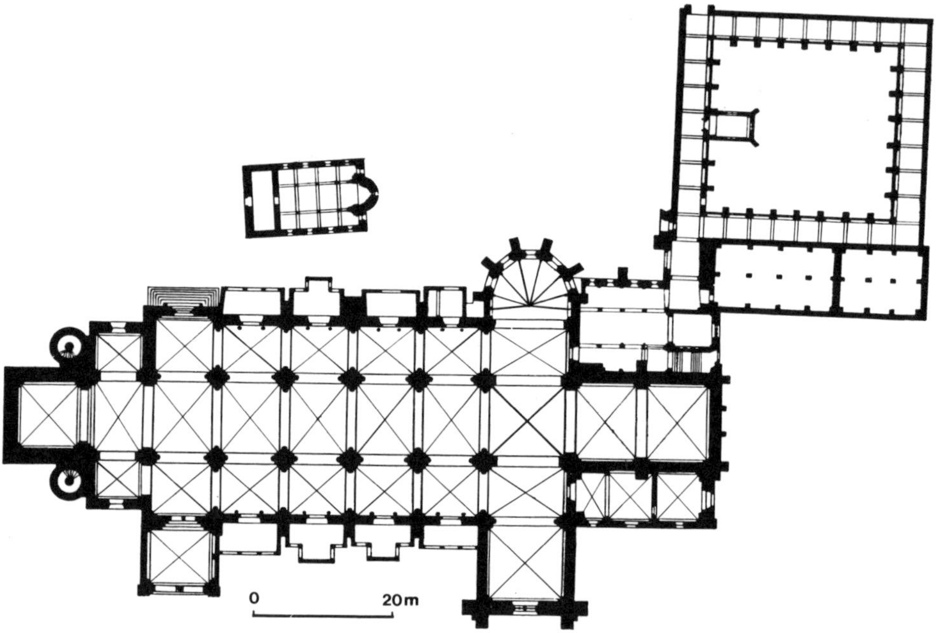

Paderborn, Dom mit Bartholomäuskapelle und Kreuzgang, Grundriß

mit einem reichen rundbogigen Figurenportal angebaut. Es zeigt am Mittelpfeiler die Madonna und im Tympanon darüber ein Bild des gekreuzigten Christus, zu dessen Seiten zwei Engel schweben. Allerdings sind die Engel auf die Verehrung Mariens zu beziehen, während der Kruzifixus – eine Holzplastik – erst eine Zutat des späteren 13. Jahrhunderts ist. Die Gewändestatuen stellen neben dem Portal des Domes zu Münster das einzige Beispiel für Portal-Großplastik in dieser Form in Westfalen dar. Über Säulen mit Rankenkapitellen stehen im Gewände je drei Heilige, der Vorhalle zugewandt jeweils eine vierte Statue. Es handelt sich um sechs Apostel, darunter links Jakobus mit der Pilgermuschel sowie der hl. Julian (ganz links, erster Bischof von Le Mans) und die hl. Katharina (rechts). Die Gebeine des hl. Julian wurden 1243 nach Paderborn übertragen, das Portal mag kurz danach entstanden sein. Es steht unter Einfluß von Aufbau und Plastik der Portale an den Kathedralen in Paris und Reims. An den Toren sind Holzplastiken der Kirchenpatrone Liborius (links) und Kilian angebracht (12. Jh.). Die Vorhalle selbst – bis 1859 hatte sie die doppelte Länge – wird als Aufenthaltsraum für Pilger auf dem Weg nach Santiago de Compostela gedeutet. W. Tack[17] gibt als Begründung nicht nur die Jakobstatue, sondern vor allem die typologische Ähnlichkeit mit Vorhallen weiterer zumeist französischer Kirchen auf dem Weg nach Santiago an. Zeitweilig mag die Vorhalle auch als Gerichtsstätte genutzt worden sein.

1 Die WEWELSBURG über der Alme

2 HALLE Kirchplatz ▷

3 BIELEFELD Blick von der Sparrenburg

4 DETMOLD Wochenmarkt

5 PADERBORN Rathaus

6 SCHLOSS TATENHAUSEN

7 SCHLOSS HOLTE

8 SCHLOSS HÜFFE

9 SCHLOSS THIENHAUSEN

10 ENGER Evangelische Pfarrkirche, Hochaltar von Hinrich Stavoer, 1525

11 MINDEN Dom, Hochaltarbild

12 BÜREN Jesuitenkirche

13 GÜTERSLOH Alter Kirchplatz

14 BAD SALZUFLEN Lange Straße

15 WIEDENBRÜCK Fachwerkhäuser in der Langen Straße

16 RIETBERG Rathaus

18 HÖXTER Rathaus

19 WARBURG Blick auf Rathaus und Neustadt ▷

◁ 17 EXTERNSTEINE bei Horn, Teutoburger Wald

20 WESTFÄLISCHES FREILICHTMUSEUM DETMOLD Wohngiebel des Osnabrücker Hofes

21 WESTFÄLISCHES FREILICHTMUSEUM DETMOLD Lippischer Meierhof, Deele

22 GODELHEIM Straßenzeile bei der Kirche

23 HUCHZEN Bauernhof

24 LEMGO Markt mit Rathaus und Nikolai-Kirche

25 SCHWALENBERG Rathaus

26 LEMGO Hexenbürgermeisterhaus

28 HELMARSHAUSEN mit der Krukenburg

◁ 27 HERMANNSDENKMAL bei Detmold, Teutoburger Wald

29 SCHWALENBERG im Lippischen Hügelland

30 KARLSHAFEN an der Weser ▷

31–33 Fachwerkdetails (Valepagenhof aus Delbrück, Freilichtmuseum Detmold; Bültmannshof, Bielefeld; Rathaus, Schwalenberg)

Durch die Vorhalle gelangt man in das Westquerhaus. Nach Westen (links) schließt sich ein basilikales Joch an, dahinter die Turmhalle, die die Turmorgel aufnimmt (1958/59, 1977–81 erweitert). Die Orgelempore ruht auf vier kräftigen Säulen des Bildhauers Heinrich Gröninger (um 1627). Der Margarethenaltar stammt von Gert von Loen, um 1500, mit einer Darstellung des Jüngsten Gerichts sowie der Geburt Christi und seines Leidensweges, auf den Außenseiten des Lebens der hl. Margaretha. Das hervorragende geschmiedete Eisengitter von 1654 mit zentralperspektivischen Räumen und Gängen ist mit Standleuchtern, Lampen und Blumenkübeln geschmückt, alle aus bemaltem Eisenblech, ferner mit den Bildern der Geißelung, Dornenkrönung, Vorführung und Kreuztragung Christi. Im westlichen Joch steht heute die Taufe (1924), die von einer Schranke im Stil der späten Renaissance eingefaßt wird (1629). Die Steinbaluster sind mit flachen Ornamenten verziert, jede der zwölf ausspringenden Ecken der Schranke – die Grundform ist die Durchdringung aus Quadrat und Kreuz – wird durch eine vollplastische Figur betont. Die zwölf Apostel sind Werke des Bildhauers Gerhard Gröninger.

Am Westabschluß des Nordseitenschiffs steht das bedeutendste Grabmal des Domes, von Heinrich Gröninger für den 1618 verstorbenen Fürstbischof Dietrich von Fürstenberg geschaffen, ursprünglich im Chor nächst dem Hochaltar aufgestellt (Abb. 65). Dargestellt sind im Zentrum einer aufwendigen an Kirchenfassaden erinnernden Architektur die Vision des Ezechiel, darüber die Auferweckung des Lazarus, seitlich in der oberen Figurenreihe Liborius, Karl der Große, Heinrich II. und Kilian, in der unteren Reihe Maria Magdalena, Christus, Maria und Kunigunde. Vor der Sockelzone mit Abbildung der Schlösser Neuhaus und Wewelsburg sowie des Paderborner Jesuitenkollegs kniet der Bischof vor dem Kruzifix.

Nach Osten öffnet sich die Hallenkirche mit ihren drei gleichhohen Schiffen (Abb. 64). Kreuzförmige Pfeiler mit Dreiviertelsäulen und Eckdiensten tragen das rippenlose Kreuzgewölbe. Nur das dritte Mittelschiffsjoch (von Westen) ist durch eine aufgelegte Rippenfigur schmückend ausgezeichnet: Ein Ring wird von acht Rippenstücken eingefaßt. Im 17. Jahrhundert hatte man alle Gewölbe mit Rippen unterlegt, doch fielen diese Zutaten im Krieg herunter. Die Kapitelle, zumeist noch romanisierend, sind mit recht einfachem Blattwerk und Bändern verziert, am Nordschiff erkennt man eine Ringergruppe, die ähnlich am Dom zu Riga wiederkehrt. Der vereinheitlichte Raum, als der sich die Kirche heute darstellt, ist erst ein Ergebnis der Veränderungen des Barock und der jüngsten Vergangenheit: Bis 1652 trennte ein Lettner die östlichen Teile des Langhauses und den Chor von der übrigen Kirche ab, durchschnitt also den vermeintlichen Einheitsraum der Halle. So sind auch die Rundvorlagen der östlichen Pfeiler auf plastisch verzierten Konsolen abgekragt, vielleicht um im Mittelschiff Raum für ein Chorgestühl zu gewinnen. Heute blickt man ungehindert auf die Ostwand des Chores, die fast vollständig in Fensterflächen aufgelöst ist. An den Pfeilern befinden sich zum Mittelschiff hin Apostelstatuen, 1608/09 von Heinrich Gröninger geschaffen, die in mittelalterlicher Tradition die Pfeiler der Kirche als Sinnbilder für die Apostel deuten. Die Kanzel entstand zum Liborijubiläum 1736 und ist mit einer reichen feinen Ornamentik im Régencestil überzogen; das Bild des Papstes Leo III. (er traf sich in Paderborn mit Karl dem Großen) wird von den vier Evangelisten gerahmt.

Gegenüber befindet sich in einer Nische ein Vesperbild aus der Mitte des 14. Jahrhunderts. Die Doppelmadonna im Strahlenkranz gehört dem späten 15. Jahrhundert an.

Allen Seitenschiffsjochen sind Kapellen angefügt, teils noch spätgotisch, alle aber nach 1650 erneuert. Vom Kirchenraum sind sie durch große kunstvolle Eisengitter abgeschlossen, einige mit perspektivischen Darstellungen. Die Entwürfe stammen von Gerhard Mahler und (ab 1687) Ambrosius von Oelde, ausgeführt zumeist von der Werkstatt Heinrich Papens. Es handelt sich im einzelnen auf der Nordseite (von West nach Ost) um die Meinolphuskapelle (1681), die Elisabethkapelle (1687), die Dreifaltigkeitskapelle (1653) und die Engelkapelle (1686), im Süden um die Hippolytuskapelle (1690), die Matthiaskapelle (1691), die Josefskapelle (1655) und die Vituskapelle (1706). In der Achse des Südseitenschiffs befindet sich neben dem Chor die Marienkapelle, vom Südquerhaus durch ein hölzernes Gitter abgeschlossen, mit einer Madonna unter Muschelbogen, von Anton Willemssens bemalt (1657). Die Kapelle ist mit barocken Stukkaturen ausgestattet.

Der von einem schlanken Turm bekrönte Hochaltar entstand um 1420/40 als Reliquienaltar (vgl. Herford, Stift Berg). Seine reiche durchgliederte Architektur diente als Behältnis für den Liboriusschrein und weitere Reliquiengefäße. Seit seiner Neuaufstellung steht er mit der Rückseite zum Kirchenraum. Die barocken Statuen im Chor, u. a. zwei Kaiserbilder, schuf der Antwerpener Bildhauer Ludwig Willemssens (1630–1702). Das moderne Ostfenster nach einem Entwurf von Walter Klocke (1953) stammt aus der Werkstatt Otto Peters.

Vom Südquerhaus gelangt man in die Krypta hinab, einen Raum von bemerkenswerter Größe. In der Grunddisposition geht sie auf den romanischen Bau zurück und entstand vielleicht schon in der Mitte des 11. Jahrhunderts. Einzelformen wie Kapitelle und Säulen gehören jedoch im wesentlichen erst der Zeit zwischen 1133 und 1144/45 an. Der Altar bewahrt die Reliquien des hl. Liborius auf. Im Westen befindet sich die Gruft, in der die Gebeine Bischof Meinwerks ruhen. Bei der Erneuerung 1935 erhielten der Vorraum eine farbige Mosaikverkleidung und die Gruftkammer rundbogige Wandnischen, die den Monumentalstil der dreißiger Jahre nicht verleugnen können.

Das Nordquerhaus hat als einziger Teil der Kirche keinen geraden, sondern einen polygonalen Chorschluß (5/10), der unter Einfluß der bedeutenden ersten hochgotischen Kirche Deutschlands, der Elisabethkirche in Marburg, geschaffen wurde. Dieser Teil, ›Hasenkamp‹ genannt, entstand nach einem Brand um 1270/80. Der Mitte des 15. Jahrhunderts gehört das Grabdenkmal des Bischofs Rotho an, dessen Figur auf einer altarähnlichen hochgehobenen Tumba ruht. Ein Kanoniker schwenkt ein Weihrauchgefäß (eine weitere Statue ist verloren). In der (älteren) Nische darüber befinden sich eine Madonna mit zwei in Wolken schwebenden Engeln sowie eine Stifterfigur. Benachbart führt ein barock erneuerter Ausgang (neben einem älteren) zum Kapitel, über ihnen eine monumentale Christophorus-Skulptur.

Vom Hasenkamp gelangt man nach Osten in das Atrium, eine dreischiffige Pfeilerhalle, die bei ihrer nachträglichen Einwölbung Wandvorlagen aus den Kalksinter-Ablagerungen der römischen Wasserleitungen Kölns erhalten haben soll. Im Domkreuzgang fällt neben zahlreichen Grabdenkmälern die Kapelle der Herren von Westphal auf; das Epitaph (1517) in spätgotischen Formen schuf der Bildhauer Heinrich Brabender. Die Maßwerkfenster des Kreuzganges stammen aus dem beginnenden 16. Jahrhundert. Berühmt ist die Hasendarstellung eines Fensters (»drei Hasen und der Löffel drei – und dennoch hat ein jeder zwei«). Treten wir aus dem Kreuzgang in den Pfalzbezirk, können wir einen Blick auf die Nordfassade des Domes werfen, wobei der romanisierende Treppenturm an einem Strebepfeiler und das Stufenportal mit kleeblattbogigem Tympanon besonders auffallen.

Der Pfalzbezirk wurde in den letzten Jahren ergraben und sichtbar gemacht. Den Ursprung bildet die *karolingische Pfalz,* deren Grundmauern zu erkennen sind. Hier fanden mehrere Reichsversammlungen zwischen 777 und 799 statt. Es handelt sich um die Pfalzaula Karls des Großen mit zwei nach Süden weisenden Querflügeln, an die unterhalb der Nordfassade des heutigen Domes der Unterbau des karolingischen Thrones angesetzt war (heute durch die Glasfenster auch von außen zu sehen).

Nördlich anschließend befinden sich die Reste der *ottonischen Pfalz* (Abb. 71). Ihre Hauptbauten, die Aula samt dem gewölbten Quellraum im Keller sowie der Wohnbau zwischen Aula und Bartholomäuskapelle wurden nach Entwurf von Gottfried Böhm auf den erhaltenen Grundmauern wieder aufgebaut und als Museum eingerichtet (Außenstelle des Landesmuseums für Archäologie – Landschaftsverband Westfalen-Lippe). Im Museum werden Fundgegenstände der Ausgrabung gezeigt, darunter Reste karolingischer Wandmalerei, vorgeschichtliche Funde, mittelalterliche Gebrauchsgegenstände und Keramik. – Ottonische und moderne Mauern sind klar zu unterscheiden. Östlich schließt sich der Pfalzaula ein schmaler Flügel mit der Ikenberg-Kapelle an, einer kleinen doppelgeschossigen Hauskapelle.

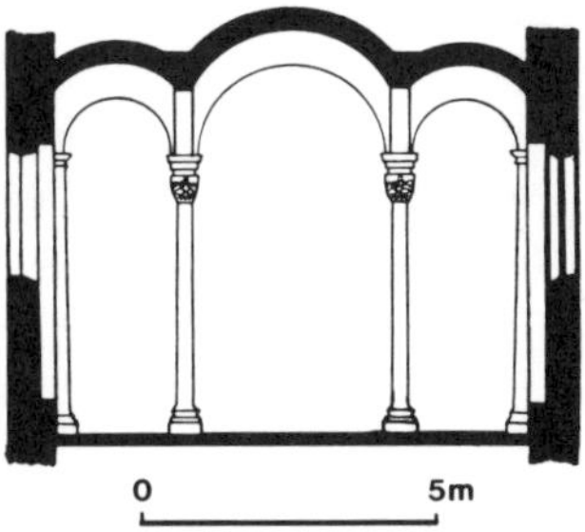

Paderborn, Bartholomäuskapelle, Querschnitt

Die größere *Bartholomäuskapelle* (Abb. 67) unmittelbar neben dem Dom gehört zur ottonischen Pfalz. Unter Bischof Meinwerk wurde sie um 1017 durch griechische Werkleute (per Graecos operarios) errichtet, wobei unter ›griechisch‹ wohl ›byzantinisch‹ im weitesten Sinne verstanden werden kann. Die byzantinische Kunst war in dieser Zeit vorbildhaft für Mitteleuropa. Architektonisch ist die Kapelle deshalb so bemerkenswert, weil sie als erste Hallenkirche in Deutschland gelten kann. Allerdings ist sie kein Vorläufer der ›westfälischen‹ Hallen des 13. Jahrhunderts, sondern läßt sich eher mit Burgkapellen in Verbindung bringen, die in romanischer Zeit oft schon Hallenquerschnitt hatten. Hier wäre die Bartholomäuskapelle womöglich als Ausgangspunkt der weiteren Entwicklung anzusehen.

Die Zugehörigkeit der Kapelle zur ottonischen Pfalz wird seit der Rekonstruktion der Gebäude wieder sehr deutlich. Als eigenständige Arbeit erkennt man in der Kapelle besonders die Säulenkapitelle, die eine starke Plastizität und einen hohen Kämpfer zeigen – auch sie stehen unter byzantinischem Einfluß: Vier sind korinthische Kapitelle, für die zwei mittleren kennt man bisher keine Vergleichsbeispiele. Das Portal (H. G. Büncker, 1978) bezieht sich auf die ›vita Meinwerci‹, die Lebensbeschreibung des Bischofs Meinwerk, namentlich die fünfzehn Büsten ober- und unterhalb der sechs Reliefs. Letztere zeigen Saulus bei der Steinigung des Stephanus, Kreuzigung der Apostel Andreas und Petrus, Berufung des Bartholomäus, Longinus unter dem Kreuz Christi, Erschlagung des hl. Bonifatius und Vision des hl. Benedikt.

Südwestlich des Domes ist nach den Zerstörungen des Zweiten Weltkrieges 1971–74 das neue *Diözesanmuseum* nach Plänen von Gottfried Böhm und Hans Lindner errichtet worden. Das eigenwillige Gebäude, das sicher zu Recht als umstritten gelten muß, kontrastiert in zweifacher Weise. Zum einen widerspricht das Äußere als einheitliche Fläche ohne Trennung von Wand und Dach der Gliederung des Domes, zum anderen steht dieser Fläche das offenliegende technische Innengerüst entgegen. Im langsamen Aufstieg werden dem Besucher die Schätze des Museums vorgestellt, die in der hochbedeutenden Imad-Madonna gipfeln (Abb. 62). Die von Bischof Imad (nach 1051) gestiftete Holzfigur war ursprünglich farbig gefaßt und erhielt vielleicht nach dem Dombrand 1058 eine Verkleidung aus vergoldetem Kupferblech, 1762 wieder entfernt. Streng, fast symmetrisch gestaltet, thront Maria mit dem gleichermaßen streng sitzenden Jesusknaben auf ihrem Schoß.

Der *Neptunsbrunnen* auf dem Marktplatz wurde 1977–79 von Josef Rikus geschaffen. Östlich ist an den Dom ein dreigeschossiger Quaderbau angefügt (1908–10), das *Erzbischöfliche Generalvikariat,* nach Plänen von Arnold und Georg Güldenpfennig. Am Markt steht noch einer der wenigen Barockbauten Paderborns (Nr. 8), 1733 von F. Chr. Nagel.

An der Ostseite des Marktes steht die *Gaukirche,* die ursprüngliche Pfarrkirche des Padergaues, seit dem frühen 13. Jahrhundert zugleich eine Zisterzienserniederlassung. Der heutige Bau gehört dem letzten Drittel des 12. Jahrhunderts an. Für sein Äußeres ist der achteckige Vierungsturm charakteristisch, für den es in Verne ein Vergleichsbeispiel gibt. Bemerkenswert ist die 1746–49 nach Plänen von Franz Christoph Nagel hinzugefügte geschwungene Fassade der kleinen (gleich alten) Vorhalle, mit der Statue des Kirchenpatrons St. Ulrich in der Nische über dem Mitteleingang, ein Werk des Bildhauers Johann Jakob Pütt. In den Seitenschiffen hängt ein interessanter Kreuzweg, dessen vierzehn Stationen in gotisierendem Stil auf Kupfertafeln gemalt sind (Ende 19. Jh., von Georg Goldkuhle, Wiedenbrück), eine Tafel mit der Ansicht des Paderborner Domplatzes.

Das Innere der Gaukirche entspricht dem geläufigen Typ einer kreuzförmigen Gewölbebasilika mit gerade geschlossenem Chor; ein Seitenschiff wurde später aufgestockt. Maßgebendes Vorbild mag wohl der Paderborner Dom in seinem gewölbten Zustand ab 1144/45 gewesen sein. – Zu den bemerkenswerten Ausstattungsstücken zählen das Gabelkruzifix in der Seitenkapelle neben dem Chor, eine kölnische Arbeit aus dem 3. Viertel des 14. Jh.; dort befindet sich auch eine vorzügliche Madonnenstatue des Weichen Stils (um 1420/30).

Paderborn, Weberberg

Die *Abdinghofkirche* westlich des Domes hat gleichfalls eine sehr bedeutsame Baugeschichte. Einer kleinen Saalkirche und einem karolingischen Bau mit weit ausladendem Querhaus folgte der Neubau unter Bischof Meinwerk 1016–31,1068–78 verändert und 1165 eingewölbt. Die dreischiffige Basilika hat eine (erneuerte) Doppelturmfront mit seitlichen Treppentürmen. Das von Meinwerk 1016 gegründete Benediktinerkloster, im hohen Mittelalter eines der mächtigsten und reichsten westfälischen Klöster, wurde 1802 aufgehoben, die Kirche diente fortan als Stall. Die erste Wiederherstellung 1867–70 sowie die zweite 1948 konnten, bedingt durch die erheblichen Kriegszerstörungen, nur die äußere Hülle bewahren, im Mittelschiff mußte auf die romanische Wölbung und die expressionistische Ausmalung verzichtet werden. In seiner Schlichtheit entspricht der Bau heute daher mehr den Auffassungen der Nachkriegsepoche als denen der Bauzeit. Einfache Pfeilerarkaden teilen die kreuzgratgewölbten Seitenschiffe vom Mittelschiff ab (Abb. 68). Von der Kirche Meinwerks ist die Hallenkrypta erhalten, deren Gewölbe zumeist von Vierpaßpfeilern gestützt wird. Ihre Baugeschichte ist aber nicht unumstritten, und das gilt auch für die Datierung der z. T. mit Drachenornament versehenen Kapitelle (1016–23 oder erst nach 1068?). Die Abtskapelle mit einem Vierzonen-Blatt-Kapitell der Mittelsäule entstand wohl um 1165.

Die nahe gelegene *Alexiuskapelle* wurde wenige Jahre nach ihrer Errichtung (1670–73) wohl durch Anton Hülse SJ umgebaut und 1729 aus einem achteckigen Zentralbau in einen Langbau vergrößert. Die Fassade hat Backsteinfelder zwischen Quaderpfeilern, ähnlich der

1730 entstandenen Hofummauerung. – In der Bachstraße westlich des Abdinghofes finden wir noch einen *Wohnbau* des 16. Jahrhunderts, ein steinernes Gebäude mit Dreiecksgiebel und Aufsätzen mit Fächerrosetten (1563), rückwärtig die Reste eines schmalen Saalbaues. Das benachbarte *Haus Paderberg 1,* vielleicht das älteste erhaltene Wohnhaus der Stadt (15. Jh.?), ist leider sehr heruntergekommen.

Das *Rathaus* ist der wichtigste Profanbau Paderborns (Farbt. 5). Hermann Baumhauer, der zuvor auch an der Wewelsburg und vermutlich an Schloß Neuhaus gewirkt hatte, errichtete es 1613–17. Die Gebäudeumrisse entsprechen dem wahrscheinlich etwas älteren Haus Heising, Marienplatz 2. Die Bedeutung des Rathauses wird architektonisch durch die beiden seitlichen Utluchten betont, die im Erdgeschoß als Lauben geöffnet sind. Das Obergeschoß mit dem Festsaal hat zum Marienplatz hin eine breite Fensterfront, unterteilt durch schlanke Säulchen, während im Giebel die Putzflächen überwiegen. Dort sitzen die Fenster auf Gesimsen auf, die durch Halbsäulchen optisch wie breite Schaukeln an die Gesimse über den Fenstern angebunden sind – ein deutlich manieristisches Motiv. Die Giebelkanten zeigen auskragende Hörner, wie sie sich ähnlich schon am *Heisingschen Haus* finden. Dies wurde um 1600 für den Bürgermeister H. Stallmeister erbaut und nach 1611 mit einem Erker über dem Deelentor versehen, der von zwei das Tor rahmenden Säulen gestützt wird. Das Portal setzte F. Chr. Nagel 1741 in das Tor ein. (Die Inschrift stammt erst aus dem Jahre 1933 und enthält z. T. falsche Angaben.)

Auf dem Marienplatz steht die *Mariensäule* von Prof. Caspar Ritter von Zumbusch, ein historistischer Brunnen des späten 19. Jahrhunderts, von einer Marienstatue bekrönt. Die *Franziskanerkirche* in der Westernstraße ist nach Plänen Antonio Petrinis 1668–71 entstanden, bevor dieser anschließend die Kirche des Stiftes Haug in Würzburg entwarf. Die Paderborner Fassade ist noch sehr flach gehalten, nur durch vier Pilaster bzw. Eckpfeiler und ein verkröpftes Gesims gegliedert sowie durch den Giebel mit Segmentbogenabschluß überhöht, dessen Form schon im Portal vorbereitet ist. Insgesamt sehen wir hier eine geradezu klassische Barockfassade des 17. Jahrhunderts vor uns. Der Hauptflügel des Klosters ist durch die eisernen Maueranker in das Jahr 1664 datiert, der Zwischenbau mit großzügiger Freitreppe mag erst zu Beginn des 18. Jahrhunderts entstanden sein. Die Ruhe der klösterlichen Barockarchitektur unterbricht wohltuend die Geschäftigkeit der Westernstraße, der wichtigsten Geschäftsstraße in der Paderborner Innenstadt, in der sonst nur neuere Gebäude stehen.

Nicht weit vom Rathaus entfernt befindet sich am Kamp, unmittelbar vor dem südlichen Rand der Altstadt, die *ehemalige Jesuitenkirche* (Universitätskirche). Ein Entwurf Petrinis 1682 wurde nicht verwirklicht, beeinflußte aber die Pläne von Anton Hülse SJ, der gleichzeitig mit Paderborn auch die Jesuitenkirche in Coesfeld errichtete. 1692 konnte das Gebäude vollendet werden, das als bedeutendste Jesuitenkirche Norddeutschlands gilt. An der Fassade überwiegen die barocken Gestaltungselemente. Sie zeigt deutlich den basilikalen Querschnitt. Portale und Fenster sind im Mittelteil größer als seitlich. Die Wandfelder, in die noch vertiefte ›Spiegel‹ eingelassen sind, werden durch toskanische Pilaster voneinander getrennt, die mit breiten Wandvorlagen hinterlegt sind – dadurch ergibt sich eine vierfache

Paderborn, ehemalige Jesuitenkirche. Seitenverkehrte Radierung nach J. G. Rudolphi, 1661

Staffelung der Wand. Das große Mittelfenster ist in seiner Teilung gotischem Maßwerk nachempfunden; es durchbricht eine breite Attikazone, über der seitlich stark geschwungene Voluten stehen. Im Giebeldreieck sehen wir das Christusmonogramm im Strahlenkranz.

Im Innern ist die Wiederaufnahme gotischer Formen markanter (Abb. 66). Rundpfeiler trennen die Seitenschiffe ab, alle Räume sind kreuzrippengewölbt. Die Konsolen unter den Rippen treten kaum aus der Wand hervor, was der Anknüpfung an mittelalterliches Formengut ebenso widerspricht wie die toskanischen Kapitelle auf den Rundpfeilern und die rundbogigen Arkaden, die die Emporen tragen. Rein barock wirkt nur die Orgelempore mit drei schlanken Säulen und durchgehendem Balustergeländer, die Orgel selbst fiel leider dem Krieg zum Opfer. Lediglich die Kanzel, 1704 von Heinrich Gröne, überstand den Krieg. Sie ist reich geschmückt. Der dreifach gestaffelte Schalldeckel wird von einer Statue des hl. Michael bekrönt. – In der Jesuitenkirche kommt die Architekturvorstellung des Ordens zur Geltung, wie sie sich mit einer Reihe von Vorgängerbauten des 17. Jahrhunderts gebildet hat. Wichtigster Vorläufer des Paderborner Bauwerks ist die Kölner Jesuitenkirche. Dieses Vorbild hat durch die Pläne Petrinis Abwandlungen erfahren (z. B. der gerade geschlossene Chor), die von Baumeister A. Hülse aufgegriffen wurden. Die gotischen Teile wirken als ›Zitat‹, durch das – typisch für die ›Jesuitengotik‹ – der Protestantismus abgelehnt

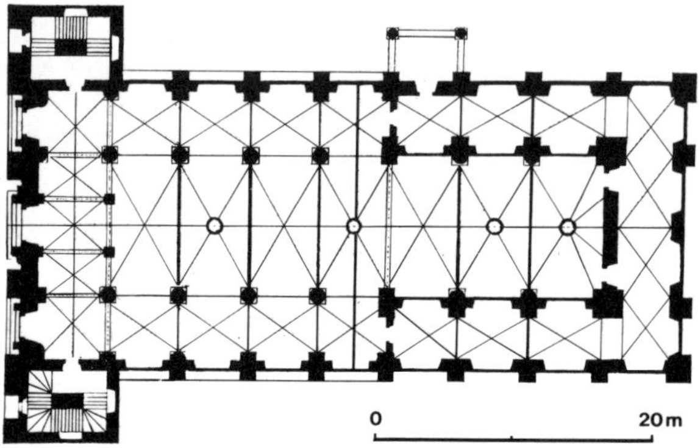

Paderborn, ehemalige Jesuitenkirche (Universitätskirche), Grundriß

und die Erinnerung an die vorreformatorische Zeit, also das (späte) Mittelalter, die Gotik, aufgefrischt werden sollte. Allerdings ist in den früheren Jesuitenkirchen, wie eben in Köln, dieser Gedanke noch stärker zu erkennen.

Das Jesuitenkonvent war bereits 1580 angesiedelt worden und erhielt 1592 die frühere Minoritenniederlassung übereignet. Unter Beibehaltung ihrer Kirche errichteten die Jesuiten zunächst ein neues Konventsgebäude (1596–1605) sowie einen neuen Kirchturm, der auch nach Abbruch der Kirche bestehen blieb. Diese Bauten bilden heute die Theologische Fakultät neben der Jesuitenkirche. Der kräftige, an die Schloßbaukunst erinnernde Turm überragt den Baukomplex, wenn auch seine Aufgabe als Kirchturm heute kaum noch erkennbar wird.

Den Hof des *Klosters Dalheim* am Kamp 38 erbaute Johann Conrad Schlaun 1716. Der *ehemalige fürstbischöfliche Posthof* Kamp 22 ist ein behäbig wirkender Barockbau mit zwei seitlichen Durchfahrten.

Jenseits der Stadtmauer steht am Liboriberg die *Liborikapelle* (1730), ein kleiner Saalbau mit Vorhalle. Die Ausstattung aus der Bauzeit stammt von Joh. Ph. Pütt und seiner Werkstatt, bemerkenswert ist besonders die auf Wolken thronende Madonna, von einem Engelreigen umgeben. Die Plastik erstrahlt heute wieder in der ursprünglichen Goldfassung.

Die nahe dem östlichen Rand der Altstadt gelegene *Busdorfkirche* (Abb. 69) gehört zu einem von Bischof Meinwerk gegründeten Kanonikerstift und wurde 1036 geweiht. Im Gegensatz zur hohen kunstgeschichtlichen Bedeutung des Gründungsbaues wirkt die heutige Kirche schlicht und nur noch zum Teil belangvoll. Der als Nachbildung der Jerusalemer Grabeskirche gedachte Bau hatte einen achteckigen Zentralgrundriß mit vier kreuzförmig angelegten Seitenarmen, ähnlich der (allerdings runden) Burgkapelle auf der Krukenburg bei Helmarshausen. Bischof Meinwerk hatte vor der Errichtung der Busdorfkirche Abt Wino von Helmarshausen nach Jerusalem gesandt. Da Wino die Grabeskirche jedoch zerstört vorfand, wählte er vermutlich die Kirche in Nyssa als Vorbild, auch für die

Krukenburg. Nur der westliche Kreuzarm der frühen salischen Kirche samt zwei Türmen blieb erhalten. Diesen Teilen fügte Bischof Imad nach dem Stadtbrand 1058 westlich eine Basilika an, so daß der Westbau der Meinwerkkirche nunmehr zum Ostabschluß wurde. Dieser blieb erhalten, als man Ende des 13. Jahrhunderts die Basilika bis auf den ottonischen Ostbau und den romanischen Westturm durch eine gotische Hallenkirche ersetzte. Die heutige Vorhalle entstand 1667. – Über dem Altar hängt ein Triumphkreuz aus dem späten 13. Jahrhundert, etwa gleich alt ist der siebenarmige Leuchter mit ornamentalem Fuß. Sakramentshaus und Taufe sind spätgotisch, um 1500. – Die spitz vorkragenden Erker an der Nordseite des Langhauses dienten als Totenleuchten. An der Südseite stehen noch zwei Flügel des Kreuzganges mit Drei-Arkaden-Gruppen zwischen breiten Pfeilern aus dem späten 12. Jahrhundert.

Den *ehemaligen Hardehäuser Hof* (Am Busdorf 11) neben dem Kirchenchor errichtete vermutlich F. Chr. Nagel 1734, später erweiterte man ihn um zwei Fensterachsen, weshalb er heute eigenartig unsymmetrisch erscheint. Der *Westphalensche Hof* wurde bis auf das Portal stark entstellt (Giersstraße, um 1740).

Nahe der östlichen Ausfallstraße nach Detmold (B 1) steht die *Heinrichskirche*, 1954 nach Plänen von Josef Lucas errichtet. Drei Rundbogenportale führen in eine Wandpfeilerkirche, deren Architekturformen, bewußt schlicht gestaltet, romanische (Rundbogen, Fensterrose) und barocke (Wandpfeiler) mit modernen Elementen verbinden. An der Altarwand des eingezogenen Chorraumes ist das Bild des segnenden Christus aufgemalt. Auch der Taufstein am Kircheneingang erinnert an romanische Formen, wie etwa an den vier Tierfiguren deutlich wird, auf denen das Becken steht.

Ein weiterer interessant gestalteter moderner Kirchenbau ist *St. Laurentius* im Westen Paderborns, nach Plänen von Ludger Kösters 1962 erbaut. An einen ovalen Hauptraum schließen niedrige Seitenräume an. Der Turm steht gesondert.

Kreis Paderborn

Spätestens in den siebziger Jahren des 13. Jahrhunderts gerieten die Bischöfe von Paderborn mit der aufstrebenden Stadt in solche Streitigkeiten, daß sie vor den Toren der Stadt eine neue Residenz errichteten, ›novum castrum‹ – **Neuhaus**. Der heute recht einheitlich wirkende Bau ist das Ergebnis mehrerer Bauperioden, in denen einzelne zunächst selbständige Flügel entstanden. Der Mittelteil des Westflügels (der Haupteingang des Schlosses liegt im Südflügel) gehört dem 14. Jahrhundert an und ist damit wohl der älteste erhaltene Teil des Schlosses (Haus Spiegel, errichtet 1361–80 unter Heinrich von Spiegel). Der Südflügel, das Haus Braunschweig, entstand 1525–26 unter Erich von Braunschweig (1508–32). Der barocken Schloßbrücke von 1733 ordnete man noch ein Wachhäuschen nach Plänen von Franz Christoph Nagel bei. Die Giebelreliefs des Bildhauers Johann Theodor Axer zeigen Trophäen: Rüstungen, Fahnen, Pauken, Trompeten, Kanonen, Lanzen und Morgensterne. Der Torflügel ist unsymmetrisch gegliedert, wie für die Renaissance charakteristisch: Man

Neuhaus, Schloß der Paderborner Bischöfe, ab 1526 als regelmäßiges Vierflügelschloß der Renaissance durch Baumeister Jörg Unkair errichtet, 1591 vollendet (nach J. G. Rudolphi)

beachte die Stellung der Zwerchgiebel und Fenster. Abgesehen von den nachträglich vorgebauten Rundtürmen (1590) ist er das Werk des Baumeisters Jörg Unkair, dessen Formen sich vor allem an den hofseitigen Treppentürmen ablesen lassen; der linke ist 1526 bezeichnet. Die Portale werden von gotischem Stabwerk gerahmt und sind teilweise von Astwerk umschlungen.

Wesentlich reicher gegliedert sind die Bauteile, die unter Bischof Theodor von Fürstenberg (1585–1618) bis 1591 entstanden. Er fügte nicht nur den Nordflügel und die vier bastionsartigen Außentürme an, sondern ließ den Hoffronten die Gliederung aus Lisenen und Gesimsen aufsetzen (Abb. 72). Die beiden Treppentürme seines Flügels haben sehr aufwendige Portale, deren rundbogige Öffnungen von Säulen, Gebälken und Wappengiebeln gerahmt werden. Dabei weist das rechte Portal bossierte Quader an Gewände, Sockel und Säulen sowie korinthische Kapitelle auf, während das linke Nischengewände hat, ferner gedrehte Säulen mit ionischen Kapitellen über Löwenkonsolen. Beide Portale sind heute wieder farbig gefaßt, die Wandflächen des Hofes weiß geputzt. Die beiden Durchfahrten mit Toren nach französischem Vorbild entstanden um 1730.

Schon Jörg Unkair (bzw. der Bauherr Bischof Erich von Braunschweig) dürfte die Absicht zum Bau eines vierflügeligen Schlosses auf rechtwinkligem Grundplan und mit vier Treppentürmen in den Hofwinkeln gehabt haben. Dieses Konzept macht das Schloß Neuhaus zu einer der fortschrittlichsten Anlagen am Beginn der Neuzeit, die in Konkurrenz zu den aktuellsten Schloßanlagen des Reiches treten konnte. Bischof Theodor von Fürstenberg verwirklichte nicht nur diese Planung Ende des 16. Jahrhunderts, sondern bereicherte sie um die wehrhaften Eckbastionen sowie die verspielten (leider weitgehend später wieder vereinfachten) Zwerchgiebel. Die Eckbastionen machen das Schloß zu einem ›Kastell‹ – zumindest in der äußerlichen Erscheinung, wiederum ein aktueller Baugedanke der Renaissance, gefördert durch den ständigen Streit zwischen katholischen und protestantischen Herrschern.

Der einst großzügig bemessene und großartig angelegte Schloßpark ist weitestgehend zugebaut. Erhalten blieb nordwestlich des Schlosses noch der *Marstallhof*, eine dreiflügelige Anlage aus zweigeschossigen Hauptbauten und einem gerundeten eingeschossigen Verbindungstrakt, 1729–33 von F. Chr. Nagel entworfen.

Das einige Kilometer entfernte Städtchen **Delbrück** ist vor allem durch die Kirchplatzbebauung interessant. Die *Pfarrkirche* des 12. Jahrhunderts wurde im 14. Jahrhundert zur Hallenkirche erweitert und 1864–68 teilweise erneuert (Nordseitenschiff). Von der Ausstattung sind der Hochaltar aus dem Kloster Böddeken (1782 bez.) und das Vesperbild aus der 2. Hälfte des 14. Jahrhunderts mit steil aufrecht sitzendem toten Christus (originale Farbfassung) zu nennen. Die Kirche wird von einer geschlossenen ringförmigen Bebauung umgeben, zumeist aus Fachwerkhäusern bestehend.

Die Entdeckung einer warmen Mineralquelle (Arminiusquelle) machte das Städtchen **Lippspringe** 1832 zum Badeort. Später konnte man mehrere weitere warme und mineralreiche Quellen im näheren Umkreis um die Burgruine ergraben. Unterhalb dieser Ruine entspringt die Lippe. Die für die Lippequellen verbürgten Reichsversammlungen Karls des Großen fanden vermutlich aber nicht hier, sondern an den Quellen eines Nebenarms der Lippe statt, nämlich an den Paderquellen in Paderborn. Die Lippspringer *Burg* wurde erst im 13. Jahrhundert angelegt, gleichzeitig mit einer kleinen dörflichen Ansiedlung, 1445 mit Stadtrechten begabt (Stadtmauer z. T. erhalten). Die Burg fiel dem Siebenjährigen Krieg zum Opfer und blieb seither Ruine.

Am Rande des angrenzenden Arminiusparks steht das 1841–43 im Münchner Rundbogenstil errichtete *Kurhaus*. Von den Quellen ist die *Liboriusquelle* (Abb. 76) in einem hübschen historistischen Pavillon gefaßt, der durch gotisierende Fenster mit Eisensprossen und Oberlichter über profilierten Dachbalken erleuchtet wird (Lange Str. 20, 1902).

Die katholische *Martinskirche* ist eine dreischiffige Hallenkirche von 1899/1900 im gotischen Stil (Pläne von Diözesanbaumeister A. Güldenpfennig). Der Westturm mit vier Wichhäuschen war bereits 1870–72 grundlegend erneuert worden. Die Ausstattung mit Orgel, Orgelempore, Hochaltar, Nebenaltären, Gestühl, Beichtstühlen, Chorgestühl, Kreuzwegstationen und Kanzel gibt einen guten Gesamteindruck kirchlicher Kunst der letzten Jahrhundertwende. Wohl ein frühes Werk desselben Baumeisters ist die *Lindenkapelle* an der Lindenstraße nach Neuenbeken (um 1860). – Die evangelische *Kirche* an der Detmolder Straße wurde 1845/46 erbaut, 1859 durch einen Turm und 1899/1900 durch Seitenschiffe erweitert. Sicher hat auch die Konkurrenz zur katholischen Kirche dazu beigetragen, daß die evangelische Gemeinde ihrer Kirche ein besonders altertümliches Gepräge durch staufisch-romanische Formen gab, die zu einer Zeit gehören, in der man noch gar keine Reformation kannte.

Die katholische *Pfarrkirche* in **Neuenbeken** ist als einschiffiger kreuzförmiger Bau mit schlichtem massivem Westturm äußerlich eher unscheinbar. Betreten wir die Kirche durch das romanische, 1666 neu umrahmte Westportal, so können wir das Augenmerk vor allem auf die freigelegte romanische Farbfassung richten. Außer der ornamentalen Bemalung an den Pfeilern und den Graten der Kreuzgewölbe (aufgemalte Quader bzw. Rippen, ornamentierte Bögen) sind das Abendmahl im Nordquerhaus, die Lebensbäume mit Vögeln sowie die Szene der Kreuzabnahme im Südquerhaus bemerkenswert, die aus der Zeit um 1230 stammen. – Die Bauernhöfe weisen ein recht einheitliches Gesicht auf, da sie in großer Zahl im 19. Jahrhundert die in Fachwerk konstruierten Außenwände zugunsten von Bruchsteinfassaden verloren haben. Zu Ende des 19. Jahrhunderts nutzte man zunehmend Ziegel aus heimischer Produktion.

Bei Neuenbeken verlassen wir die Paderborner Hochfläche und kommen in ein stärker von Tälern durchfurchtes Gebiet am Rande des Teutoburger Waldes bzw. Eggegebirges. Das Beketal führt unmittelbar in diese Hügelzone hinein, deren landschaftliche Reize sich besonders auf den kleineren Nebenstraßen erschließen.

Das *Beketal* ist vor allem durch bedeutende Produktionsstätten und frühe technische Denkmäler[18] bekannt. Von der Qualität der Eisenindustrie kann man sich im *Heimatmu-*

seum von **Altenbeken** überzeugen, wo man künstlerische Eisengußplatten und Eisengußöfen der einst bedeutenden Altenbekener Werkstätten besichtigen kann. Neben Bergbau und Eisenverarbeitung stellte man hier zeitweilig auch Kalk, Glas und Tongeschirr her.

Während die Bauten dieser Gewerbezweige verschwunden sind, bestimmt seit der Mitte des vorigen Jahrhunderts die Eisenbahn das Bild der Gemeinde. Zwischen 1850 und 1853 entstand die Strecke Paderborn – Warburg als letztes und der Berge wegen schwierigstes Teilstück der Verbindung Hamm – Kassel. In ihrem Verlauf entstanden mehrere Brücken und namentlich ein großer *Viadukt* am Rande Altenbekens, dieser von 482 m Länge und 35 m größter Höhe (Abb. 87). Etwa 10000 Arbeiter waren seinerzeit mit dem Bau dieses Streckenabschnitts beschäftigt, dem zähe Grundstücksverhandlungen vorausgegangen waren und mehrere Prozesse noch folgten. Allein 1600 Arbeiter hatte man in Altenbeken zumeist beim Viadukt eingesetzt, das Dorf selbst hatte damals etwa 1000 Einwohner. Das Steinmaterial konnte teilweise in der Nähe der Baustelle gewonnen werden (Kalkstein); Sandsteine mußte man aus größerer Entfernung herbeischaffen: Die Eckquader der Pfeiler brachte man auf Pferdefuhrwerken aus Wrexen (Diemel) heran. 24 Bögen überspannen in weiter Krümmung das Beketal, einige Pfeiler ruhen auf Fundamenten aus Buchenpfählen. Allein das Baugerüst hatte 69000 Taler gekostet, für den Viadukt insgesamt verbrauchte man 573000 Taler; die Baumaßnahme forderte zahlreiche Opfer unter der Arbeiterschaft. Der preußische König konnte die Strecke am 21. 7. 1853 eröffnen.

Östlich des Dorfes wurde mit dem Bau des 1,6 km langen *Rehbergtunnels* 1861–64 die Zweigstrecke nach Bad Driburg geschaffen. Es handelt sich um einen der ältesten Großtunnel in der Bundesrepublik. Die Arbeiten gestalteten sich sehr mühsam. Der Abtransport des Schuttes aus dem Berg machte den Einsatz von vier Dampfmaschinen nötig, die auch zum Abpumpen des Wassers angebohrter Quellen Anwendung fanden. Der gesamte Tunnel wurde mit Kalksteinen und Ziegeln ausgekleidet. Das Bahnhofsgebäude, ein Quaderbau im spätklassizistischen Rundbogenstil, gehört noch der Gründungszeit der Bahnlinie an, mehrere Nebengebäude wurden 1895 erweitert.

Die historisch interessante *Telegraphenstation Nr. 33* (auf dem Rehberg) der optischen Telegraphenlinie Berlin – Köln – Koblenz (1834) wurde leider schon 1866 wieder abgebrochen, nachdem man die optische Telegraphie 1849 durch die elektromagnetische ersetzt hatte. Allerdings konnten kürzlich die Grundmauern der Station 32 nahe Oeynhausen bei Nieheim freigelegt werden und zur Rekonstruktion des Gebäudes genutzt werden. Es handelte sich um einen quadratischen Turmbau mit anschließendem Wohnhaus. Von dieser Linie stehen heute nur noch Bauten außerhalb Ostwestfalens (Köln-Flittard = Nr. 50 und Hennef-Sören = Nr. 54), insgesamt gab es 61 Stationen.

Die 1904/05 von Architekt F. Mündelein (1858–1926) errichtete *Pfarrkirche* von Altenbeken ist eine dreischiffige gotische Halle. Sie steht in der Verlängerung der Bahnhofstraße, schon durch diese Lage mehr auf den wirtschaftlich wichtigen Bahnhofs-Knotenpunkt ausgerichtet als auf den talabwärts gelegenen alten Ort. Das Hochaltarbild der Kirche ist ein Kreuzauffindungsgemälde. Die Seitenflügel dieses Altars mit den Aposteln Petrus und Paulus stammen von Johann Georg Rudolphi (um 1669).

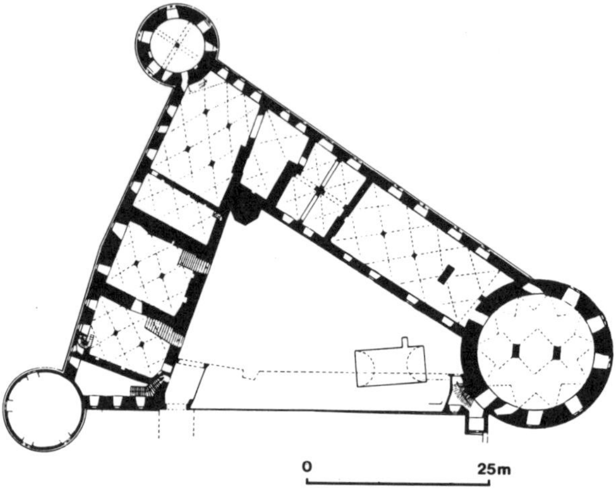

Wewelsburg, Grundriß des Kellergeschosses (hangseitiger Flügel nicht unterkellert)

Das Grabmonument des Fürstbischofs Dietrich von Fürstenberg († 1618) im Paderborner Dom zeigt hinter der Gestalt des knienden Bischofs die Schlösser Neuhaus und Wewelsburg, die zu seinen Lebzeiten ausgebaut wurden. Die 1604–07 anstelle einer älteren Anlage erbaute **Wewelsburg** (Farbt. 1, Frontispitz S. 2) fällt durch ihren eigenwilligen Grundriß auf: Drei Flügel umschließen einen dreieckigen Innenhof. Die Ecken werden durch kräftige Türme betont, unter denen vor allem die schwere Bastion im Norden einen Akzent bildet. Sie sind viergeschossig, die Flügel haben nur zwei Geschosse. Der Eindruck wird mehr durch die Gesamtanlage, malerisch auf einem Bergsporn gelegen, hervorgerufen, als durch besondere Details, solche wird man bis auf wenige Portale und Erker vielmehr vermissen. Bemerkenswert ist vor allem das Portal zum Treppenturm, mit Hermenpilastern und Beschlagwerk. Baumeister war Hermann Baumhauer, der ab 1613 das Paderborner Rathaus errichtete. In der Tordurchfahrt befindet sich der Zugang zum Burgverlies, einem wohl seit der Bauzeit des Schlosses genutzten Gefängniskeller mit flach überwölbten Räumen, zu denen kaum ein Lichtschimmer hinabdringen konnte.

1933 übernahm die nationalsozialistische ›Schutzstaffel‹[19] die durch Blitzschlag 1815 beschädigte Burg. Der ›Reichsführer SS‹ Heinrich Himmler wollte hier im östlichen Westfalen an das vermeintliche germanische Erbe anknüpfen, das er mit der Figur des Hermann (Hermannsdenkmal bei Detmold) sowie der des Herzogs Widukind (Grablege in Enger) und der Legende um die Externsteine verbunden sah. Die Wewelsburg sollte als ›neugermanischer‹ Kulturmittelpunkt ausgebaut werden. Um ein gutes Verhältnis zur Bevölkerung bemüht, förderte man zunächst (1937) den Umbau eines alten Fachwerkhauses zum Dorfgemeinschaftshaus (noch erhalten). Später allerdings wollte Himmler den gesamten Ort durch eine gigantische Bauanlage ersetzen, die bis vor die Tore des zwei Kilometer entfernten Klosters Böddeken reichen sollte, Pläne und ab 1940 geschaffene Modelle sind noch zu sehen. Zur Verwirklichung ihrer Pläne diente der SS auch die Anlage eines Konzentrationslagers nahe der Burg, in dem etwa 1300 Menschen, mehr als ein Drittel aller Häftlinge, zu Tode kam. An die nationalsozialistischen Verbrechen erinnert heute das informative *Museum* im Wachhaus der Vorburg, ergänzt durch die noch immer umfangreichen baulichen Zeugen aus der SS-Zeit: Das Ausstellungsgebäude selbst wurde 1937 als Wachgebäude errichtet, und gleich neben der Zufahrt zum Schloß steht ein Schilderhäuschen aus Quadern mit SS-Runen über der Öffnung. Der gewaltige Kuppelraum im Keller des Nordturmes entstand 1940–42. Der auf eine mystische Wirkung hin konzipierte Saal wird von vier Fenstern nur spärlich erleuchtet. Das Kuppelgewölbe bewirkt eine (beabsichtigt) eindrucksvolle Akustik. Im Kuppelzenit findet sich das Hakenkreuzsymbol. Die Säulenhalle im Geschoß darüber ist gleichermaßen beeindruckend, der SS-Rune ähnliche Symbole gliedern den geschliffenen Marmorboden. Säulen grenzen den zentralen Raum von einem Umgang ab.

Das *ehemalige Augustinerkloster Böddeken,* malerisch in einem einsamen Tal gelegen, wurde 1803 säkularisiert und die Kirche teilweise abgebrochen. Von ihr stehen nur noch der Westturm (13. Jh.) und die Chorruine aus der 1. Hälfte des 15. Jahrhunderts. Das Kloster ist heute Rittergut, hier gehören mehrere Bauteile dem 15. Jahrhundert an.

Wenn wir ins Almetal zurückkehren, kommen wir in Richtung Büren nach **Brenken**. In der Mitte des langgestreckten Ortes liegt die romanische *Pfarrkirche St. Kilian* aus dem 12. Jahrhundert, möglicherweise hatte sie einen karolingischen Vorgänger (dafür spricht das Kilians-Patrozinium). Beherrschend ist der Westturm mit gekuppelten Schallarkaden. Zu seiner Höhe steht das gedrückte Mittelschiff der Basilika in auffälligem Gegensatz. Man betritt die Kirche durch die Turmhalle, in der ein romanischer Taufstein (2. Hälfte 12. Jh.) auf vier Löwen steht, am Becken mit den Reliefs von vier heiligen Bischöfen. Langhaus und Querhaus sind gewölbt, obwohl einigen vermauerten Obergadenfenstern zufolge ursprünglich wohl eine Flachdecke geplant war. Die Hauptapsis wird von Säulen mit Würfelkapitellen gerahmt, entsprechende Säulen an den Seitenapsiden sind jung. Die Ausmalung ist geringen alten Befunden angepaßt. Im Chor konnte eine spätgotische Darstellung des Jüngsten Gerichts im Gewölbe freigelegt werden. Der stark erneuerte Hauptaltar stammt aus dem thüringisch-sächsischen Raum (Anfang 16. Jh.); die beiden Seitenaltäre sind neuromanisch (1916, Marien- und Christusaltar). Im nördlichen Querschiff befindet sich das Renaissance-Epitaph der Familie von Brenken aus dem späten 16. Jahrhundert, das die Familie unter dem Bildnis des gekreuzigten Christus zeigt. Zwei Heiligenstatuen eines Barockaltars schuf die Bildhauerin Gertrud Gröninger im Jahre 1700: die Heiligen Urban und Liborius, letzterer heute als Kilian bezeichnet.

Das *Schloß Erpernburg* (Privatbesitz) auf dem Hügel oberhalb des Ortes ist über zwei- und vierreihige Alleen zu erreichen. Das Haupthaus wurde im wesentlichen um 1710–15 errichtet, die Schloßkapelle ist mit einer barocken Stuckdekoration versehen. Im Almetal steht noch der Turm der kleinen mittelalterlichen Niederburg.

Die zwischen 1188 und 1204 von den Edelherren von **Büren** gegründete gleichnamige Stadt zeigt noch deutlich die Anlage mit zwei Hauptachsen (Burgstraße und Königstraße), die durch Stichstraßen gitterförmig verbunden sind. Im Stadtbild allerdings ist ältere Substanz kaum mehr wahrnehmbar, sieht man von einem Fachwerkhaus von 1608 am Marktplatz (Nr. 14) und einigen Bauten des frühen 19. Jh. ab (Bahnhofstr. 2, spätbarock), schließlich ist auf einen Ziegelbau mit Fachwerkgiebel (1906) nahe dem Marktplatz hinzuweisen.

Durch eine Häuserzeile steht die katholische *Pfarrkirche* vom Marktplatz getrennt, Ende des 12. Jahrhunderts begonnen und 1220 als Marktkirche bezeugt. Es handelt sich um eine dreischiffige kreuzförmige Basilika mit etwas älterem Westturm. Das Langhaus und der ebenfalls dreischiffige Chor (Anfang 13. Jh.) zeigen das gebundene System, bei dem jedem Mittelschiffsjoch vier Seitenschiffsjoche entsprechen. Die Zwischenpfeiler sind schmal und rechteckig, im Westjoch in je zwei dünne Viereckpfeiler aufgespalten (vgl. Hörste). Die Ausstattung der Kirche ist schlicht, sieht man von der architektonisch reich durchgliederten Orgel ab. Sie wurde 1744 von Johann Patroclus Möller (Lippstadt) als Schleifladenorgel für das Kloster Böddeken geschaffen und nach der Säkularisation hierher gebracht (1805). Die Kanzel ist ein Werk der späten Renaissance (um 1600), mit reichen ornamentalen und figürlichen Schnitzereien ausgestaltet; 1658 und um 1800 erfuhr sie Veränderungen. Im Gewölbe sind Malereien des frühen 13. Jahrhunderts aufgedeckt worden (Lebensbäume).

In der Kapellenstraße nordwestlich der Pfarrkirche steht die achteckige *Sakramentskapelle Corpus Christi* (1717–1720), die ein Werk des Johann Conrad Schlaun ist.

Am unteren Ende der Burgstraße liegt unmittelbar neben dem ehemaligen Jesuitenkolleg die *Jesuitenkirche Maria Immaculata*, der bedeutendste barocke Kirchenbau Ostwestfalens neben der Paderborner Jesuitenkirche. Stifter der Jesuiten-Niederlassung in Büren ist der letzte Freiherr von Büren, Moritz (1604–61), der seinen Landbesitz 1661 dem Orden vererbte. Mit dem Kirchenbau konnte allerdings erst 1754 begonnen werden. 1760 war der Rohbau, 1771 die gesamte Kirche vollendet. Die Pläne schuf Johann Heinrich Roth. Die

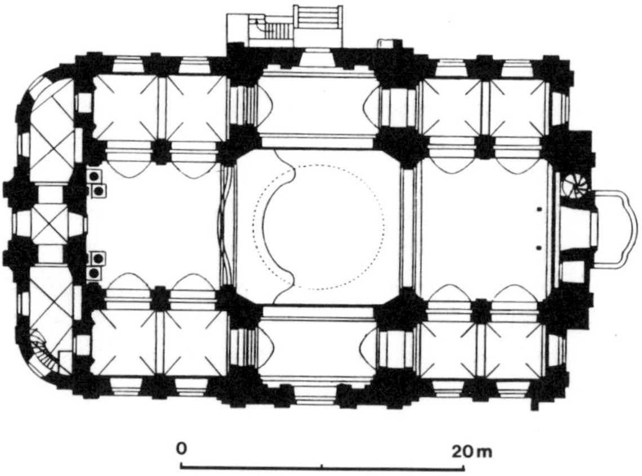

Büren, Jesuitenkirche, Grundriß

aufwendige Quaderfassade – die Westfassade – war bereits vor 1760 fertiggestellt (Abb. 75). Weite Volutenbögen schwingen von den niedrigen Seitenschiffen der Basilika zum Mittelteil der Fassade empor. Hier ist die Front insgesamt dreigeschossig. Das Portal liegt im Sockelgeschoß und hebt die stärker gegliederte Architektur über den Horizont des Menschen. Der Aufbau ist durch Säulen gerahmt und auf ganzer Breite vorgezogen: Vier Pilaster tragen ein Gebälk, über dem sich das oberste Geschoß erhebt. Ragt die Stifterinschrift über dem Portal, die sich auf Moritz von Büren bezieht, nur mit ihrem Bogenabschluß aus dem Sockelgeschoß heraus, so findet sich in der Attikazone das Bürener Wappen. Die Jesuiten hatten die Besitztümer der Herren zu Büren übernommen und – wie diese – sich vergeblich um Unabhängigkeit vom Paderborner Bischof bemüht. Der bevorzugte Platz des Wappens verdeutlicht diesen Wunsch. Die Plastiken schufen die Bildhauer Johann Theodor Axer und Johann Jakob Pütt.

Der zentralbauartige Raum besteht aus einem Längsschiff (Achse Eingang – Hochaltar) und einem Querschiff mit quadratischer überkuppelter Vierung (Farbt. 12). Schmale und niedrige Seitenschiffe bewirken die Rechtwinkligkeit im Grundriß. Die schweren Pfeiler, denen horizontale Pilaster vorgeordnet sind, tragen ein kräftiges Gesims, auf dem die Tonnengewölbe und die Kuppelpendentifs ansetzen. Das Gesims schließt auch den Hochaltar mit ein; hier wird es von vier Säulen gestützt und trägt einen gesprengten Giebel. Auf dem Altarbild erkennt man die Maria Immaculata, über den Heiligen des Jesuitenordens schwebend. Das Ölgemälde innerhalb eines plastischen Rahmens aus Doppelsäulen dürfte ein Werk Gregor Wincks sein. Die Wirkung des Raumes wird durch die bedeutenden Deckengemälde unterstrichen, die Josef Gregor Winck (Hildesheim) schuf. Winck (1710–1781) gilt als Schüler und Gehilfe von Cosmas Damian Asam. In der Kuppellaterne, also dem architektonischen ›Höhepunkt‹ der Kirche, ist die Krönung Mariens dargestellt, umgeben von den Bildern der Himmelfahrt Mariens (Chorseite), dem Tempelgang Mariens (links), die Vorführung Jesu im Tempel (Orgelseite) und dem Tod Mariens (rechts). Die Grisaille-Bilder der Kuppelpendentifs verweisen auf alttestamentarische Vorbilder Mariens, nämlich Esther, Judith mit dem Haupt des Holofernes, Abigail bei David sowie Jael und Sisara.

Die Fresken in Chor und Langhaus sind in einen perspektivischen architektonischen Rahmen eingebettet. Die Architektur, plastischer noch als die tatsächliche im Kirchenschiff, gestattet einen Durchblick in den Himmel, aus dem Segen spendende Engel herabschweben, gleichsam als Beschützer der Geschehnisse auf der Erde. Der Betrachter sieht die Bilder in steiler Untersicht; sie sind aus der Sphäre seines unmittelbaren Erlebens herausgerückt, obgleich sie sich vor seinen Augen abspielen. Die Bilder zeigen im Chor die Geburt Mariens sowie über der Orgelempore die Vermählung Mariens mit Josef durch einen Hohepriester. Die Szene spielt sich in dem triumphbogenartigen Teil eines Tempels ab und wird – wie auch die Geburtsszene – von der Öffentlichkeit (Zeugen am Rande des Geschehens) verfolgt. Diese Darstellungsweise will die Richtigkeit der Aussagen der Bibel bestätigen. Der Beobachter hinter der Säule links soll der Maler, Winck, persönlich sein, darunter ist das Gemälde signiert.

Im südlichen Querschiff erkennt man die Heimsuchung Mariens (Maria und Elisabeth) und im nördlichen die Verkündigung. Zurückhaltende Stukkaturen in Rokokoformen rahmen die Darstellungen und betonen die Architektur, etwa durch Medaillons (mit Holzreliefs der Evangelisten und Apostel), plastische Putten und Ornamente. Diese Werke stammen von den Gebrüdern Johann Nepomuk und Bernhard Mez (1764–70).

Die Errichtung des benachbarten *Jesuitenkollegs* an der Stelle der früheren Burg ging der Kirche voraus. Dem Bau liegen Pläne von Gottfried Laurenz Pictorius zu Grunde, der sich in einem Wettbewerb gegen Johann Conrad Schlaun durchsetzen konnte. Der dreiflügelige schloßartige Bau entstand 1719–28. Die Bauleitung lag vermutlich in den Händen beider Architekten. Die Fassaden sind durch Kolossalpilaster gegliedert, besonders hervorgehoben die Stirnflächen der Seitenflügel. Der fünfachsige Mittelrisalit tritt leicht vor. Das mittlere Geschoß ist als Beletage gegenüber dem einfacheren Erdgeschoß und dem niedrigeren Obergeschoß hervorgehoben.

Außerhalb Bürens an einer Zufahrtsstraße steht die *Heilig-Kreuz-Kapelle* aus dem 17. Jahrhundert, von der aus man einen guten Blick auf die Altstadt Bürens mit dem dominierenden Seminargebäude der Jesuiten gewinnt.

Nur wenige Kilometer almeaufwärts liegt steil am Hang das Dorf **Siddinghausen** mit seiner 1723 an einen romanischen Westturm angefügten *Kirche.* Das einfache Äußere ist mit Strebepfeilern und Segmentbogenfenstern versehen. Bemerkenswert ist die Ausstattung: Haupt- und Seitenaltäre, Kommunionbank, Kanzel, Beichtstühle, Empore mit Orgel samt Rückpositiv und eine Doppelmadonna gehören dem zweiten Viertel des 18. Jahrhunderts an, ihre Formen zeigen beginnenden Rokokoeinfluß.

Südlich des Ortes fließt die *Alme* (Abb. 74), die die Paderborner Hochfläche gegen das Alme-Afte-Bergland abgrenzt, durch einen breiten Waldgürtel (Ringelsteiner Wald/Forst Wünnenberg), der die Grenze zum benachbarten Sauerland bildet.

Nahe dem schon im 9. Jahrhundert bezeugten Dörfchen Alten-Rüthen gründeten Ende des 12. Jahrhunderts die Erzbischöfe von Köln die Stadt **Rüthen**, zugleich die erste kölnische Stadtgründung auf westfälischem Boden. Die Altstadt ist durch einen der Topographie angepaßten nierenförmigen Grundplan gekennzeichnet, in dem die Hauptachsen Niedere Straße/Mittlere Straße und Hochstraße rechtwinklig zueinander stehen. Auf einem Rundweg kann man den weiten Ausblick in die Landschaft, namentlich nach Süden in das Sauerland, genießen. Teile der Stadtmauer, des Grabens und der Türme (der Hexenturm, im 17. Jh. Gefängnis) sind noch erhalten.

Die *Johanneskirche* ist bis auf den barocken Westturm ein Werk des Paderborner Diözesanbaumeisters A. Güldenpfennig (1871–74), eine gotisierende Hallenkirche mit drei Mittelschiffs- und sechs Seitenschiffsjochen, Strebepfeilern sowie inneren Wandpfeilern. Die Ausstattung gehört großenteils noch dem 19. Jahrhundert an, bis auf eine gotische Madonna in der barocken Westkapelle und bis auf vier Glasfenster von 1920 (O. Peters, Paderborn).

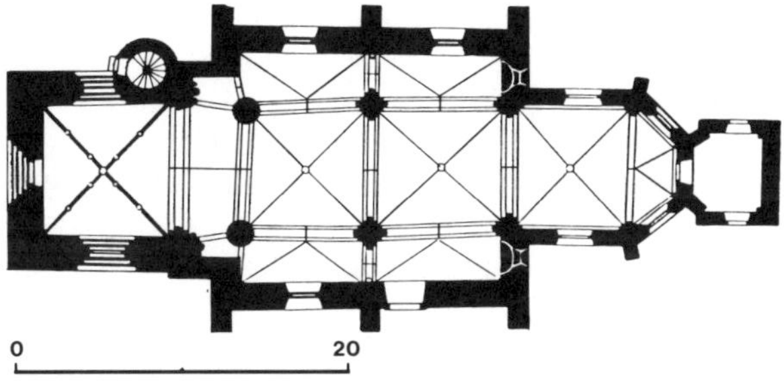

Rüthen, Nikolaikirche, Grundriß

Die katholische *Nikolaikirche* stammt dagegen noch aus dem 13. Jahrhundert. Sie ist eine kurze Hallenkirche mit gedrungenem frühgotischen Turm, das Langhaus aus nur zwei Jochen bestehend, durch ein schmales Joch mit Rundpfeilern von der Turmhalle abgeteilt. Die Gewölbe sind dort noch ursprünglich und haben Zierscheiben in gleichmäßigen Abständen. Die auffallend gegliederten Bündelpfeiler weisen auf eine nicht ausgeführte Planung für das Langhaus hin: Kräftige Dienste sollten Gurt- und Schildbögen stützen, schlanke Dienste waren als Stützen der Begleitbögen und der Rippen vorgesehen. Die Glasfenster (Bonifatius und Liborius) von Carl Hertel (Düsseldorf, 1914) befanden sich ursprünglich im Chor. Die Ausstattung ist weitgehend barock, so der Orgelprospekt, der Beichtstuhl, der Hochaltar von 1771 (C. J. Haane, mit Skulpturen von Joh. J. Pütt) sowie die Seitenaltäre (Muttergottes- und Elisabethaltar) und die Kanzel, um 1680 wohl von Paul Gladbach.

Von einer dritten Kirche, der 1834 abgebrochenen Kapuzinerkirche des Ambrosius von Oelde (1683–86), blieb nur das aufwendige *Barockportal* erhalten, heute Friedhofstor. – Das zweigeschossige *Rathaus* mit dreiachsigem Risalit wurde 1726–30 unter Leitung des Tiroler Baumeisters Michael Spanner errichtet. Eindrucksvoll ist die ausladende Freitreppe, die in zwei gekurvten Läufen zum Obergeschoß hinaufschwingt und einen Eingang in das Erdgeschoß samt barocker Pilasterrahmung umgreift. – Das Südende der Altstadt wird durch den hohen, aus Ziegeln gemauerten, *Wasserturm* markiert (1909).

An der ›Spitzen Warte‹ bei Rüthen steht eine massive Kappenwindmühle (19. Jh.), heute ohne Flügel.

Die katholische *Kirche* in **Hoinkhausen** (›Hönkhausen‹ gesprochen) steht auf hohem ummauerten Kirchhof mit einer Schule aus Fachwerk (1802) vor dem Westturm. Das Gotteshaus ist eine niedrige dreischiffige Hallenkirche mit kreuzförmigen Pfeilern. Gestühlswangen, Hochaltar, Kommunionbank, Doppelmadonna im Langhaus, Kanzel, Nebenaltäre, Evangelistenstatuen und Orgel (1746–47 von Joh. P. Möller mit Teilen von etwa 1660) sind barocke Werke, die ein ansehnliches Ensemble bilden. Das Nordportal hat ein romanisches Tympanon mit Darstellung von Geburt und Kreuzigung Christi (Abb. 82).

Das kleine Städtchen **Wünnenberg** hat außer dem Grundriß der Neustadt, die 1725 schachbrettartig angelegt wurde, kaum mehr Nennenswertes zu bieten.

In **Fürstenberg** steht ein von Simon Louis du Ry, dem Kasseler Hofarchitekten des Rokoko, erbautes *Schloß*, neben Hüffe das zweite auf westfälischem Boden. Wilhelm von Westphalen, Fürstbischof von Hildesheim und Paderborn, ließ es 1776–83 errichten. Schon um 1325 hatten die Bischöfe von Paderborn an dieser Stelle eine Burg errichten lassen, von der ein Rundturm des 15. Jahrhunderts erhalten blieb und in den barocken Bau einbezogen wurde. Das dreiflügelige Schloß mit zweigeschossigem Hauptflügel und gleichhohen Nebenbauten ist durch gekurvte Verbindungstrakte völlig gegen den Marstallhof abgeschlossen und zum Garten sowie zur freien Landschaft hin geöffnet. Nur die mittleren Fenster der Gartenseite sind im Sinne des Zopfstils dekoriert, im übrigen ist das Äußere schlicht und zurückhaltend. Nahe dem ausgedehnten Wirtschaftshof steht das frühere Gerichtsgebäude (1736) mit Gefängnis im Untergeschoß. Einen besonders eigenwilligen Grundriß, fast im Stil der französischen Revolutionsarchitektur, hat das kreisrunde Schulgebäude (um 1820) mit klassizistischem Portikus und kleiner Freitreppe, inzwischen durch einen modernen Vorbau stark beeinträchtigt.

Zwischen Schloß und Dorf am Ende der zum Schloß führenden Allee steht die einschiffige katholische *Pfarrkirche* (1750–55), deren Konstruktion ganz an mittelalterliche Bauten erinnert. Die Ausstattung gehört der 2. Hälfte des 18. Jahrhunderts an. Der Rokoko-Altar aus der ehemaligen Schloßkapelle ist mit neun Alabaster-Reliefs der Renaissance geschmückt, die das Leben Jesu abbilden.

Am Rande des Hardehauser Forstes im Sintfeld liegt das *ehemalige Augustinerkloster* **Dalheim** in einem abgeschiedenen Seitental. Es vermittelt den für Westfalen außergewöhnlichen Eindruck einer klösterlichen Gesamtanlage. Die Klausur ist von einem weiträumigen malerischen Wirtschaftshof umgeben, dessen gewaltige Bruchsteinscheunen an den steilen Hang gebettet sind.

Ein erstes Kloster wird 1264 genannt und 1369 zerstört. Die Wiederbesiedlung erfolgte 1429 von Böddeken; seit 1452 ist das neue Kloster selbständig. Der Neubau der Kirche erfolgte 1460–70 und der der Klausur wohl in den anschließenden Jahren. Die *Kirche* besteht aus einem einschiffigen Langhaus mit Wandpfeilern, d. h. die Strebepfeiler sind in das Innere gezogen und bilden hier tiefe Wandnischen, die einst sicher zur Unterbringung von Altären wichtig waren. Am Chor befinden sich die Strebepfeiler dagegen außen, so daß das Innere seine Gliederung vor allem durch die hohen Maßwerkfenster empfängt. Das ursprüngliche Maßwerk dürfte so ausgesehen haben, wie an der rechten Seite des Chorschlusses aufgemalt (Befund aus der Bauzeit). Auch sonst ist die Kirche noch mit verschiedenen Resten ornamentaler (Gewölbe) und figürlicher Wand- und Deckenmalerei versehen (zumeist um 1525). Vom einstigen Lettner zwischen Chor und Langhaus wurden bei der Restaurierung Bruchstücke wiedergefunden und museal ausgestellt. Das vom Landschaftsverband Westfalen-Lippe getragene *Museum* enthält Abgüsse westfälischer Großplastik, u. a. vom Externstein-Relief, zumeist aus denkmalpflegerischen Gründen angefertigt. – Der anschließende

Kreuzgang konnte inzwischen weitgehend restauriert werden. Auch seine Gewölbe, z. T. mit verzierten Schlußsteinen, sind ornamental bemalt. Teilweise wurde der Kreuzgang bei der schloßartigen Erneuerung des Klosters im 18. Jahrhundert entfernt. 1710–12 fand der Umbau des Nordflügels, 1727 der des Südflügels statt. In diese Phase fällt auch die westliche Erweiterung zu einem von drei Flügeln umgebenen Vorhof (1731), dem das barocke Klosterportal gegenüberliegt (1737).

Die meisten Wirtschaftsgebäude entstanden im 18. Jahrhundert, so auch die voll eingerichtete Schmiede (Esse, Blasebalg usw.) unmittelbar östlich der Kirche, ein bemerkenswertes technisches Denkmal. Benachbart steht noch die Klostermühle. Dem 18. Jahrhundert gehört auch der Uhrturm an der westlichen Klostermauer an. (Mehrere Statuen aus dem Kloster Dalheim, um 1430/40 entstanden, befinden sich heute in der katholischen Pfarrkirche in *Oesdorf*.)

Zu den selten gewordenen Beispielen alter Speicher im Paderborner Land gehört das ›Voigtshaus‹ in **Atteln**, 1588 erbaut. Sein Fachwerkgeschoß über massivem Unterbau zeigt Renaissancedekor. Die Brüstungsplatten sind mit Fächerrosetten versehen, das Gebälk ist reich geschnitzt. – Etwas einfacher gebaut, aber noch mit altertümlicher Außentreppe, ist der Speicher auf dem Hof Schulte-Alpmann in *Scharmede* (1589), auf den hier der Vollständigkeit halber ebenso hingewiesen werden soll wie auf die Speicher in *Westenholz* (Hof Sutern, 1577) und im Westfälischen Freilichtmuseum Detmold (1561, aus *Winkhausen*).

Die Fernstraße von Paderborn nach Kassel (B 68) führt durch das kleine Städtchen **Lichtenau**. Auf der Höhe steht nahe der Straße und am Rande der Altstadt der Wohnturm der *Burg Lichtenau* aus dem 14. Jahrhundert. Er ist ein mächtiger viergeschossiger Bau, ähnlich der Oldenburg bei Marienmünster, mit einem kleinen gekuppelten Spitzbogenfenster. Mehrfach, zuletzt 1853, wurde der Turm stark erneuert und erhielt vor allem moderne Fenster und (klassizistische) Türen. Die nebenan stehende kleine evangelische *Kirche* (1853–54, Turm 1890–92) zeigt späte klassizistische Formen.

Die katholische *Kirche St. Kilian* ist mit ihrem hohen Westturm der zweite beherrschende Bau Lichtenaus. Die gotische Hallenkirche mit kräftigen Rundpfeilern (Mittelschiffgewölbe 1484 vollendet) enthält eine bedeutende Barockorgel (1754) auf alter Orgelempore und einen Alabaster-Hochaltar von 1624 mit der Auferstehung Christi und der Marienverehrung als zentrale Reliefs. Das frühe Kilianspatrozinium ist der Kirche wohl von einem benachbarten wüsten Ort des 8. oder 9. Jahrhunderts übertragen worden. – Die Stadt zeigt im nordwestlichen Teil ein schachbrettartiges Straßensystem, in typisch neuzeitlicher Weise ohne große Rücksicht auf die topographischen Verhältnisse nach dem Stadtbrand von 1721 angelegt.

Westlich des 1249 als Stadt genannten Ortes **Kleinenberg** befindet sich an der Straße nach Paderborn die *Wallfahrtskirche Mariä Heimsuchung*. Von der Höhe führt zu ihr ein alleeartiger Kreuzweg herab, dessen Stationen an der Kirche beginnen, zu einer Kreuzigungsgruppe hin und von dort wieder zur Kirche zurückführen. Der Kreuzweg wurde 1754 angelegt und ist in seiner strengen axialen Anlage ein bemerkenswertes Beispiel der Verbindung von Natur, Kunst und religiösem Brauchtum. Die Kirche entstand bereits ab 1742 (Nordportal bez.), erhielt anschließend den Innenausbau (Altäre 1748/49, Plastiken des Paderborner Bildhauers Johann Philipp Pütt, Orgelempore mit Stuckdekor 1753) und wurde 1756 durch die Heilig-Grab-Nische im Osten erweitert. Die Christusfigur schuf Johann Philipp Pütt, durch ein hübsches Schmiedeeisengitter des Rokoko (1770; Abb. 77) eingeschlossen. Die Werksteinfassade im Westen (1758 vorgebaut) ist mit einem Kreuz und den Statuen von Adam und Eva (Abb. 78) von Bildhauer Buch (1759) versehen. Das Kircheninnere ist ein schlichter Saal. Die Wände und die breit überkuppelte Decke tragen Malereien (1767), 1916 von W. Lautenbach übermalt. Das Hauptbild stellt die Krönung Mariens dar. – In Kleinenberg fallen die mit der Breitseite zur Straße gelegenen Bauernhäuser auf, sogenannte Querdeelenhäuser, die zumeist aus Bruchstein oder Backstein errichtet sind und zur Straße hin das große Deelentor und die vornehme Haustür zeigen; zumeist sind es Bauten des 19. Jahrhunderts.

In **Neuenheerse** verweist schon die gewaltige Westanlage mit dem von zwei runden Treppentürmen gerahmten Hauptturm auf die frühere Bedeutung der heutigen *Pfarrkirche St. Saturnina.* Einst war sie Stiftskirche des 868 gegründeten und 1810/11 aufgehobenen adligen Damenstifts. Seit 887 befinden sich die Gebeine der hl. Saturnina in Neuenheerse. Die damalige karolingische Kirche wurde durch eine 1131 geweihte Säulenbasilika ersetzt, deren Reste heute die einzige Kirche dieses Bautyps in Westfalen darstellen, entsprechend der noch aus dem 11. Jahrhundert stammenden Mauritiuskirche in Hildesheim. Die kreuzförmige Basilika fiel 1165 teilweise einem Brand zum Opfer und mußte anschließend grundlegend erneuert werden. Durch einen weiteren Umbau um 1350 veränderte man das Langhaus auf der Südseite zur Halle.

Das Äußere wird stark durch die romanischen Bauphasen bestimmt, sieht man von den an das alte Querhaus angebauten Strebepfeilern und dem aufgestockten südlichen Seitenschiff ab. Der Westturm wird durch Schallarkaden gegliedert. Sein Unterbau ist Teil des ursprünglichen Westbaues, der nach 1165 zum Glockenturm umgebaut wurde. Die

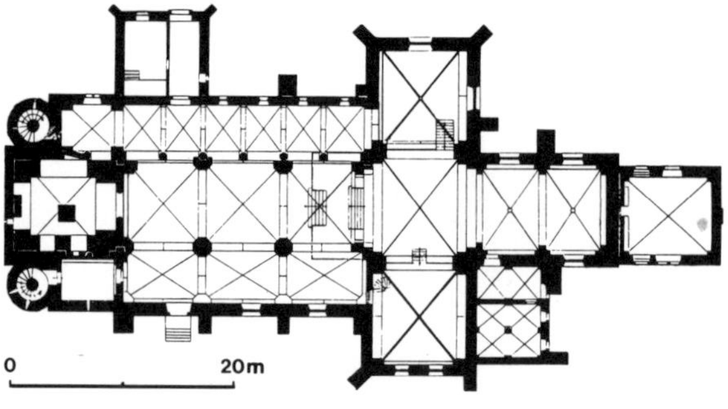

Neuenheerse, Pfarrkirche St. Saturnina, Grundriß

Treppentürme führen auf die alte Nonnenempore; erst ab 1165 diente das Südquerhaus den Nonnen als Versammlungsraum.

Im Innern betonen die schweren achteckigen Langhauspfeiler den gotischen Eindruck gegenüber dem romanischen Seitenschiff, dessen Säulen teilweise überschnitten werden. Seine Säulen, Kapitelle und Arkaden entstanden bis gegen 1131, die Würfelkapitelle zeigen Halbkreisbögen mit sauber gehauenen Schildflächen, die nur auf der Mittelschiffseite Darstellungen in Flachrelief tragen: Masken, Drachen, Blattwerk, Ranken und Fabelwesen. Die Seitenschiffwölbung entstand erst nach 1165, hierzu führte man Gurtbögen bis auf die Kapitelle hinab. Die Säulenbasen sind heute durch jüngere Anschüttungen verdeckt. In der nördlichen Turmhalle heben sich die beiden Bauphasen deutlicher voneinander ab, da hier die älteren Arkaden von der etwas jüngeren Einwölbung überschnitten werden. Der 1585 gestiftete Taufstein dort zeigt Halbfiguren der vier Evangelisten und der Stiftspatronin St. Saturnina.

Zur Kirche von 1131 gehört die Krypta unter dem Chor und der südlich anschließenden Sakristei; nach 1165 baute man den anschließenden unteren Teil des Südquerhauses als Kapitelsaal aus. Die dreischiffige Hallenkrypta hat sechs Joche, die beiden westlichen Joche (mit Brunnen) sind durch Pfeiler von den vier östlichen abgeteilt. Die Säulen haben Würfelkapitelle mit profilierten Kämpferplatten. Westlich gibt es eine schmale Confessio, einen tonnengewölbten Raum mit seitlichen Stollen, in dem die Gebeine der hl. Saturnina aufbewahrt wurden. Auf dem barocken Kryptenaltar steht eine Kalvarienberggruppe des 18. Jahrhunderts.

Der Hochaltar der ehemaligen Stiftskirche (1705) sowie die beiden Seitenaltäre (1701 bzw. 1704) sind sich im Aufbau sehr ähnlich (Abb. 73). Das Hauptrelief wird von gedrehten Säulen gerahmt, darüber befindet sich ein hoher Giebel mit einem zweiten Relief. Die Altäre aus Marmor und Alabaster wurden in der Werkstatt des Heinrich Papen geschaffen. Der Hochaltar zeigt die Himmelfahrt Mariens, darüber die heilige Dreifaltigkeit. Die beiden Seitenaltäre werden von jeweils sechzehn Ahnenwappen ihrer beiden Stifterinnen gerahmt, der Äbtissin Agatha von Niehausen (1692–1713) und Johanna Maria Katharina von Winkelhausen (1713–38). Die Altarreliefs stellen links das letzte Abendmahl und rechts die Anbetung der Könige dar. Die Kanzel in gleichartiger barocker Gliederung gehört auch dem frühen 18. Jahrhundert an. Die Evangelistendarstellungen verraten gute Qualität. Ein weiterer Barockaltar im Nordquerhaus stammt wahrscheinlich von Christophel Papen, um 1730. Für dieses Werk ist die zurückhaltende Ornamentik charakteristisch. Das kunstvoll geschmiedete Eisengitter (um 1400) zwischen Querhaus und Nordseitenschiff gilt als niedersächsische Arbeit und ist in Ostwestfalen ohne Parallele. Die mächtige Orgel, wohl von P.H. Varenholt, aus dem Beginn des 18. Jahrhunderts, verdeckt den romanischen Westturm. Aus Platzmangel hat das Gehäuse nur auf der linken Seite ein voll ausgebildetes ›Ohr‹, während das rechte auf die Höhe der Fensternische beschränkt bleibt und sich auf dessen Sohlbank abzustützen scheint. Die Brüstungsgemälde zeigen Christus und die Apostel. Werk und Prospekt wurden 1964–66 nach Entwurf von Prof. Dr. R. Reuter (Münster) rekonstruiert.

Das einem Wasserschloß ähnliche *Abteigebäude* ist ein mehrflügeliger Bau mit Turm im Stil der Weserrenaissance (1599–1603), mehrfach umgebaut. Der Vorbau neben der barocken Brücke datiert von 1738, das Obergeschoß in historistischem Fachwerk erst von 1903.

Die *Burg* in **Dringenberg** enthält zwar noch ältere Teile, namentlich den Torbau von 1488, verdankt ihre Gesamterscheinung jedoch Umbauten von 1548 (unter Bischof Rembert) und 1710. Die zweiflügelige Burg – eine Wehrmauer sowie ein Fachwerkflügel schließen den Hof ab – ist ein schlichter Bruchsteinbau, durch nachgotische Vorhangbogenfenster gegliedert und mit hoher Utlucht auf der Außenseite. Diese Formen sind typisch für die Zeit um 1550 und finden sich z. B. auch an Bauten des Meisters J. Unkair (Schloß Neuhaus). Bemerkenswert sind u. a. die Schornsteinabschlüsse mit Kugelbesatz. Das *Ökonomiegebäude* vor der Burg errichtete man nach einem Brand 1682. – Die katholische *Pfarrkirche* hat nur ein kurzes Langhaus mit einem niedrigen und einem hohen Seitenschiff. Zur Ausstattung zählt eine Chorlampe aus Messing und Kupfer, Werk des Hans Krako (1637). Dieser bekannte Goldschmied des Frühbarock (Liboriusschrein von 1622–27 im Diözesanmuseum Paderborn) ist in Dringenberg gebürtig.

Die beiden barocken Dachreiter über den Querhausarmen bestimmen aus der Ferne den Eindruck der *ehemaligen Klosterkirche* in **Willebadessen**. 1149 wurde das Benediktinerinnenkloster durch den Paderborner Bischof Bernhard von Oesede gegründet. Die ursprünglich dreischiffige Pfeilerbasilika gehört dem 3. Viertel des 12. Jahrhunderts an, erfuhr jedoch

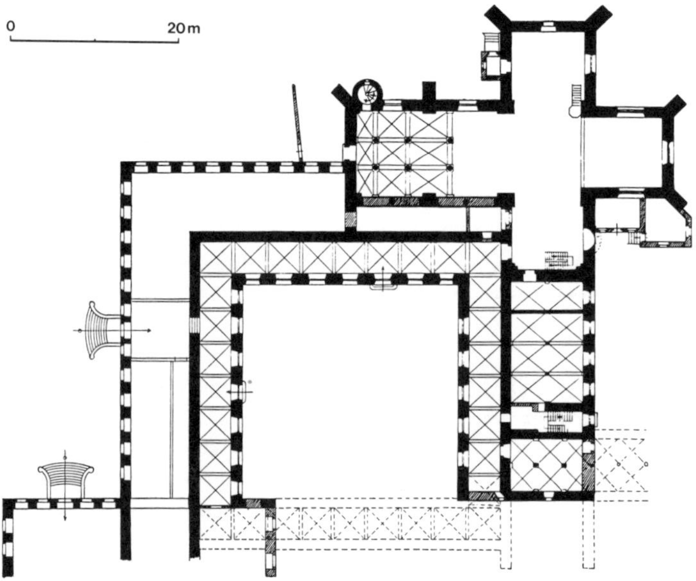

Kloster Willebadessen, Kirche und Konventsgebäude, Grundriß

im 15. und frühen 18. Jahrhundert erhebliche Umbauten, bei denen das nördliche Seitenschiff abgebrochen und das südliche abgetrennt worden ist. Die Kreuzgewölbe auf abgekragten Wandvorlagen folgen dem Beispiel der Klosterkirche in Lippoldsberg. Zwischen 1720 und 1727 entstanden das heutige Westportal mit der Statue des hl. Vitus und der dreischiffige Emporeneinbau im Langhaus auf toskanischen Säulen mit abschließendem Eisengitter. Der Einbruch großer Fenster schuf einen hellen und lichten Raum, das Ostfenster 1885 (hl. Vitus, Golgatha), weitere Fenster 1894/95 farbig verglast (hl. Agatha und hl. Rochus). Die Kanzel von 1721 mit marmorierender Bemalung ist ein Werk von Christophel Papen.

Auch die Konventsgebäude erhielten zu Beginn des 18. Jahrhunderts neue Formen, insbesondere wurde der Kreuzgang erneuert (1700). Der zweischiffige Kapitelsaal, tonnengewölbt und mit Stichkappen versehen, hat wohlgestaltete romanische Säulen mit einem Zungenblatt- und einem Palmetten-Ringband-Kapitell, das von Hildesheim über Hardehausen vermittelt wurde (Basen mit Eckspornen). Südlich schließt sich die sog. Gründerkapelle an, ein zweischiffiger einst fünfjochiger Raum, vielleicht das ehemalige Refektorium. Beim Abbruch des südlichen Klosterflügels 1871/72 hat man diesen Raum auf drei Joche verkürzt. Damals entstand am Westflügel ein neuer abschließender Quaderbau in gotisierenden Formen (1873).

Das ehemalige Kloster (Schloß) ist in jüngster Zeit in Verbindung mit dem ›Europäischen Skulpturenpark‹ bekannt geworden (Abb. 86). Einzelne Bildwerke von ständig wechselnden Ausstellungen sollen langfristig in Willebadessen bleiben und vermitteln einen anschaulichen Überblick über die aktuellen Strömungen dieser Kunstgattung. Die Ausstellungen befinden sich auf einem 7 ha großen Gelände sowie in einem Flügel des ehemaligen Klosters. Zum festen Bestand gehören einzelne Werke von Barlach, Kolbe, Rodin, Maillol, Marcks und Dali.

Westlich von Willebadessen steht einer der 1851–53 im Zuge des Eisenbahnbaus (Altenbeken–Warburg) angelegten *Viadukte* mit rundbogigen Bögen auf schweren Quaderpfeilern (vgl. Altenbeken). Auf der landschaftlich schönen Straße nach Kleinenberg fährt man am *Bahnhof Willebadessen* vorbei, gleichfalls aus der Gründungsphase der Strecke stammend.

Das versteckt gelegene zweiflügelige *Renaissanceschloß von Borlinghausen* entstand der Inschrift am Treppenturm-Portal zufolge 1587 unter Werner von Spiegel und seiner Gemahlin Catarina, geb. Kanne (Doppelepitaph am Chor der Dorfkirche). Ende des 18. Jahrhunderts und 1898/99 wurde das Wasserschloß erneuert. Für kleine Landschlösser typisch ist die Anordnung des Treppenturms im Hofwinkel. Den Platz zwischen Dorf und Schloß nimmt der geräumige Wirtschaftshof ein.

Das 1140 gegründete **ehemalige Zisterzienserkloster Hardehausen** liegt nahe bei Scherfede etwas abseits der Straße Paderborn – Kassel, heute Landvolkshochschule. Der äußere Eindruck der Anlage wird durch die Wirtschaftsbauten des 18. Jahrhunderts bestimmt, die sinnfällig den wirtschaftlichen Reichtum dokumentieren, über den ein solches

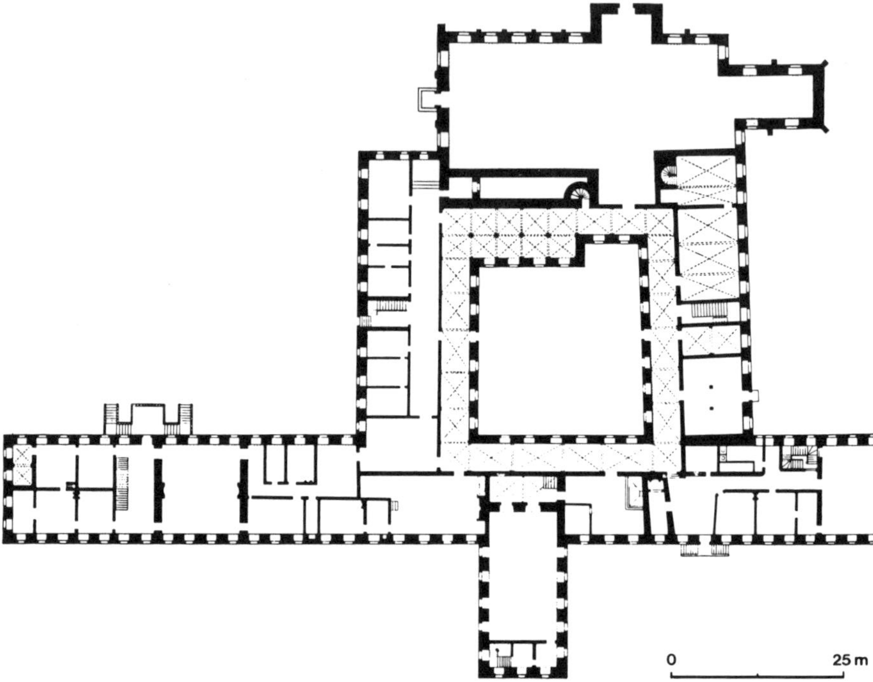

Kloster Hardehausen, Kirche und Konventsgebäude, Grundriß (vor 1812)

Kloster mit ausgedehnten Ländereien einst verfügte. Besonders das dreigeschossige Kornhaus von 1723 ist ein mächtiger massiver Bau, ehemals mit zwei Quereinfahrten. Das Abtshaus (1698, 1966 erweitert) mit reichem Barockportal steht gesondert neben der Klausur und war einst mit ihr durch einen Flügel verbunden. Mitten im ausgedehnten Wirtschaftshof befindet sich die kleine 1725 erbaute ehemalige Mühle mit drei Arkaden zur Klausur hin.

Der vierflügelige Konventsbau wirkt heute auf den ersten Blick als eine Leistung des Barock, der Jahre um 1700. In der Tat ließ Abt Stephan Overgar wesentliche Erneuerungen an den Konventsgebäuden vornehmen, die diesen einen strengen, fast klassizistisch anmutenden Stempel aufdrückten, verstärkt durch eine nochmalige Erneuerung 1859 (Hauptportal, mit barocken Pilastern). Der Teil rechts dieses Portals scheint ab 1698 vollständig neu errichtet worden zu sein, der westliche (linke) enthält noch Fenster der Zeit um 1600 und geht im Kern auf das Mittelalter zurück. Einst stach aus der glatten Front noch ein Flügel in den Wirtschaftshof vor, der wahrscheinlich im 18. Jahrhundert zur Vereinheitlichung der Fassade abgebrochen wurde. Vor der Front stehen die Statuen der Kaiser Heinrich II. und Karl der Große (Abb. 83) (1146 bzw. 1165 heilig gesprochen) und der

Heiligen Liborius und Kilian. Die Räume des Konventsbaues sind teilweise noch mit Rippen gewölbt und gehen häufig noch auf das späte, im einzelnen vielleicht sogar auf das hohe Mittelalter zurück. Im Kreuzgang sehen wir auch das spätromanische Stufenportal mit eingestellten Säulchen zum Südflügel hin (hier zweitverwendet, dahinter einst ein Nebenraum der Küche) und an der entgegengesetzten Seite das Sockelmauerwerk der abgebrochenen romanischen Klosterkirche (hier schloß das Querhaus an).

Wenden wir uns nun dem interessanten Kreuzgang selbst zu. Obwohl er durchgängig mittelalterlich wirkt, ist er doch ein nahezu vollständiger Neubau des Barock aus der Zeit Abt Overgars. Die Kreuzrippen sind blau und ocker bemalt. Die Entstehung im Barock wird an den Konsolen besonders deutlich, die Fruchtgehänge, Büsten, Masken usw. im Stil der Neuzeit haben. In der zweischiffigen Halle im Norden des Kreuzgangs (ehem. Laienrefektorium) entdecken wir an Konsolen und Schlußsteinen die Namenszüge von Maria, Christus, St. Stephanus und St. Robertus, die Kundschafter mit der Traube, das Lamm Christi, die Taube des Heiligen Geistes, einen auf einen Hirsch zielenden Jäger mit Hund, Blumengebinde und Putten. Im östlichen Kreuzgangsflügel findet man u. a. die vom Paderborner Domkreuzgang übernommene Darstellung der drei Hasen mit drei Ohren. Man könnte den Eindruck gewinnen, hierin zeigte sich die Verweltlichung des Klosterlebens im 17./18. Jahrhundert. Doch alle diese Szenen haben eine übertragene religiöse Symbolik, die heute nur noch schwer zu erschließen ist. Oft steht der gejagte Hirsch für die Seele des Menschen, die Hasen mit ihren Löffeln symbolisieren die Wachsamkeit (im Glauben) usw. – Die Bündelstützen im Laienrefektorium sind mittelalterlichen Ursprungs, ebenso ihre Kapitelle. Das spitzbogige Tympanon über dem romanischen Sockelprofil ist 1430 datiert und enthielt einst kleine Statuen.

Der nördliche Flügel war die 1165 geweihte Kirche, wohl eine Säulenbasilika, die 1812 bis auf geringe Reste abgebrochen worden ist. Erkennbar sind noch die Abschlußwand des Querhauses, die Fundamente der Ostteile sowie ein bedeutendes Kapitell, bei dem ein umlaufender Palmettenfries durch ein Ringband zusammengehalten wird (Palmettenringband-Kapitell[20]; Abb. 84). Ein weiteres Kapitell befindet sich heute in Bonenburg und dient dort als Taufstein. Die Choranlage mit zwei Seitenschiffen und drei Apsiden geht sicher auf die Klosterkirche in Lippoldsberg zurück.

Die benachbarte Marienkapelle ist ein achteckiger zweigeschossiger Zentralbau über quadratischem Untergeschoß, einst die Totenkapelle des Klosters (13. Jh.) und in ihrer Bauweise an süddeutsche Karner (Beinhäuser) erinnernd. Über den westlichen Fundamenten der Klosterkirche steht ein schlichter moderner Kirchenbau, 1964 von Bernd Kösters, dessen Inneres durch die farbig verglasten Fensterbahnen an West- und Ostwand bestimmt wird.

Bemerkenswerte Nebenbauten befinden sich am Rande des Klosterbezirkes, vor allem das Gartenhaus, ein Quaderbau mit abgerundeten Ecken (um 1720) sowie das ehemalige Gästehaus (Oberförsterei) des 18. Jahrhunderts, ein zweigeschossiges Haus mit kleiner Freitreppe und vier Figurenpostamenten (hierhin gehören Putten, die die vier Jahreszeiten symbolisieren), nebenan die Ölmühle von 1798.

Die katholische *Pfarrkirche* in **Scherfede** ist ein historistischer Quaderbau, der 1857–59 in gotischen Formen nach Entwürfen der Regierung in Minden und Berlin, wohl unter Beteiligung von Oberbaurat Stüler entstand. Es handelt sich um eine dreischiffige Basilika mit Querhaus, Chor und schlankem fialenbekrönten Westturm, auf einer Terrasse beherrschend über dem Dorf gelegen.

Die romanisierende *Elisabethkirche* in **Rimbeck** macht durch eine Doppelturmfassade auf sich aufmerksam, wohl unter Einfluß der klassizistischen Kirche in Hohenwepel geplant. Die Elisabethstatue (Abb. 85) an der Portalvorhalle weist auf das Patrozinium hin: Einer im 14. Jahrhundert entstandenen Legende nach hat Elisabeth gegen den Willen ihres Gatten Almosen (Brot) gespendet. Als sie von ihm beim Gang zu Bedürftigen ertappt wurde, habe sich das Brot in Rosen verwandelt. (Tatsächlich unterstützte Elisabeths Gemahl ihre Spendentätigkeit.) Die Kirche wurde 1904/05 nach Entwürfen von F. Mündelein erbaut. Den Barockaltar schuf 1694 H. Papen (Dreifaltigkeit).

Das nahe der hessischen Grenze gelegene Städtchen **Warburg** hat den übrigen Orten des östlichen Westfalens die außergewöhnliche Geschlossenheit seines Stadtbildes voraus (Farbt. 19). Bei der Burg auf dem Warberg wird bereits 1036 eine Siedlung bezeugt, die im 12. Jahrhundert zur Stadt erhoben worden sein dürfte – die Altstadt im Diemeltal. Oberhalb entstand die 1239 erwähnte Neustadt, die ab 1436 gemeinsam mit der Altstadt verwaltet wurde. Warburg ist ein besonders gutes Beispiel für eine mittelalterliche Doppelstadt aus zwei selbständigen Gebilden; ihre Zusammenlegung symbolisiert das Rathaus über der alten

Warburg mit dem Desenberg. Lithographie nach Arnold Wolf, um 1853

Warburg

1 Neustädter Pfarrkirche
2 Haus Kalandstr. 11 (um 1520)
3 Rathaus
4 Ehem. Dominikanerkirche und -kloster
5 Torturm am Sacktor
6 Burgkapelle
7 Altstädter Pfarrkirche
8 Altstädter Rathaus
9 Haus Lange Str. 2 (1471)
10 Bernhardistraße, Arnoldihaus
11 Johannistor
12 Biermannsturm

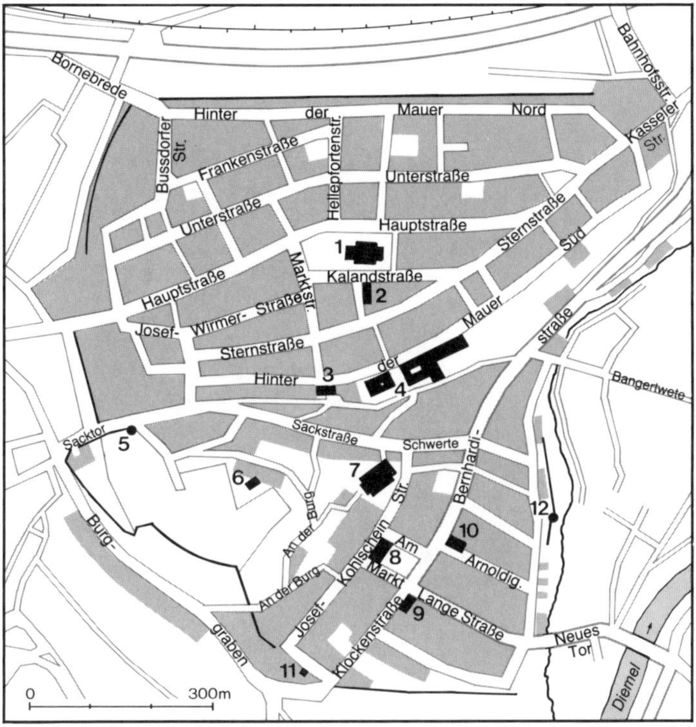

trennenden Stadtmauer. Die eindrucksvolle Ummauerung von Alt- und Neustadt ist samt mehreren Türmen und Turmstümpfen noch in größeren Partien vorhanden.

Als Zentrum Warburgs erscheint heute die *Neustädter Pfarrkirche St. Johannes Bapt.*, die die Neustadt bekrönt und Mittelpunkt eines Marktplatzes ist. Sie stammt bis auf den Chor aus der Mitte des 13. Jahrhunderts; mit dem Chorbau begann man 1366, schloß die Arbeiten jedoch erst 1430 ab. Der Turm erhielt Maßwerkgalerie und Aufsatz im Jahre 1901. Die südliche Seitenkapelle, 1450 von Arnold Pister, ist heute Taufkapelle. Das kurze zweijochige Hallenlanghaus mit anschließendem Querhaus ist in Formen des Übergangsstils erbaut. Die Pfeiler sind kreuzförmig und haben an den Hauptseiten noch romanisch wirkende Rankenkapitelle sowie in den Diagonalen bereits gotische Knospenkapitelle. Der Chor steht durch die Bauweise – ein reiner Quaderbau im Gegensatz zum Bruchstein des Langhauses – sowie vor allem durch seine Höhe, die Helligkeit und die Feingliedrigkeit der Formen im Kontrast zum Langhaus; die breiten und hohen Fenster haben z. T. bereits Fischblasenmaßwerk. Vor den Wanddiensten und zwei Blendfenstern sind überlebensgroße Steinplastiken aufgestellt, Apostel um die Madonna und Christus Salvator gruppiert. Die Figuren sind von zumeist recht guter Qualität und teils in der Mitte des 14. Jahrhunderts,

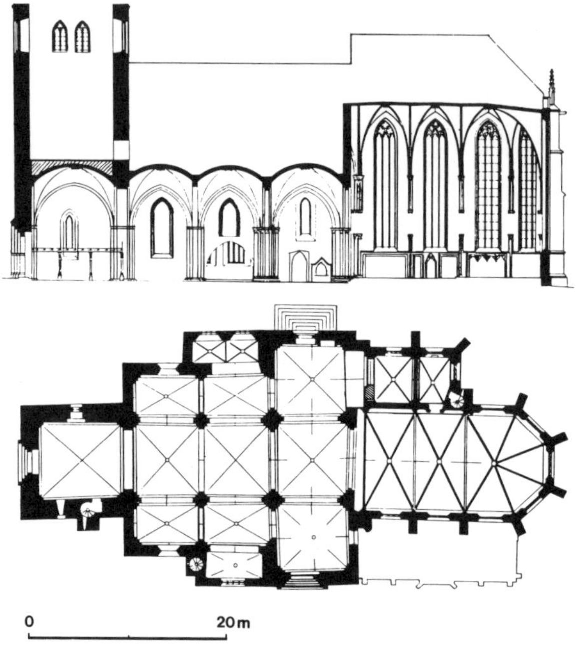

Warburg, Neustädter Kirche, Grundriß und Längsschnitt

teils auch erst zu Beginn des 15. Jahrhunderts entstanden. Ein feines Werk des frühen ›Weichen Stils‹ ist der Evangelist Johannes, eine stark überhöhte Statue mit ypsilonförmigem Faltenschwung des Gewandes (um 1370). Der Sandstein-Hochaltar mit Kreuzigungsbild wurde 1882 anstelle eines von Johann Conrad Schlaun geschaffenen Altars aufgestellt, von dem es nur noch einige Figuren gibt (im Querhaus). Die steinernen Levitensitze sind mit kleinen Konsolfigürchen und Reliefs geschmückt, u. a. erkennt man einen dudelsackblasenden Esel. Die Kanzel (1611) ist unter einer umlaufenden griechischen Inschrift (»Selig sind, die Gottes Wort hören und bewahren«, Lukas 11.28) mit den Statuen von Georgius, Johannes d. T. (Kirchenpatron), Hieronymus und Ambrosius sowie darunter den sitzenden Evangelisten versehen. Das Triumphkreuz im Chorbogen gehört dem frühen 16. Jahrhundert an. Das derbe Vesperbild (um 1370) und der spätgotische Schmerzensmann (Ende 15. Jh.) zeigen die alte Farbigkeit. Am Gewände des Taufsteins (1598) sehen wir Putten und Engelsköpfe. – Am Außenbau lohnt noch ein Blick auf das Südquerhausportal im Übergangsstil, mit eingestellten Säulchen, Knospenkapitellen und innerer Bogenlaibung in der Art eines Rollenfrieses.

Gegenüber diesem Portal steht in der Kalandstraße ein bemerkenswertes spätmittelalterliches *Fachwerkhaus* (*Nr. 11,* um 1520), in den Brüstungsgefachen ein Fries von gebogenen Fußbändern. Das Tor führt in die auch für Bürgerhäuser dieser Gegend typische große Deele. Östlich der Kirche steht ein mittelalterliches Steinwerk hinter dem Haus Kalandstraße 8, auf schmalem rechteckigen Grundriß und mit fünffachem Staffelgiebel auf beiden Seiten. Das benachbarte Fachwerkhaus der Jahre um 1560 zeigt Renaissance-Schnitzereien, u. a. Fächerrosetten. Auf der anderen Seite der Hauptstraße befindet sich eine Apotheke; dieses Haus hat eine einfache Fassade der Zeit um 1800, hinter der sich ein besonders großer spätmittelalterlicher Fachwerkbau verbirgt (Traufenseite vollständig erhalten und vom Garten aus zu sehen). Wenn wir die Kalandstraße weiter bis zur Sternstraße (in östlicher Richtung) gehen, finden wir dort ein jüngst restauriertes Fachwerkhaus von 1560, dessen Dekor an Schnitzereien in Einbeck erinnert; der Eckpfosten des Speichergeschosses läßt zwei Männer, die anschließenden Pfosten auf jeder Seite eine Frau in zeitgenössischer Tracht erkennen.

In der Sternstraße kehren wir in das Zentrum der Neustadt zurück. Diese Straße war großen Höfen vorbehalten, Stadtbesitz von Adligen und Klöstern. Nr. 19 (Romhof) ist ein Fachwerkhaus mit gotischem Steingiebel. Gegenüber steht der spätmittelalterliche Saalbau des Hauses Kalandstraße 5 (Fachwerk, Vorderhaus massiv). Gotische Giebel haben auch die Steinbauten Sternstraße 31 und 35, beide im 17. und 18. Jahrhundert umgebaut, Nr. 35 gehörte der Abtei Hardehausen.

Durch die Gasse ›Zwischen den Städten‹ gelangen wir zum *Rathaus,* das an der Grenze zwischen Alt- und Neustadt liegt und dessen Untergeschoß die Verbindungsgasse überwölbt. Es wurde 1568 erbaut und erhielt 1902 das Fachwerkgeschoß in historisierenden Formen.

Der Durchgang führt auf eine Terrasse, von der sich ein guter Überblick auf die Altstadt Warburgs und das Diemeltal ergibt. Vor sich sieht man die Altstädter Pfarrkirche, im Hintergrund zwei Stadttürme, rechts die Burgkapelle. Begrenzt wird die Terrasse durch das *ehemalige Dominikanerkloster* und die *Kirche,* jetzt evangelische Pfarrkirche (Schlüssel: Sternstr. 19 und 35). Eine im frühen 13. Jahrhundert errichtete Basilika wurde 1283 dem soeben gegründeten Dominikanerkloster überlassen und in der Folgezeit umgebaut sowie um einen höheren fünfjochigen Mönchschor erweitert. Die seitlichen Kapellen baute man in der 1. Hälfte des 16. Jahrhunderts aus, so daß nun eine vierschiffige Hallenkirche entstand, 1660 nochmals renoviert. Den Hochaltar stiftete 1665 Fürstbischof Ferdinand von Fürstenberg. Er hat den üblichen portalförmigen Aufbau, also Sockel, Altarbild zwischen Säulen und ein Giebelfeld, mit verkröpften Gesimsen und gesprengten Giebelbögen versehen. Das Altarbild zeigt die Himmelfahrt Mariens, zu seiten stehen Liborius und Meinolphus, oben Christus Salvator. Zur Ausstattung der Kirche zählt noch ein spätgotischer Apostelzyklus mit zwölf Statuen aus Lindenholz, um 1510.

Die Gasse Unterm Schützenzaun führt uns zum westlichen Ausgang der Stadt, dem *Sacktor mit hohem Torturm* (Abb. 79), von hier gelangt man zum Gelände der früheren Burg (heute Friedhof) mit der *Burgkapelle St. Erasmus.* Über einer romanischen dreischiffigen Krypta mit Apsis (Vierpaßfenster) erhebt sich ein barocker Aufbau aus Bruchstein.

Ein steiler Fußweg führt in die Neustadt hinab und mündet in der Joseph-Kohlschein-Straße, unmittelbar neben zwei großen spätmittelalterlichen Fachwerkbauten (Nr. 28 von 1538 und Nr. 22 von 1523). An ihnen ist auffällig, wie lange (noch 1538) die Zimmermannstechnik des späten Mittelalters angewendet wurde (aufgeblattete Riegel, Schwertungen, Geschoßvorkragung auf Knaggen usw.), im Gegensatz etwa zum fortschrittlichen Gefüge von Bauten der Zeit um 1480/1500 im Raum Herford/Lemgo.

Das *Rathaus* am Altstädter Markt ist ein zweigeschossiger Bruchsteinbau mit schlanken Maßwerkfenstern an der Giebelseite sowie Kreuzstockfenstern und Freitreppe an der Marktseite, 1336 erbaut. Das südwestliche Eckhaus des Marktplatzes ist das *Eckmännchenhaus* (Lange Straße 2) aus dem Jahre 1471, das älteste inschriftlich datierte Fachwerkhaus in Westfalen. Seinen Namen verdankt das ehemalige Amtshaus der Bäckergilde den geschnitzten Knaggen an der Hausecke. Zu beiden Straßen hat das Haus eine repräsentative Geschoßvorkragung auf Knaggen, mit Andreaskreuzen in den Brüstungsgefachen. Die Gestaltung weist Zusammenhänge mit Häusern in Grebenstein, Witzenhausen und Zierenberg im nördlichen Hessen auf.

Die hier beginnende Bernhardistraße birgt weitere auffällige Fachwerkhäuser. Das *Arnoldihaus* (Nr. 2) ist der repräsentativste und größte Bau dieser Art in der Stadt, 1511–13 errichtet. Über dem hohen Hallengeschoß, mit zweigeschossigen Seitenräumen und mittlerer hoher Deele, kragt auf den Straßenseiten der Speicherstock vor, an der Giebelseite durch einen Fries von Andreaskreuzen betont. Die Geschoßvorkragung auf gekehlten Knaggen und die aufgeblatteten Schwertungen an der Traufenseite sind spätmittelalterliche Bautradition, ebenso der steile (rekonstruierte) Giebel. Das Innere mit hoher Deele und seitlichen ›Luchten‹ (breite bis zur Außenwand reichende Seitennischen, durch die das Licht hereinfällt, früher zur Aufnahme des Eßplatzes u. a.) zeigt als seltenes Beispiel die erhaltene Einteilung früherer Bürgerhäuser. Dazu gehört der schmalere unterkellerte Saalbau, der rückwärtig angesetzt ist und einst der repräsentative Hauptraum des Gebäudes war. Auch *Bernhardistr. 4* (um 1520) und *12* (Eisenhoithaus, 1526) zeigen noch spätmittelalterliches Baugefüge. Das *Eckhaus zur Schwerte (Nr. 23)* enthält ein gotisches Steinwerk, durch Treppengiebel gekennzeichnet. Auch dieser Bauteil diente zur Unterbringung eines Saales. An der Ecke zur Joseph-Kohlschein-Straße ist auf das ansehnliche *Haus Nr. 1* aus dem Jahre

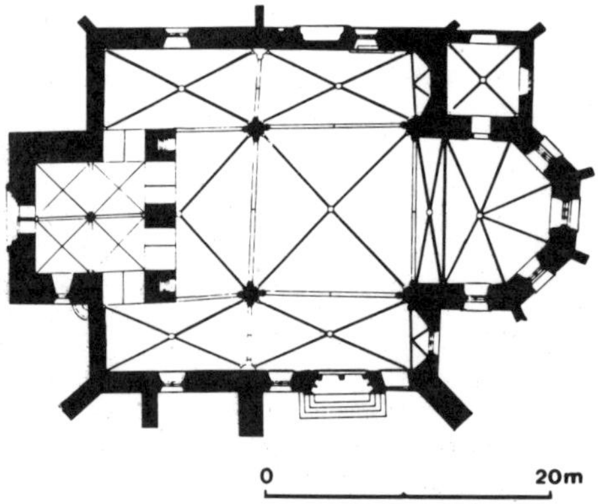

Warburg, Altstädter Kirche, Grundriß und Längsschnitt

63 PADERBORN Dom und Diözesanmuseum

65 PADERBORN Dom, Grabdenkmal Dietrichs von Fürstenberg: Vision des Ezechiel (Ausschnitt)

◁ 64 PADERBORN Dom, Langhaus

66 PADERBORN Jesuitenkirche nach Westen

67 PADERBORN Bartholomäuskapelle

68 PADERBORN Abdinghofkirche, Langhaus

69 PADERBORN Busdorfkirche und Kreuzgang

70 PADERBORN Adam-und-Eva-Haus (Hathumarstraße)

71 PADERBORN Karolingische und ottonische Pfalz

72 SCHLOSS NEUHAUS Innenhof

74 Im ALMETAL

◁ 73 NEUENHEERSE Pfarrkirche St. Saturnina, Langhaus und Chor

75 BÜREN Jesuitenkirche, Fassade

76 BAD LIPPSPRINGE Liborius-Heilquelle

77 KLEINENBERG Wallfahrtskirche Mariä Heimsuchung, Rokokogitter

78 KLEINENBERG Figur der Eva an der Westfassade

79 WARBURG Sacktor mit Torturm

80 WARBURG Bahnhof

81 WARBURG Altstädter Pfarrkirche

82 HOINKHAUSEN Kirche, Tympanon

83, 84 HARDEHAUSEN Zisterzienserkloster, Barockstatue Karls d. Gr.; Palmetten-Ringband-Kapitell

85 RIMBECK Elisabethkirche, Elisabethstatue (Rosenwunder)

86 WILLEBADESSEN Klosterkreuzgang und Skulpturenpark

87 ALTENBEKEN Eisenbahnviadukt

88 HÖXTER Alte Dechanei

89 BRAKEL Kapuzinerkirche St. Franziskus

90 BRAKEL Rathaus

1600 hinzuweisen, das geschickt restauriert wurde und hübsche Ornamentschnitzereien an Portal und Geschoßvorkragung zeigt.

Die *Altstädter Pfarrkirche,* vor der wir nun stehen, wurde 1288–97 als gedrungene Hallenkirche von nur zwei Jochen erbaut, sie erhielt einen Westturm (Obergeschoß 1900) und einen Chor mit 5/8-Schluß (Abb. 81). Am Außenbau interessiert das Südportal mit tiefen seitlichen Nischen sowie die Form der Chor-Strebepfeiler mit Blendmaßwerk-Fialen und Abschlüssen, die an Modelle von Zentralkirchen erinnern.

Das Innere ist an Formen der Marburger Elisabethkirche orientiert, so die Rundpfeiler mit vier Diensten im Langhaus. Der gedrungene Grundriß wird durch den Westturm beengt, der zur Hälfte in das westliche Joch hineingeschoben ist und über einer niedrigen Eingangshalle eine weite Empore bildet. Die Seitenschiffe enden in flachen Apsiden, die aus der Mauerstärke gewonnen sind. Sie haben heute Barockaltäre aufzunehmen, von denen der nördliche mit einer Rosenkranzdarstellung der Zeit um 1700 angehört. Der Kreuzaltar im Süden ist reicher aufgebaut (gesprengter Giebel auf gedrehten Säulen, Giebelfeld mit Relief und Figurenbekrönung). Dieses aus Marmor und Alabaster gehauene Werk wird Christophel Papen zugeschrieben (1725). Weiterhin sind der Taufstein von 1620 zu nennen, mit der Taufe Christi, den vier Evangelisten und der Himmelfahrt Mariens, schließlich mehrere Statuen und Reliefs des 15. und 16. Jahrhunderts.

Warburg liegt an der Eisenbahnstrecke Paderborn – Kassel, die 1851–53 angelegt wurde und in deren Verlauf man den noch erhaltenen Warburger *Bahnhof* errichtete (Abb. 80). Bauherr war die Gesellschaft ›Westfälische Eisenbahn‹, deren Monogramm (WE) folgerichtig den Ziegelbau von 1852 schmückt. Mit seinen rundbogigen Fenstern und Türen stellt das Bauwerk eine Verbindung von romanisierenden und klassizistischen Formen dar. Bahnhofsbauten wie dieser gehörten in vielen Städten zu den frühesten unverputzen Ziegelbauten und bewirkten die zunehmende Verbreitung dieser Bauweise.

Spitzkegelig erhebt sich der Vulkankegel mit der *Burgruine Desenberg* aus der Warburger Börde (Abb. 91). Der Bergfried der im 11. Jahrhundert gegründeten Burg gehört dem 12. Jahrhundert an, die Nebengebäude sind spätmittelalterlich. Die Gründung des Desenberges ist charakteristisch für die Phase in der Mitte des 11. Jahrhunderts, in der zahlreiche Grafen versuchten, größere Selbständigkeit vom deutschen Kaiser zu erhalten. Hier war es Graf Otto von Northeim. Heinrich IV. gelang es 1070, den Desenberg zu erobern, indem er der Burg dank Stollen die Trinkwasserzufuhr abschnitt. Später gelangte die Burg in den Besitz Heinrichs des Löwen und 1192 in den der Bischöfe von Paderborn, die diesen Stützpunkt gegen Ansprüche aus Corvey, nicht aber gegen den Erzbischof von Köln verteidigen konnten. Als zu Beginn der Neuzeit der strategische Wert einer solchen Burg stark gesunken war, verfiel sie, infolge einer Erbteilung nicht mehr bewohnt.

Vor den Toren Warburgs liegt das *frühere Zisterzienserinnenkloster* **Wormeln**, das die Grafen von Everstein 1246 stifteten. Die heutige katholische *Pfarrkirche* wurde 1315 geweiht. Sie ist ein einschiffiger rechtwinkliger Bau aus vier Jochen mit drei- und

Desenberg, hochmittelalterliche Burgruine auf spitzkegeligem markanten Berg in der Warburger Börde Radierung von R. de Hooghe, nach Johann Georg Rudolphi, um 1670

vierbahnigen Maßwerkfenstern. Das westliche Joch ist mit einer Nonnenempore über einer niedrigen von einer Mittelstütze geteilten Halle (›Krypta‹) versehen. Die nördlich anschließenden Klostergebäude wurden nach Zerstörung 1621 erst in der Mitte des 17. Jahrhunderts errichtet und ein Jahrhundert später modernisiert (Mansarddach, verzierte Dachhäuschen, Portalgiebel). Den Nordflügel brach man 1887 wegen Baufälligkeit wieder ab. In der Mitte des Gutshofes steht ein Taubenturm, dessen massives Erdgeschoß spätestens aus dem 18. Jahrhundert stammt.

Hermann von Haxthausen und Agnes Ursula von der Lippe ließen 1734–36 das *Barockschloß* in **Welda** nahe der hessischen Grenze errichten. Mit seinem eigenwilligen Grundriß, bei dem die beiden seitlichen Fensterachsen an Vorder- und Rückfront risalitartig vorgezogen sind und den Eindruck von Querflügeln ergeben, entwickelt es architektonische Motive der Schlösser Vinsebeck und Körtlinghausen weiter. Die Pläne schuf der Hildesheimer Baudirektor Justus Wehmer, der auch für die beiden anderen Schlösser die Entwürfe lieferte. In das ursprünglich verputzte zweigeschossige Gebäude führt eine doppelläufige Freitreppe. Vom Dorf wird der Schloßbezirk durch die breiten Torhäuser abgeschirmt, deren Ecken zum Tor hin abgerundet sind (Wappen von 1609). Vor den Gebäuden fließt der offene Dorfbach vorbei. Die Orangerie hinter dem Schloß ist an der Vorderfront in rundbogige Arkaden aufgelöst, die Mitte durch einen flachen Risalit mit Dreiecksgiebel betont (1733).

An der nach der Dichterin Ferdinande Freiin von Brackel benannten Straße stehen mehrere historistische Steinbauten, teils mit Deelentoren, teils nur mit doppelflügeligen Haustüren in den damals aktuellen Formen.

Die *Pfarrkirche St. Kilian* könnte dem Patrozinium nach zu urteilen eine besonders frühe Gründung sein. Tatsächlich wird das Dorf schon im 9. Jahrhundert erwähnt. Die heutige Kirche ist romanisch und wurde um 1600 in nachgotischen Formen erneuert (spitzbogige

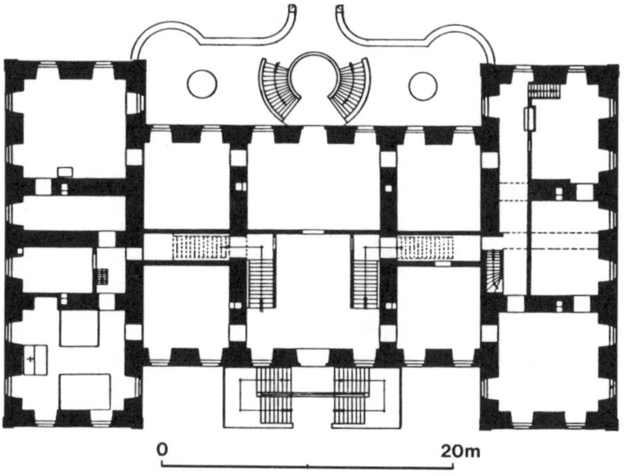

Schloß Welda, Herrenhaus, Grundriß

Fenster); den Fachwerkgiebel über dem gerade geschlossenen Chor ließ die Gemeinde 1662 aufrichten – die Erneuerung ist vermutlich durch Beschädigungen im Dreißigjährigen Krieg veranlaßt. Die Steinkanzel von 1600 und der Taufstein von 1601 wurden wahrscheinlich im Zusammenhang mit eben dieser nachgotischen Kirchenerneuerung angeschafft.

In **Hohenwepel**, im Norden nicht weit vor Warburg gelegen, fällt schon von der Umgehungsstraße her die Doppelturmfront der katholischen *Pfarrkirche St. Margaretha* auf. Der klassizistische Quaderbau von 1839–41 ist ein ausgezeichnetes Gegenbeispiel zu der gleichaltrigen neugotischen Kirche in Borgentreich. Die Pläne schuf Ferdinand Heinrich Diekmann nach damals weit verbreiteten Entwürfen Friedrich Schinkels zu einer für ganz Preußen empfohlenen ›Normalkirche‹ (um 1825), die allerdings eintürmig ist. In das Schiff

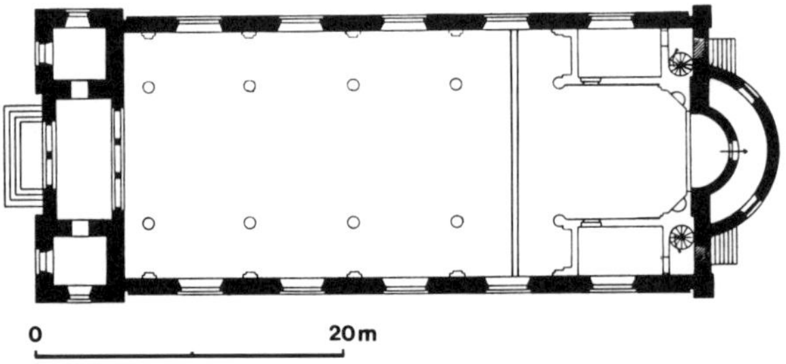

Borgentreich, Pfarrkirche, Grundriß

führt ein klassizistisches Doppelportal, bekrönt von einem Halbkreisfenster und gerahmt von den beiden viergeschossigen Türmen. Das Innere wurde 1902 nach Plänen von F. Mündelein zur dreischiffigen Halle mit Rundpfeilern umgestaltet, die Gewölbe erhielten eine zurückhaltende Bemalung mit Ornamenten des Historismus und des beginnenden Jugendstils. Farblich betont wird nur der Chor mit blauem Gewölbe und Darstellung der vier Evangelistensymbole. Die Apsis ist durch den barockisierenden Altar (1841) mit dem Bild der hl. Margaretha ausgefüllt. Die Altarfiguren schuf 1689 der Bildhauer Heinrich Papen für das Kloster Dalheim (hl. Petrus und hl. Antonius). Die Glasfenster stammen von A. Teufer, Paderborn (1914). Der Taufstein von 1841 ist eine vereinfachte Nachschöpfung des berühmten Hardehäuser Palmetten-Ringband-Kapitells aus dem 12. Jahrhundert, hier ein sehr frühes Beispiel für die Anlehnung an romanisches Formengut. – Der Wasserturm erinnert an die Warburger Stadttürme.

Die katholische *Pfarrkirche St. Johannes d. T.* in **Borgentreich** ist, wie eine Inschrift an der Westseite verrät, ein Neubau der Jahre 1833–36 nach Plänen des Bauführers Gockel (Höxter). Nur der Westturm aus dem späten 13. Jahrhundert blieb seinerzeit bestehen. St. Johannes gehört zu den frühesten neugotischen Kirchen in Westfalen – üblicherweise wendete man bis zur Mitte des Jahrhunderts noch klassizistische Formen an, wie der Vergleich mit der benachbarten Kirche in Hohenwepel zeigt. Daß man hier so außerordentlich früh wieder auf den gotischen Stil zurückgriff, liegt sicher an dem lange gehegten

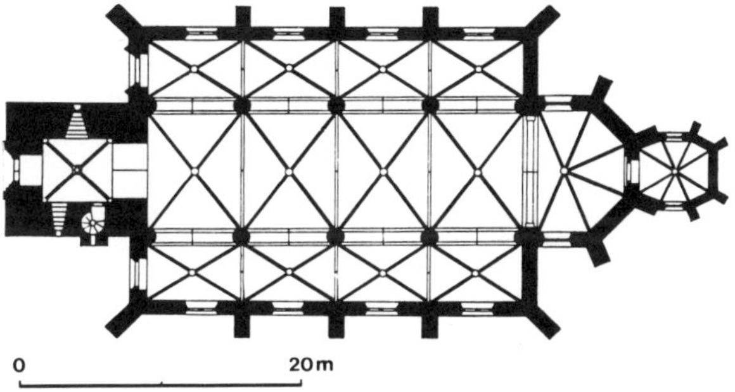

Borgentreich, Pfarrkirche, Grundriß

Wunsch der Gemeinde nach Erhaltung der alten Kirche sowie an der Wiederverwendung einzelner Bauteile wie der runden Langhauspfeiler und des Baumaterials. Dennoch kann man gut den neugotischen Teil vom altgotischen (dem Turm) unterscheiden: Das Langhaus besteht aus akkuratem Quadermauerwerk, denn fast alle alten Steine wurden neu zubehauen. Auch nimmt die Architektur Rücksicht auf die barocke Ausstattung: So gibt es einen großen Altar, der ein Ostfenster überflüssig macht (bei keiner gotischen Kirche hätte man ohne Not auf ein Ostfenster verzichtet!); auch Außengesimse und Giebelformen verraten klassizistischen Einfluß. Die Sakristei im Osten wurde 1853 hinzugefügt.

Bedeutend wie die Architektur ist auch die Ausstattung. Der Hochaltar von 1786 wurde bereits erwähnt (Taufe Christi als plastische Mittelgruppe), auch die beiden Seitenaltäre und die Kanzel gehören noch dem späten 18. Jahrhundert an, der Marienaltar (links) enthält ein Bild von Johann Georg Rudolphi (1685). Die Orgel ist eine der größten historischen Orgeln in Westfalen und die größte Springladenorgel überhaupt (üblich ist die Technik der Schleiflade). Nach der Auflösung des Klosters Dalheim 1803 konnte man sie für die hiesige Pfarrkirche erwerben. Sie war damals etwa siebzig Jahre alt und ist ein Werk des Orgelbauers Johann Patroclus Möller (vgl. Marienmünster und Büren)[21]. Seit der Restaurierung 1951/52 zeigt sie wieder die großartige zur Mitte hin gesteigerte Wirkung der barocken Gliederung aus seitlichen Pedaltürmen, gestaffeltem Hauptwerk und Rückpositiv (im Rücken des Orgelspielers, d. h. an der Emporenbrüstung). Reich und zierlich ist die Ornamentik, zarte ›Ohren‹ und geschnitzte Blattranken umspielen das Pfeifenwerk.

Die bedeutende Orgel war ein Grund dafür, in Borgentreich das *Orgelmuseum* einzurichten, erstes seiner Art in Deutschland. Es wird im ehemaligen Rathaus gegenüber der Pfarrkirche beherbergt, einem klassizistischen Gebäude von 1850 mit doppelläufiger Freitreppe. Das Bemerkenswerte an diesem einzigartigen Museum sind nicht nur die Originaldokumente und -bauteile, sondern vor allem die Funktionsmodelle, die dem Museumsbesucher das Kennenlernen der Orgel, ihrer Teile, ihres Aufbaus und ihrer Funktion wesentlich erleichtern.

Das dreiflügelige *Wasserschlößchen* zu **Schweckhausen** gehört zu den zahlreichen kleineren Anlagen dieser Art im östlichen Westfalen. Auf kleiner Insel liegt der Bruchsteinbau mit massivem Renaissancegiebeln am Saal-Vorbau und Fachwerkgiebeln, spärlich gegliedert, nur mit einem hohen Treppenturm und einem Eckturm versehen (1581). Zur Gesamtanlage zählen zwei kleine Fachwerkgebäude an der Straße nach Willegassen, mit offener Vorlaube eine alte Zufahrtsstraße zum Schloß einfassend, eine Schmiede und eine Stellmacherei mit vollständiger Einrichtung.

Auf den Anhöhen zwischen Schweckhausen und Borgentreich steht die sogenannte *Windmühle des Gutes Schönthal,* ein Wasserturm der Jahrhundertwende, dessen Pumpe durch ein Windrad angetrieben wird, seltenes Beispiel für die Nutzung der Windenergie an einer solchen Stelle.

Die *Pfarrkirche* in **Peckelsheim** ist eine dreijochige Stufenhalle, deren Ostteile 1919/20 erweitert wurden. Vielleicht noch mit älterem Mauerwerk, gehört sie doch weitgehend erst dem 14. Jahrhundert an. Gewölbe und die etwas breitere nördliche Seitenkapelle wurden im 15. Jahrhundert zugefügt. Das Langhaus hat einfache spitzbogige Arkaden aus zwei verschiedenen Bauphasen. Die Ausstattung wurde gemeinsam mit dem Chorneubau ergänzt, zu nennen sind außer dem Hochaltar und farbigen Glasfenstern noch eine historistische Elisabethstatue mit Darstellung des Rosenwunders.

Die *evangelische Kirche* ist ein bescheidenes spätklassizistisches Bauwerk, 1840/41 nach Plänen aus der Oberbaudeputation (Umkreis K. Fr. Schinkels) errichtet und 1890 durch einen romanisierenden Turm erweitert.

Um 1136 wurde das Benediktinerinnenkloster von der Iburg bei Bad Driburg nach **Gehrden** verlegt und man begann einige Jahre später mit dem Neubau der *Kirche.* Man orientierte sich eng an der Lippoldsberger Kirche desselben Ordens und schuf ein verkleinertes Abbild dieses Bauwerks. Heute besticht die einstige Klosterkirche besonders durch ihre Gesamterscheinung, bei der sich die romanische Architektur mit der barocken Ausstattung und den Glasfenstern des späten Jugendstils verbinden. Dieses aus den unterschiedlichsten Stilepochen geschaffene Gesamtkunstwerk lädt wie nur wenige zum Verweilen ein.

Die Kirche (Abb. 95) ist eine dreischiffige Basilika mit Querhaus und zwei Nebenchören, ursprünglich im Osten durch drei Apsiden geschlossen. Die Hauptapsis wurde 1667 durch

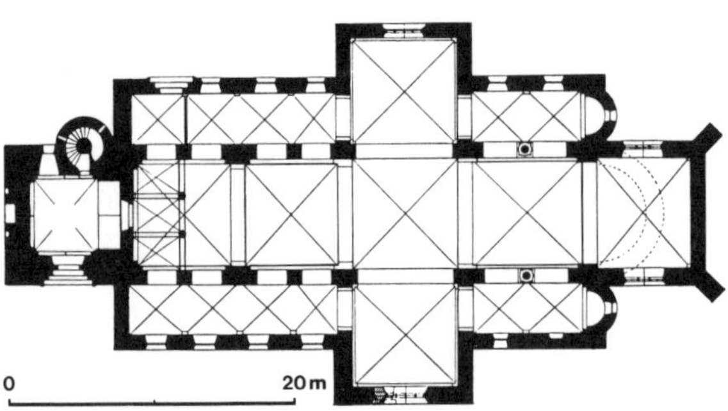

Gehrden, Pfarrkirche, Grundriß

einen Rechteckchor ersetzt. Das Langhaus zeigt das gebundene System sowie Stützenwechsel aus schweren, die Gewölbe tragenden Pfeilern und Zwischenstützen mit Kantensäulchen. Die Kirche ist vollständig gewölbt, die Gurtbögen ruhen (optisch) auf kurzen abgekragten Wandvorlagen, die statisch nur eine geringe Bedeutung haben, aber die Breite der Gewölbe verringern, ohne das Schiff zu verschmälern. Haupt- und Nebenchöre sind durch Säulenarkaden auf niedriger Brüstung getrennt, die ebenfalls an das Vorbild von Lippoldsberg erinnern, während die Säulenkapitelle auf Hardehausen zurückgehen. – Der Umbau ab 1667 bewirkte auch die Vergrößerung der Fenster sowie den Einbau einer steinernen Nonnenempore (1675, nur Westteil erhalten), sicher anstelle einer Lippoldsberg nachempfundenen Vorgängerin. Der Hochaltar besteht aus einer aufwendigen Architekturumrahmung mit gedrehten Säulen, seitlichen Muschelnischen und einem gesprengten Giebel. Die Gemälde des Malers Johann Georg Rudolphi stellen die Verkündigung der Geburt Christi und im Giebel die hl. Dreifaltigkeit dar, unter Verwendung von seit dem 16. Jahrhundert geläufigen Kontrasten der Farben Gold, Rot und Blau. Den Altar stiftete 1682 Fürstbischof Ferdinand von Fürstenberg. Die Seitenaltäre sind etwas älter und haben gleichfalls Gemälde von Rudolphi: Auf dem nördlichen (1667 konsekrierten) Seitenaltar sieht man die mystische Verlobung der hl. Katharina, das Bild wurde erst 1679 von dem bischöflichen Rat Laurentius von Dript gestiftet. Der rechte Seitenaltar, 1672, zeigt eine Anna selbdritt mit Gottvater und dem Heiligen Geist. Aus der gleichen Zeit stammt ferner die Kanzel mit vollplastischen Figuren Christi und der Evangelisten an der Brüstung. Teile eines spätgotischen Altars befinden sich im nördlichen Nebenchor, nämlich eine Pieta und zwei Relieftafeln (Sippenaltar, um 1510). Im Nordseitenschiff steht noch ein romanischer Taufstein. Die Orgel auf der Nonnenempore schuf Andreas Schneider aus Höxter 1677–79 für die Klosterkirche Marienmünster. Bei ihrer Umsetzung nach Gehrden 1737 wurde sie erweitert.

Sehr eindrucksvoll sind die farbigen Glasfenster von Franz Lauterbach (Hannover) aus den Jahren 1920–23. Das Nordquerhausfenster zeigt über vier Tugenden die klugen und törichten Jungfrauen, das Südquerhausfenster über drei Tugenden zu seiten eines kleinen Kreuzigungsbildes Fürbitte und Aufnahme in den Himmel; in den Seitenschiffen handelt es sich um Engel mit biblischen Versen. Die Fenster stehen noch unter Jugendstileinfluß, obwohl an ihnen auch die geometrische Darstellungsweise des Neubarock aus den Jahren um 1910/15 zu spüren ist. – Das nördliche Kirchenportal hat noch das alte Türblatt mit zahlreichen Eisenbeschlägen, es ist blau gestrichen.

Der Klosterbezirk wurde um 1816 unter Verwendung zweier Flügel des 17. Jahrhunderts zu einem klassizistischen *Schloß* umgebaut. Bemerkenswert sind einzelne Statuen, darunter eine Immaculata des 18. Jahrhunderts und das klassizistische Tor des Schloßhofes, mit wappenhaltenden Löwenstatuen. Die Bildtapete im Pariser Zimmer mit Ansichten der Stadt Paris wurde 1814 erstmals in der Werkstatt J. Dufor gedruckt; ein weiteres Exemplar befindet sich beispielsweise im Weilburger Schloß.

Auf den *Katharinenberg* nördlich des Ortes führt ein Kreuzweg zu einer Kriegsgedenkstätte. Qualitätvoll ist vor allem der Rokokobildstock (um 1770) mit der Darstellung des vom Blitz zerschlagenen Rades, auf dem die hl. Katharina gerädert werden sollte (da dies mißlang, brachte man sie mit dem Schwert ums Leben). Die Rückseite zeigt ein Vesperbild, also Maria, den gekreuzigten Sohn beweinend. Die bescheidene Kapelle am Ziel des Kreuzwegs stammt wohl von 1668, wurde aber stark erneuert.

Höxter

Die an dem wichtigen Weserübergang des Hellwegs gelegene Stadt Höxter ist als (Markt-) Siedlung schon im 7./8. Jahrhundert nachgewiesen, erlangte jedoch erst nach der 822 in der Nähe des Ortes erfolgten Ansiedlung des Klosters Corvey größere Bedeutung. Allerdings hatte man über Jahrhunderte den Versuchen aus Corvey zu widerstehen, dort einer eigenen

Höxter 1 Kilianskirche 2 Ehemalige Minoritenkirche 3 Rathaus 4 Dechanei 5 St. Nikolai 6 Ehemaliger Corveyscher Hof 7 Westerbachstr. 28 8 Stummrigestr. 27 9 Stadtbefestigung

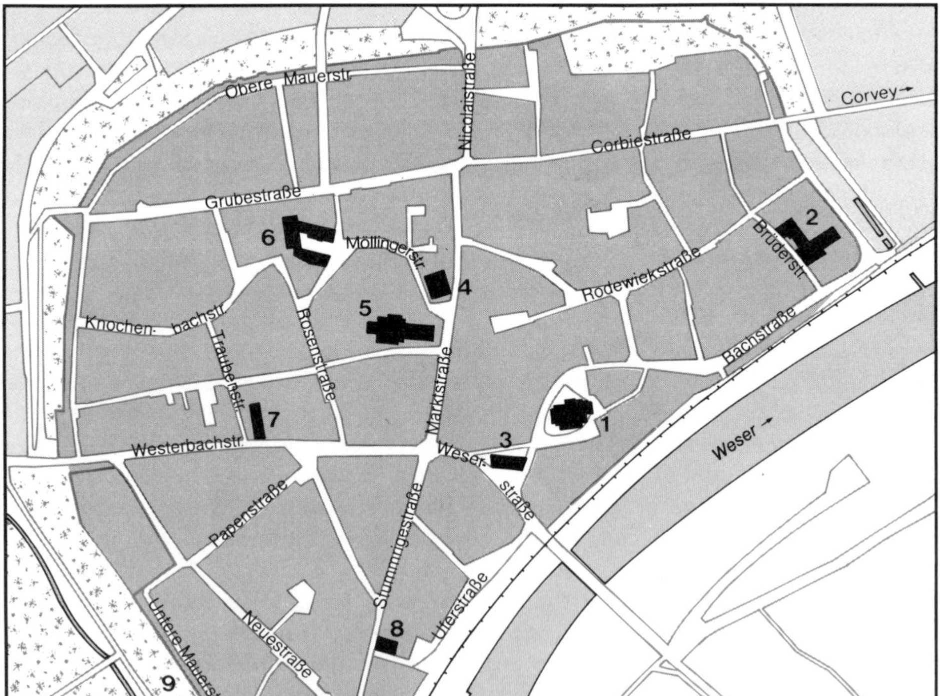

Höxter und Corvey von Südosten. Ansicht des 19. Jh.

Stadt in Abhängigkeit des Klosters zur Macht zu verhelfen, nachdem Corvey bereits rings um Höxter Siedlungen und Sitze angelegt hatte. Einer davon, die Propstei tom Roden, konnte kürzlich archäologisch untersucht werden. Zu Beginn des 13. Jahrhunderts gab sich Höxter eine städtische Verfassung, legte mit Unterstützung des Bischofs zu Paderborn die Stadt Corvey wirtschaftlich lahm und konnte sich letztlich auch gegen das mächtige Kloster durchsetzen, sogar 1533 die Reformation einführen.

Das Kilians-Patrozinium der *Pfarrkirche* zeigt die einstige Beziehung zu Würzburg, von wo aus vor der Corveyer Klostergründung die Christianisierung des Sachsenlandes betrieben wurde (der Würzburger Dom ist dem hl. Kilian geweiht, der als Missionar in merowingischer Zeit dort das Martyrium erlitt). Im 11. Jahrhundert entstand die heutige Kirche als Pfeilerbasilika mit Querhaus, rechteckigem Ost- und Westchor sowie zwei Nebenapsiden am Querhaus. Im Kern ist diese Anlage auch nach der Einwölbung des späten 12. Jahrhunderts noch zu erkennen. Damals erhielt jeder zweite Pfeiler im Mittelschiff Wandvorlagen als Stütze eines zwei Joche bildenden Kreuzgewölbes, wodurch die älteren Langhauspfeiler und die Obergadenfenster z. T. verstellt oder überschnitten wurden. Die

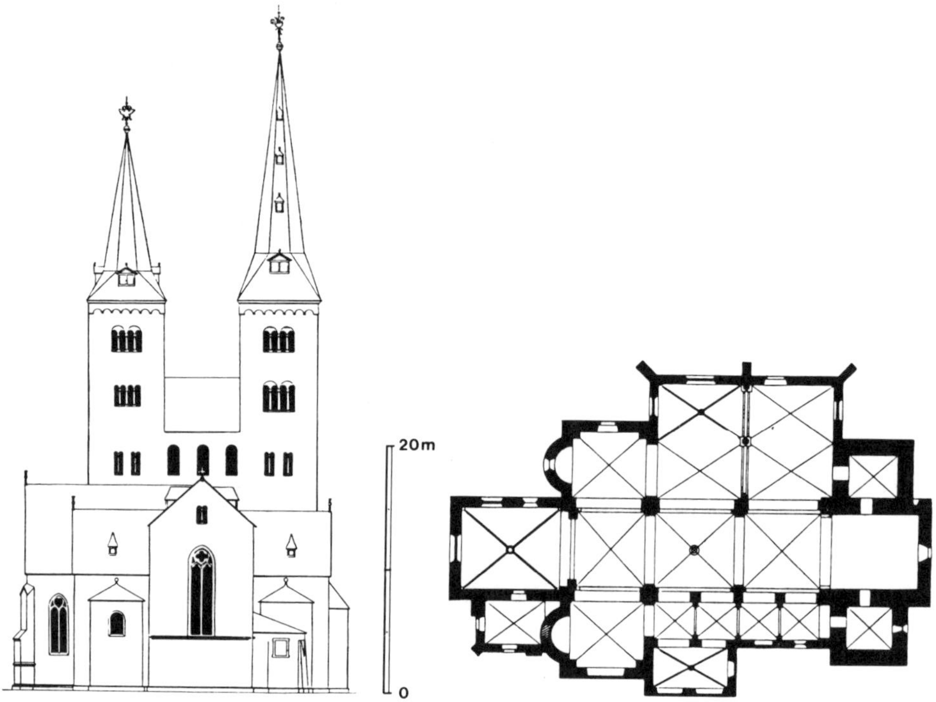

Höxter, Kilianskirche, Grundriß und Ansicht von Osten

Seitenschiffe – das nördliche besteht noch – erhielten gleichfalls Gewölbe auf Säulenvorlagen und Kapitellen, sie sind durch ihre plastische Ausschmückung bemerkenswert, darunter ein Adlerkapitell. In dieser Umbauphase wurden auch der Westchor durch eine Glockenstube überhöht und die Türme durch Geschosse mit gekuppelten Arkaden aufgestockt, wobei man sich an der zuvor umgebauten Corveyer Westfassade orientierte. – Eine Erweiterung zu Beginn des 15. Jahrhunderts führte zum Ersatz des rechten Seitenschiffs durch eine zweischiffige gotische Halle mit rechteckiger Mittelstütze, die am Gewölbeansatz ins Achteck übergeht.

Auf dem Altar steht eine spätgotische Kreuzigungsgruppe mit den Statuen des Johannes und der Maria neben dem Kreuz. Der Taufstein im Chor wurde 1631 gestiftet. Reichstes Ausstattungsstück ist die Kanzel (1597; die aufgemalte Jahreszahl 1556 ist jung), die als antikisierendes Architekturstück gebaut ist, aus einer Sockelzone mit Postamenten, darüber Säulen mit korinthischen Kapitellen und abschließendem Architrav bestehend. Die Hauptfelder haben qualitätvolle Alabasterreliefs zwischen Säulchen mit ionischen Kapitellen, Architraven und flachen Dreiecksgiebeln. Es handelt sich um die Darstellung der vier

Evangelisten (Matthäus wird von zwei Hermenpilastern gerahmt) zu seiten der Kreuzigung, darunter die allegorischen Figuren der Gerechtigkeit, Barmherzigkeit, Wahrheit und Stärke; die zarten Reliefs im Sockelbereich zeigen die Verkündigung, die Flucht nach Ägypten, die Begegnung von Maria und Elisabeth, die Geburt Christi und die Heilung eines Gelähmten, der sein Bett fortträgt. – Die Messing-Kronleuchter im Querhaus entstanden 1699. Die Orgel mit Rückpositiv auf marmorierend bemalter Balusterempore schufen 1709–11 (bzw. 1710) Johann Bernhard und Hinrich Klausing. Das Epitaph des Franß Kannen im südlichen Seitenschiff († 1593) bildet in plastischer Darstellung das Ehepaar von Kannen vor dem Kruzifix kniend ab, seitlich der rahmenden Pilaster stehen Christus Salvator und die Madonna. Auf dem rundbogig geschlossenen Gemälde erkennt man Christus mit den Jüngern von Emmaus.

Zur *ehemaligen Minoritenkirche* gelangt man durch die Bachstraße in östlicher Richtung. Geht man diesen kurzen Weg jenseits der Bahngleise unmittelbar am Weserufer, kann man in der Ferne den Bahnhof (s. S. 213) zwischen Höxter und Corvey erkennen. Die Minoritenkirche (heute evangelische *Marienkirche*) des 1248 gegründeten Franziskanerklosters wurde angeblich 1250 begonnen und 1283 geweiht, eine zweite Weihe (Chorweihe ?) ist für das Jahr 1320 überliefert. Der Bau besteht aus dem vierjochigen Hauptschiff, an das sich ein niedrigeres Seitenschiff anfügt, und aus dem dreijochigen Chor mit 5/8-Schluß. Haupt- und Nebenschiff werden durch Arkaden auf Rundpfeilern mit vier Diensten getrennt, die in der Nachfolge der Marburger Elisabethkirche stehen. Ein zweites Seitenschiff gibt es nicht, da sich im Norden einst die Klausur anschloß, von der jedoch nur noch wenig ursprüngliche Substanz übriggeblieben ist. Die Minoritenkirche ist die älteste bisher bekannte Bettelordenskirche dieser Art in Deutschland. Obwohl das südliche Seitenschiff wesentlich niedriger ist als das Hauptschiff, hat dies keine Fenster im Obergaden, man spricht daher von einer Pseudobasilika. Langhaus und Chor werden durch einen Lettner getrennt, der aus zwei seitlichen Arkadenjochen besteht und einen breiten mittleren Durchgang beläßt, der einst wahrscheinlich geschlossen war. Chorschranken dieser Art sind nur noch selten erhalten, früher gehörten sie zur notwendigen Bauausstattung jeder Kloster- und Stiftskirche. Die Nischen hinter dem Lettner hatten ursprünglich das Chorgestühl der Minderbrüder aufzunehmen. Der gesamte Chor ist in grauer Farbe in Quadertechnik

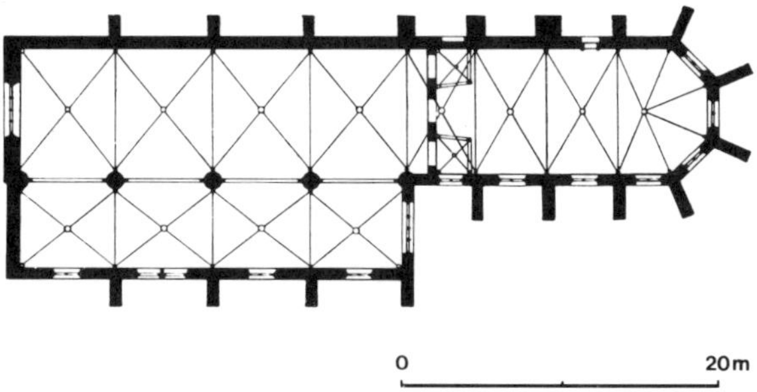

Höxter, Marienkirche (ehemalige Minoritenkirche), Grundriß

ausgemalt und damit gegenüber dem Langhaus als der wichtigere Raumteil der Kirche gekennzeichnet. Die Kreuzblume, die heute eine Aufstellung in der Kirche gefunden hat, stammt vom Westgiebel (dort Kopie). – An der Stelle der Klausur steht ein eindrucksvoller Fachwerkbau des beginnenden 17. Jahrhunderts mit hofseitigem Treppenturm von 1770.

Beginnen wir gegenüber der doppeltürmigen Kilianskirche einen kleinen Stadtrundgang. Allerdings gewinnt man gerade hier, im Herzen der Stadt, keinen besonders günstigen Gesamteindruck: Große Teile der einst für ihre Geschlossenheit berühmten Altstadt sind durch übergroße Betonbauten und modernistische Terrassenanlagen nach dem Vorbild häßlicher Trabantenstädte ersetzt. Unterstrichen wird dieser bedauerliche Eindruck durch die beängstigende Verkehrssituation: Nach wie vor fließt der Fernverkehr durch die Altstadt. Gleichwohl verfügt Höxter noch immer über eine große Zahl bedeutender und sehr früher Wohnbauten aus Fachwerk und Stein. – Gehen wir am Küsterhaus (Fachwerk von 1565) gegenüber der Kilianskirche vorbei, so gelangen wir links zum *Rathaus* (Farbt. 18), das über älteren Teilen 1614 vollendet wurde (Treppenturm 1613, 1899–1906 im Rahmen der Renovierung neu aufgeführt). Über einem hohen massiven Hallengeschoß hat es einen Fachwerkaufbau mit vierfach vorkragenden Giebeln, eine malerische Verbindung aus Renaissance-Architektur in Stein und Fachwerk. Der Erker vor dem westlichen Giebel ist mit seinen kannelierten Säulchen eine gelungene Nachbildung von Steinarchitektur.

Durch die Marktstraße mit einigen ansehnlichen Fachwerkhäusern des 16. Jahrhunderts kommen wir zur *alten Dechanei.* Es handelt sich um zwei nebeneinanderstehende Häuser, die wohl über älteren Teilen 1561 als Adelshof der Familie von Amelunxen errichtet wurden. Die berühmte Schaufront zum Markt hin wird durch einen polygonalen Fachwerkturm und eine kleine Utlucht bereichert (Abb. 88).

Nebenan steht die *Nikolaikirche,* als bescheidener Barockbau 1766–71 errichtet. Die der Straße zugewandte Ostfassade wird durch einen Turm überhöht. Hinter der Fassade verbirgt sich eine weitgehend 1895/96 neu erbaute Kirche in rheinisch-romanischen Formen (Entwurf: Lambert von Fiesenne). Die elegante Säulenbasilika von weiträumigen Dimensionen hat ein durch Säulen abgeteiltes Querhaus. An Ausstattung birgt sie neben einer modernen Strahlenkranzmadonna (1967 von Paul Grimm aus Limburg) und dem Gemälde der Madonna mit den Heiligen Meinolphus und Liborius von Johann Georg Rudolphi (um 1670) den Orgelprospekt, 1711 von Hinrich Klausing geschaffen. Rückpositiv und Pedaltürme wurden beim Neubau des Orgelwerks 1972 dem alten Prospekt angepaßt. Den Kreuzweg malte 1911 H. Repke aus Wiedenbrück, der über eine größere Malerwerkstatt verfügte, das Altarkreuz schuf 1971 der Düsseldorfer Bildhauer Wilhelm Hanebal.

Auch im folgenden Teil der Marktstraße stehen noch mehrere Fachwerkhäuser mit Dekor der Spätgotik und Renaissance, gut erhalten das Haus Nr. 18 mit Fächerrosetten und Backsteinausmauerung, die seitlichen Massivwände sogar noch spätmittelalterlich; ebenso in der anschließenden Nicolaistraße (Nr. 10 von 1565; Nr. 11 von etwa 1530, mit stark gekehlten Knaggen, neben dem klassizistischen Stadttor). Die Corbiestraße, einst von einem offenen Bachlauf durchflossen, endet bei einer klassizistischen Mühle. Den Verlauf der Stadtmauer zeigen auch hier zwei klassizistische Torpfeiler an. Durch die Möllingerstraße gehen wir an der Dechanei vorbei zum *ehemaligen Corveyschen Lehnshof* (Amtsgericht), einer aus der Renaissance stammenden Baugruppe. Das bis 1610 erneuerte Hauptgebäude hat einen Treppenturm und drei Utluchten, eine weitere Utlucht bereichert das Nebengebäude. Die Fachwerkgeschosse gehören erst dem späten 18. Jahrhundert an. Durch die Rosenstraße gelangt man, vorbei am spätmittelalterlichen Haus Nr. 8 (im Speichergeschoß Fußbänder mit gotischen ›Nasen‹, um 1530), zur *Westerbachstraße.* Sie ist eine der Hauptstraßen Höxters und reicht vom Zentrum in das bergige Hinterland. Mehrere Häuser stehen hier nicht mit dem Giebel, sondern mit der Breitseite, der Traufe, zur Straße. Nr. 27 ist das älteste fest datierte Fachwerkhaus, das derzeit in Höxter bekannt ist (1500). *Nr. 28* gegenüber gehört sogar zu den ältesten erhaltenen Bürgerhäusern ganz Westfalens. Seine Massivwände entstanden wohl 1347, der Fachwerkgiebel 1576 (nicht 1531). Im Haus Nr. 33 (1578) soll 1631 der kaiserliche Feldherr J. T. Tilly übernachtet haben. Der geschnitzte Erker ähnelt dem des Rathauses; er ist mit den Musen Erato und Thalia sowie mit Engelsköpfen beschnitzt. Das zurückliegende Nachbarhaus mit Fachwerk des frühen 17. Jahrhunderts umfaßt ein Steinwerk aus der Mitte des 15. Jahrhunderts. Nr. 34 ist ein Fachwerkbau in spätmittelalterlichem Gefüge (1537) mit rückwärtigem Steinwerk – ein Gegenstück rein aus Fachwerk ist Nr. 43 (1541, Giebel gegen 1600, rückwärtiger Saalbau älter).

Einen geschlossenen Eindruck des Stadtbildes vermittelt noch die *Stummrigestraße* mit mehreren prächtigen Giebelbauten. Die ältesten Häuser allerdings sind von außen auf den ersten Blick kaum mehr als solche zu erkennen, wie Nr. 18 (1506) und Nr. 21 (1528) in gutem Erhaltungszustand. Das gegenüber dem expressionistischen Centraltheater (Kino) stehende Haus Nr. 19 weist figürliche Schnitzereien auf, vor allem Landsknechte (1554). *Nr. 27* ist ein zweischiffiges Hallenhaus (1571) mit geschnitzten Portalen außen und auf der Deele sowie Fächerrosetten in Speicherstock und Giebel, über dem Portal eine Kreuzigungsdarstellung. Zur Maria Magdalena neben dem Kreuz gehört das Bild des Christus als Gärtner (li.), zur Gottesmutter Maria der Verkündigungsengel (re.). Ferner sehen wir einen Evangelisten sowie Adam und Eva. Den hinteren Teil dieses Hauses nimmt der unterkellerte Saal ein, typisch für viele größere Bauten dieser Gegend. In Nr. 37 haben wir einen mittelalterlichen Steinbau mit schmalerem hinterem Saalbau (Steinwerk) vor uns. Stummrigestraße 31 (1560) ist ein Haus ohne großes Deelentor, nur mit leicht spitzbogigem Portal. Für die Bauzeit sind die großen Majuskelbuchstaben der Inschriften charakteristisch.

Corvey

Eine zwei Kilometer lange Allee, unter Abt Maximilian von Horrich (1714–21) angelegt, verbindet Höxter mit dem **Kloster Corvey**, dieser bedeutendsten aller westfälischen Kunststätten. Parallel verläuft seit 1865 die Eisenbahnlinie Altenbeken – Höxter – Holzminden – Braunschweig, die beim Kloster mit einer Brücke über die Weser führt. Der bemerkenswerte großzügige *Bahnhof* zwischen Höxter und Corvey ist ein spätklassizistischer Quaderbau (1865) mit seitlichen Türmchen und rundbogigen Fenstern. Er hat noch mehrere Nebenbauten im gleichen Stil. – Besucher, die sich nicht vor den Toren des ehemaligen Klosters abschrecken lassen (gebührenpflichtiger Parkplatz, Eintritt in Schloß und Kirche, Hundeverbot im Park), erwartet ein einmaliges architektonisches Ensemble mit dem besonderen Höhepunkt der Klosterkirche.

Die ehemalige Benediktinerabtei ›nova corbeia‹, Corvey an der Weser, ist nach dem französischen Mutterkloster Corbie benannt. Acht Jahre nach der Gründung wurde das Kloster 823 aus dem nahen Solling an die jetzige Stelle verlegt. Der Bau von Kloster und Kirche verkörperte in außergewöhnlicher Weise die Baugedanken der ›karolingischen Renovatio‹, des Wiederaufgreifens antiker Kunstformen in der Zeit Karls des Großen und seiner Nachfolger. Eine neuerliche Blüte erlebte das Kloster unter Abt Wibald von Stablo in der Mitte des 12. Jahrhunderts; seinerzeit hatte sich das Kloster der kaiserfreundlichen Gorzer Reform angeschlossen.

Die heutigen *Abteigebäude (Schloß)* wurden ab 1699 errichtet und erst im frühen 18. Jahrhundert vollendet. Entwurf und Bauleitung werden Ambrosius von Oelde[22] (bis 1705) und Josef Falk zugeschrieben. Nach der Säkularisation des Klosters 1803 gelangten die Bauten 1820 in den Besitz der Landgrafen von Hessen-Rotenburg (Umgestaltung zum

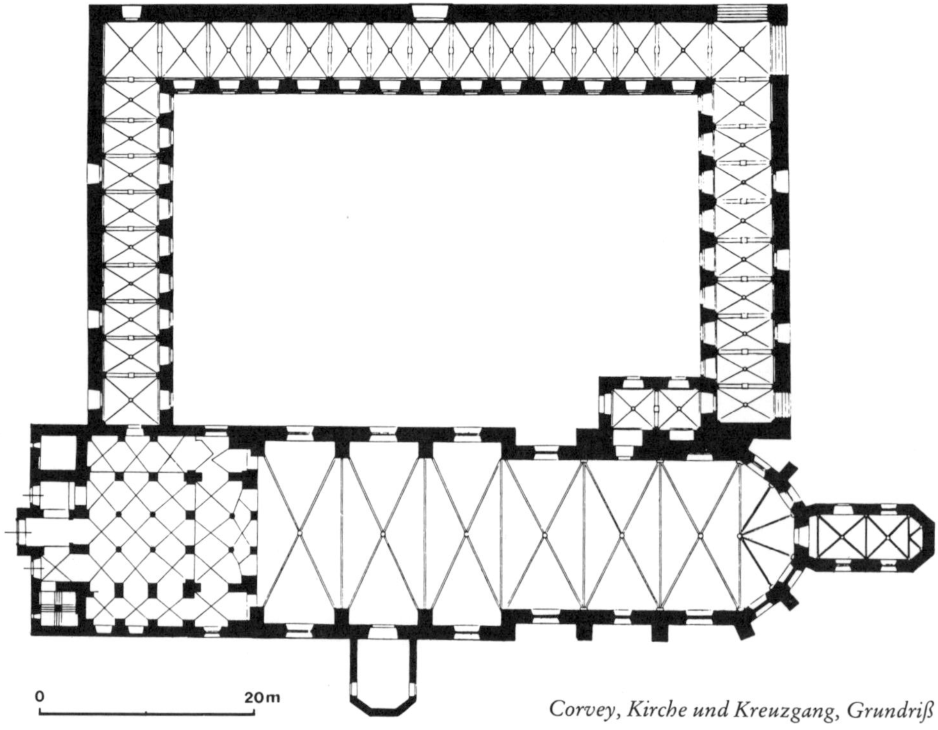

Corvey, Kirche und Kreuzgang, Grundriß

Schloß) und 1834 an die Herzöge von Ratibor, die als Fürsten von Corvey noch immer Besitzer der Anlage sind und hier durch bedeutende Ausstellungen einen wichtigen kulturellen Treffpunkt geschaffen haben. Das Tor mit Brücke, Torpfeilern und Torhäuschen von etwa 1720 wurde in der Mitte des 18. Jahrhunderts durch zwei kleine Schilderhäuschen ergänzt. In den Nischen der Torpfeiler stehen Statuen bewaffneter Krieger. Den Wirtschaftsflügel hinter dem Tor (links) errichtete Baudirektor Justus Wehmer aus Hildesheim. Die langen dreigeschossigen Flügelbauten der Abtei werden von viergeschossigen Ecktürmen gerahmt, die auch die Ummauerung des Vorhofes einfassen. Die Abtei war von Wassergräben umgeben und bewirkt durch die Türme einen kastellartigen Gesamteindruck. Die Konventsbauten bilden zwei Innenhöfe; durch den nördlichen führt eine Längsdurchfahrt, den südlichen umgibt der Kreuzgang. Nur die Durchfahrtstore und Portale sind architektonisch hervorgehoben, das vordere am Westflügel ist mit einer Madonnenstatue und den Standbildern Karls des Großen und Ludwigs des Frommen versehen. Die westlichen Teile ließ Abt Florenz von Velde (1696–1714) errichten, Zwischentrakte und Ostflügel fanden unter Abt Maximilian von Horrich ihren Abschluß. Die Nordfassade hat über dem Portal noch einen Balkon auf Löwenkonsolen. Etwas aufwendiger ist das Gartenportal des Ostflügels mit gesprengtem Giebel und Figurennischen.

Man betritt das Schloß durch die Küche, in der sich ein breiter Kamin auf toskanischen Säulen und ein neun Meter tiefer Brunnen befinden. Dem Rundgang folgend, gelangen wir anschließend in den Kreuzgang, in dem ein spätromanisches Kruzifix aus Eichenholz (um 1220) aufbewahrt wird, das von den vier Evangelistensymbolen umgeben ist. Der Kreuzgang selbst ist gotisierend gewölbt, die Rippen sind abwechselnd blau und rot gefaßt. Im Obergeschoß folgen auf den Geweihgang mit marmorierender Farbfassung mehrere Wohnräume mit Mobiliar der Herzöge von Ratibor. Besonders eigenwillig ist das Arbeitszimmer mit Möbeln, die scheinbar unter dem Einfluß des Jugendstils stehen, tatsächlich aber schon 1860 entstanden sind. Die folgenden Räume, teilweise mit barocken Stuckdecken, sind mit Möbeln der Zeit um 1820 eingerichtet (Wohnzimmer, Schlafzimmer, Billardzimmer, hier noch ein Schrank mit Einlegearbeiten von 1680). Der Kaisersaal (1704 vollendet) nimmt die gesamte Flügelbreite sowie die Höhe zweier Geschosse ein, im oberen Teil durch eine Reihe von Ovalfenstern zusätzlich beleuchtet. In den Wandmedaillons finden sich die gemalten Büsten deutscher Kaiser; Karl der Große und Ludwig der Fromme erscheinen über den Kaminen als Ganzfiguren. Das Hauptbild an der Decke stellt die Hochzeit zu Kana dar. Drei Räume an der Nordwestecke bilden die Bibliothek des Schlosses, 1860–74 von August Heinrich Hoffmann von Fallersleben betreut. Sie ist in Bibliotheksschränken untergebracht, die 1825–29 nach Entwurf Gethmanns in Bruchhausen und Höxter angefertigt wurden. Aus dieser Zeit stammen auch die Tapeten (wohl von C. Arnold, Manufaktur in Kassel) und eine Öl-Deckenlampe im letzten der Räume. – Das 2. Obergeschoß enthält eine volks- und heimatkundliche Sammlung mit Teilen und Modellen von Fachwerkhäusern, Handwerksgerät usw. – Das abseits liegende Teehaus errichtete 1741 Franz Christoph Nagel. Der um 1730 neu aufgebaute Wirtschaftshof enthält noch ältere Bausubstanz und umfaßt etwa die Hälfte des geräumigen Vorhofs.

Die *ehemalige Abteikirche St. Stephanus und Vitus* stand einst im Zentrum des gesamten Klosterkomplexes. Sie besteht aus dem karolingischen, im 12. Jahrhundert veränderten Westwerk (Umschlagrückseite) und dem barocken Kirchenschiff, das ab 1667 an die Stelle der 844 geweihten karolingischen Kirche trat. Der Blick auf die Westfassade läßt die unterschiedlichen mittelalterlichen Bauphasen deutlich erkennen. Karolingisch sind die unteren spärlich durchfensterten Geschosse des Westbaues aus flach geschichteten Steinen. Die Türme – ihr karolingischer Teil ist noch um ein Geschoß höher als der Mittelteil – haben schmale Fensterschlitze. In der Mitte gibt es eine Dreibogenstellung im Erdgeschoß, hier war einst ein Atrium vorgelagert. Die mittlere von drei Achsen ist risalitartig vorgezogen, dort ist eine lateinische Inschrifttafel aus der Bauzeit des Westwerks (873–885 nach urkundlicher Aussage) angebracht. Über dem mittleren Fassadenteil gab es ursprünglich einen etwas zurückliegenden breiten Turm, der mit den Anbauten und den Flankentürmen zusammen das ›Westwerk‹ bildete. Unter einem Westwerk verstehen wir den westlichen Bauteil einer Kirche, der mindestens dreigeschossig ist und auf drei (vier) Seiten von mindestens zweigeschossigen Anräumen begleitet wird (also mit Empore) sowie in der Regel an der Westfront seitliche Treppentürme hat. – Zwischen 1146 und 1159 ließ Abt Wibald von Stablo den karolingischen Mittelturm abbrechen und die Fassade aufstocken. Diese Bauphase ist durch die reiche Durchfensterung mit gekuppelten Arkaden gekennzeichnet.

Das Erdgeschoß öffnet sich zu einer kryptenartigen Halle von vier mittleren Säulen, von einem Pfeilerring umgeben und insgesamt fünf Schiffe mit je drei Jochen bildend, zum Kirchenschiff hin durch barocke Stützen verlängert. Die Säulen sind mit antikisierenden korinthischen Kapitellen versehen, die das Wiederaufgreifen antiker Formen in der ›karolingischen Renovatio‹ verdeutlichen. Durch eine seitliche Mauertreppe ist das Obergeschoß zugänglich, der in zwei Etagen unterteilte Johannischor (Abb. 93). Von einem mittleren Quadrum werden in beiden Geschossen Seitenschiffe durch Arkaden abgeteilt. An der östlichen Arkadenwand steht der Johannisaltar. An den übrigen drei Seiten ist das obere Kapellengeschoß durch einen Fußboden abgeteilt, seitlich über einer Balkendecke und im Westen über drei Gewölbejochen. Die Kapitelle im oberen Geschoß sind modern (Bildhauer Karl Ehlers, 1953/57) und dienen der Wiedergewinnung des ursprünglichen Raumeindrucks. Die westliche Mittelarkade ist im Obergeschoß tiefer hinabgezogen; hier handelt es sich um den Raumteil, der von vielen Forschern als kaiserlicher Thronerker angesehen wird, nach dem Befund auf die Wand gemalter Noten aber auch als Sängerempore gedient haben dürfte. Die Malereireste im Untergeschoß der Kapelle sind für die karolingische Zeit recht umfangreich: Außer ornamentalen Bemalungen fanden sich dort auch figürliche Darstellungen, u. a. ein Delphin, auf dem ein Putto reitet, ein weiterer Delphin sowie das Bild des Kampfes von Odysseus mit dem Meerungeheuer Skylla, die einen Gefährten des Odysseus verschlingt: die einzige bekannte mittelalterliche Darstellung dieses Homer-Themas.

Der karolingische Kirchenbau dürfte bereits 822 begonnen worden sein und wurde 844 geweiht. Über seine Gestalt sind wir durch eine Zeichnung, die vor dem Abbruch 1665 entstand, sowie durch umfangreiche Grabungen informiert. Das Langhaus war dreischiffig, besaß jedoch nur sehr schmale Seitenschiffe. An den Chor schloß sich eine nur wenig vertiefte Außenkrypta an, die aus zwei seitlichen geraden Armen und einem mittleren, der kreuzförmig endete, bestand. Grund für den Abbruch 1665 waren die schweren Beschädigungen, die die Kirche im Dreißigjährigen Krieg erlitten hatte.

Das barocke Langhaus wirkt gegenüber dem Westwerk weit und licht, da es nur einschiffig ist. Die Architektur erreicht aber nicht die Qualität, die man bei einem so bedeutenden Kloster erwarten würde, doch darf man sicher auch nicht den barocken Kirchenbau am karolingischen Westwerk messen, war doch der Rang des Klosters in diesen 850 Jahren seiner Geschichte schon wesentlich gesunken. Die Gesamtwirkung von Kirche und Ausstattung ist durchaus sehr bemerkenswert. Das Langhaus mit nach innen gezogenen Wandpfeilern entstand 1667–71 (Abb. 92). Als Maurermeister wird Niklas Dentell genannt, die Pläne gehen auf den Kapuzinerbruder Polykarp zurück (1664/67). In der Architektur herrschen gotische Formen vor. Der Innenraum wird von Kreuzrippengewölben überdeckt und durch Maßwerkfenster erhellt. Wir haben hier ein bemerkenswertes Beispiel von ›Barockgotik‹ vor uns, worin die Anknüpfung an die ›gute alte Zeit‹, in diesem Fall an das vorreformatorische Spätmittelalter und die Phase vor der Zerstörung des Klosters gemeint sein dürfte. Die Ausstattung zeigt reiche Barockformen. An der Chorschranke, die die drei Langhausjoche vom Mönchschor abtrennt, stehen die beiden Nebenaltäre mit den Bildern der Verkündigung (links) und der Kreuzigung. Der Hauptaltar mit reichem Aufbau, gedrehten Säulen, plastischen Statuen, hat fünf auswechselbare Bilder. Vier stammen von Matthias Querfurth, das fünfte von Hieronymus Sys, es handelt sich um die Darstellungen der Geburt Christi, Kreuzigung, Ausgießung des Heiligen Geistes, ferner die der Auferstehung Christi und der Aufnahme Mariens in den Himmel. Gebaut wurden die Altäre von dem Bildschnitzer Johann Sasse aus Attendorn, und zwar nach einem Entwurf von Johann Georg Rudolphi, der auch die Gemälde der Seitenaltäre schuf und für die Planung der weiteren Ausstattung verantwortlich gewesen sein dürfte. Die übrige geschnitzte Ausstattung gilt als Werk Sasses, namentlich das Schmuckwerk am Orgelprospekt von 1681 (Orgelbauer Andreas Schneider), der auf einer von vier überlebensgroßen Engeln gestützten Empore in den Kirchenraum hineinragt. Zu nennen sind schließlich noch die Kanzel, die Vitusstatue am Pfeiler gegenüber, die Beichtstühle, das Gestühl im Kirchensaal und dasjenige im Chor, an dessen Rückwand Ordensheilige auftreten.

Das **Zisterzienserinnenkloster Brenkhausen** nördlich von Höxter wurde angeblich 1246 unter dem Namen Gottesthal gegründet. Die Gebäude entstanden in der 2. Hälfte des 13. Jahrhunderts. Die *Klosterkirche*, heute katholische *Pfarrkirche*, ist dreijochig und weist das gebundene System auf (das nördliche Seitenschiff wurde nach Abbruch im 19. Jh. erst 1924 wiederaufgebaut). Der einfache Raum wird durch die barocke Ausstattung aufgewertet, unter der die Orgel auf einer marmorierend bemalten Empore hervorgehoben werden kann. Ihren Prospekt schuf 1707 Johann Jakob John. Auch der Beichtstuhl und die neuerdings zur Bütt verstümmelte Kanzel sind barock. Der Hochaltar ist ein prächtiges Werk mit gedrehten Säulen und Weinlaub-Schnitzereien (1690). Das figurenreiche und farbenfrohe Altargemälde zeigt die Himmelfahrt Mariens.

Die Klausur besteht aus dem mittelalterlichen Ostflügel, der an der Hofseite noch die spitzbogigen Kreuzgang-Arkaden bewahrt hat und außen durch den Treppengiebel und frühgotische spitzbogige Fenster gekennzeichnet ist. Die anderen Flügel erfuhren ab 1710 eine Neugestaltung, vielleicht nach Entwurf von J. Falk. Die beiden westlichen Portale tragen die Daten 2. 9. 1712 (links, mit den Statuen St. Benedikt und St. Scholastika) bzw. 9. 9. 1710 (rechts, mit den Statuen St. Johannes d. T. und St. Vitus). Nach der Profanierung – 1803 wurde das Kloster aufgelöst, 1818 der Besitz mit dem Mediatfürstentum Corvey vereinigt – brach man 1822 die Tordurchfahrt für den Wirtschaftsbetrieb ein, die den Wandel von der schloßähnlichen Klosteranlage zum großbäuerlichen Wirtschaftshof charakterisiert.

Zwischen Höxter und Brenkhausen steht einer der heute seltenen *Warttürme*, der einst die Stadt Höxter zu sichern hatte. Die Stelle eines weiteren Wartturmes in diesem System nimmt der *Bismarckturm* zwischen Höxter und Bosseborn ein, dort sehen wir auch noch den zugehörigen Landwehr-Graben.

Südlich von Höxter liegt **Godelheim** (Farbt. 22) auf einem Plateau oberhalb der Weser. Während die romanische *Kirche,* 1698 erweitert, leider durch einen Neubau (1962) optisch verstümmelt wurde, ist die Anlageform des Dorfes noch klar zu erkennen. Der Kirchring wird von giebelständigen Fachwerkhäusern eingefaßt, die an der Seite zur Weser direkt nebeneinanderstehen, während an der Südseite große Höfe gestaffelt liegen. Dieser Teil des Dorfes ist eine Grundlage für den Aufbau des Paderborner Dorfes (Weserdorf) im Westfälischen Freilichtmuseum Detmold. Unterhalb des Dorfes steht ein barockes *Herrenhaus* (Haus Brunnen), ein Bruchsteinbau mit dreiachsigem Risalit, 1751 wohl von F. Christoph Nagel für den Corveyer Abt Caspar II. von Böselager errichtet.

Die katholische *Kirche zur Heiligen Familie* in **Wehrden** an der Weser ist ein schlichter Saalbau von 1698. Der Entwurf stammt aus der Feder des Kapuzinerbruders und Barockbaumeisters Ambrosius von Oelde. Zur einfachen Ausstattung gehören neben Altar und Kanzel vier Wappen-Glasfenster von 1699. Das hinter der Kirche gelegene *Herrenhaus des Wolff-Metternichschen Gutshofes* wurde ab 1696 gleichfalls von Ambrosius von Oelde umgestaltet. Von einem älteren Bau hat es noch gekuppelte Vorhangbogenfenster im Giebel, wohl von dem gleichen Gebäude stammt auch der als Fragment erhaltene Turm abseits des Schlosses. Die um 1700 erneuerten Wirtschaftsgebäude gehen ebenfalls noch auf die Mitte des 16. Jahrhunderts zurück.

Beverungen ist schon im 9. Jahrhundert als Besitz der Bischöfe von Paderborn nachgewiesen, die hier um 1330 eine *Burg* zur Sicherung ihrer Interessen an der Weserschifffahrt errichten ließen. Der fünfgeschossige, z. T. unterkellerte Wohnturm aus dem 14. Jahrhundert ist inzwischen das einzige bedeutende Bauwerk des Ortes, sieht man von der 1682–98 errichteten Pfarrkirche ab.

Der Grundplan des Anfang des 13. Jahrhunderts zur Stadt erhobenen Ortes **Brakel** wirkt unsystematisch, ›gewachsen‹. Es ist offensichtlich, daß es sich nicht um eine ›Gründungsstadt‹ handelt, wie Lippstadt oder Lemgo es sind; der Stadtgrundriß ist also nicht ›auf der grünen Wiese‹ festgelegt worden. Vielmehr dürfte sich die Stadt um 1220 aus einer kleinen (dörflichen) Keimzelle im Bereich um Pfarrkirche und Rathaus mit der Hauptstraße Am Thy und Königstraße entwickelt haben und vor 1300 bis zum späteren Kapuzinerkloster im Süden sowie vor 1340 durch Anlage der Neustadt nach Osten ausgedehnt worden sein.

Die *Pfarrkirche St. Michael und St. Johannes* enthält noch wesentliche Teile der romanischen Basilika aus der 2. Hälfte des 12. Jahrhunderts, nämlich Mittelschiff, Nordseitenschiff, Querhaus und Vorchorjoch. Der gotische Chor entstand um 1340 als Quaderbau von guter Qualität, der Umbau des südlichen Seitenschiffs fand in der 1. Hälfte des 16. Jahrhunderts statt. Der heutige Westturm ist 1846–49 anstelle des romanischen Vorgängers neu aufgeführt worden. Die romanischen Arkadenpfeiler mit schlanken Kantensäulchen weisen auf die Baukunst des Oberweserraumes (Lippoldsberg). – Zur Barockausstattung gehören Kanzel und Taufbecken des 17. Jahrhunderts sowie der Hauptaltar von 1745, der nördliche Seitenaltar mit den vierzehn Nothelfern von 1742 und zwei Nebenaltäre des Rokoko, 1769. Die Renaissanceorgel wurde 1880 zerstört, ihre Flügel – die einzigen noch erhaltenen bemalten Orgelflügel in Westfalen – damals verstümmelt. 1976 führte man die Restaurierung der Flügel durch und paßte ihnen ein neues Gehäuse geschickt an. Die Bemalung war 1683 durch Johann Georg Rudolphi grundlegend erneuert worden, in der Anlage stammt sie von dem Maler Gerhard Strahtmann, 1586. Die geöffneten Flügel zeigen die Verkündigung an Maria sowie die Geburt Christi, in prächtigen goldenen und roten Farben, während die Außenseite mit den vier Evangelisten in Grisaille gehalten ist. Unter den Epitaphien sei auf das des 1779 verstorbenen Hermann Werner von Asseburg hingewiesen, ursprünglich in schwarzblauer Farbe teilweise marmorierend bemalt. Das klassizistische Werk mit langer Inschrift am Sockel weist mit den Urnen auf die Vergänglichkeit des Lebens hin, eine Büste zeigt das Porträt des Verstorbenen. Die Totenleuchte vor der Kirche stammt ebenso wie das mächtige Kruzifix noch aus dem 15. Jahrhundert.

Westlich der Pfarrkirche steht außerhalb des Kirchplatzes die frühere *Marktsäule* (wohl 14. Jh.), deren einstige Rolandsfigur 1824 durch eine Wetterfahne ersetzt wurde. Das *Rathaus* (Abb. 90) südlich der Pfarrkirche ist ein Bau aus der Mitte des 14. Jahrhunderts. Die eindrucksvollen Treppengiebel haben durchbrochene Vierpässe sowie hohe Spitzbogenfenster. Die übrigen Fenster gehören einem Umbau des 18. Jahrhunderts an, das Hauptportal ist 1573 bezeichnet. Die benachbarte *Alte Waage* wurde Mitte des 14. Jahrhunderts als städtischer Adelssitz errichtet.

In der Ostheimer Straße steht das ehemalige Kapuzinerkloster (1645 gegründet), dessen *Kirche St. Franziskus* (Abb. 89) das früheste Werk Johann Conrad Schlauns ist, 1715–18. Als Quaderbau ist die Fassade neuartig in der barocken Architektur der Kapuziner. Bis auf das Portal mit gesprengtem Giebel ist sie dennoch schlicht und zurückhaltend. Ähnlich einfach ist auch der Innenraum. Nur Gurtbögen, Gewölbekonsolen und -grate heben sich von den weiß gestrichenen Wänden ab, so daß die Kirche stark auf den dominierenden Hochaltar ausgerichtet ist. Er entstand 1718, wie auch die beiden Nebenaltäre. Zur Ausstattung des Kirchenraumes tragen außer der Kanzel noch mehrere Statuen bei, darunter eine Pieta und ein hl. Nepomuk (1732), schließlich ist die Orgel aus der Zeit um 1800 zu nennen.

Den Reiz des Fachwerkstädtchens Brakel kann man augenblicklich leider nur in wenigen seitlichen Gäßchen erahnen; die meisten Häuser der Hauptstraßen, besonders der Ostheimer Straße, sind mit modernen Kunstplatten verschandelt. Was ein gepflegtes Stadtbild zu bieten hätte, zeigen Einzelheiten wie das aufwendige klassizistische Portal des Hauses Ostheimer Str. 24, das gegenüberliegende Fachwerkhaus von 1846 und einige erste renovierte Häuser, z. B. in der Königstraße.

Die Herren (Ritter) von Brakel und in ihrer Nachfolge die Herren von Asseburg saßen auf der nahen *Hinnenburg* oberhalb des Nethetales. Um 1600 fand ein grundlegender Umbau des im Kern auf das Mittelalter zurückgehenden Schlosses statt, drei Flügel aus dieser Zeit sind erhalten. Äußerlich schlicht, werden sie im Hof durch eine Utlucht und einen Treppenturm im Stil der Renaissance gegliedert. Der erneute Umbau ab 1736 hat für das Äußere trotz großzügigster Planungen nur geringe Änderungen bewirkt. Die Innenräume wurden mit Stukkaturen und Malereien des Rokoko ausgestattet. Zum Barockpark gehören einige Putten und Zwergenstatuen, wie sie im 18. Jahrhundert große Mode waren. In der Vorburg steht die Schloßkapelle von 1658. Am Fuß des Berges liegt der ausgedehnte Wirtschaftshof mit massiven Scheunen des frühen 19. Jahrhunderts und einer alten gewölbten Steinbrücke.

Die Straße von Brakel nach Warburg durchschneidet das Dorf **Rheder** und führt unmittelbar zwischen Schloß und Kirche hindurch. Die *Kirche* ist der zweite nachgewiesene Bau Johann Conrad Schlauns (1716–18). Schon außen fällt die ungewöhnliche Architektur auf; Dreikonchenchor und Strebepfeiler sind aus der Gotik übernommene Bauelemente. Der Eingangsturm wird durch ein Portal mit schwerem gesprengten Giebel betont (Abb. 98). Innen treten die Nebenkonchen für den Raumeindruck kaum in Erscheinung, da sie durch hölzerne Wände als Sakristei und herrschaftlicher Kirchensitz abgeteilt sind. Namentlich der 1718 datierte Altar, der mit Säulen neben Pfeilern und gesprengten Giebeln wie ein auseinandergeklapptes Portal wirkt, geht auf Entwürfe Schlauns zurück. Das Altarbild mit der Heiligen Familie schuf Johann Martin Pictorius. Der Stifter der Kirche, Bruno Burchard von Mengersen, ließ gleichzeitig auch die Wirtschaftsgebäude seines Schlosses neu aufführen. Die Straßenfront, mit fast 130 m von bemerkenswerter Länge, wird durch die mittlere Durchfahrt und die seitlichen Achteckpavillons gegliedert. Das *Herrenhaus* (1750), innen mit Stukkaturen und Wandbespannungen des Rokoko, wirkt dagegen sehr bescheiden.

Bad Driburg liegt im Eggegebirge, das die westliche Grenze des Kreises Höxter bildet. Obwohl schon seit dem 18. Jahrhundert Badeort, hat die Innenstadt einen eher provinziellen Charakter, jetzt mit großzügigen modernen Durchfahrtsstraßen, maßstabsfremden Neubauten und nur wenigen meist verputzten Fachwerkhäusern. Die *Pfarrkirche St. Peter und Paul* ist ein interessantes historistisches Bauwerk, 1894–97 nach Plänen des Paderborner Dombaumeisters A. Güldenpfennig errichtet. Die dreischiffige gotisierende Hallenkirche hat farbig gefaßte Kreuzrippengewölbe auf Rund- bzw. Vierpaßpfeilern. Die Bemalung erinnert an Jugendstil und Neubarock. Die Ausstattung der Bauzeit ist erhalten, bemerkens-

Driburg mit der Iburg. Radierung von 1671 nach Johann Georg Rudolphi

wert sind außer Orgel (1901 von Orgelbauer Eggert, Rückpositiv 1973) und Kanzel die Kirchenbänke, Chorschranken und die Altäre. Die Glasfenster stammen aus der Werkstatt Schneiders & Schmolz (Köln-Lindenthal), bezeichnet mit der Jahreszahl 1897. Über dem Hochaltar ist die Passion Christi dargestellt, über dem linken Nebenaltar die Krönung Mariens und über dem rechten die Heilige Familie, im Querschiff die Anbetung der Könige (links) und Jesus, der die Kinder segnet (rechts), darüber ornamentale Scheiben.

Die *Kuranlagen* jenseits des Bahnhofs (nach 1860, auch er ist noch spätklassizistisch, ähnlich Altenbeken und Warburg) gehen im Kern noch auf das späte 18. Jahrhundert zurück. Caspar Heinrich von Sierstorpff erhielt 1782 die Rechte über die Heilquellen vom Paderborner Domkapitel übertragen und baute anschließend das Bad aus. Zunächst entstand ein zweigeschossiges *Badehaus* aus Fachwerk (1783–84) mit spätbarockem Mansarddach, ganz ähnlich den Kurhäusern in Bad Meinberg. Gegenüber wurde 1793–96 ein zweigeschossiges *Kurhaus* errichtet, weitere Bauten folgten in den nächsten Jahren. Sie stehen in einer gemeinsamen Achse, die auf die *Brunnenhalle* von 1822 zuführt, einen klassizistischen eingeschossigen Fachwerkbau mit Werksteinfassade und Rundbogenfenstern (Architekt Peter Krahe). Die seitlichen Giebelreliefs (1802) beziehen sich auf die

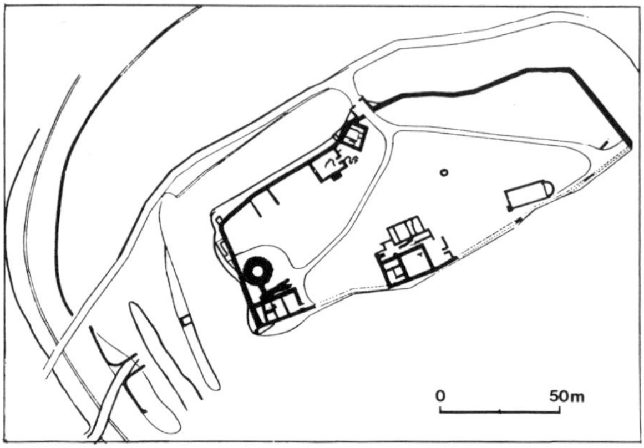

Burg Iburg, Lageplan

Krankenheilung durch das Mineralwasser. Mehrere Bauten der Wende um 1800 schlossen sich noch an, u. a. das Logierhaus von 1820 gegenüber der Wandelhalle. Der Kurpark wurde bereits Ende des 18. Jahrhunderts angelegt.

Ausgangspunkt für die Stadtentwicklung war die *Iburg* auf einem Bergsporn des Eggegebirges oberhalb Driburgs. Als Wehranlage bestand sie wohl schon in frühgeschichtlicher Zeit und spielte im 8./9. Jahrhundert eine größere Rolle als Festung in den Kriegen zwischen Sachsen und Franken. Vom Parkplatz aus durchschneidet ein Fußweg den wohl noch aus dieser Zeit stammenden Wall und führt am tiefen mittelalterlichen Burggraben vorbei. Man betritt die Burganlage durch das Nordtor (Torhaus ergraben); ihm gegenüber wurden am steilen Abhang die Grundmauern romanischer Burggebäude ausgegraben, weiter östlich auch die der Burgkapelle, die vielleicht karolingischen Ursprungs ist. Im Westen stehen der Bergfried und die Fundamente spätmittelalterlicher Wohnbauten; hier ist der Blick auf den tiefen Burggraben besonders eindrucksvoll. Der mittelalterlichen Burganlage ist ein Aussichtsturm zugesellt worden, der 1904 durch den Heimatverein Bad Driburg errichtete Kaiser-Karls-Turm.

Das *Schloß* in **Merlsheim,** wenige Kilometer nördlich von Bad Driburg, ist von einem ausgedehnten Wirtschaftshof mit Ökonomiegebäuden der letzten Jahrhundertwende (bez. 1897, 1901, 1907, 1912) umgeben, der einen wesentlichen Teil des Dorfes einnimmt. Der eigenwillig durchlüftete Holzschuppen an der Umfassungsmauer erinnert an hessische Fachwerkbauten, er entstand 1920. Das Schloß selbst besteht aus zwei Hauptflügeln des 17. Jahrhunderts, durch zwei niedrige Nebenbauten zur annähernd quadratischen Anlage geschlossen und von einer quadratischen Gräfte umgeben. Der linke, ältere Flügel wurde gegen 1600 errichtet. Um 1670 erneuerte man das gesamte Schloß (Tor 1667, Utlucht 1674) und setzte dabei den einfachen Nordgiebel auf. Vor dem Schloß wurde ein kleiner französischer Park angelegt.

Die katholische *Pfarrkirche* in **Nieheim** gehört zu den vergleichsweise seltenen spätgotischen Kirchenbauten Ostwestfalens. Im Kern ist sie jedoch älter, denn bereits Ende des 13. Jahrhunderts wurde ein romanischer Bau zur Halle umgestaltet, aber erst 1497 erhielt das Gotteshaus seine heutige Form mit dem bestimmenden Sterngewölbe. Die Anlage mit Hauptchor und polygonalen Nebenchören gehört noch dem 13. Jahrhundert an und folgt dem Beispiel Soester Kirchen. An alter Ausstattung blieb ein turmartiges spätgotisches Sakramentshäuschen im Chor erhalten. Der Taufstein stammt aus dem beginnenden 16. Jahrhundert und ist mit Reliefs aus dem Alten und Neuen Testament versehen. – Das *Rathaus* neben der Kirche (1610) weist Stilmerkmale der ausgehenden Renaissance auf, es hat verzierte Portale, Fenster und Giebel. Der *Ratskrug* nebenan (Hauptstr. 32, 1712) ist ein typisches Ackerbürgerhaus, Fachwerk mit Speicherstock, Utlucht und verziertem Torbogen. Ein besonders stattliches *Fachwerkhaus* steht in der Richterstraße (Nr. 5, 1701), es ist – hier ganz ungewöhnlich – dreigeschossig und verweist in seiner Konstruktion auf hessischen Einfluß. Nennenswert sind noch zwei benachbarte Ziegelhäuser des späten 19. Jahrhunderts. – In **Oeynhausen** bei Nieheim wurde 1983 die Station Nr. 32 der optischen Telegraphenlinie Berlin–Koblenz rekonstruiert, erstmals 1832/33 errichtet und mit einem Signalmast ausgestattet.

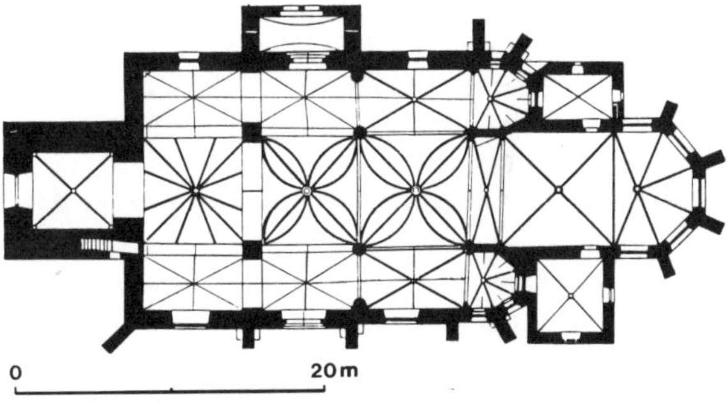

Nieheim, Pfarrkirche, Grundriß

Im Jahre 1128 stiftete Graf Widukind III. von Schwalenberg das **Benediktinerkloster Marienmünster,** eine Tochtergründung Corveys, gleich unterhalb seines Stammsitzes Oldenburg zwischen Höxter und Steinheim gelegen. Der Gründungsbau aus der Mitte des 12. Jahrhunderts war eine regelmäßige kreuzförmige Basilika des romanischen Stils mit Vierungsturm und doppeltürmiger Westanlage. Das Langhaus hatte, obwohl als Gewölbebau geplant, ›niedersächsischen Stützenwechsel‹, d. h. je zwei Säulen zwischen den Pfeilern – eine höchst ungewöhnliche, entwicklungsgeschichtlich wichtige Anlage. Leider ist sie nicht erhalten. Vom Gründungsbau stammen nur noch das Langhaus-Mittelschiff (ohne die Säulen), das Querschiff mit Kantensäulchen an den östlichen Vierungspfeilern und der untere Teil des Vierungsturmes. Der heutige Gesamteindruck ist jedoch ein Ergebnis der Umbauten nach 1661. Damals entstand ein neuer Chor, der Vierungsturm wurde vergrößert (1679) und das Langhaus zur Hallenkirche erweitert. Südfassade und Turmfront wurden

1854 abgebrochen und nach dem Vorbild der Kirche St. Kilian in Höxter wieder aufgebaut. Die Kirche erhielt eine bemerkenswerte barocke Ausstattung. Das Taufbecken neben dem Eingang entstand um 1700 und wird von einer Balustrade eingefaßt. Die Orgel mit gut erhaltenem Spielwerk und stattlichem Prospekt schuf Johann Patroclus Möller 1736–38. Die Orgeln dieses berühmtesten westfälischen Orgelbauers sind durch einen charakteristischen Aufbau gekennzeichnet. Das zurückliegende Hauptwerk wird von seitlich vorgeschobenen Pedaltürmen, die auf Höhe des Emporenbodens stehen und hier die Front der Turmpfeiler (der Kirche) umgreifen sowie der Brüstung mit herausgeschobenem Rückpositiv gerahmt. Typisch sind auch die vom Hauptturm an regelmäßig abgestuften Gesimslinien. – Sehenswert ist ferner vor allem das bemalte schmiedeeiserne Chorgitter von 1693 mit kleinen Vögeln und Masken. Der Hochaltar (1683–85; Abb. 94) und die Nebenaltäre (1683–84) mit Bemalung und Altarbildern von Anton Berning wurden von Paul Gladbach geschaffen. Die barockisierende Chorbemalung verdanken wir dem Kirchenmaler August Oetken (Berlin; 1912), von dem u. a. auch Mosaikarbeiten in der Wartburg bei Eisenach stammen. Die drei barocken Beichtstühle sind jeweils mit einem kleinen Tafelgemälde versehen, das einen Büßenden zeigt, so den sterbenden David und Petrus nach der Verleugnung Christi. – Die große Gutsanlage nördlich der Kirche besteht noch aus mehreren Gebäuden des 18. und 19. Jh., zur barocken Ummauerung gehört ein Figurenportal mit gesprengtem Giebel.

Die *Oldenburg*, ein Wohnturm des 13. oder 14. Jahrhunderts als Überbleibsel einer größeren Anlage (1687 erneuert), oberhalb von Marienmünster gelegen, war einst eng mit dem Kloster verbunden. Sie diente als Stammburg der Grafen von Schwalenberg, bis sie nach Gründung Schwalenbergs als ›Olden-Schwalenberg‹ und später Oldenburg an Bedeutung verlor. Nach dem Aussterben der Grafen wurden das Hochstift Paderborn und die Herren zur Lippe Besitzer, die die Burg an die von Oeynhausen verpfändeten. Diese Familie gründete auch die *Grevenburg* bei Sommersell als Vorwerk (1536) und baute dort 1566–79 ein kleines *Renaissanceschloß* als neuen Familien-Stammsitz aus. Die unregelmäßige Baugruppe hat an einem Fachwerkflügel bemerkenswerte Schnitzereien der Renaissance sowie nachgotische Vorhangbögen. Die massiven Bauteile sind schlicht und mit einfachen Fenstern sowie einem hohen Treppenturm für kleine Herrenhäuser des 16. Jahrhunderts durchaus charakteristisch.

Das einsam gelegene winkelförmige **Schloß Thienhausen** bei Rolfzen entstand um 1609 für Tönnies Wolf von Haxthausen und fällt vor allem wegen des überreich gegliederten und verzierten Giebels des linken Flügels auf (Farbt. 9). Durch mit Bossen, Diamantquader und Voluten versehene Pilaster wird dieser Giebel in einzelne Wandfelder aufgeteilt, die entweder ein Fenster aufnehmen oder die Giebelschrägen bilden. Die gesamte Giebelfläche ist mit Beschlagwerkdekor überzogen, die Kanten werden durch Voluten gebildet. Architektonische Betonung erhielt der einst verputzte Bau noch durch den quadratischen Treppenturm im Hofwinkel und das Portal sowie die Fenster.

Im Mittelpunkt des 1275 zur Stadt erhobenen Ortes **Steinheim** steht die katholische *Pfarrkirche*, die im 12. Jahrhundert einen etwa 200 Jahre älteren Saalbau ersetzte. 1481 wurde die zweijochige Querhausbasilika zur Hallenkirche erweitert, erst 1665 allerdings entstand das südliche Seitenschiff in seiner heutigen Form. Damit ist es ein Beispiel für die ›Barockgotik‹, die Verwendung gotischer Formen in der Stilphase des Barock. Aus der romanischen Zeit blieben außer Pfeilern und Mittelschiffsgewölben vor allem noch die früheren Querhausportale erhalten, rundbogig eingefaßt, im Süden mit der Darstellung des thronenden Christus zwischen Evangelistensymbolen. Der Hochaltar ist eine Rekonstruktion aus dem Jahre 1913 unter Verwendung spätgotischer Reliefs und Flügelgemälde mit der Leidensgeschichte Christi. Ein interessantes spätgotisches Werk ist auch das Sakramentshaus an der Seite des Chores. Als Taufstein dient ein umgearbeitetes romanisches Würfelkapitell der einstigen Basilika. Der moderne Zelebrationsaltar ist ein Werk der Bildhauer Michael und Christoph Winkelmann (Soest). – Vier Straßen führen in das Zentrum Steinheims, nahe der Stadtmauer durch eine Ringstraße verbunden, die ursprünglich aber nicht die gesamte Stadt umfaßte. Östlich der Kirche ist noch ein kleinerer Teil der früheren Bebauung mit Ackerbürgerhäusern aus Fachwerk zu sehen, darunter das Pfarrhaus des 17. Jahrhunderts.

Das qualitätvolle *Barockschloß* in **Vinsebeck** schuf 1717–20 auf H-förmigem Grundriß Baudirektor Justus Wehmer aus Hildesheim für die Herren von der Lippe, vier Brüder, darunter zwei Hildesheimer Domherren. Sie bewohnten jeweils einen Seitenteil und nutzten die zentralen Repräsentationsräume gemeinsam. Das Schloß steht auf einer flachen Terrasse über einer fast quadratischen Gräfte erhoben, an der Eingangsseite mit zwei Eckrondellen und an der Gartenseite mit einer Zugbrücke. Vom ehemaligen Barockpark, der sehr ausgedehnt war und von einer hohen Bruchsteinmauer eingefaßt wird, haben sich noch der Neptunsbrunnen und die Statuen der Vier Jahreszeiten erhalten. Auch die Scheunen des Wirtschaftshofes zwischen Schloß und Dorf gehen im Kern noch auf das frühe 18. Jahrhundert zurück, teilweise wurden sie später aber erneuert bzw. erweitert. Das Äußere des Schlosses ist schlicht gestaltet, der Baukubus wirkt vor allem durch seine Gliederung in Fensterachsen und Risalite, die in der Mitte mit flachen Dreiecksgiebeln abgeschlossen werden. Die kürzlich wiederhergestellte blaugraue Farbigkeit der Fassaden ist durch Befunde belegt und bestätigt sich durch ein Bild aus der Bauzeit. Zu ihr kontrastieren nur das kräftige Gold des Auges Gottes am Gartenrisalit und die ausgeschütteten Füllhörner in kräftigen Farbtönen dort im Giebel.

Das Schloßinnere erfuhr bis 1982 eine grundlegende Restaurierung, die die alte Farbigkeit der qualitativ hochwertigen Bauausstattung zurückbrachte (Besichtigung nach Anmeldung, Tel. 05233/7404). Von der Freitreppe aus gelangt der Besucher in eine Eingangshalle mit einer (ursprünglich zwei) seitlichen Treppe. An der Gartenseite liegt der Steinerne Saal (Gartensaal). In feinen Stukkaturen werden an der Decke die vier Elemente dargestellt, die den Bezug auf die Natur bilden, wie es der Aufgabe des Gartensaals entspricht. Interessant ist das Element ›Wind‹ mit einem kleinen Windrad in der Hand. Der Saal ist pilastergegliedert und mit Régencestuck ausgestattet, die Pilaster stehen auf einem umlaufenden Sockel mit kleinen Landschaftsbildern im Stil holländischer Fliesen. Das Deckenbild führt in die

Schloß Vinsebeck. Farblithographie um 1867, nach C. Hohe

griechische Mythologie: Der in Athen verehrte Windgott Boreas entführt Oreithyia, Tochter des Königs Erechteus. Der kleine Saal zur rechten Seite enthält die freigelegte Sockelbemalung der Bauzeit, zum Mobiliar zählt ein wohl in der Werkstatt Ph. F. L. Bartschers angefertigter Sekretär (um 1790). Zur Ecke schließt sich der Speisesaal an. Auf der gegenüberliegenden Seite betreten wir das Italienische Zimmer, dessen Wände Veduten der Villa Borghese in Rom tragen (die Villa ist gleich links von der Tür zu sehen). Man blickt sozusagen von einem Balkon mit gemalter Balustrade zwischen gemalten Pilastern hindurch auf die römische Architektur. In die Fensterlaibungen wurden in Grisaille-Farben Statuen in Figurennischen gemalt. Der anschließende Eckraum ist das Driburger Zimmer, einst ein Schlafzimmer mit einem Bett hinter den beiden perspektivischen (flachen) Säulen. An der Wand findet sich hier eine Darstellung des Driburger Mineralbrunnens, auf dem Weg im Vordergrund erkennt man einen Wasserverkäufer mit Driburger Mineralwasserflaschen. Der Brunnen befand sich seinerzeit im Besitz des Vinsebecker Bauherren. Im Erdgeschoß befindet sich ferner die kleine Schloßkapelle. Der Altar gilt als Werk von Paul Egell (1691–1752) aus Mannheim, das Altarbild zeigt die Verkündigung an Maria.

Das Obergeschoß beherbergt als zentralen Raum den Festsaal, der noch in das Gewölbe hineinreicht. Hier fällt der hohe künstlerische Stand der Stukkaturen im Régencestil auf, die vermutlich aus der Bauzeit des Schlosses stammen und damit außerordentlich früh aktuellste französische Barockformen übernehmen (Régence nach der Regentschaft Philipp von Orléans 1715–23). Hinzuweisen ist beispielsweise auf die plastischen Stoffdarstellungen der überhängenden Tücher in den Wandfeldern. Das Deckengemälde gehört auch diesmal der griechischen Mythologie an: Aphrodite bittet Zeus, dem Kriegsgott Ares zu verzeihen, daß er den Kampf um Troia erneut entfacht hat. Nach rechts schließt sich das chinesische Zimmer an, dessen Malereien den Eindruck gewebter Wandteppiche mit breiten Bordüren erwecken sollen, auf denen wir eine reiche exotische Baumlandschaft mit Papageien sehen. Der erste Raum gegenüber ist mit der Innenverkleidung eines türkischen Kriegszeltes ausgeschlagen, kurz nach den entscheidenden Türkenkriegen ein beliebtes, aber doch nicht allzu häufiges Motiv. Der Eckraum an dieser Seite ist als Schlafzimmer noch erkennbar, es ist das Mohrenzimmer, bei dem zwei Mohren die Bettstelle vom übrigen Raum abteilen. Volkskundlich wie kunstgeschichtlich hochinteressant ist die Wandbemalung mit einer Darstellung des Schlosses und des Dorfes Vinsebeck (Abb. 96). Hier wird das Dorfbild der Zeit kurz nach 1720 vorgestellt, und zwar in fast fotografischer Genauigkeit! Die Bauernhäuser sind durchweg aus Fachwerk, während die Schloßscheunen allesamt Massivbauten sind. Auf den Dächern erkennen wir teils Stroh-, teils rote Ziegeldeckung. Das Holzwerk ist kräftig braun, die Gefache zeigen Lehmfarbe – sicher sehr wahrheitsgetreu, denn auch das Schloß läßt auf dem Bild die durch Restauratoren gefundene und bestätigte (blaugraue) Farbigkeit erkennen. Deutlicher ist der Unterschied zwischen dem farblich aufgewerteten Schloß und den materialfarbenen Bauernhäusern kaum vorstellbar. Die Straßen sind unbefestigt, die Grundstücke durch Flechtwerk- und Lattenzäune abgegrenzt. Ein Teil der Fachwerkhäuser hat verbretterte Giebel, andere zeigen das Holzgefüge, weitere mit abgefallenem Putz auf dem Lehmflechtwerk. Die wenigen Fenster sitzen in den Gefachen, ohne das Fachwerkraster zu durchbrechen, wie dann seit dem späten 18. Jahrhundert üblich. Äußere Fensterrahmen finden wir nicht. Hinter zwei Häusern sehen wir kleine Bienenstöcke. Auf der Straße treibt jemand zwei Ziegen ins Feld, vor einem Haus sitzt eine Spinnerin bei der Arbeit. Das Bild zeichnet sich durch erstaunlich hohe Genauigkeit aus und ist deshalb ein außergewöhnliches Dokument für seine Zeit.

Den Bereich zwischen Schloßhof und Dorf nimmt die nachgotische 1605–09 erbaute und 1668 erweiterte *Johanneskirche* ein, deren Hochaltar von 1640 ein Gemälde des Malers Johann Georg Rudolphi birgt, die Krönung Mariens (um 1670/80).

Fürstentum Lippe

Seit dem 12. Jahrhundert haben die Edelherren zur Lippe Besitz jenseits ihres Stammgebietes an der Lippe um Lippstadt erlangt und allmählich zum Mittelpunkt ihrer Herrschaft ausgebaut. Der heutige Kreis Lippe, aus den früheren Landkreisen Lemgo und Detmold zusammengelegt, entspricht weitgehend dem Gebiet der Herrschaft bzw. Grafschaft Lippe (seit 1789 Fürstentum). Bis 1947 war Lippe ein selbständiger Staat innerhalb Deutschlands, niemals ist Lippe – im Gegensatz zu den übermächtig wirkenden Nachbarn (Hochstift

Detmold. Blick auf Stadt und Hermannsdenkmal, um 1880

Detmold, Schloß und Schloßplatz. Lithographie von E. Störmer nach Ludwig Menke, um 1860

Paderborn, Osnabrück, Hannover) – preußisch geworden, ein Grund für den weithin bekannten lippischen Stolz. Dabei wollen wir aber die kulturhistorische Zugehörigkeit Lippes zu Westfalen nicht übersehen. Seit der Eingliederung in das Bundesland Nordrhein-Westfalen (das Landeswappen enthält die lippische Rose neben dem Westfalenroß und der rheinischen Welle) hat die Stadt Detmold als lippische Hauptstadt zusätzlich Bedeutung erhalten: War sie seit dem 16. Jahrhundert Residenz der Grafen, so ist sie nun Regierungssitz des ostwestfälischen Regierungsbezirkes. Erstmals konnte sie die traditionell wichtigste Stadt in Lippe, Lemgo, wirtschaftlich überrunden.

Detmold wurde um 1260/65 als Stadt über einer kleinen älteren Siedlung gegründet. Die früheste Erwähnung datiert aus dem Jahr 783. Die Stadt wurde nach dem Plan Lippstadts angelegt, wie vorher bereits Lemgo, Schwalenberg, Horn und Blomberg. Aus der Gründungszeit des 13. Jahrhunderts steht heute allerdings nur noch spärliche Bausubstanz, namentlich die Stadtmauer ist in einigen Partien noch erhalten und von der Grabenstraße und der Bruchmauerstaße aus zu sehen; verschiedentlich ist sie durch jüngere Fachwerkhäuser überbaut. Während der Soester Fehde 1447 und bei einem Stadtbrand genau hundert Jahre später wurden große Teile Detmolds vernichtet. Selbst Schloß und Pfarrkirche überstanden das Feuer nicht unbeschadet, allerdings blieb vom Augustinerinnenkloster in der Schülerstraße das Pforthaus aus Fachwerk erhalten (1506), einer der ältesten lippischen Fachwerkbauten, erst 1982 bis auf beklagenswerte Reste abgebrochen.

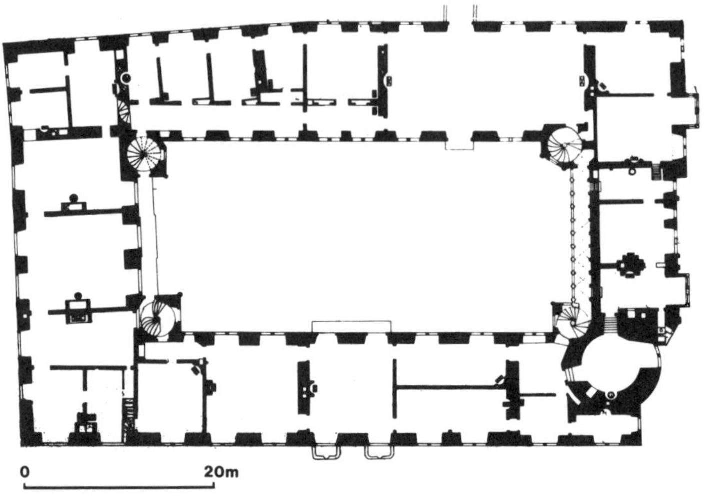

Detmold, Schloß, Grundriß

Das *Schloß* (Abb. 100) erhielt die Grundzüge seiner heutigen Gestalt in den Jahren 1548–57 unter Graf Bernhard VIII., ausgenommen der Bergfried des 13. Jahrhunderts und der Unterbau eines nordwestlichen Gebäudeteils aus der Spätgotik. Es ist das letzte Werk des 1553 verstorbenen Baumeisters Jörg Unkair, dessen unverkennbare Formen die Portale, Giebel und Treppentürme geprägt haben. Der Gesamtplan entspricht dem Schloß Neuhaus der Bischöfe von Paderborn, einem frühen Werk desselben Baumeisters. Beide Schlösser gehören zu den frühesten Anlagen mit rechtwinkligem Grundriß und vier Treppentürmen in den Hofwinkeln, einem Prinzip, dem vorher nur wenige Schlösser in Mitteldeutschland folgten (Mansfeld, Dresden) und mit dem die unregelmäßige aus vielen Einzelflügeln zusammengesetzte mittelalterliche Burgenbauweise (›Gruppenbau‹) zugunsten einer regelmäßigen geometrischen neuzeitlichen Anlage aufgegeben wurde. Cord Tönnies, Bauleiter nach Unkairs Tod, vollendete den Torflügel und schuf vor allem den bedeutenden gedeckten Gang auf der Hofseite dieses Flügels, einen Bauteil mit reicher architektonischer Gliederung und einem Wappenfries: (von links) Braunschweig, Schaumburg, Mansfeld, Graf Bernhard VIII. zur Lippe, seine Gemahlin Katharina von Waldeck, Cleve-Mark, Solms, Landgrafen von Hessen; zwischen den Ehewappen die Justitia. Die Wappen nennen wichtige Verwandte und Verbündete aus dem protestantischen Lager, dem seit 1538 (unter Einfluß der Landgrafen) auch die Grafen zur Lippe angehörten. Die Wappengalerie zeigt, welchen Einfluß die Grafen zur Lippe hatten oder zumindest gerne gehabt hätten. Bildhauer war ein ›JR‹, vielleicht Johann Robin. – Gemeinsam mit Hessen waren sie Teilnehmer (und Verlierer) des Schmalkaldischen Krieges und hatten daher Kontributionszahlungen als Strafe zu entrichten. Geradezu als Protest dagegen mag der anschließende großzügige Schloßneubau zu werten sein, der bezeichnenderweise in einer Phase des politischen und (nach dem Stadtbrand) wirtschaftlichen Niedergangs entstandt.

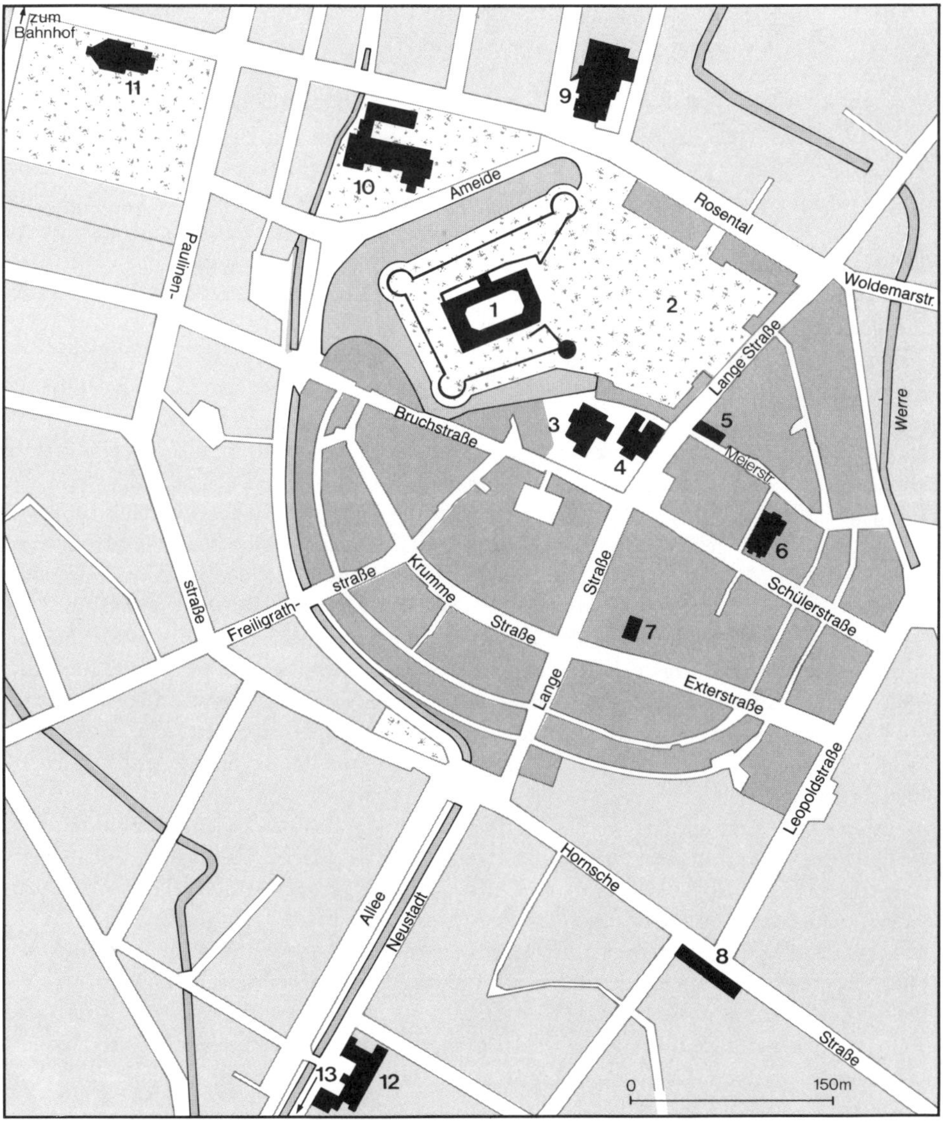

Detmold 1 Schloß 2 Schloßplatz 3 Erlöser-Kirche 4 Rathaus 5 Hofapotheke 6 Evang.-lutherische Kirche 7 Ehem. Synagoge 8 Palais Meysenbug 9 Landestheater 10 Lippisches Landesmuseum 11 Christuskirche 12 Neues Palais 13 Westfälisches Freilichtmuseum

Die Leistungen der Baumeister Unkair und Tönnies sind schon außen deutlich zu unterscheiden. Der unter Unkair errichtete Seitenflügel hat die für ihn typischen breiten Halbkreisabschlüsse auf den Giebeln, während die Giebel von Tönnies geschwungene Überleitungen vom unteren zum oberen Geschoß zeigen. Das Küchenportal am Nordflügel wurde 1620 von Baumeister Hans Avenhaus ergänzt und hat Beschlagwerkformen im Übergang von der Renaissance zum Barock. Die Beibehaltung des mittelalterlichen Bergfrieds ist charakteristisch für das Bauwesen der Renaissance in Deutschland; trotz geringer militärischer Bedeutung hat er einen hohen symbolischen Wert, indem er die Rechts- und Besitzkontinuität verkörpert. – Typisch für die Zeit ist auch, daß die Fassade keine symmetrische Aufteilung erfahren hat, sondern Risalite, Utluchten, Giebel, Fenster und Tor fast willkürlich angeordnet scheinen.

Im Innern weisen nur noch die gewendelten Treppentürme mit profilierten Spindeln auf die Entstehungszeit des Schlosses im 16. Jahrhundert hin, ferner die Rippengewölbe des gedeckten Hofganges. Im übrigen sind die Räume – sowohl im bewohnten Südflügel als auch im öffentlich zugänglichen Nordflügel – barock ausgestattet (um 1700/15). Überaus bedeutend ist die Sammlung von Wandteppichen. Aus der Werkstatt des Brüsseler Teppichwirkers Jan Frans van den Hecke stammt der Zyklus der acht Alexander-Teppiche, um 1670 nach Vorlagen von Charles Le Brun (1661) angefertigt. Sie stellen die Eroberungszüge Alexanders des Großen dar. Ferner gibt es Wandteppiche aus der Werkstatt Alexander Baerts I (Amsterdam), um 1700 nach einer Vorlage von Peter Paul Rubens gewirkt (1617/18, Decius-Mus-Zyklus). Die Stücke sind kaum restauriert in unveränderter Farbigkeit hervorragend erhalten. – Kunsthistorisch bemerkenswert ist schließlich auch der jüngste Raum des Schlosses, der Ahnensaal (Abb. 99). Er wurde unter Verwendung älterer Bilder 1882 durch Prof. Lorenz Gedon (München) im gotisierenden Stil mit Holzbalkendecke, Kamin und Täfelung neu ausgestattet und knüpft an die Architektur des späten 15. und frühen 16. Jahrhunderts an.

Die einstigen Verwaltungs- und Wirtschaftsbauten des Schlosses grenzen unmittelbar an die Lange Straße und an den Marktplatz mit der Kirche an. Für die Planung der Gebäude zur Langen Straße hin ist Landbaumeister Christian Teudt verantwortlich (1780). Die *Kirche* (evang.-reformierte Erlöserkirche) wurde schon Ende des 8. Jh. gegründet, Teile des aufgehenden Mauerwerks gehen noch auf das 9. oder 10. Jh. zurück. Von einem Neubau um 1300 blieb der Chor, von einem Umbau um 1400 das Langhaus erhalten. Der Turm entstand 1564–79, allerdings nicht an der Westseite, sondern nun an die Südseite verschoben (Farbt. 4). Zu dieser Zeit war die Pfarrkirche zugleich Hofkirche der seit 1511 in Detmold residierenden Herren (Grafen) zur Lippe, somit kann der Kirchturm zugleich als Teil der Schloßanlage gelten. Die Gratgewölbe sind auf kräftigen Pfeilern tief heruntergezogen. Das nur zweijochige Langhaus wird von einer dreiseitigen Empore auf ägyptisierenden Pfeilern eingeengt, die dem Bau einen ernsten und protestantisch-kargen Gesamteindruck verleihen. Das wichtigste Stück der kirchlichen Ausstattung ist die Orgel, die 1793–95 von Joh. Marcus Oestreich aus Oberbimbach bei Fulda erbaut wurde (Abb. 101). Dieser Orgelmacher gehört zu den bedeutenden Meistern seiner Zeit und wurde auch im Westfälischen häufig

92 CORVEY Ehemalige Abteikirche, barock-gotisches Langhaus

◁ 91 Der DESENBERG bei Warburg

94 MARIEN-MÜNSTER Klosterkirche, Hochaltar und Chorgitter ▷

93 CORVEY ›Johannischor‹ im Westwerk

IHS

95 GEHRDEN Ehemalige Klosterkirche

96 SCHLOSS VINSEBECK Das Dorf Vinsebeck (Wandmalerei im Mohrenzimmer, 1720)

97 BURG DRINGENBERG Torturm

98 RHEDER Kirchenportal

SIMON AUGUST

100 DETMOLD Schloß
◁ 99 DETMOLD Ahnensaal im Schloß
101 DETMOLD Pfarrkirche, Orgel

102, 103 WESTFÄLISCHES FREILICHTMUSEUM DETMOLD Münsterländer Gräftenhof: Speicher; Kappenwindmühle

104 WESTFÄLISCHES FREILICHTMUSEUM DETMOLD Mindener Hof, Stube im Haupthaus

105 Fürstenallee bei Schlangen (Detmold – Paderborn)

106 EXTERNSTEINE Kreuzigungsrelief

107, 108 BLOMBERG Torturm und Grabtumba in der ehem. Augustinerkirche

109 BAD MEINBERG Brunnentempel

110 SCHLOSS WENDLINGHAUSEN

111 BARNTRUP Sonnenuhr im Schloßpark

112 SONNEBORN Dorfkirche

113 SCHLOSS BARNTRUP

114 LÜGDE Kilianskirche nach Westen

115 LEMGO Marktplatz von der Nikolaikirche aus

116 LEMGO Rathaus, Justitia

117 LEMGO Nikolaikirche, Fresken

118 SCHLOSS VARENHOLZ

119 LEMGO Marienkirche, ›Schwalbennest‹-Orgel

120 BAD SALZUFLEN Rathaus

121 HOFGEISMAR Schloß Schönburg

122 LIPPOLDSBERG Ehemalige Klosterkirche

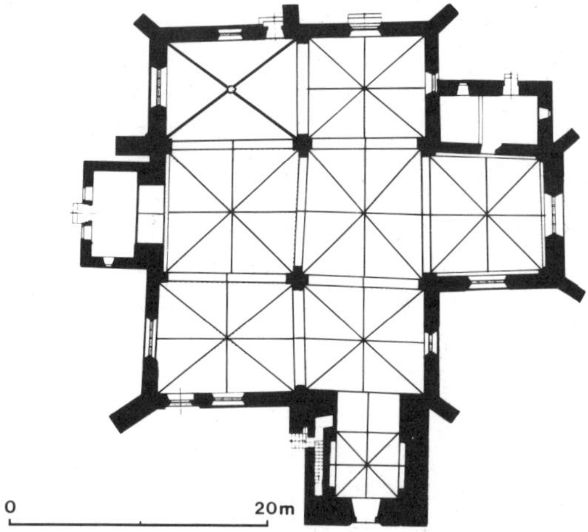

Detmold, evang.-reformierte Erlöserkirche, Grundriß

beschäftigt. Seine Gehäuse zeichnen sich durch eine ungewöhnliche Breitenlagerung aus, bei der Pedal und Hauptwerk – beide geteilt – mit dem Positiv in einer Front stehen. Die Dekoration der Orgel im Zopfstil ist Oestreichs Bauten allerdings fremd, sie mag von Detmolder Künstlern geschaffen sein.

Das alte Rathaus, das die Kirche von der Langen Straße abschirmte, wurde 1828 abgebrochen, der Friedhof eingeebnet. Das heutige *Rathaus* (Farbt. 4), 1828–30 nach Entwurf von Landbaumeister Kühnert (Rinteln), schob man in die Lange Straße zurück. Dies trug wesentlich dazu bei, aus der spätmittelalterlichen Stadt eine geordnete neue Stadtanlage im Sinne des Klassizismus zu schaffen. Die Ecken sind durch quadrigen Rustika-Putz eingefaßt, der Wandputz zeigt einfache Fugen. Hier tauchen Motive der italienischen (speziell florentinischen) Renaissance auf, die etwa gleichzeitig auch für den Klassizismus in Süddeutschland (München) zum Vorbild wurden. Den drei mittleren Achsen ist im Hauptgeschoß eine kleine übergiebelte Säulenhalle vorgestellt, zu der eine gewinkelte Freitreppe hinaufführt. Der ›Ratstempel‹ – die Obrigkeit – ist wirkungsvoll aus dem Getöse der Stadt herausgehoben.

Gegenüber dem alten Rathaus steht an der Langen Straße die *Hofapotheke* zwischen einigen interessanten Fassaden des Klassizismus und des späten 19. Jahhrunderts. Ein Bau von 1634 wurde 1790 abgebrochen, das Baumaterial z. T. wiederverwendet. Die verputzte Barockfassade ist 1905 durch eine aufwendige historistische Fachwerkfront ersetzt worden; die Apothekeneinrichtung selbst gehört noch dem späten 19. Jahrhundert an, auch sie ist auffallend reich. Das Hinterhaus in der Meierstraße, heute als Scheune genutzt, ist ein Fachwerkhaus von 1567. – In einem Hof im Süden des Marktplatzes steht die ›Wehme‹, das *frühere Pfarrhaus* (Geburtshaus von Georg Weerth). Das 1802 in frühen klassizistischen Formen errichtete Gebäude (Portal, Dreiecksgiebel, Risalit) liegt so eigenartig unberührt, daß man diese topographische Situation mit der Geschichte Detmolds noch vor der

Stadtgründung in Verbindung bringen möchte, als es hier nur wenige Höfe gab. – Der südliche Teil der Langen Straße beginnt mit einem großen Eckhaus von 1902, mit Formen des Jugendstils und der Gotik dekoriert, von Architekt Prof. Friedrich Geb aus Hannover (1847–1927) erbaut. Zu den nächsten Gebäuden zählen ein Fachwerkhaus mit Brüstungsbohlen in Beschlagwerkdekor (Lange Str. 36, 1593) sowie zwei Massivbauten der Renaissance (Nr. 19, um 1550/55, und Nr. 14, 1547/87). Beiden Häusern gemeinsam ist der hohe Saal im hinteren Hausteil, unterkellert und bei Haus Nr. 14 in einem schmaleren Steinwerk untergebracht, wie dies für städtische Bauten des 15. bis 17. Jahrhunderts in Ostwestfalen typisch ist. Einen solchen schmaleren Saalbau gibt es auch bei Fachwerkhäusern, wie z. B. in der Krummen Straße 32 zu sehen (1673). Weitere Häuser enthalten im Hof Steinwerke mit derartigen repräsentativen Sälen (z. B. Krumme Str. 34). Das Eckhaus Krumme Str. 2 entstand 1604 und ist ein interessantes schlichteres Ackerbürgerhaus, das Haus Nr. 20 (Volkshochschule) um 1570 und das 1981–82 rekonstruierte Haus Nr. 40, mit Utlucht und Fassadenschnitzereien, 1634 (Jahreszahl am Haus ist neu). Im Innern haben die Gebäude zumeist eine seitliche Deele, einen breiten Wirtschaftsraum oder zumindest einen breiten Durchgang zum Hof. Daneben befinden sich Stube (oder Laden) und Küche, im hinteren Teil des Hauses entweder der unterkellerte Saal oder in Einzelfällen die Küche. Die Aufteilung der Häuser ist im Prinzip fast immer gleich, nur die Dimensionen wechseln entsprechend dem sozialen Stand des Bauherren. Häuser mit nur einem einzigen hohen Geschoß sind bis in das 18. Jahrhundert sehr häufig, ein Speichergeschoß darüber noch möglich. Dreigeschossige Häuser, in Hessen sehr verbreitet und dort geradezu Anzeichen für städtisches Bauen, bilden hier die Ausnahme und kommen zumeist erst im 19. Jahrhundert auf.

Zum regional äußerst bedeutsamen *Lippischen Landesmuseum* gehören drei an den Rand des Schloßbezirkes (Ameide) übertragene Fachwerkbauten: das Kornhaus aus Schieder (1587) und die Zehntscheuer aus Sabbenhausen (1555) sowie ein Speicher aus Belle (1780–81), der heute als Gaststätte dient. – Das *Lippische Landestheater* im Rosental entstand 1914–16 nach Plänen der Architekten Ebhardt, Gentzner und Kuhlmann als Ersatz für den abgebrannten Vorgänger von 1825, von dem das Motiv der Kolonnade übernommen wurde. – Das Regierungsviertel im Westen der Altstadt hat besonders repräsentative Großbauten, teils spätklassizistisch wie das Landgericht (1879–80, P. Hermann), teils neubarock oder historistisch (Postamt 1888–90, expressionistisch erweitert).

Der südliche Abschluß der Langen Straße ist das einst zweigeschossige *Kavaliershaus* (heute Hotel) an der Ecke der Hornschen Straße zur Neustadt. Es wurde 1724 als Abschluß der Neustadt errichtet, an deren anderen Ende das 1706–18 nach Entwurf des Hofmalers Rundt erbaute *Palais der Grafen zur Lippe* steht. Es wurde ab 1847 erneuert und dabei um ein Geschoß aufgestockt. Damals legte man auch den Park an, der ursprünglich nur als Gemüsegarten zu dienen hatte. Heute ist das Palais Teil der Nordwestdeutschen Musikakademie, für die man eigens einen Konzertbau in den Park gestellt hat. Die gesamte Neustadt durchzieht ein Kanal, der vom Schloß in der Altstadt bis zum Palais reicht und einst noch bis hinter die Alte Mühle weitergeführt war. Die Grafen zur Lippe wollten per

Schiff vom Schloß zum Palais und weiter zum Lustschloß Friedrichtal gelangen, an dessen Stelle sich heute das Westfälische Freilichtmuseum befindet (s. S. 286 ff.).

Der Straßenring um die Altstadt ist ab etwa 1830 angelegt worden. Zunächst entstanden die Hornsche Straße und die Leopoldstraße, die die Altstadt im Süden und Osten tangierten und durch Stichstraßen mit ihr verbunden wurden. Deren Abschluß war jeweils ein herrschaftliches Bauwerk. Erhalten blieb nur das *Palais Meysenbug* (Hornsche Str. 27–31) aus einem zweigeschossigen mittleren Massivbau (1981–82 rekonstruiert) und zwei gleichhohen rahmenden Fachwerkbauten, auf die Achse der Leopoldstraße ausgerichtet. Der heutige Straßenzustand läßt kaum noch die bemerkenswerte planerische Leistung der klassizistischen Baumeister erkennen, die es verstanden haben, eine ›moderne‹ Stadt nach den damaligen Gesichtspunkten zu schaffen, ohne die mittelalterliche zu zerstören. – Fortgesetzt wurde die Ringbebauung erst ab 1880, nachdem Detmold an die Bahnstrecke Herford – Altenbeken angeschlossen war. Der *Bahnhof* ist ein Ziegelbau mit Werksteinfenstern und -portalen, er besteht aus der hohen Empfangshalle, einer niedrigeren Wartehalle und einem eigenen Fürstenzimmer, in dem die Fürsten zur Lippe ihre Gäste empfingen. Ein eigener Zugang führt von den Bahngleisen hierher, an dem man noch die Halterungen für den roten Teppich erkennen kann.

Die katholische *Heilig-Kreuz-Kirche* an der Bielefelder Straße ist ein wichtiger Kirchenbau der Nachkriegszeit, nach Plänen von Josef Lukas 1950 unter Anlehnung an romanische und expressionistische Formen errichtet.

Im Süden Detmolds, auf der ›Grotenburg‹ genannten Erhebung des Teutoburger Waldes besuchen wir das *Hermannsdenkmal* (Farbt. 27), über Hiddesen zu erreichen, neben dem Westfälischen Freilichtmuseum Detmold und dem Fürstenschloß das wichtigste Ziel in Detmold. Auf vorgeschichtlichem Platze gelegen – zum Bau des Denkmals wurden Steine einer nahen Befestigung aus der Zeit um Christi Geburt verwendet (unbeabsichtigt!) – handelt es sich um eines der bedeutendsten Denkmäler Deutschlands im 19. Jahrhundert. Die Errichtung wäre nicht erfolgt ohne die außergewöhnliche Initiative des Architekten und Bildhauers Ernst von Bandel, der schon 1819 die Idee zum Bau eines solchen Denkmals hegte. Arminius (falsch übersetzt: Hermann) war im 18. und 19. Jahrhundert eine beliebte Figur in Opern, Dramen und Romanen sowie in der bildenden Kunst (z. B. Gemälde von Tischbein). Man feierte ihn wegen seines Sieges über die Römer in der sagenumwobenen Schlacht im Teutoburger Wald, die von antiken Schriftstellern überliefert ist und wohl in Form zahlreicher Einzelgefechte an unbekannter Stelle zwischen Osnabrück und Warburg stattgefunden haben mag (9 n. Chr.). 1838 konnte Bandel, nachdem er erhebliche Widerstände überwunden hatte, mit dem Bau des Denkmalsockels beginnen, 1846 vollendet. Nach einer längeren Unterbrechung entstand die Hermannsfigur schließlich ab 1865, um 1872–75 montiert zu werden. Die Einweihung nahm Kaiser Wilhelm I. unter großer öffentlicher Anteilnahme persönlich vor. Bandel starb bereits ein Jahr nach Vollendung seines Lebenswerkes. Der Sinn des Denkmals besteht im Vergleich zwischen den Taten des Arminius im Kampf gegen die römischen Besatzer mit dem Kampf gegen die napoleonischen

Truppen 1813–15 und nochmals in der Einigung des Deutschen Reiches während des Krieges gegen Frankreich 1870/71. Sinnfällig ist die Stiftung des Schwertes durch die Firma Krupp, vor allem durch die mehrdeutige Aufschrift »Deutschlands Einigkeit meine Stärke – Meine Stärke Deutschlands Macht«. Der Sockel stellt eine Abwandlung des Theoderich-Mausoleums in Ravenna (nach 526) dar. Die Galerie am Sockel dient als Aussichtsplattform. Die Gesamthöhe des Denkmals beträgt 53 Meter. Die Freitreppe unterhalb des Denkmals einschließlich der geschwungenen Bänke entstand erst zur 1900-Jahr-Feier der Schlacht im Teutoburger Wald, die Entwürfe schuf der bekannte Architekt Wilhelm Kreis.

Über den Detmolder Vorort *Heiligenkirchen,* dessen Kirche aus einem romanischen Westturm, dem im 14. Jahrhundert erneuerten Langhaus und dem rechteckigen Chor aus dem 15. Jahrhundert besteht, gelangt man nach *Holzhausen* bei Horn mit den nahe gelegenen **Externsteinen** (Farbt. 17). Diese malerische Felsgruppe, die ihren Namen vielleicht wie der südlich anschließende Gebirgszug (Eggegebirge) einem alten Wort für Klippe verdankt, wurde lange Zeit als Straßensperre der wichtigen Fernstraße von Paderborn nach Hameln genutzt. Noch in den zwanziger Jahren fuhr die Straßenbahn von Horn nach Paderborn zwischen den Felsen hindurch, die Bundesstraße 1 mußte ursprünglich diese Enge durchqueren. (Der Straßenverlauf ist im Wald noch sichtbar.) Bevor die Herren zur Lippe sich dieser Stelle bemächtigt hatten, war die Steingruppe in kirchlichem Besitz. Der Paderborner Bischof Heinrich von Arnsberg weihte 1115 eine Kapelle. Sie befindet sich im untersten Felsen und symbolisiert jene Grotte, in der die hl. Kaiserin Helena angeblich das Kreuz Christi aufgefunden hat. Der rechte Teil der Kapelle gilt als ehemalige

Hermannsdenkmal, Modell der Röhrenkonstruktion, Museum Detmold

Externsteine. Radierung nach Johann Georg Rudolphi, um 1670

Klausnerzelle; ein Klausner hatte über das Heiligtum zu wachen. Während der Festungszeit (16./17. Jh.) war dieser Raum vermutlich Gefängnis. – Das monumentale Relief (1. Hälfte 12. Jh.) ist als überlebensgroßes plastisches Werk einmalig in der mittelalterlichen Kunst, weil es an der freien Luft in den Felsen gehauen ist (Abb. 106). Es stellt die Abnahme Christi vom Kreuz dar. Nikodemus hat die Arme des Herrn vom Kreuz gelöst. Noch steht er auf einem Baum, der unter seinem Gewicht geknickt ist. Joseph von Arimathia hat den herabsinkenden Leichnam empfangen, selbst unter dieser Last gebeugt. Neben dem Kreuz trauern Johannes ev. und die Gottesmutter Maria, das Haupt des toten Sohnes umfassend. Von Trauer umhüllt sind auch Sonne und Mond über dem Kreuz; Gottvater hat die Seele Christi bereits in Empfang genommen. Unter dieser Szene, sozusagen unter der Erde, kauern zwischen Drachen die Halbfiguren von Adam und Eva; der Kreuzestod gilt als Überwindung der Erbsünde, die Adam und Eva auf sich geladen haben.

Neben dem Relief führt eine 1810 erneuerte Treppe auf die obere, einst als Festung umbaute Plattform mit deutlichen Bauspuren des 16. oder 17. Jahrhunderts. Über eine andere, 1811 erneuerte Treppe gelangt man auf den dritten Felsen und auf einer bogig geschwungenen Eisentreppe von hier zum zweiten Felsen, auf dessen Gipfel sich die Höhenkapelle befindet. Ursprünglich war sie tonnengewölbt, nach dem Absturz des

Gewölbes im späten 12. Jahrhundert balkengedeckt und heute ist sie offen. In der romanischen Apsis mit kleinem Rundfenster steht ein alter Tischaltar. Auch die Nische links vom Zugang diente zeitweise wohl als Altarraum, sie ist von schmalen Säulchen gerahmt, wie für die kirchliche Architektur des späten 12. Jahrhunderts typisch. Die Kreuzerhöhungskapelle erinnert an den Kreuzigungsplatz in Golgatha. Zur Gesamtanlage der Externsteine gehört auch noch ein Nischengrab (Auferstehungsgrab) direkt am kleinen Teich. Alle wesentlichen mit der Kreuzigung und der Kreuzauffindung verbundenen Plätze sind hier somit nachempfunden worden und fanden eine Nutzung im Gottesdienst. Möglicherweise hat man die Passion Christi in Form eines Schauspiels kultisch nachempfunden.

Wie wir gesehen haben, sind die Externsteine eine um 1100 angelegte rein christliche Kultstätte. Anhaltspunkte für andere Deutungen, vor allem ab 1933 verzweifelt gesucht und – weil die Suche ergebnislos blieb – erfunden, sind inzwischen hinreichend widerlegt. Germanisches, Heidnisches, Vorgeschichtliches hat sich nicht entdecken lassen. Doch Externsteine (und Arminiuslegende bzw. Hermannsdenkmal) sind durch ihre dunkle (passive) Rolle in der jüngeren deutschen Geschichte bekannter geworden als durch ihren unmittelbaren historischen oder kunsthistorischen Rang. Beide sind in Zusammenhang mit dem Ausbau der Wewelsburg zu einem neugermanischen Kultzentrum durch die SS Heinrich Himmlers zu sehen, denn sie sind Voraussetzung für das Geschehen dort. Schon im 19. Jahrhundert bemühten sich einzelne sehr lautstark, den Externsteinen einen germanischen Ursprung anzudichten, obwohl bereits um 1850 ein Großteil der wesentlichen wissenschaftlichen Erkenntnisse über die Felsgruppe bekannt war. Sowohl nach 1870 als auch ab 1933 erhielten die germanophilen Deutungen politischen Auftrieb. 1934 wurde die Externsteinstiftung unter Vorsitz des Reichsführers SS Heinrich Himmler gegründet. Die anschließend durchgeführte Ausgrabung (durchaus seriös im wissenschaftlichen Sinn) erbrachte jedoch keine greifbaren Ergebnisse über eine germanische Vorgeschichte der Externsteine. Nach dem Zweiten Weltkrieg verstummten die Ideen, die man in den dreißiger Jahren propagiert hatte, nicht. In den Felsen eingeritzte Hausmarken des 17. Jahrhunderts erklärte man zu germanischen Runen, durch den Felsgrundriß fühlte man sich an einen geflügelten Inkadrachen erinnert (das mittelamerikanische Vergleichsbeispiel, es handelt sich um ein Gewebe, paßt allerdings nur ohne die Flügel), man versetzte die nordeuropäische Edda-Sage an die Externsteine, indem man die Ortsangaben der Sage soweit abwandelte, bis sie auf Bezeichnungen in Lippe zuzutreffen schienen, ein Autor verstieg sich noch 1959 zu der Feststellung, die Externsteine seien »der Ausgangspunkt alles religiösen Denkens und Empfindens der Menschheit«. Das Erbe des Dritten Reiches blieb allzulange bewahrt.

Horn ist heute ein Zentrum der ostwestfälischen Möbelindustrie. Die Stadt wurde um 1240 gegründet, vorher bestand ähnlich Detmold nur eine kleine dörfliche Siedlung. Zunächst von gleicher Größe und Bedeutung wie die Nachbarstadt, besitzt das ummauerte Horn eine kleine Burg (15. Jh.) und ist im üblichen lippischen Dreistraßenschema aufgebaut: Eine mittlere Längsachse (Mittelstraße) und zwei parallele Straßen werden von einer Querstraße (Nordstraße) gekreuzt. – Die *Kirche* ist ein gedrungener Hallenbau, dreischiffig und nur zwei Joche tief. Langhaus und Chor wurden im späten 15. Jahrhundert an den romanischen Westturm angefügt. Wichtigstes Stück der Ausstattung ist die Orgel, deren Prospekt dem späten 17. Jahrhundert angehört. Das einheitliche Straßenbild mit zahlreichen Fachwerkhäusern, teilweise aus der Zeit vor dem Dreißigjährigen Krieg, wird neben bedauerlichen Einbrüchen auch durch zwei alte Steinbauten unterbrochen: Der Kotzenbergsche Hof am Marktplatz (Domensoot 1) aus dem beginnenden 17. Jahrhundert erfuhr 1679/80 eine grundlegende Umgestaltung. Das Haus Mittelstr. 71 stammt aus den Jahren 1563/64, der jetzige Giebel wurde 1579 hinzugefügt. Mittelstr. 67 (1756–58) ist ein zwischen zwei massive Giebel gespanntes Fachwerkhaus. In der Nordstraße zeigen die Häuser Nr. 5 (1613) und 9 (angeblich 1579) Fächerrosetten der Renaissance; Nr. 21 bis 31 wurden nach einem Großbrand (am 12. 10. 1730) neu errichtet, nur Nr. 25 (1710) war offensichtlich verschont geblieben. Am Ortsausgang Richtung Steinheim stehen ein gotisches Steinkreuz und ein klassizistischer Meilenstein, hier nur als einzelne Beispiele für zahlreiche derartige ›Flurdenkmäler‹ erwähnt.

Bad Meinberg ist bereits vor mehr als tausend Jahren, 978, ein erstes Mal erwähnt worden und kam damals in den Besitz des Klosters Corvey. Später an die Herren zur Lippe übergegangen, begannen Bemühungen zur Einrichtung eines Kurbetriebes, nachdem Ende des 17. Jahrhunderts die heilsame Wirkung des Meinberger Wassers festgestellt wurde. 1767 betraute man den Arzt Dr. J. E. Trampel mit der Leitung des Kurbetriebes, ein erstes Brunnenhaus entstand im selben Jahr, und in den folgenden Jahren fügte man Park, Ballhaus und Gästehäuser hinzu. Um 1820 erhielt der *Kurpark* sein heutiges Aussehen, 1928 durch den Berggarten und 1962–65 durch das Silvaticum erweitert. Im Zentrum des Parkes steht der neue Brunnentempel (Abb. 109) von 1842, seitlich die Kurhäuser Stern (1769–73) und Rose (1775), breite zweigeschossige Fachwerkbauten. Etwas abseits des Kurbezirkes findet man die im Kern romanische Dorfkirche inmitten einiger alter Bauernhöfe der einst locker bebauten Streusiedlung. (Von der Windmühle bei Fissenknick steht seit vielen Jahren nur noch der Stumpf.)

Die Bundesstraße 1 führt uns weiter nach **Reelkirchen.** Die einst dem hl. Liborius geweihte *Kirche* ist ein romanisches Bauwerk aus dem 1. Viertel des 13. Jahrhunderts mit Westturm, Saal und schmalerem Chor. An der Nordseite gibt es ein rundbogiges Portal, von eingestellten Säulen mit Kapitell und Rundstab gerahmt, das Tympanon zeigt den hl. Liborius. Ein etwas einfacheres südliches Portal mauerte man später wieder zu. Der südliche Anbau datiert von 1665. Der Kirchhof bewahrt noch eine große Anzehl von Grabsteinen des 18. und 19. Jahrhunderts, darunter einige Ehepaar-Grabsteine mit doppelten Rundbogenabschlüssen. – Nördlich der Kirche steht am Ende der Mühlenstraße das bescheidene *Wasserschlößchen,* von Wirtschaftsgebäuden innerhalb einer Gräfte umschlossen. Die Wirtschaftsbauten aus Fachwerk (1550, 1774 erweitert) bestehen auf der Außenseite aus Bruchsteinmauerwerk. Das Herrenhaus von 1755, ein verputzter Fachwerkbau mit Mansarddach, birgt die alte Treppe sowie ein Zimmer mit einer in Frankreich hergestellten Tapete, auf der man eine südländische Phantasielandschaft sieht (um 1820).

Die Stadt **Blomberg** gehört zu den planmäßigen Stadtgründungen der Edelherren zur Lippe aus der Mitte des 13. Jahrhunderts. Wie in Detmold und Lemgo finden wir hier drei Längsstraßen, die von einer Straße gequert werden. Die Stadt ist noch teilweise von Mauern umgeben; das *Niedere Tor* (Abb. 107) hat einen Giebel aus zwei Stufen und einer Schräge dazwischen, mit Maßwerköffnungen und Kugelbesatz, also im Übergang von der Gotik zur Renaissance (um 1550). Es gehört zu den wenigen erhaltenen Tortürmen in Ostwestfalen. Auch das *Rathaus* am Marktplatz ist ein Renaissancebau (weitgehend 1586–87). Über zwei Geschossen mit zumeist massiven Außenwänden kragt ein Fachwerkstock auf reicher Gebälkzone vor, mit pilastergeschmückten Ständern deutlicher die Stilmerkmale der Renaissance zeigend als der Steinbau. Dem Marktplatz sind drei Quergiebel zugewandt. Die rückwärtige Erweiterung mit fachwerkbekröntem Ecktürmchen entstand 1904, im Treppenhaus Glasfenster von Ferdinand Müller (Quedlinburg).

Die *Stadtkirche St. Martini* westlich des Rathauses wurde 1833 bis auf den Turm abgebrochen, dieser erhielt 1879 einen als Amtsgericht genutzten Anbau. Als *Pfarrkirche* dient seit langem die ehemalige Augustinerkirche zum Heiligen Leichnam nordwestlich des Rathauses. Der Kirchengründung liegt ein Hostienfrevel zugrunde: Alheyd Pustekoke soll 1460 gestohlene Hostien in einen Brunnen an dieser Stelle geworfen haben, der daraufhin wundertätiges Wasser spendete. Die Diebin wurde mit dem Tode bestraft. Ab 1460 erbaute man dort eine Kirche zu Ehren des Leichnams Christi, die 1468 Augustinern aus Möllenbeck bei Rinteln übergeben wurde. Die 1473 geweihte Kirche ist auf dem Grabdenkmal des Gründers, Edelherr Bernhard VII. zur Lippe, dargestellt, das im Chor Aufstellung gefunden hat. Die qualitätvolle Doppeltumba des Edelherrn und seiner Gemahlin zeigt beide in Stein gehauen, auf Löwen stehend, mit spätgotischen Baldachinen und Wappensokkeln. Die Seiten der Tumba haben Maßwerknischen, einst mit kleinen Figuren. Zu Füßen befindet sich die genannte Kirchendarstellung, die relativ genau ist (Abb. 108). Deutlich sieht man die ursprünglichen Massivgiebel mit Blendmaßwerk, wohl mit seitlicher Aufzugsluke (Kirchendachboden als Lagerraum und mit reicher Gestaltung dieses Fassadenteils). Die Giebel mußten später in Fachwerk erneuert werden, auch der Dachreiter ist nicht mehr vorhanden. Im Vordergrund erkennt man den Brunnen mit der Hostiendiebin – eine typische Symboldarstellung des späten Mittelalters, denn Diebin und Kirche können eigentlich nicht auf einem gemeinsamen Bild erscheinen. Das Werk wird dem berühmten Bildhauer Heinrich Brabender zugeschrieben. Das Langhaus der Augustinerkirche ist eine dreijochige dreischiffige Halle mit Rundpfeilern. Die Kanzel von Jobst Rentorff hat geschnitzte Füllungen an Brüstung und Tür und wird durch einen ausladenden Schalldeckel überragt (1704).

Die *Burg*, nur durch einen Häuserblock von der Augustinerkirche getrennt, setzt sich aus zweigeschossigen Gebäuden zusammen, die einen Innenhof mit überdachtem Brunnen dicht umschließen und teilweise Fachwerk-Obergeschosse haben. Ostflügel und Nordflügel entstanden 1560–69. Die Hölzer sind mit ornamentalem Schnitzwerk überdeckt, vor allem mit Fächerrosetten, die für die Weserrenaissance charakteristisch sind (Bildschnitzer Bertold Sander aus Horn). Zu den figürlichen Bildern zählt das des Strebkaz-Spiels (Ostflügel, 9. Gefach von links; vgl. Soest). Diesem Flügel ist eine steinerne Utlucht vorgestellt, Werk des Bildhauers Hermann Wulff. Der Südflügel (Palas) geht im Kern noch auf das 13. Jahrhundert zurück. Ein etwas einfacherer Fachwerkbau mit Renaissancedekor ist das Amtshaus am Burgeingang (1572).

Eine Nebenstraße führt uns nach Südosten über *Wöbbel* (Barockschloß von 1690) nach Schieder und Schwalenberg. Das Schloß in *Schieder* (Ende 17. Jh.) hat zum Park hin flache Dreiecksgiebel über dem dreiachsigen Mittelrisalit (Eingang) und zwei seitlichen zweiachsigen Vorbauten. Im 19. Jahrhundert diente es den Fürsten zur Lippe als Sommerresidenz.

In **Schwalenberg** verdient die reizvolle, am Hang gelegene Altstadt einen kleinen Rundgang (Farbt. 29). Zahlreiche Ackerbürgerhäuser mit großen Einfahrtstoren bestimmen das Stadtbild. Das *Rathaus* (Farbt. 25, 33) einer der meistbeachteten lippischen Fachwerkbauten, stammt im Kern aus dem Jahre 1579, erhielt 1603 einen kleinen Anbau und wurde 1904–07 durch den Marburger Architekten August Dauber erneuert und erweitert. Unterschiedliche, z. T. auf die Rundung gestellte Fächerrosetten wechseln miteinander ab, in der Mitte des Kernhauses gibt es viereckige Brüstungstafeln mit Darstellung der Justitia und des Stadtwappens. Die Ornamentik folgt Holzschnitten aus der Mitte des 16. Jahrhunderts. Das Erdgeschoß mit großen Arkaden war einst Markthalle. – Die evangelisch-reformierte *Pfarrkirche* (ab 1307) ist ein einschiffiger gewölbter Bau mit schmalerem Chor, 1624 vergrößert. – Die *Burg* oberhalb des Ortes löste als Residenz der Grafen von Schwalenberg die Oldenburg bei Marienmünster ab; der erhaltene Flügel entstand weitgehend 1627/28, 1911–13 erneuert.

Nach Osten führt die Straße durch ein landschaftlich reizvolles Hügelgelände, das bis zur Weser reicht, mit dem *Köterberg* als höchster Erhebung (497 m). Das **ehemalige Zisterzienserinnenkloster Falkenhagen** unweit des Köterberges wurde gegen 1250 hierher verlegt und ging 1432 an die Kreuzherren über. Die heutige *Kirche* stammt aus den Jahren 1479–87 und ist ein einschiffiger gewölbter Bau mit 5/8-Chorschluß. Die erhaltenen Glasmalereien in drei Chorfenstern (im Osten eine Kreuzigungsdarstellung) entstanden um 1500, etwa gleichalt ist das Chorgestühl, beides 1896 restauriert. Südlich wird die Kirche durch einen ehemaligen Kreuzgangflügel begleitet. Von den Gebäuden der Klausur blieben nur der östliche Flügel und das zweigeschossige frühere *Dormitorium* aus dem Jahre 1509 stehen, ältester durch eine Inschrift datierter Fachwerkbau in Lippe. Das Obergeschoß kragt allseits vor, die einzelnen Ständer werden durch eine dichte Reihung gebogener Fußbänder abgestrebt – ein charakteristisch spätmittelalterliches Gefüge. Ein weiterer bemerkenswerter Fachwerkbau steht westlich der Kirche: Das katholische *Pfarrhaus* (einst Priorat) mit Andreaskreuzen in den Giebelgeschossen und früher auch in den Obergeschossen, einfachen Streben an den Eckständern und gebogenen Kopfknaggen verbindet Motive hessischer Fachwerkgefüge mit denen des ostwestfälischen Raumes (1581). – Ein zweigeschossiges massives Wohnhaus der Jesuiten (1695) dient heute als katholische *Pfarrkirche;* die Jesuiten hatten das Kloster 1604 besiedelt.

Auch nach **Lügde** sollte man auf den landschaftlich sehr reizvollen Nebensträßchen fahren. Die kleine Stadt liegt wenige Kilometer nördlich Falkenhagens nahe der niedersächsischen Grenze bei Bad Pyrmont. Vor 1246 wurde Lügde an der Stelle einer älteren Siedlung als Stadt nach Lippstädter Recht gegründet. Charakteristisch ist das Dreistraßensystem aus Vorder-, Mittel- und Hinterstraße, die parallel zueinander liegen, an den beiden Stadttoren zusammenlaufen und durch die obligatorische Querstraße gekreuzt werden. Trotz zahlreicher zweifelhafter ›Modernisierungen‹ ist das Gesamtbild der ummauerten Stadt aus strengen Reihungen giebelständiger Häuser noch gut zu erkennen; auch mehrere Stadtmauertürme haben noch ihre volle Höhe. Die Häuser, zumeist Ackerbürgerhäuser ländlichen Bautyps, gehören z. T. dem 16. bis 18. Jahrhundert an, viele entstanden nach einem Stadtbrand 1797. In der Ortsmitte befindet sich die Pfarrkirche von 1894, in gotisierendem Stil an einen Turm des 14. Jahrhunderts gelehnt. Das 1749–56 am Stadtrand errichtete Franziskanerkloster hat eine einfache Barockkirche.

Außerhalb der Stadt steht auf einer leichten Anhöhe die alte Pfarrkirche, die *Kilianskirche,* im letzten Drittel des 12. Jahrhunderts erbaut; noch älter ist der untere Teil des Westturmes aus hellerem Bruchstein. Den Eindruck des Innern (Abb. 114) bestimmen das hohe Mittelschiff und das geräumige Querschiff, während die Seitenschiffe schmal und niedrig sind. Das Gewölbe ruht auf massiven kreuzförmigen Pfeilern, die Arkaden zwischen den Schiffen werden durch Säulen mit verzierten Kapitellen (Palmetten-Ringband- und Doppelschild-Lilien-Kapitelle nach Hildesheimer Vorbild) abgeteilt. Das Bauwerk stellt nicht nur eine eigenwillige Verbindung westfälischer und niedersächsischer Elemente dar, sondern übernahm auch Bauformen der Stiftskirche in Lippoldsberg, wie namentlich den Wölbungsplan.

Bekannter als die Stadt und ihre Baudenkmäler ist ein alter westfälischer Brauch, der sich nur noch hier bewahrt hat, der Osterräderlauf: In der Nacht des Ostersonntag rollt man

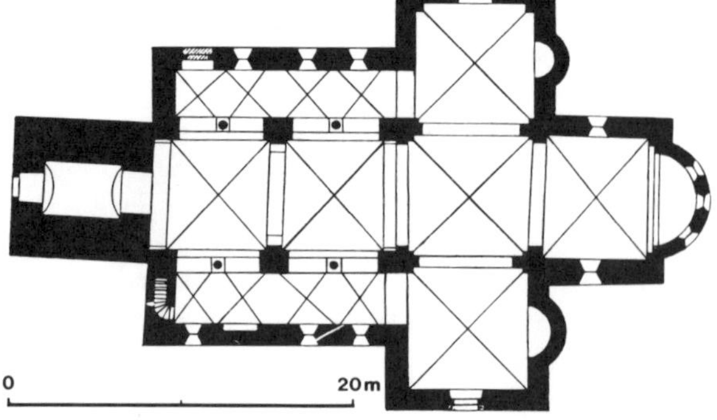

Lügde, Kilianskirche, Grundriß

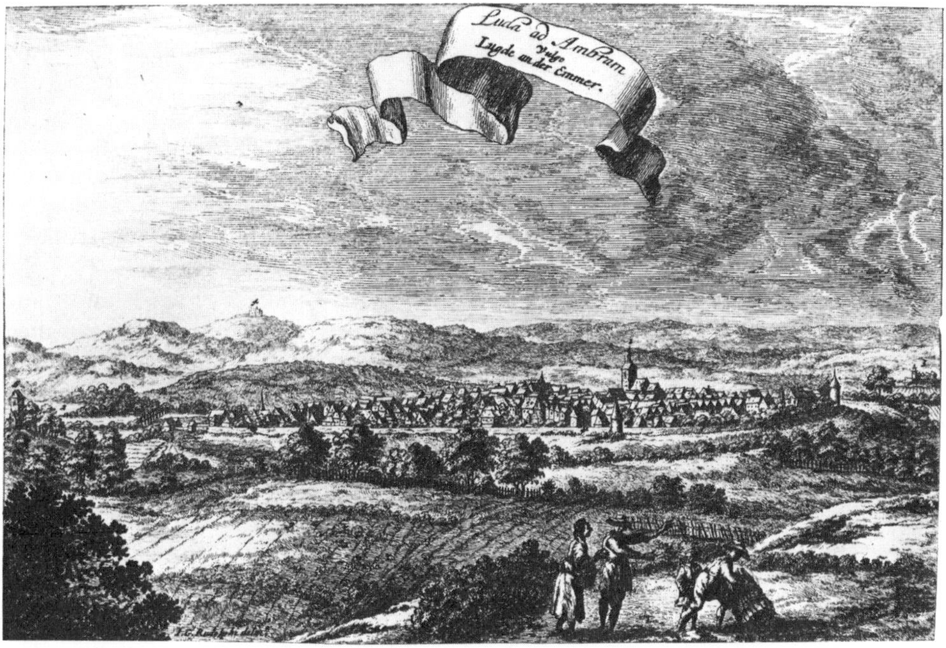

Lügde. Radierung nach Johann Georg Rudolphi, um 1670

nach einem Umzug brennende Osterräder vom Hang des Osterberges ins Tal hinab, heute schließt sich zumeist ein Feuerwerk an. In etlichen anderen Gemeinden werden in dieser Nacht die Osterfeuer abgebrannt.

Barntrup gehört ebenfalls zu den lippischen Kleinstädten, die nach dem Lippstädter Drei-Straßen-Schema angelegt wurden. Die mittlere Straße ist die Hauptachse. Die beiden seitlichen Straßen liegen hangab- bzw. hangaufwärts, in der oberen befindet sich am westlichen Stadtrand das *Schloß* (Abb. 113). Es wurde 1584–88 durch Baumeister Eberhard Wilkening für die Witwe Franz von Kerßenbrocks, Anna von Canstein, errichtet. Der eindrucksvolle kleine Bau hat drei runde bzw. polygonale Ecktürme, durch die die Gesamterscheinung an Lustschlösser wie das Lusthaus beim Kasseler Residenzschloß der hessischen Landgrafen (1570; abgebrochen) erinnert, sie lassen gleichzeitig das Schloß aber auch sehr wehrhaft erscheinen. Der asymmetrisch vor der Breitseite sitzende Treppenturm zeigt, daß ein zweiter (schmalerer) Flügel geplant gewesen ist. Die Bedeutung des Barntruper Schlosses liegt kunsthistorisch in der Verbindung der reichen Gliederung aus Gesimsen und Pilastern mit der manieristischen Verwendung der Bossenquader und den Giebeln mit ausschweifenden Hörnern. Die Eingangsseite ist durch eine wappengeschmückte Utlucht bereichert; über dem Kellereingang schaut die Büste eines Mundschenks aus dem Giebelchen hervor, beides nach Entwurf des Baumeisters Wilkening. Die Büste der

Bauherrin über dem Portal zum Treppenturm schuf Heinrich Overkotte. – Im Garten steht eine Sonnenuhr (Abb. 111) auf niedrigem Sandsteinpfeiler, die wie ein kristalliner Körper wirkt und an allen Hauptflächen die Zeit anzeigt (17. Jh.; ein Gegenstück im Kurpark Bad Meinberg). Die Allee führt vom Schloß zum *Gut Wierborn* mit dem etwa 1860/70 erbauten Herrenhaus.

Die lutherische *Pfarrkirche* im nur drei Kilometer entfernten Dörfchen **Sonneborn** ist ein schlichter Saalbau des 13. Jahrhunderts mit Westturm und Rechteckchor. Auf die Gewölbegrate sind Rippen aufgemalt, die Zwickel haben Rankenmalereien in spätgotischer Tradition (Abb. 112). Wesentlich an dieser Ausmalung des 16. Jahrhunderts ist das protestantische Bildprogramm (nach Holzschnitten von H. S. Beham), das offensichtlich auf Veranlassung des Grafen Bernhard VIII. zur Lippe kurz nach 1564 entstand (Wappen in den gemalten Gewölbeschlußsteinen). Zu den Darstellungen zählt neben dem Bild Christi als Weltenrichter ein Passionszyklus, der sich in den Gewölbezwickeln des Langhauses befindet, im Südosten beginnend: Christus am Ölberg, Christus vor Kaiphas (?), Christus vor Herodes, Geißelung Christi, Dornenkrönung, Vorführung vor das Volk, Handwaschung des Pilatus, Kreuztragung, Kreuzigung, Grablegung, Auferstehung, (Frauen am Grab). Die Bilder an den Wänden des Langhauses und im Chorgewölbe beziehen sich auf den Katechismus, darunter auf die Zehn Gebote: Kartenspieler beim gotteslästerlichen Schwur als Übertretung des 2. Gebotes (Du sollst den Namen des Herrn nicht mißbrauchen); Holzhacker bei der Arbeit statt bei der Sonntagspredigt – 3. Gebot (Gedenke des Sabbattages, daß du ihn heiligest); der betrunkene Noah und seine Söhne – 4. Gebot (Du sollst deinen Vater und deine Mutter ehren); Kain und Abel – 5. Gebot (Du sollst nicht töten); König David und Bathseba – 6. Gebot (Du sollst nicht ehebrechen); Kirchendiebstahl – 7. Gebot (Du sollst nicht stehlen); Verleumdung der Susanna – 8. Gebot (Du sollst nicht falsches Zeugnis reden wider deinen Nächsten); die Darstellung des ersten sowie der beiden letzten Gebote sind weitgehend zerstört. Im Turm sehen wir das Opfer Abrahams sowie David und Goliath. – An der Nordseite des Chores setzt ein Zyklus zu den sieben Bitten des Vater-Unser ein, die durch leider nur mäßig erhaltene Bilder illustriert werden. – Das Bildprogramm ist heute ein einzigartiges Beispiel einer protestantischen Kirchenausmalung der lutherischen Epoche in Lippe und hat dadurch überregionale Bekanntheit erlangt. (Predigtstuhl von 1653.)

Zwischen Barntrup und Lemgo führt eine schmale Nebenstraße zum **Schloß Wendlinghausen** (Abb. 110). Es wurde 1613–16 im Auftrag Hilmars d. J. von Münchhausen für seinen Sohn errichtet, Baumeister war wohl Eberhard Wilkening. Wie das Schloß in Barntrup ist auch dieses nur einflügelig, war vermutlich aber zweiflügelig geplant. Der das Dach überragende Treppenturm zeigt die Verwandtschaft zum Barntruper Schloß, doch ist der Bau hier im ganzen einfacher. Eigenwillig wirken die kleinen Erker an der Rückseite, die in unregelmäßigen Abständen über dem Wasser hängen – es sind Aborterker[23]. Daß ein solcher sanitärer Bauteil geradezu dekorativ angebracht wurde, mag vielleicht auch damit zusammenhängen, daß der Aborterker (bzw. das Häuschen) auf dem Lande damals zum Luxus gehörte, den sich vielfach nur die Wohlhabenderen leisteten – der einfache Mann benutzte Stall oder Miste. – Zu den Hofgebäuden gehören ein kleines Fachwerk-Backhaus (jetzt Schuppen) von 1799 sowie große Scheunen und Ställe (u. a. 1797 und 1847). Die späteren Besitzer, von Reden, ließen in der Nähe des Schlosses an der Voßheider Straße drei eingeschossige Landarbeiterhäuser für je vier Familien errichten, das mittlere 1910 neu aufgebaut.

Als Beispiel für ein geradezu ›klassisches‹ Hagendorf sei das benachbarte einst selbständige Dorf **Hagendonop** genannt. Etwa zwanzig Höfe sind an der Straße zwischen Wendlinghausen und Donop aufgereiht, jeder mit zugeordneten Ackerflächen. Das Hagendorf ist nur auf einer Straßenseite bebaut, die älteren Höfe gehören noch dem 18. Jahrhundert an.

Die frühere Hansestadt **Lemgo,** lange Zeit größter und wichtigster Ort im Fürstentum Lippe, ist berühmt für die Geschlossenheit ihres Stadtbildes und die Bedeutung zahlreicher Einzelbauwerke, erst in letzter Zeit auch wegen der Sanierung gerühmt, die doch lange von bedeutsamer Substanz zu oft nur die Fassaden stehen ließ.

Lemgo, Marktplatz. Stahlstich nach einer Zeichnung von G. Osterwald

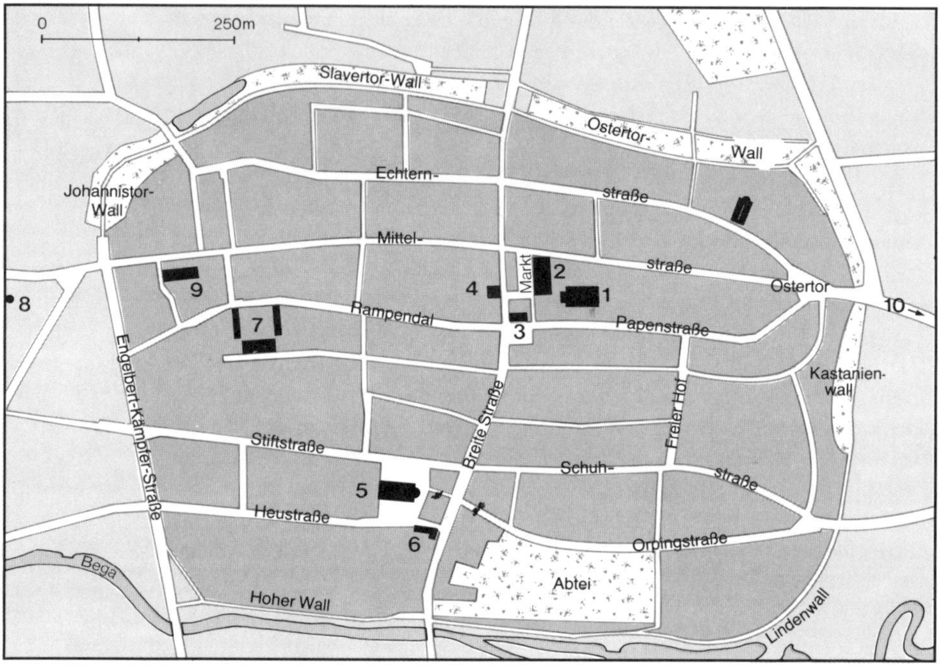

Lemgo 1 St. Nikolai 2 Rathaus 3 Haus Kramerstr. 2 4 Wippermannsches Haus (Verkehrsamt) 5 St. Marien 6 Hexenbürgermeisterhaus (Heimatmuseum) 7 Lippehof 8 Turm der Gaukirche St. Johann 9 St. Johann 10 Junkerhaus

In den Jahren 1001 und 1011 wird der Name Lemgos zuerst genannt, damals noch als Bezeichnung eines Gaues. Ein kleiner Ort bestand unmittelbar westlich der späteren Stadt um die Kirche St. Johann d. T., von der heute noch der spätromanische Kirchturm erhalten ist, umgeben vom Friedhof St. Johannis mit zahlreichen alten Grabsteinen. Den vorher nahe Lippstadt ansässigen Herren zur Lippe gelang es im 12. Jahrhundert, Grafenrechte und Besitz nordwestlich des Teutoburger Waldes an sich zu bringen, in Abhängigkeit vom Bischof zu Paderborn, dem das Gebiet unterstand. Um 1200 gründeten sie Lemgo als erste einer Reihe lippischer Städte in diesem Gebiet und statteten den nach Lippstädter Plan angelegten Ort auch mit Lippstädter Recht aus. Eine zweite Stadtgründung erfolgte vor 1265, unmittelbar südlich an Lemgo anschließend: die Neustadt. Beide Städte waren mit eigenem Wall und Graben versehen und wurden erst 1365 vereinigt. Beide haben im Prinzip den gleichen Grundplan, bestehend aus drei (bzw. zwei) an den Stadttoren vereinigten Längsstraßen und einer sie in der Mitte kreuzenden Querstraße, ergänzt durch zusätzliche Querverbindungen. Doch während in der Altstadt die Mittelstraße von Osten nach Westen die Hauptbedeutung trägt, hat in der Neustadt die Querstraße, die Breite Straße, die größere Wichtigkeit und die Anlage der Längsstraßen ist nicht so konsequent wie in der Altstadt.

Auch wirtschaftlich hatten beide Gemeinden unterschiedlichen Rang: Die Neustadt war Siedlung der Handwerker und enthält auch Ackerbürgerhäuser, die Altstadt wurde vorrangig von Kaufleuten bewohnt, die teilweise im Fernhandel tätig waren. Lemgo war seit dem späten 13. Jahrhundert Hansestadt und blieb bis zum 16. Jahrhundert wirtschaftlich gesund. – Die früher übliche Aufteilung der Städte in einzelne Quartiere, zumeist Bauerschaften genannt, hat sich in Lemgo noch äußerst lange erhalten und noch auf die Straßenbeschilderung niedergeschlagen (Abkürzungen mit ›B‹ für Bauerschaft). – Der Wall umgibt nahezu vollständig Alt- und Neustadt, teilweise auch mit Graben und Stadtmauer. Er ermöglicht einen fast geschlossenen ruhigen Rundgang um die Innenstadt.

Die *Hauptkirche* am Markt (Farbt. 24, Abb. 115), hat den hl. Nikolaus zum Patron, wie es für viele norddeutsche Kaufmannsstädte charakteristisch ist. Von den Herren zur Lippe gegründet, entstand sie etwa zwischen 1210 und 1250 als kreuzförmige Basilika mit rechteckigem Chor. Gegen 1300 erfolgten der Umbau zur Hallenkirche mit Verbreiterung der Seitenschiffe auf ihre heutige Größe und die Anfügung des polygonalen Chorschlusses; hohe Nebenräume ersetzten um 1400 die Nebenapsiden. Als Kern blieb das gewölbte Mittelschiff des spätromanischen Langhauses erhalten. Am Außenbau fällt zuerst die Doppelturmfront auf. Die beiden schlanken Türme mit ihren unterschiedlichen Helmen geben der Stadt schon von weitem ihr Gepräge. Der nördliche ist städtischer Besitz, sein Zwiebelhelm (1569) enthält die bis in das 19. Jahrhundert bewohnte und beheizbare Wächterstube (Kamin), Wohnraum und Ausguck; der südliche erhielt nach einem Einsturz der oberen Teile 1663 den jetzigen Spitzhelm, durch Witterungseinflüsse (Sonnenstrahlung) inzwischen gedreht. Eine Doppelturmfront ist bei Stadtkirchen nicht gerade häufig und steht vorwiegend Kloster-, Stifts- und Domkirchen zu, obwohl gerade in Westfalen weder der Dom in Paderborn noch St. Patroklus in Soest eine Doppelturmfront haben. Die Fassade verdeutlicht so die Ansprüche, die sich mit diesem Kirchenbau der Herren zur Lippe verbunden haben. Dem Ursprungsbau gehören noch das Westportal mit interessanter Fenstergruppe sowie die beiden Querhausportale an, von denen das zur Mittelstraße besonders aufwendig ist. Das ehemalige Tympanon des Westportals befindet sich heute im Südseitenschiff, es zeigt Christus, Maria und Johannes Ev.

Im Westjoch zwischen den Türmen ist die einstige basilikale Gliederung der Kirche noch erhalten und ein vermauertes Obergadenfenster zu sehen. Die Mittelschiffsgewölbe stammen noch aus der Bauzeit, im Westjoch und in der Vierung aufwendiger. Die dekorative Gewölbeausmalung begleitet die Rippen bzw. läßt Grate als Rippen erscheinen, die Gewölbezwickel werden teilweise ornamental ausgefüllt. Die Pfeiler wurden beim Umbau zur Hallenkirche gegen 1300 verändert und haben vereinzelt Konsolfiguren an den Rippenansätzen erhalten.

St. Nikolai enthält bedeutende Ausstattungsstücke, namentlich aus nachreformatorischer Zeit. Älter sind der hohe Kruzifixus im Chor aus dem späten 15. Jahrhundert, das Sakramentshaus von 1477 und der Kruzifixus des 15. Jahrhunderts auf der Spitze des Hochaltars. – Am ersten Mittelschiffspfeiler steht das Epitaph für Moritz von Donop († 1585), Rittmeister und verdienter Kämpfer in den Befreiungskriegen der Niederlande.

Das 1587 von Georg Crossmann gemeißelte Epitaph folgt eng einem durch Luther beeinflußten Holzschnitt Lukas Cranachs (1529). Von Hermenpilastern gerahmt wird das Relieffeld durch einen Baum geteilt, unter dem ein (der) Mensch sitzt. Auf der linken, verdorrten Seite zeigt es Darstellungen des Alten Testaments: der die Gesetzestafeln empfangende Moses, Zeltlager mit Aufrichtung der ehernen Schlange, Sündenfall, Symbol des Todes, ein Prophet. Die Bilder rechts stammen aus dem Neuen Testament: Verkündigung an Maria, Verkündigung an die Hirten, Kreuzestod Christi mit Moritz von Donop und Christina von Kerßenbrock im Gebet, am Fuß des Kreuzes das Lamm Christi, der Evangelist Johannes, auf den auferstehenden Christus weisend. – Derselbe Künstler schuf auch das Taufbecken innerhalb einer Schrankenumwehrung aus feinen Säulchen (1597) mit Renaissanceportal mit Doppelsäulen. Hier im östlichen Joch des Südseitenschiffs befinden sich noch bedeutende Reste der figürlichen Kirchenausmalung, paarweise angeordnete Apostel, an der Ostwand aus dem späten 14. Jahrhundert (Jakobus minor, Johannes ev., Petrus und Paulus), an der Südwand aus dem beginnenden 15. Jahrhundert. Die älteren Apostelbilder sind von Baldachinen umgeben, in der Art gotischer Architekturen mit Ansätzen von Wendeltreppen, Bögen, Gewölben und Fialen (Abb. 117). Unter den Glasfenstern ist das Bibelfenster im Südseitenschiff hervorzuheben, eine Arbeit des Marburger Glasmalers Erhard Klonk (1966).

Der Kirchplatz wird durch eine kleinteilige Kirchhofbebauung aus Fachwerkhäusern des 16. Jahrhunderts von der Mittelstraße (Nr. 39–49) abgetrennt und im Westen durch das *Zeughaus* abgegrenzt, dessen Fachwerkobergeschoß zur Papenstraße von einem Steingiebel abgeschlossen wird (1548), der den typischen diagonal gesteiften Renaissanceputz trägt.

Das *Rathaus* (Farbt. 24, Abb. 116) ist das wichtigste Profangebäude der Stadt, innen durch Umbauten der Nachkriegszeit leider sehr stark beeinträchtigt. Äußerlich ist die malerische Baugruppe, die sich durch Zutaten und Veränderungen in vielen Generationen ergeben hat, noch im Zustand des frühen 17. Jahrhunderts gewahrt. Im Grunde ist diese ›gewachsene‹ Struktur, bei der viele einzelne Räume und Bauteile addiert werden, für das späte Mittelalter sehr charakteristisch. Dem Kernbau des 14. Jahrhunderts mit breiten Giebeln der Jahre um 1540 sind zum Marktplatz hin zunächst ein mittlerer Querbau (Ratsstube, um 1500), sodann ein schmaler Parallelbau (Ratsapotheke, 1525) und schließlich an der rechten Ecke die neue Ratsstube (1589) vorgebaut worden. Eine durchgehende Laube ergab sich so auf der Marktseite, bis 1612 der Apothekenerker vor die Ratsapotheke gestellt wurde. Den schlichten geputzten bzw. gequaderten Wandflächen stehen die architektonisch und künstlerisch stark aufgelockerten Vorbauten gegenüber, die weniger Nutzraum, als vielmehr reine Fassade sind: Die Ratslaube mit Freitreppe an der Mittelstraße ist das früheste bekannte Werk von Hermann Wulff (1565). Schon der Sockel mit rustizierenden Quadern bereitet die Gliederung in vortretende Pfeiler mit aufgelegten ionischen Pilastern und abschließendem Gebälk vor, zwischen die Rundbogenarkaden mit Löwenmasken als Schlußsteine eingefügt sind. An der Brüstung befinden sich reich modellierte Wappentafeln, über dem Portal zwei Büsten mit dem Lippischen Wappen (Rose), dem Meisterzeichen Wulffs und der Jahreszahl. Das 1589 aufgesetzte Obergeschoß, auf steinernen Balkenköpfen in Anlehnung an Fachwerk-Architektur vorkragend, stammt wahrscheinlich von Georg Crossmann. Auf Rundbogenarkaden wurde verzichtet, schlanke ionische Säulen und zwischengestellte Fensterpfosten tragen ein antikisierendes Gebälk, über dem sich ein Beschlagwerk-Giebel erhebt, oben mit der Jahreszahl 1589. Die Brüstung ist mit der Darstellung der Sieben freien Künste versehen, ein beliebtes Bildmotiv des Humanismus (Grammatik, Dialektik, Rhetorik, Musik, Arithmetik, Geometrie und Astronomie). Im selben Jahr entstand der ähnlich gestaltete Giebel der neuen Ratsstube, rechts an der Marktplatzfront, übrigens nahezu der einzige Bauteil, der noch die alte Ausstattung bewahrt (Wandtäfelung). Der reichste Vorbau ist der Apothekenerker links an dieser Front, außergewöhnliches Beispiel einer humanistischen Themenwahl. Dargestellt sind auf dem Brüstungsfries des Obergeschosses die Ärzte und Naturforscher Dioscorides (römischer Apotheker), Aristoteles (griechischer Philosoph und Naturforscher), Rhases (arabischer Naturforscher), Claudius Galenus (römischer Arzt), Hippocrates (griechischer Arzt), Hermes Tres Megistos (ägyptischer Philosoph), Raimundus Lullus (spanischer Philosoph), Geber (Dschabir ibn Haijan, persischer Arzt), Andreas Vesalius (Anatom) und Th. Paracelsus (deutscher Arzt). Die Beschriftungen über den Halbfiguren nennen teilweise auch die Herkunftsländer (Aegypti, Hispanius usw.) sowie einen Lehrsatz des Dargestellten. Der Erker entstand wahrscheinlich unter Aufsicht bzw. Vorplanung Georg Crossmanns unter Mitwirkung der Lemgoer Meister Hermann und Johann Roleff. (Zum alten Innenausbau gehört auch der Gewölbekeller, Ratskeller, Anfang 16. Jh. bzw. 1589, Kamin von 1612 aus einem Wohnhaus übertragen.)

Dem Rathaus gegenüber wird der Marktplatz von einem modernen, in mehrere Teile aufgespaltenen Bau des Kölner Architekten Walter de Lom (1976/77) gerahmt, eingefaßt von einem massiven Giebelhaus des 16. Jahrhunderts und einem Fachwerkbau von 1774 (Abb. 115). Der Neubau ist hinweisenswert durch die abwechslungsreich und kleinteilig gestaltete Architektur, die sich in Dimensionen und Einzelheiten, wie dem Steildach, gut der historischen Altstadt einfügt, während die Erker, Gitter und Dachgauben bewußt modern gestaltet sind. Die beiden übrigen Seiten des Marktplatzes sind mit steinernen Giebelbauten besetzt, besonders eindrucksvoll ist die Front an der Mittelstraße. Den südlichen Platzabschluß stellt das *Ballhaus* dar, das 1608/09 aus zwei Bürgerhäusern mit Umfassungsmauern des 14. Jahrhunderts gebildet wurde. Die Jahreszahl 1549 bezieht sich auf den Umbau eines dieser Bürgerhäuser.

In der Mittelstraße finden wir die bedeutendsten Bürgerhäuser Lemgos (die Hausnumerierung erfolgt von Ost nach West). Nur einige der interessanten Bauten können hier erwähnt werden. Im Osten endet die Mittelstraße mit einem Brunnen des Aachener Künstlers Bonifatius Stirnberg (1977), dessen Figuren den ›Streit um die Tonne‹ darstellen; sie sind beweglich und man darf mit ihnen spielen. Der Künstler schuf auch eine Reihe ähnlicher Brunnen in anderen Städten, u. a. in Aachen. Das Haus Mittelstraße 14 eröffnet den Reigen der Bauten mit Fachwerkfronten. Gebogene Fußbänder und Vorhangbögen weisen auf eine Entstehungszeit um 1540/50. Beim gegenüberliegenden Haus Nr. 13 (1591) ist die Fassade mit großen zeittypischen Fenstern bis auf das Erdgeschoß hinunter

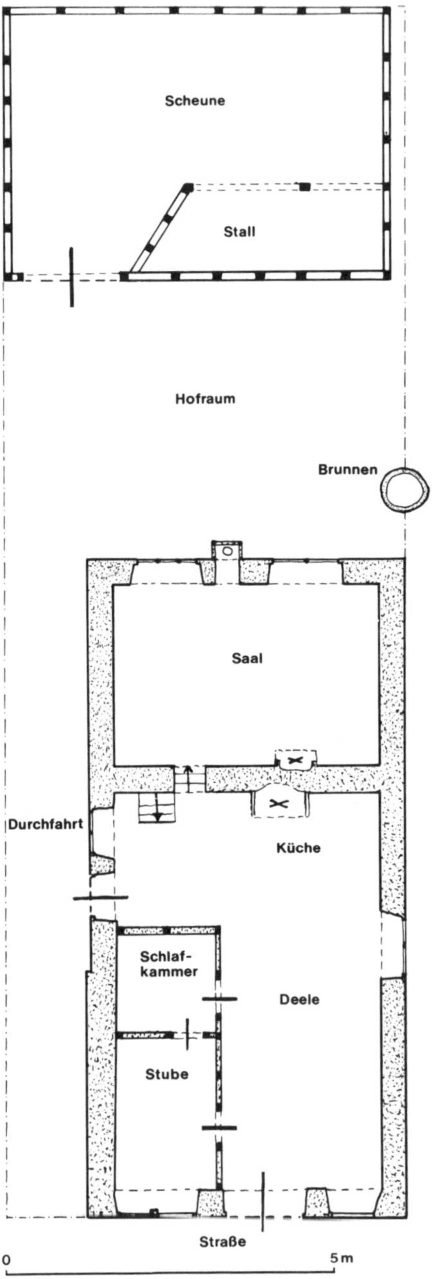

Lemgo, Mittelstraße 13, Grundriß von Vorderhaus und Hinterhaus. Rekonstruktion des Bauzustandes im 17. Jahrhundert

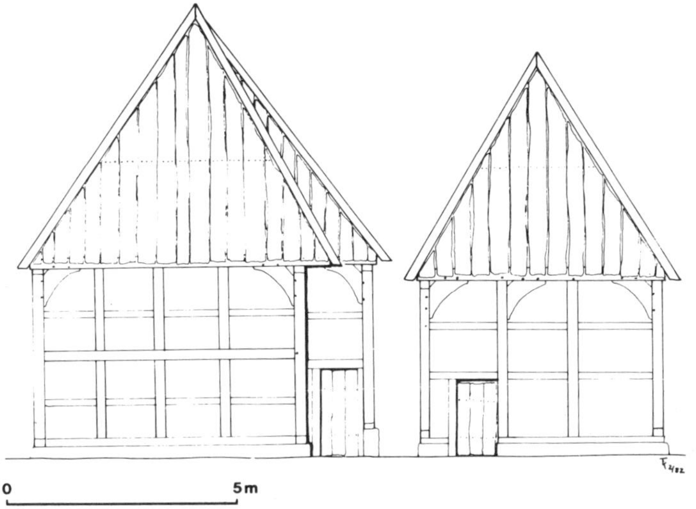

Lemgo, Pagenstraße, Hofgiebel kleiner Fachwerkhäuser

Lemgo, Mittelstraße 17, Hofgiebel und Längsschnitt

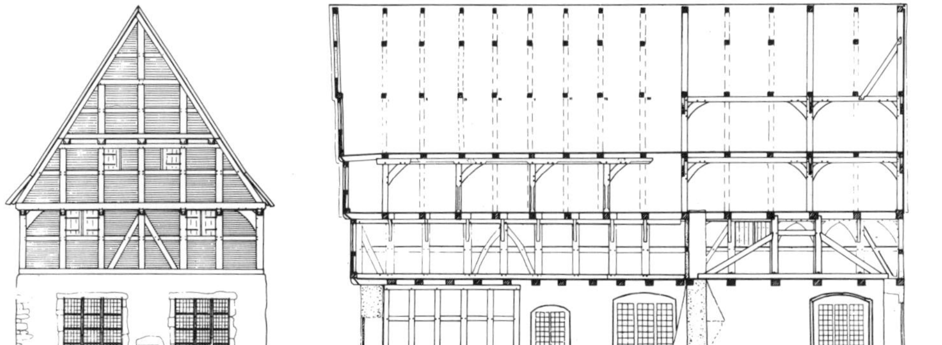

rekonstruiert worden. Nr. 17 (1585/87) zeigt überreichen Dekor auf Ständern, Riegeln, Schwelle, Rähm und Brüstungsbohlen, wohl für den Kaufmann Johann Heinrich Schnitger errichtet. Das stark verbaute Innere enthält noch die Spuren seiner früheren Einteilung mit dem großen ungeteilten Raum (später ›Deele‹) mit Kamin und sehr großen Fenstern sowie anschließendem unterkellerten Saal, gleichfalls mit Kamin. Ein Speicherstock vergrößert die Lagerfläche, die der Kaufmann benötigte.

Ähnliche Verzierungen finden sich auch an den Häusern Nr. 22, 24, 27 (1569) und 36. Dieses Gebäude (›Planetenhaus‹) ist zwischen den Fenstern des Dachgeschosses mit den Flachreliefs der personifizierten Planeten Jupiter, Saturn, Sonne, Venus, Mars und Mond versehen, zugleich Versinnbildlichungen der antiken Gottheiten. Dieses Haus hat keinen Speicherstock – es war ein reines Patrizierwohnhaus. – Nahe dem Marktplatz stehen mehrere Häuser, die ihre alten Massivgiebel bewahrt haben, die zumeist im frühen 16. Jahrhundert vor ältere Häuser gesetzt worden sind. Es handelt sich um Mittelstr. 42 mit einem Treppengiebel, durch Fächerrosetten dem Renaissancestil angepaßt, 52 mit gotischen Fenstern im Giebel (1521). Den Übergang von gotischen Giebelformen zu solchen der Renaissance kann man auch am Haus Nr. 56 (1556) mit Kreuzstockfenstern, spitzbogigem Portal, gestäbten Gewänden und Fächerrosetten sehen. Zu den Beispielen spätmittelalterlicher Steinwerke zählt der hintere Teil des Hauses Mittelstr. 89 (Mitte 14. Jh.), während der vordere Teil dieses Gebäudes ein Fachwerkbau von etwa 1700 ist. Zu den Beispielen barocker Baukunst zählen einfachere Häuser mit Mansarddach wie Mittelstr. 114 mit ansprechender Rokoko-Haustür. – Nahe dem westlichen Ende der Mittelstraße steht die *Johanneskirche,* in der 2. Hälfte des 15. Jahrhunderts als Klosterkirche der Franziskaner errichtet. Die rundbogigen Fenster und das Mansarddach entstanden 1799. – Der einfache klassizistische Bau von 1847 in der Parallelstraße (Rampendahl) war die katholische *Bonifatiuskirche,* durch einen Turm an der Eingangsseite gekennzeichnet (nur Fassade erhalten).

Um Grundstücksbreite vom Marktplatz nach Westen verschoben setzt die Kramerstraße an, die als schmale Gasse quer durch die Altstadt und anschließend als breite Geschäftsstraße (Breite Straße) durch die Neustadt verläuft. An der Kramerstraße ist das *Wippermannsche Haus* zu nennen (Nr. 5, 1576), mit durchbrochenem spätestgotischen Maßwerkgiebel (Renaissancestreifenputz leider nicht wiederhergestellt). Fialen, Kielbögen und Maßwerköffnungen bilden die Giebelkanten und den Abschluß eines Erkers. Die heutige Nutzung als Verkehrsamt ermöglicht einen Blick in das Haus hinein. In die Deele sind seitlich Wände aus Fachwerk gestellt, die kleine Kammern vom großen Raum abteilen. Am hinteren Ende der Deele befindet sich die offene Feuerstelle, hinter ihr ein Saalbau. Das Haus Nr. 2 (1485) an der Ecke zur Papenstraße ist eines der ältesten Fachwerkhäuser Lippes (1983 wieder aufgebaut). Zeittypisch sind die von außen nicht sichtbaren Kopfbänder zur Versteifung des Gefüges, ferner die gekehlten Knaggen.

In der Papenstraße, die parallel zur Mittelstraße verläuft, sind u. a. folgende Häuser zu erwähnen: Nr. 8 reicht mit dem unterkellerten Saalbau noch in die Zeit um 1400 zurück, während das Vorderhaus Ende des 15. Jahrhunderts entstand; im Zuge späterer Veränderungen wurden barocke Türen und Treppe eingebaut. Nr. 24 (Kerßenbrockscher Hof) mit Streifenputz und Erker der Renaissance ist ein zweiflügeliges Gebäude. Nr. 32 mit Giebel und Nebenbau von etwa 1590 (Beschlagwerkornament) gehört im Kern wiederum dem späten 15. Jahrhundert an.

In der Breiten Straße gibt es einige reich verzierte Fachwerkgiebel der Renaissance (z. B. Nr. 45, 1576, und Nr. 47). Das bekannteste Haus ist das ›*Hexenbürgermeister-Haus*‹ (Nr. 19; Farbt. 26), benannt nach dem im 17. Jahrhundert in Lemgo wütenden Bürgermeister Cothmann, der aus Machtgier den Hexenwahn als Bestandteil des christlichen Glaubens nutzte, um seine politischen Gegner aus dem Feld zu räumen. Damit dies nicht zu deutlich wurde, ließ er einige weitere Dutzend Bürger umbringen, Frauen wie Männer. Das Haus hatte bereits 1568–71 der Kaufmann und Bürgermeister H. Crüwell errichten lassen. Die Fassade stammt wohl von Hermann Wulff. Am Unterbau gibt es breite, reich durchfensterte Utluchten, darüber ein Vollgeschoß und drei Giebelgeschosse, die zum Speichern genutzt worden sein dürften. Die Front ist durch Halbsäulen und Gesimse gegliedert. Einige Teile sind plastisch verziert, am Tor erkennt man Adam und Eva sowie den Baum der Erkenntnis, um den sich die Schlange gewunden hat. In der Giebelspitze handelt es sich – hierzu gehörend – um die Darstellung Christi. Die Brüstungsreliefs zeigen die Tugenden. Das Haus ist im vorderen Bereich dreischiffig, hier werden seit dem 17. Jahrhundert Kammern vom großen Raum abgetrennt. Die Küchenzone, dem Flett des Bauernhauses entsprechend, erstreckt sich über die ganze Hausbreite und ist mit einem Kamin versehen. Rückwärtig schließt sich der unterkellerte Saalbau an, im Saal ebenfalls mit einem Kamin. Obergeschoß und Dachraum dienten Lagerzwecken.

Wiederum eine Häuserzeile trennt die Pfarrkirche der Neustadt, *St. Marien*, von der Breiten Straße. Seit 1306 war sie gleichzeitig Kirche eines Augustinerinnenklosters. Sie ist von vorneherein als Hallenkirche geplant und wurde etwa zwischen 1270 und 1320 errichtet. Nachträglich entstanden der Turm nördlich neben dem Chorraum (um 1360), Ersatz für einen vielleicht aus statischen Gründen abgebrochenen Westturm, und ein südliches Joch neben dem Chor, dessen Maßwerkfenster denen der Nikolaikirche an gleicher Stelle entsprechen. Der äußerlich schlichte Bau ist am Chor mit einigen Fabelwesen an den Wasserspeiern verziert. Das weiträumige Hallenlanghaus und Einzelformen wie die qualitätvollen Maßwerkfenster sind am Langhaus des Mindener Domes orientiert, was zugleich die Selbständigkeit gegenüber der Lemgoer Altstadt mit ihrer bis dahin basilikalen Pfarrkirche bestätigt. Der Innenraum ist weitestgehend vereinheitlicht, nur die Scheidbögen des Gewölbes zeigen noch eine Trennung in Mittelschiff und Seitenschiffe an. Bemerkenswert ist die Bauplastik, darunter Reliefs am westlichen Querhauspfeiler: Verkündigung, Geburt Christi, Geißelung Christi und Kreuzigung. Der Eindruck des Innenraumes wandelte sich in der Zeit nach der Reformation durch den Einbau neuer Emporen um 1600, erweitert um 1685, die der Kirche ihre großzügige Weiträumigkeit nahmen. Von beiden Emporen sind heute nur noch Teile erhalten. Auch die Orgel mag als Symbol für gewandelte Gottesdienstformen gelten; 1587–90 wohl von dem Osnabrücker Orgelbauer Jorrien (= Jürgen) Slegel geschaffen (Prospekt erst 1612?), ist sie eine der bedeutendsten und frühesten noch erhaltenen Orgeln, was nicht nur den Prospekt, sondern auch das Spielwerk betrifft. Wie ein Schwalbennest klebt sie unter dem Gewölbe des nördlichen Seitenschiffs (Abb. 119). Der Taufstein, von Allegorien der christlichen Tugenden getragen, ist ein Werk Georg Crossmanns (1592). Die beiden Grabfiguren des Edelherrn Otto zur Lippe und seiner Gemahlin Ermgard von der Mark lagen ursprünglich auf einer Grabtumba. Die grob gemeißelten Plastiken stammen aus der Zeit nach 1360. Die Kanzel mit den üblichen Evangelistenbildern hat am Schalldeckel Engelsfiguren mit den Leidenswerkzeugen, ferner ein Standbild des Moses mit den Gesetzestafeln.

Die 1929–31 nach Plänen des Architekten Ernst Pethig[24] erbaute Arztvilla Slavertor-Wall 15, ist eines der in Ostwestfalen sehr seltenen Beispiele für das ›Neue Bauen‹ bzw. die Neue Sachlichkeit der Zwanziger Jahre. Derselbe Architekt errichtete 1925–27 für einen Kaufmann das konservativ wirkende neubarocke Haus Ostertorwall 22.

Verlassen wir den Altstadtbereich, können wir an der Hamelner Straße zum *Junkerhaus*[25] gelangen, einem Künstlerwohnhaus und Gesamtkunstwerk besonderer und einmaliger Art. Das 1890/91 als zunächst schlichter vorstädtischer Fachwerkbau mit Ziegelgefachen errichtete zweistöckige Haus wurde von dem Maler und Bildhauer Karl Junker (1850–1912) ab 1892 als Wohnhaus eingerichtet und dabei nach den sehr persönlichen Vorstellungen um- und ausgestaltet, die für die meisten Zeitgenossen Junkers ungewohnt, ja unverständlich waren. Das gesamte Haus ist außen und innen mit geschnitzten Hölzern überkleidet, die Ziegelgefache sind in verschiedenen Farben bemalt. Im Innern gibt es zudem reiches hölzernes Gitterwerk zur Raumunterteilung, namentlich im Treppenhaus; jede Nische ist verziert und genutzt, zum Beispiel für von der Decke hängende Regalbretter. Charakteristisch ist der vegetabilische Knorpel-Stil seiner Schnitzereien an Bilderrahmen, Möbeln, Staffelei, Baumodellen und Ornamentleisten, teilweise mit der Darstellung von Mann und Frau oder biblischen Motiven verbunden (gekreuzigter Christus und Arma Christi auf einer Truhe im Atelier, Figurenbretter im Flur). Auch wenn die kunsthistorische Bearbeitung des Junkerschen Werkes noch in den Anfängen steckt, so sind die Zusammenhänge mit dem Pointillismus doch recht deutlich festzustellen, also jener Phase des Impressionismus, in der die Bilder in viele kleine Punkte (frz. point) aufgelöst sind, die erst mit gewissem Abstand das Bildmotiv erkennen lassen. Konventionell ist die Aufteilung des Hauses – Mittelflur im Erdgeschoß, seitlich Atelier und Werkstatt sowie Küche; Gästezimmer, Kinderzimmer, Schlafzimmer, Wohnstube und Salon finden wir im Obergeschoß. Unkonventionell ist die Treppenanlage mit seitlichem Abort, ferner die Trennwand zum Kellerabgang und das Dachgeschoß mit zentralem ›Hochsitz‹ über der Dachfläche, der einen Blick über das einst freie Feld bis zur Altstadt Lemgos ermöglicht.

Vor den Toren Lemgos befindet sich das frühere Schloß der Grafen zur Lippe, **Brake.** In Lemgo hat man es frühzeitig verstanden, weitgehende Unabhängigkeit vom Grafenhaus zu erlangen, so daß man das Schloß nicht innerhalb der Stadtmauern dulden mußte, wie etwa in Detmold, und daher weniger stark der militärischen Kontrolle ausgesetzt war. 1584–91 wurde Brake als Residenz für Graf Simon VI. ausgebaut; Baumeister war Hermann Wulff. Eine hochmittelalterliche Burg existierte bereits an dieser Stelle, wenn auch nur als Ruine.

Aus dem 16. Jahrhundert blieben der bedeutende Nordflügel und der Turm neben der Zufahrt erhalten. Sie sind durch Gesimse und Pilaster reich gegliedert. Deutlich erhebt sich der Turm als Machtsymbol neben dem der Stadt Lemgo zugewandten Schloßeingang, er ist das beherrschende Bauglied des Renaissanceschlosses. Es zeichnet sich an ihm noch die Giebellinie des 1820 abgebrochenen Torflügels ab. Hofseitig ist ihm ein Risalit mit abschließendem Altan vorgebaut. Im Innern gibt es noch einzelne Räume mit Teilen der ursprünglichen Ausstattung. Nebenräume des Turmes weisen Stukkaturen in Renaissanceformen auf, im Obergeschoß ein Raum mit Wandkamin und innerer Treppe, angeblich als kleine abgeschlossene Wohnung des Grafen benutzt. Der Bauzeit gehören auch die Schloßkapelle mit kräftiger Mittelstütze bzw. die Küche mit ihrem breiten Rauchabzug an den beiden Kopfenden des Nordflügels an. Allerdings wurde das Innere um 1700 durch den Einbau repräsentativer stukkierter Säle und nochmals um 1820 durch zahlreiche Zwischenwände stark verändert.

Die Umflut des Schlosses wurde zum Betrieb von vier Mühlen genutzt. Die kleinste, die Ölmühle, hat noch das vollständige technische Inventar der Zeit um 1805 und ermöglicht so einen guten Einblick in die Produktionsabläufe. Das Wasserrad treibt ein großes Kammrad an der Stirnseite der Mühle an (heute ausgekuppelt), von dem aus über eine Welle der Kollergang angetrieben wird, aus zwei tonnenschweren runden Steinen, die im Kreis auf einem dritten Stein umlaufen und dadurch die Ölsamen zerquetschen. Der hier gewonnene ölige Brei wird anschließend erhitzt, in Tücher gepackt und unter das Schlagwerk gelegt. Auch dies wird durch das Kammrad über eine Welle angetrieben, wobei zwei Holzhämmer abwechselnd hochgehoben werden und durch ihr Eigengewicht auf die Poche herunterfallen. Dieser Vorgang preßt das Öl aus. Mehr als 120 Liter Öl konnten so unter günstigen Bedingungen aus zehn Zentnern Rübsamen täglich gewonnen werden, benötigt beispielsweise als Lampenöl.

Nach Norden kommen wir auf landschaftlich reizvoller Strecke am 1926 errichteten *Kalkofen* von *Waterloo* vorbei, ein mit Eisenspangen umklammerter Bruchsteinturm, der über eine schiefe Ebene mit dem im anschließenden Kalkbruch gewonnenen Material beschickt wurde. Auch die kleinen Betriebsgebäude sind noch erhalten, heute zu Wohnzwecken genutzt.

Bei *Bavenhausen* eröffnet sich von der nach Rinteln bzw. Minden führenden Straße der Blick auf die malerisch gelegene steinerne *Kappenwindmühle,* deren Lage auf der Kuppe eines Hügels unvergleichlich ist. Leider ist die Mühle heute nicht mehr funktionsfähig, die Flügel sind Attrappen. Eine zweite Kappenwindmühle, gleichfalls ein massiver Bau, steht im nahe gelegenen Dörfchen *Bentorf* und wird noch regelmäßig betrieben.

Weiter in Richtung Möllenbeck/Rinteln fahrend, gelangt man hinter *Langenholzhausen* (Wassermühle von 1576 beachtenswert) zum bedeutendsten nordlippischen *Renaissanceschloß,* nach **Varenholz** (Abb. 118). Der im Innern empfindlich veränderte Bau wurde 1591–1600 wesentlich erweitert und erhielt dabei seine heutige Gestalt, wobei ein mittelalterlicher Wohnturm und der durch Vorhangbogenfenster gekennzeichnete Torbau von

1542/43 erhalten blieben. Gemeinsam mit den neuen Flügeln wurden zwei kräftige bastionsartige Ecktürme errichtet, deren zwei unteren Geschosse rechtwinklig ausspringen und deren Dachgeschoß zum Achteck übergeht. Die über dem Tal der Weser gelegene Schauseite des Schlosses wirkt so geradezu kastellartig, was durch die Schießscharten in den Türmen noch betont wird. Das wehrhafte Äußere unterscheidet sich auffallend von der verspielten Hofgestaltung mit aufwendigen Portalen und einer durchfensterten viergeschossigen Utlucht (1599), deren Bauplastik ein Werk des Meisters Johann Bierbaum ist. In den Hofwinkeln stehen schlanke Treppentürme, mit steilen welschen Hauben überdeckt. Die Wandflächen im Schloßhof zeigen den für die Renaissance in dieser Gegend typischen Streifenputz, der rautenförmige Muster ergibt. Nördlich, über dem Abhang des Wesertales, steht die winkelförmige Pfarrkirche. Südlich liegt der ausgedehnte Wirtschaftshof mit massiven Scheunen, u. a von 1572 und 1655.

In **Lage-Sylbach** steht ein wichtiges technisches Kulturdenkmal, das als Beispiel für diesen Produktionszweig Außenstelle des neuen Industrie-Freilichtmuseums[26] (Landschaftsverband Westfalen-Lippe) werden soll: die *Dampfziegelei.* Der ganz in der Nähe gewonnene Ziegelton wurde auf schräger Rampe in ein Gebäude mit Kellergang, Presse und Walze hinter dem Ringofen hochgebracht und hier aufbereitet sowie geformt, um anschließend in den ausgedehnten Trockengestellen an der Luft vorgetrocknet zu werden; bei großem Bedarf konnte die Trocknung in einem beheizbaren Trockenraum beschleunigt werden. Anschließend wurden die Ziegel in dem übergroßen Ringofen gebrannt. Dieser Ofen hat seinen Namen von der Ringform. Wie eine kleine Pferderennbahn umgibt der

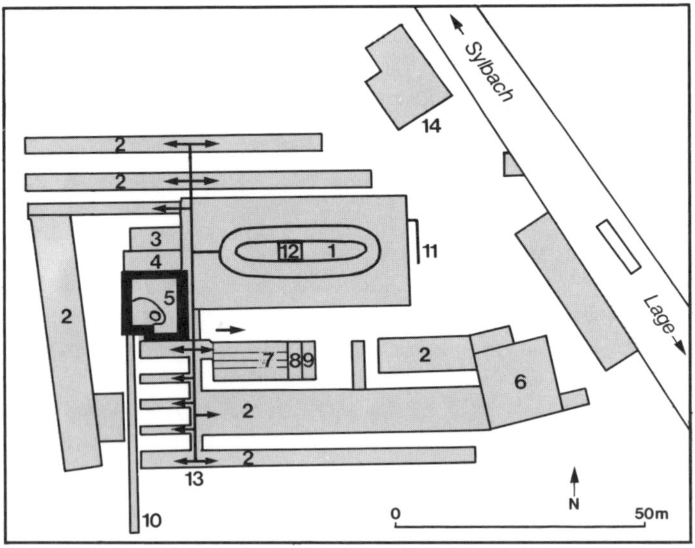

Sylbacher Dampfziegelei

1 Ringofen
2 Trockenschuppen
3 Schmiede
4 Dieselaggregat
5 Presse – Walzwerk – Kollergang
6 Stall
7 Trockenanlage
8 Heizraum der Trockenanlage
9 Öltank
10 Lehmaufzug
11 Rampe zur Plattform des Ringofens
12 Schornstein
13 Loren zum Transport (Pfeile)
14 Wohnhaus

Brennraum einen inneren Kern. Der Ringofen wurde abschnittsweise beladen, vermauert und angezündet. Von der oberen Plattform konnte der Vorgang kontrolliert werden. Die fertig gebrannten Ziegel brachte man nun in Lagerschuppen. Der Transport innerhalb der Ziegelei erfolgte mit einer Schienen-Lore.

Salzuflen, 1048 als Salzstätte im Besitz des Paderborner Bischofs genannt, erreichte durch die namensgebende Salzgewinnung Wohlstand, der im Stadtbild noch an den Bauten des 16. und frühen 17. Jahrhunderts ablesbar ist. Der Badebetrieb besteht seit 1818, die erste Thermalquelle fand man 1906. Im Kurpark am Rande der Altstadt stehen die *Gradierwerke*, zuerst 1767 angelegt und mit 400 m Länge die zweitgrößten in Deutschland. Von hier gelangt man über die Lange Straße zum Marktplatz. An der *Langen Straße* fallen vier überreich verzierte Fachwerkhäuser des beginnenden 17. Jahrhunderts auf; besonders die Brüstungsgefache in den Giebeln sind mit Beschlagwerk (Nr. 7 von 1621) und verschiedenartigen Fächerrosetten (Nr. 33, mit massivem Saalbau, 1612, Nr. 35 und Nr. 41 von 1618) versehen. Einheitlich mit Dekor überzogen sind auch die Ständer und Riegel, so daß das Fachwerkgefüge unter der Verzierung optisch völlig verschwindet. Ein ähnlich gestalteter Bau steht noch in der Steege 2–4, erbaut 1604 (?), erweitert um 1900. Der anschließende Salzehof war einst das Zentrum der Salzgewinnung. Die Fassung der Paulinenquelle wurde zuletzt 1934 erneuert und mit Reliefs aus der Geschichte Salzuflens versehen, u. a. auch mit einer Darstellung des Salzehofes im alten Zustand. Die umstehenden Fachwerkbauten reichen teilweise noch in das beginnende 17. Jahrhundert zurück.

Jenseits des Salzebaches befindet sich der Marktplatz mit dem *Rathaus* (Abb. 120), 1545 von Baumeister Hermann Edeler errichtet, ein Steinbau mit beherrschendem Staffelgiebel des späten 16. Jahrhunderts. Gegenüber stehen zwei steinerne Bürgerhäuser: Das *Alte Bürgermeisterhaus* (Markt 5) entstand angeblich 1564, zumindest der Giebel dürfte jedoch erst aus den Jahren um 1580/90 stammen und ein Werk des Baumeisters Heinrich Overkotte sein. Bemerkenswert ist das völlig in Rundbogenfenster zwischen Pilaster und Gebälk aufgelöste Giebeldreieck, in seiner reichen architektonischen Durchgliederung selbst für die Weserrenaissance nicht unbedingt typisch. Die Figuren der Giebelbekrönung sind Christus mit der Weltkugel, Adam und Eva. Den Kontrast hierzu bildet der Giebel des Nachbarhauses, ein schlichter verputzter Staffelgiebel, mit Beschlagwerkvoluten gerahmt, ähnlich dem Rathaus. Rückwärtig ist ein Saalbau aus Fachwerk angefügt. – Im oberen Teil der Altstadt befinden sich einige ältere Fachwerkhäuser, darunter aus dem späten 16. Jahrhundert Ritterstr. 6 und das 1520 errichtete Haus Ritterstr. 10. Charakteristisch für die frühe Entstehungszeit sind die gekurvten Fuß- und Kopfbänder sowie die Backsteingefache in Ziersetzungen. Das wenige Schritte entfernte *Haus Obere Mühlstr. 1* hat den bekanntesten Giebel eines ostwestfälischen Fachwerkhauses, dessen überreicher Dekor die Bauten an der Langen Straße noch übertrifft. Das 1632 für Hermann von Exter errichtete Gebäude zeigt über teilweise massivem Erdgeschoß (giebelseitig ehemals wohl Tor, im 19. Jahrhundert verändert) eine enge Stellung der Ständer mit Friesen aus Beschlagwerkplatten und Fächerrosetten. Die Fenster des oberen Geschosses und des Giebels sind nicht verglast,

Bad Salzuflen, Haus Lange Straße 33. Tuschezeichnung von Gerhard Eitzen

sondern mit Holzklappen und -gittern verschlossen, es handelt sich hier um Speicherräume des reichen Hauses. Vereinzelt sind auch Steinbauten erhalten, wie das um 1900 verstümmelte Haus Ritterstr. 8 aus dem späten 16. Jahrhundert.

An der bergseits noch in Resten verbliebenen Stadtmauer und dem Katzenturm des 14. Jahrhunderts vorbei (Turmstraße) gelangt man zur evangelisch-reformierten *Pfarrkirche*, einem spätgotischen Bau, der 1762 und 1892 durchgreifend erneuert wurde. Die mit Stern und lippischer Rose (Grafen von Sternberg, Grafen zur Lippe) verzierte Kanzel wurde 1765 von Heinrich Kampmeyer geschaffen. – Benachbart steht das expressionistische *Gemeindehaus* von 1928.

Die evangelische *Auferstehungskirche* am Gröchteweg entstand 1964–66 nach Plänen von Heinrich Loos. Von der geraden Eingangswand aus läuft sie spitz auf den gerundeten Chor hin zu. Farbige Fensterbahnen sitzen am Chor senkrecht und am Gemeinderaum waagerecht. Die künstlerische Gestaltung, namentlich der Glaswände, erfolgte durch H. und M. von Rath. Das Bild des segnenden Christus im Chor schuf Josef Rikus (1966).

Im Salzufler Vorort **Schötmar** fällt das *Barockschlößchen Stietencron* auf (Mitte 18. Jh.), erbaut für den hessischen Minister Moritz Abel Pluto von Donop. Der Eingang ist durch einen Altanvorbau mit vier Säulen gekennzeichnet, das Dachgebälk darüber trägt eine Attika-Balustrade mit vier Putten. An den abgeschrägten Fenstern links zeichnet sich der Verlauf des Treppenhauses ab. Das Innere enthält eine reiche Rokokoausstattung, teilweise unter Kasseler Einfluß stehend.

Oerlinghausen ist erst seit 1926 Stadt, nicht zuletzt bedingt durch die Leinenindustrie, die im frühen 20. Jahrhundert der Gemeinde erheblichen Aufschwung brachte. Bekannt ist der Ort heute vor allem wegen seines Segelflugplatzes, des größten der Bundesrepublik, und wegen des *Archäologischen Freilichtmuseums:* Sein 1978 begonnener Neuaufbau hat die archäologisch getreuere Nachbildung ergrabener vor- und frühgeschichtlicher Häuser zum Ziel, entsprechend dem abgesicherten gegenwärtigen Forschungsstand, und führt bereits heute Bauten mehrerer Epochen vor. – Ein Baudenkmal von überregionaler Bedeutung ist die *Villa* in der *Detmolder Str. 20,* die 1913/14 nach einem Grundkonzept von Hermann Muthesius errichtet wurde; an der Schlußplanung war der Frankfurter Architekt H. A. E. Kopf beteiligt (1913). Die zweigeschossige Villa innerhalb eines großzügigen bewaldeten Grundstücks inmitten der Stadt ist außen durch abgetreppte Lisenen mit Mosaikverblendungen gegliedert; kunstvolle Eisengeländer verraten den Einfluß des Neubarock. Die breite Freitreppe an der Seite führt in den stuckverzierten Flur, von dem aus man in das seitliche Treppenhaus oder in die zentrale Wohndiele gelangt. Dieser mit einem Wandkamin, Wandfliesen und einer Holzdecke versehene Raum öffnet sich zum seitlichen Herren- sowie dem Damenzimmer, beide mit Deckenstukkaturen und fest eingebauten Wandschränken. Teilweise blieben die Wandbespannung, die Wandverkleidung aus verzierten Fliesen und wenige von Muthesius entworfene Möbel erhalten. Das ehemalige Speisezimmer ist mit einer Segmenttonne überwölbt, gleichfalls mit Stukkaturen, Wandschrank und originalem Springbrunnen. Zur ursprünglichen Ausstattung zählen auch die Wandfliesen in den Sanitärräumen, der Parkettboden, Treppe und Türen.

Die *Pfarrkirche St. Alexander*, 1511–14 unter Verwendung von Mauerwerk des 13. Jahrhunderts weitgehend erneuert, ist eine der seltenen spätgotischen Kirchen Ostwestfalens. Der Grundriß, gekennzeichnet durch schmale Seitenschiffe, ist noch durch den frühgotischen Bau bestimmt. Die achteckigen Pfeiler sind sehr schlank und tragen stark gebuste Gewölbe. Der Orgelprospekt mit dem Wappen des Grafen Simon Henrich zur Lippe und seiner Gemahlin (1688) weist auf eine Stiftung des Grafenhauses. – Etwas oberhalb steht die in der Mitte des 19. Jahrhunderts errichtete *Synagoge.* Der kleine Saalbau aus Bruchsteinwänden überstand die dreißiger Jahre als Scheune, wurde unlängst liebevoll restauriert und enthält heute eine kleine Galerie.

Trendelburg, Rathausstr. 3, Ackerbürgerhaus im ›Diemeltyp‹, Giebelfassade und Querschnitt (erbaut 1458/59, Umbau 1599)

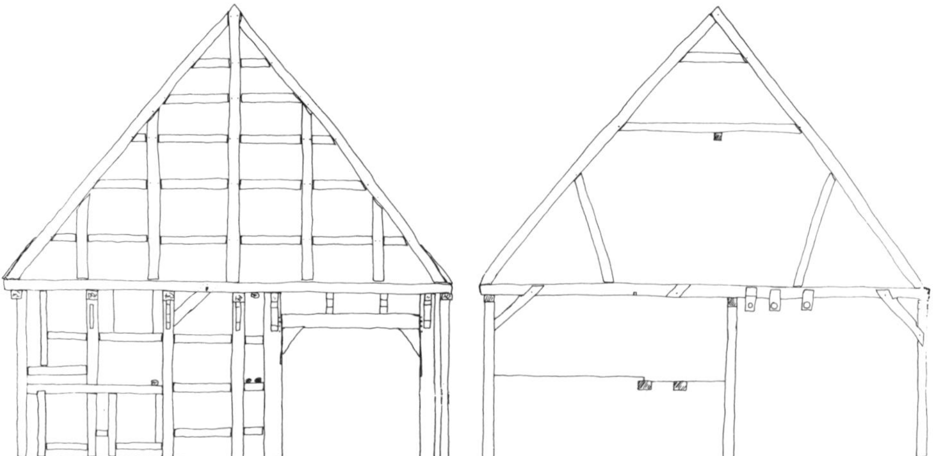

Von Karlshafen bis Grebenstein

Ein Blick über die hessische Grenze

Ein Blick über die hessische Grenze lohnt sich im Bereich zwischen Warburger Börde, Reinhardswald und Weser ganz besonders: Geschlossene Stadt- und Dorfbilder – in diesem Reichtum aus Westfalen ungewohnt – können den Besucher ebenso locken, wie einige hochbedeutende Baudenkmäler, die in engem geschichtlichen Zusammenhang mit Westfalen und dem Hochstift Paderborn stehen.

Karlshafen (Farbt. 30) wurde 1699 als Tor zur Landgrafschaft Hessen durch Landgraf Karl gegründet, um den hannoverschen Hafen und Stapelplatz Münden zu umgehen. Einen bis Kassel und darüber hinaus bis zum Rhein geplanten Kanal begann man 1722, führte ihn jedoch in siebenjähriger Bauzeit nur bis Hofgeismar. Die bedeutende städtische Neugründung, um das Hafenbecken am Zusammenfluß von Weser und Diemel angelegt, wird durch das Nebeneinander von Wasser- und Landstraßen gekennzeichnet. Der Ort besteht aus Baublöcken (›Carrés‹) seitlich des Hafens und mehreren langen Reihenhäusern, die diese Carrés rahmen und gegen die Weser sowie den Kanal abgrenzen. Die Carrés sind zum Hafenbecken hin durch einen repräsentativen Mittelbau betont, auf der einen Seite das *Rathaus* von 1715–18, ursprünglich Packhaus mit Unterkunft für den Landgrafen und Ratsstube, auf der anderen der *Thurn- und Taxissche Posthof* (1768). Die Häuser neben dem Rathaus zeigen den üblichen einheitlichen Bautyp. Sie sind fünf- oder siebenachsig und haben einen schmalen mittleren Zwerchgiebel. Nur die Eckbauten werden hervorgehoben. Rechts des Rathauses sehen wir ein ursprüngliches Beispiel: ein siebenachsiger Bau mit dreiachsigem Zwerchgiebel, aus dem Jahre 1700 (CLZH = Carl Landgraf zu Hessen). Zwei Generationen jünger ist der rechte Eckbau, mit dreiachsigem Risalit aufwendiger gestaltet, zugleich etwas höher als die übrigen Häuser und mit Mansarddach versehen. – Das von Friedrich Conradi in der Karlstraße erbaute *Invalidenhaus* (1704–10) liegt am südlichen Stadtrand nahe der Diemel. Es ist ein vierflügeliger dreigeschossiger Komplex, dessen Eingangsrisalit (Kirchenflügel) mit drei hohen Rundbogenfenstern unter Segmentgiebel ausgestattet ist, von Pilastern gerahmt. Die Seitengiebel haben Voluten und Dreiecksabschlüsse, ähnlich den Giebeln der zweigeschossigen Wohnhäuser, die noch deutlich aus dem Formenbereich der Renaissance entnommen sind. – Der 1723 errichtete Freihof gegenüber nimmt in seiner Dreigeschossigkeit auf das Invalidenhaus Rücksicht.

Die Stadtanlage folgt einem strengen geometrischen Raster, dem der rechte Winkel zugrunde liegt. Schiffe sollten durch einen torartigen Kanal von der Weser aus in das

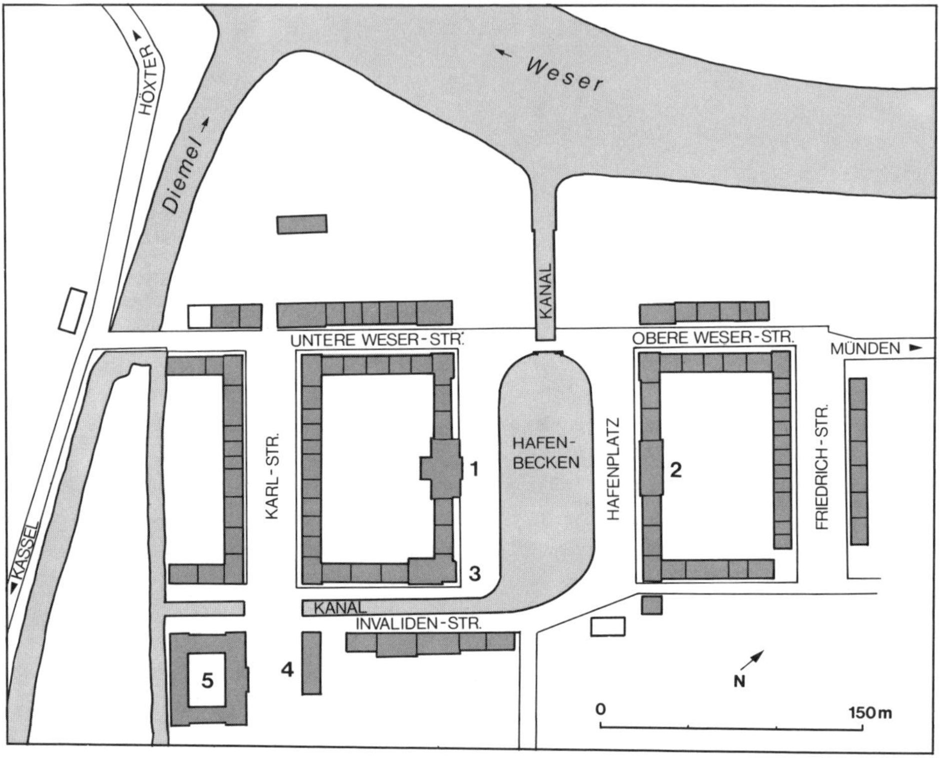

Bad Karlshafen, Plan der barocken Stadtanlage 1 Packhaus 2 Thurn- und Taxissche Post 3 Zollhaus 4 Freihaus 5 Invalidenhaus

Hafenbecken ein- und auf ein (nicht ausgeführtes) Corps de Logis zufahren, es handelt sich also um eine großräumige barocke Schloßanlage, in der die Hauptwege durch Kanal und Hafen ersetzt und die Flügelgebäude von bürgerlichen Familien bewohnt wurden.

In **Helmarshausen** (Farbt. 28) unmittelbar südlich Karlshafens vor der letzten Diemelschleife erhob 997 Kaiser Otto III. ein kurz zuvor gegründetes *Benediktinerkloster* zur Reichsabtei. Von der wenig später erbauten Kirche sowie ihrer Nachfolgerin aus der Zeit um 1130/50 blieben jedoch nur geringe Mauerreste. Auch von den Gebäuden der Klausur (im Kern noch 1124) steht nur noch der östliche, 1670 umgebaute Flügel. Ihre Blütezeit erlebte die Abtei im 11. und 12. Jahrhundert, als sie dem Paderborner Bischof unterstand (seit 1017). Damals wirkten hier Mönche als bedeutende Künstler, so als Goldschmied Roger von Helmarshausen und eine für ihre Qualität berühmte Malergruppe (Buchmalerei). Zunehmender Gegensatz zu Paderborn veranlaßte den Bau der Krukenburg zum Schutz des Klosters; 1223 stellte sich das Kloster unter den Schutz des Kölner Erzbischofs, erst 1479 gelangte es in die Abhängigkeit von den hessischen Landgrafen.

Der Ort wurde 1254 zur Stadt erhoben. Von einer Stadtmauer noch teilweise umgeben, reihen sich die Fachwerkhäuser des 16. bis 19. Jahrhunderts Giebel an Giebel an den zwei Hauptstraßen auf. Das Zentrum nimmt nach Abbruch des alten (1480 erbauten) das historistische Fachwerk-Rathaus von 1890 ein. Die Häuser im Diemeltyp haben große Einfahrtstore, an den Gebälken und Brüstungen vielfach Ornamente und Schnitzereien. Zumeist handelt es sich um Ackerbürgerhäuser, sie enthielten in der Bauzeit also oft landwirtschaftliche Betriebe.

Innerhalb der um 1220 errichteten *Krukenburg* oberhalb Helmarshausens, von der mehrere Türme und die Wehrmauern noch erhalten sind – der Bergfried ist als Aussichtsturm besteigbar –, steht die hochmittelalterliche *Johanniskapelle.* Ihr Grundriß ist kreisförmig mit vier rechteckigen Kreuzarmen und entspricht der Paderborner Busdorfkirche des frühen 11. Jahrhunderts. Bischof Meinwerk von Paderborn hatte 1033 Abt Wino von Helmarshausen nach Jerusalem gesandt, um die Pläne der dortigen Heilig-Grab-Kirche holen zu lassen. Wino fand die Jerusalemer Kirche jedoch zerstört vor, wahrscheinlich nahm er die Pläne der Heilig-Grab-Kirche im kleinasiatischen Nyssa mit nach Paderborn. Auf dieselben Pläne griff vermutlich Bischof Heinrich II. von Paderborn zurück, der zu Beginn des 12. Jahrhunderts eine gelobte Fahrt in das Heilige Land nicht durchführen konnte und statt dessen die Heilig-Grab-Denkstätten an den Externsteinen bei Horn und hier auf der Krukenburg errichtete. Für das Jahr 1126 ist die Weihe der Kirche überliefert, obgleich man bei der Verwandtschaft zur Busdorfkirche auch eine Entstehung hundert Jahre zuvor für möglich halten könnte.

Diemelaufwärts gelangen wir nach **Trendelburg,** einem kleinen Bergstädtchen mit fünfeckiger *Burganlage* aus der 2. Hälfte des 15. Jahrhunderts. Aus der gleichen Zeit stammt auch die *Stadtkirche,* eine dreischiffige Halle mit flach geschlossenem Chor. Das *Rathaus* ist ein zweigeschossiger Fachwerkbau von 1582, im Innern einst mit großer Halle, die im 17. Jahrhundert verbaut wurde. Das rechtwinklige Straßensystem des 13. Jahrhunderts ist noch gut zu erkennen – eine besonders frühe geometrische Stadtanlage (!); außer zahlreichen Fachwerkbauten des 17. bis 19. Jahrhunderts ist das *Haus Rathausstr. 3* zu nennen, 1458/59 nach einem Stadtbrand errichtet. Es ist das älteste landwirtschaftlich genutzte Fachwerkhaus, das bisher im niederdeutschen Bereich bekannt geworden ist. Seitlich einer Deele mit großem Einfahrtstor hat es eine abgeteilte Stube und dahinter die Küche, einst zur Deele hin wohl offen. Ein Speichergeschoß, wie für die Bürgerhäuser in Grebenstein und Warburg typisch, gibt es nicht. Charakteristisch für die Bauzeit sind die auf- und übereinandergeblatteten Hölzer an der Seitenfront sowie im Innern, ferner die gekehlten Knaggen unter der Vorkragung des Giebels (s. Figur S. 276).

In einem Seitental der Diemel kommen wir nach **Hofgeismar,** wo ein Königshof im 10. oder 11. Jahrhundert in den Besitz des Erzbischofs von Mainz kam. Um 1220/30 erfolgte die Erhebung zur Stadt. Im 16. Jahrhundert wurde sie hessisch und erlangte im 18. Jahrhundert als Badeort (›Gesundbrunnen‹) größere Bedeutung. Durch eine Häusergruppe liegt die *Altstädter Pfarrkirche,* einst Kollegiatsstift Liebfrauen, vom Marktplatz geschieden. Eine gewölbte Basilika des beginnenden 13. Jahrhunderts, mit Westturm, dreijochigem Langhaus, Querhaus und Chor, wurde 1330 durch Ausbau des südlichen und 1446 des nördlichen Seitenschiffs zur Halle mit Quaderwänden erweitert. Der heutige Chorschluß entstand erst 1850. Der spätromanische Turm mit rundbogigem Portal hat gekuppelte Schallarkaden. Die Langhauspfeiler des Ursprungsbaues sind samt Gurt- und Scheidbögen über abgestuften Wandvorlagen mit Dienstbündeln bzw. abgekragten Vorlagen (ähnlich Lippoldsberg) noch erhalten, an der Vierung mit Darstellung des Sündenfalls (stark stilisiert) und des Paradiesgartens. Die Kreuzrippengewölbe gehören wohl erst der Erweiterung zur Hallenkirche an. Pfeiler und Rippen sind heute wieder in graublauer Farbe bemalt. Die Ostfenster schuf Glasmaler H. Ely (Kassel). Es handelt sich um die Geburt Christi, Moses und David, die Taufe Christi, Petrus und Paulus (1898) sowie die Himmelfahrt Christi (1905). Im Südseitenschiff stehen die Flügel des Hochaltars (der ehem. Franziskanerkirche ?) der Zeit um 1310/20. Die vier von Maßwerkbögen gerahmten Szenen, wichtige Werke der gotischen Tafelmalerei, zeigen Christus am Ölberg, die Gefangennahme Christi, die Auferstehung und Maria Magdalena am leeren Grab Christi; verlorengegangen ist der Mittelteil, wohl mit weiteren Passionsszenen. Vor goldgrundigem Hintergrund und symbolischer Landschaft (Ölberg-Szene!) sieht man die zumeist mit rötlichen und grünen Gewändern bekleideten Figuren, die nur wenige kräftige Farbakzente setzen. Die Rückseite mit aufgemalten Heiligenbildern ist fast völlig verloschen. – Nahezu gleichalt ist der stark beschädigte Taufstein mit den Statuen Christi und der Apostel. Das Südseitenschiff enthält noch zwei Wandbilder, die Marter der Zehntausend im Ostjoch mit teppichhaft wirkender Verteilung der Figuren vor dunklem Hintergrund sowie am mittleren Pfeiler ein Stifterbild vor einem Gnadenstuhl, bei dem das Kreuz Christi aus dem Leib Adams entspringt.

Das südlich der Kirche liegende *Dekanat* mit massivem Untergeschoß wurde im frühen 14. Jahrhundert errichtet, 1568 zum Wohnhaus umgebaut und erhielt das Fachwerkgeschoß im 17. Jahrhundert. Das *Rathaus* von 1728–30 gewann sein heutiges Aussehen durch die Erneuerung 1853–56 in romanisierenden Formen mit interessanten industriell beeinflußten Fenstersprossen. Unter den Häusern sind zwei besonders bemerkenswert, während die Mehrzahl leider entstellt oder gar durch Neubauten mit fragwürdigem Bretter-Fachwerk ersetzt ist. *Markt 5* hat Friese von Fächerrosetten in allen Geschossen und ist damit ein eindrucksvoller Renaissancebau; *Markt 19* von 1528 mit Andreaskreuzen im Giebel ist noch ein Wandständerbau in spätmittelalterlicher Tradition. – Die *Neustädter Kirche* im Süden der Innenstadt wurde ab 1341 anstelle des romanischen Gründungsbaues neu errichtet, der massige Westturm entstand ab 1349 und der Chor ab 1414. Das Langhaus ist ein gedrungener Hallenbau von annähernd quadratischem Grundriß, worin sich der Einfluß der westfälischen Kirchenbaukunst äußert.

Nördlich der Innenstadt liegt der *Bahnhof*, 1847/48 nach Entwurf von Julius Eugen Ruhl in Anlehnung an den Münchner Rundbogenstil errichtet, Station der Friedrich-Wilhelms-Nordbahn von Warburg nach Kassel. Das mehrfach veränderte Stationsgebäude ist im Kern noch erhalten und gehört zu den ältesten in Hessen. Wenige hundert Meter entfernt liegt der *Gesundbrunnen* nahe der Straße nach Höxter (heute ev. Akademie). Die um 1640 erstmals gefaßte Mineralquelle wurde im 18. Jahrhundert Zentrum eines wichtigen Badeortes.

1728–30 ließ Landgraf Karl das *Karlsbad* oberhalb des Brunnens errichten, 1745 folgte das *Wilhelmsbad,* der linke Winkelbau hinter dem Brunnentempel, und 1764–70 entstand nach Entwurf von J. L. Splittorf das *Friedrichsbad* als Gegenstück dazu. Ein gedeckter Gang verband beide mit dem Brunnenhäuschen, so daß die Gesamterscheinung barocken Schlössern glich. Doch bereits 1792 wurde diese Anlage aufgelöst: Simon Louis du Ry entwarf einen neuen, klassizistischen Brunnentempel, die Flügelbauten zwischen ihm und den Bädern verschwanden. Den ausgedehnten Barockpark verwandelte man damals in einen englischen Garten. Bereits 1787–90 hatte du Ry am Rande des Parkes das *Schlößchen Schönburg* errichtet, einen Putzbau mit hohem Erd- und niedrigem Mezzaningeschoß, nur durch einen antikisierenden Giebelvorbau mit vier ionischen Säulen gegliedert. Wir haben hier ein besonders klares und frühes Beispiel klassizistischer Architektur vor uns (Abb. 121).

Schon des Stadtbildes wegen sollte man nach **Grebenstein** weiterfahren. Kein zweiter hessischer Ort – und schon gar keine westfälische Gemeinde – ist mit seiner Bausubstanz derart schonend und pflegsam umgegangen, wie man dies für Grebenstein feststellen kann. Der Stadtverwaltung ist es gelungen, besonders fähige Architekten für Sanierungsmaßnahmen zu gewinnen und auf protzige Neubauten und Erneuerungen zu verzichten. Die gegen 1300 unterhalb der älteren Burg angelegte Stadt ist eine hessische Gegengründung nahe der einst mainzischen Besitzung Hofgeismar. Die Landgrafen hatten sich in allen Teilen ihres Landes den Gebietsansprüchen der Mainzer Erzbischöfe zu widersetzen und gründeten dazu zahlreiche eigene Stützpunkte.

Die Altstadt besteht aus fünf parallelen Straßen, die vor den Stadttoren zusammengeführt und durch mehrere Querstraßen und -gassen verbunden sind. Die Neustadt im Tal hatte eigene Tore. Ein Baublock der Altstadt ist für Rathaus und Kirche freigehalten. Die *Stadtkirche St. Bartholomäus* ist eine gedrungene dreischiffige Halle, die spätestens 1355 vollendet war. Der Westturm ist fast fensterlos, sein oberstes Geschoß springt leicht ein und läßt Platz für einen umlaufenden Gang. Der Helm entstand nach Beschädigungen 1637 (Wetterfahne 1840). Mittelschiff und Chor stehen unter einem gemeinsamen Dach, die Joche der Seitenschiffe haben Zwerchgiebel und eigene Satteldächer. Die Rippengewölbe ruhen auf Achteckpfeilern. In geringen Resten fand sich die ursprüngliche Gewölbebemalung, darunter auch ein Bild der heiligen Elisabeth. Teile der alten Ausstattung konnten in der Kirche bewahrt werden, so ein Levitensitz und ein Wandtabernakel, ferner ein zweites Tabernakel aus dem 15. Jahrhundert, ein Sängerpult mit geschnitzten und aufgemalten Orgelpfeifen (16. Jh.) und ein zwölfeckiger Taufstein. Nach der Zerstörung 1637 durch die Kroaten wurden die Emporen mit geschnitztem Gebälk, das Gestühl im Schiff, der Pfarrstand im Chor und eine Notkanzel (1638, ohne Schalldeckel) geschaffen, wenig später folgte eine weitere Kanzel. 1732–36 fertigte Wilhelm Dibelius aus Kassel die Orgel, deren Prospekt von trompeteblasenden Engeln bekrönt wird.

Das *Rathaus* hat über einem massiven, noch aus spätgotischer Zeit stammenden Erdgeschoß (1573 und 1619 erneuert) einen Fachwerkaufbau aus dem Jahre 1672, durch die Zerstörung durch die Kroaten im Dreißigjährigen Krieg (1637) nötig geworden. Im Innern ist die frühere bauliche Einrichtung noch zu erkennen, besonders die große Halle im Erdgeschoß. Die *Befestigung* von *Altstadt* (Anfang 14. Jh.) und *Neustadt* (nach 1356) ist weitgehend erhalten. Sie besteht aus einer hohen Wehrmauer, mehrfach durch Türme verstärkt. Diese haben runden Grundriß und eine sehr schlanke Form. Zu den fünf Türmen gehören der *Jungfernturm* auf der Westseite, heute mit ziegelgedecktem Spitzhelm, und der *Pulverturm* im Osten, in Butterfaßform: die kleine massive Spitze ist von einem offenen Wehrgang umgeben, ähnlich der Turm am Burgtor. Der breite Wall und die niedrige Vormauer sind vor Teilen der Stadtmauer zu sehen.

Dicht gereiht stehen die Bürger- und Ackerbürgerhäuser des ›Diemeltyps‹, wie der niederdeutsch geprägte Haustyp im nördlichen Hessen oft genannt wird, mit dem Giebel und einem großen Einfahrtstor zur Straße hin, oft mit geschnitzten Gebälken und Zierinschriften an den Torbögen. Zwei der Häuser gehören zu den frühesten Beispielen niederdeutscher Ackerbürgerhäuser aus Fachwerk: Das als *Heimatmuseum* eingerichtete *Haus Leck,* Schachtener Str. 11 (1431, Umbau 1606) hat eine breite Deele mit seitlichen Ställen rechts sowie einer abgeteilten Stube und der einst zur Deele offenen Küche links, von der der Rauch durch das ganze Haus ziehen konnte. Ein Obergeschoß (›Speicherstock‹) und der Dachraum dienten zum Speichern. Außen und im Innern erkennt man deutlich die spätmittelalterliche Zimmermannskunst: Lange Riegel und Schwertungen sind über die Ständer geblattet und dienen der Versteifung des Gerüstes. Nach hinten war das Haus einst noch länger, über gewölbtem Keller befand sich hier ein Saalbau, 1955 aus Unkenntnis abgebrochen.

Das *Haus Hochzeitsberg 5* aus dem Jahre 1429 erhielt zwar um 1890 ein verflachtes Dachgeschoß, ist dennoch aber sehr gut erhalten: Der Speicherraum mit Lehmfußboden enthält eine Räucherkammer, dieser Teil und der Saalanbau (auch von 1429) über gewölbtem Keller wurden in den mehr als 550 Jahren äußerst schonend erneuert, die einst offene Küchenlucht ist (verbaut) noch erhalten. Trotz der modernen Veränderungen ist die mittelalterliche Erscheinung noch außerordentlich weitgehend bewahrt. – Mehrere Häuser, vor allem in der Altstadt, gehören den Jahren nach dem Stadtbrand von 1517 an (Untere Schnurgasse 4, Höppenstr. 6 in der Neustadt und Eulenberg 5). Besonders zahlreich finden sich Bauten des 17. Jahrhunderts, die – wie Bahnhofstr. 1 von 1650 – Torbogenschnitzereien im Stil der Renaissance aufweisen (Beschlagwerk). Eines der aufwendigsten Gebäude dieser Zeit ist das Eckhaus am oberen Ende des Hochzeitsberges, vom Portal bis zum Giebel mit Beschlagwerk und Rankenornamenten dekoriert (1651). Das gegenüberliegende ehemalige Hochzeitshaus ist ein barocker Fachwerkbau mit ursprünglichem bei der Sanierung (Architekt J. Jourdan) bewahrtem Treppenhaus.

Neben den Fachwerkbauten gibt es auch noch vier massive Steinbauten des späten Mittelalters, die allgemein als Speicherbauten gedeutet werden, vielleicht aber auch massive Teile größerer Gebäude (Saalbauten) gewesen sind (z. B. neben Bahnhofstr. 14 und südlich der Pfarrkirche).

Oberhalb der Neustadt eröffnet sich von den Resten der landgräflichen Burg (gegen 1400 errichtet) ein guter Blick auf die Stadt.

Von Grebenstein wollen wir uns wieder in nördlicher Richtung in den *Reinhardswald* begeben. Hinzuweisen ist allerdings darauf, daß wenige Kilometer südlich Grebenstein bei *Calden* das *Schloß Wilhelmsthal,* berühmtes Rokoko-Schlößchen der hessischen Landgrafen, zu besichtigen ist, ab 1747 nach Plänen des Münchner Hofarchitekten François de Cuvilliés errichtet. – Auf dem Weg nach Gottsbüren, wieder nahe der westfälischen und niedersächsischen Grenze, können wir auch noch einen Abstecher zu dem reizvoll landgräflichen *Gestüt Beberbeck* (1826–30) nach Plänen von Johann Conrad Bromeis[27] und zur märchenumwobenen *Sababurg* machen, die Ende des 15. Jahrhunderts erneuert worden ist, heute Ruine. Bekannter sind wohl noch der *Urwald bei Beberbeck* und der *Wildpark bei Sababurg.*

Gottsbüren erlebte ab 1330 einen erheblichen Aufschwung als Wallfahrtsort, nachdem damals eine ›blutende Hostie‹ gefunden worden war (heute läßt sich die damals nur als Wunder begreifliche Erscheinung naturwissenschaftlich erklären). Das nahe Kloster Lippoldsberg nutzte die Wallfahrt geschickt und schuf sich so eine namhafte Einnahmequelle für die folgenden Jahrzehnte. Den *Kirchenbau* begann man 1332. Zunächst entstand der zweijochige Chor mit nördlich angebauter Sakristei, wenig später folgte das Mittelschiff als zweijochiger Saalbau. In der zweiten Hälfte des 14. Jahrhunderts erweiterte man das Langhaus zur dreischiffigen Halle und fügte den Westturm an. Die Kreuzrippengewölbe ruhen auf zwei Achteckpfeilern sowie abgekragten Runddiensten, einst mit figürlichen Kämpferplatten. Die Wandmalereien zeigen an der Ostwand des südlichen Seitenschiffs eine Kreuzigungsszene, eine Stiftung der unter dem Kreuz dargestellten Herren von Kalenberg (15. Jh.). Von den beiden Christophorus-Bildern im nördlichen Seitenschiff stammt das rechte sogar noch aus dem frühen 15. Jahrhundert; das linke, das Christophorus mit wehendem Mantel zeigt, gehört dem späten 15. Jahrhundert an. Die Orgel auf einer hölzernen Empore hat einen barocken Prospekt (um 1678).

Ergänzend zu Grebenstein ermöglicht auch Gottsbüren (ähnlich wie Deisel bei Trendelburg) einen guten Einblick in die niederdeutsch geprägte Bauweise Nordhessens. Die Bauernhöfe des 17. bis 19. Jahrhunderts haben hohe befahrbare Deelen mit großen Toren zur Straße, seitlich liegen die Ställe und die Wohnräume unter gemeinsamem Dach, Nebengebäude dienen meist als Scheunen und Speicher. Allerdings ist der berühmte Reiz gerade dieses Ortsbildes durch vorstädtische Straßenanlagen mit unharmonischen Kurvenführungen und exakt geschnittenen Bürgersteigen heute verlorengegangen.

Als letztem hessischen Ort wollen wir uns dem an der Weser gelegenen **Kloster Lippoldsberg** am Fuß des Solling zuwenden. Dieses Kloster hatte einen außergewöhnlichen Einfluß auf die Architektur seiner Zeit und ist wesentliche Voraussetzung für zahlreiche Kirchenbauten im ostwestfälischen Bereich. Gegen 1100 wurde das Nonnenkloster gegründet, das vor 1101 die Hirsau nahestehende Schaffhauser Regel annahm. »Die Klosterkirche St. Georg und Maria zu Lippoldsberg ist dank ihrer einheitlichen Entstehung, ihrer künstlerischen Stellung und ihrem hervorragenden Erhaltungszustand eines der bedeutendsten Bauwerke des romanischen Stils. Wie nur wenige Bauten des hohen Mittelalters war es ihr vergönnt,

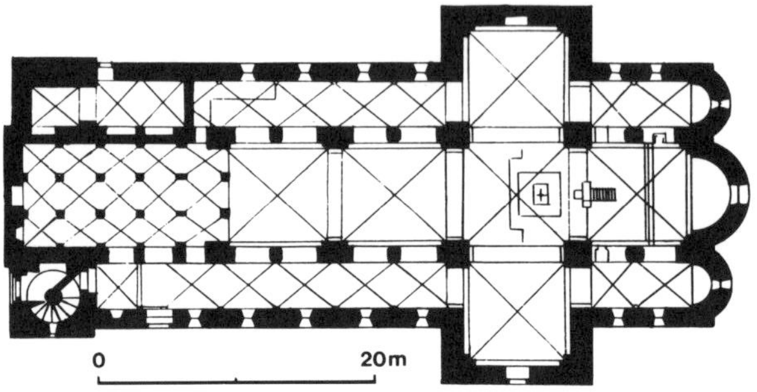

Lippoldsberg, Klosterkirche, Grundriß

fast unversehrt und unbeeinträchtigt die Zeiten zu überdauern. Kaum läßt sich noch ein Bauwerk finden, das in so reiner Form Charakter und Gesinnung des hochromanischen Kirchenbaues verkörpert.«[28] 1139 wurde Gunther von Halberstadt Propst des vom Mainzer Erzbischof abhängigen Klosters. In den folgenden Jahren entstand die neue, noch bestehende *Klosterkirche* (Abb. 121). Die 1151 verfertigte Chronik nennt bereits ihre Vollendung. Sie ist eine dreischiffige Basilika mit ausladendem Querhaus und dreischiffigem Chor mit drei Apsiden. Nur der Südturm der früheren Doppelturmfassade hat den Dreißigjährigen Krieg überstanden. Von den dreieinhalb Langhausjochen ist im Mittelschiff die Nonnenempore über einer kryptenartig wirkenden Eingangshalle (›Nonnenkrypta‹) abgeteilt, die wiederum dreischiffig untergliedert ist. Ihre Gewölbe ruhen auf Pfeilern und Säulen, diese mit Würfelkapitellen nach Hildesheimer Vorbild (Palmetten-Ringband-Kapitelle). Die Bauform ist als Nachfolge des Corveyer Westwerks mit seiner entsprechenden Halle anzusehen. Die zwei verbleibenden Langhausjoche zeigen Stützenwechsel: Auf einen kräftigen Pfeiler mit Wandvorlagen für das Gewölbe folgt ein niedriger Pfeiler für die Zwischenarkaden; seine Kanten sind durch vier Säulchen betont, wie für niedersächsische Kirchen zwischen Lübeck und Braunschweig charakteristisch. Die Gurtbogen ruhen über verzierten Kämpfern auf abgekragten konsolartigen Wandvorlagen. Dadurch kann die Gewölbegröße verringert werden, ohne den Raum selbst zu beeinträchtigen. Durch die Gewölbe werden jedem Mittelschiffsjoch insgesamt vier Joche der Seitenschiffe zugeordnet (›gebundenes System‹). Lippoldsberg zählt zu den frühen vollständig gewölbten Kirchenbauten in Deutschland in der Folge des Mainzer Domes und nimmt daher in der architektonischen Entwicklung des 12. Jahrhunderts eine hervorragende Stellung ein. Der Hauptchor ist von den beiden seitlichen Chören durch Arkaden ähnlich denen des Langhauses getrennt, die auf hohen Brüstungsmauern stehen, also keine unmittelbare Raumverbindung ermöglichen. Die Anlage von drei parallelen Chören ist durch die cluniazensische Reform (Hirsau) beeinflußt und wurde in Gehrden und Hardehausen wiederholt. – In der Apsis steht heute der sechseckige Taufstein (um 1220) mit architektonischer Grundform – Bogenfelder zwischen Türmen, die mit Heiligenfiguren besetzt sind (u. a. St. Georg, St. Katharina). Die Szenen in den Feldern lassen sich z. T schwer deuten: thronender Christus, Kindermord von Bethlehem, Taufe Christi.

Der Klosterhof nördlich der Basilika zeigt nur noch in wenigen Teilen sein ursprüngliches Aussehen (Säulenarkaden mit Würfelkapitellen in der Mauer des Westflügels), zumeist wurde er im 18. und 19. Jahrhundert umgebaut (Westflügel bez. 1713, Ostflügel 1842), der Südflügel enthält noch einen spätmittelalterlichen Fachwerkbau aus dem beginnenden 16. Jahrhundert.

Das Magazingebäude des *ehemaligen Hammerwerks* südlich des Klosters ist ein zweigeschossiger Massivbau mit hoher Einfahrt hinter dem Säulenportikus, nach Inschrift 1819 errichtet. Fenster und Portale haben Quadergewände. Das Walmdach ist mit Sollingplatten gedeckt. Das Eisenhammergebäude aus Bruchstein von 1759 wurde 1819 klassizistisch erneuert. Das Verwaltungsgebäude ist ein Fachwerkbau des 17. Jahrhunderts. Den Eisenhammer hatte 1555 Landgraf Philipp der Großmütige anlegen lassen, nachdem er 1538 das Kloster säkularisieren konnte. Eisenverhüttung und der damit zusammenhängende Eisenbergbau stellten im 16. Jahrhundert einen wesentlichen Wirtschaftszweig für die Landgrafschaft dar und bildete einen Teil ihres Reichtums. So verbinden sich in der Geschichte Lippoldsbergs nicht nur die Landesgeschichte Westfalens und Hessens, sondern auch die Kunstgeschichte der ›hohen‹ Kunst des Kirchenbaues mit der neuzeitlichen Technikgeschichte in beispielhafter Weise.

Westfälisches Freilichtmuseum Detmold

Das *Westfälische Freilichtmuseum* am Südrand von Detmold, zugleich *Westfälisches Landesmuseum für Volkskunde,* zählt nicht nur mit einer Fläche von rund 80 ha zu den geländereichsten europäischen Freilichtmuseen, mit 77 historischen Gebäuden (Stand 1983) von etwa 180 geplanten Bauten ist es inzwischen das größte Freilichtmuseum Deutschlands. Das weitläufige Gelände wurde gewählt, um die unterschiedlichen landschaftlichen und siedlungsmäßigen Gegebenheiten Westfalens möglichst genau wiedergeben zu können. In den flacheren, von Wald begrenzten Bereichen nahe dem provisorischen Museumseingang befinden sich Einzelhöfe und Höfegruppen aus den nördlichen und westlichen Teilen Westfalens, an einer sanften Anhebung ein Dorf des Paderborner Landes und im steilhügeligen Teil des Geländes sind zwei Weiler aus dem Siegerland und dem Sauerland vorgesehen. Zwischen den Gebäudegruppen erstrecken sich weite Felder, Äcker, Weiden, Wiesen, die sich in natürlicher Form an die Bebauung anschließen und die Baugruppen sinnvoll voneinander trennen.

Beim gegenwärtigen Museumseingang entsteht z. Z. eine Doppel-Wassermühle. Das wiedererrichtete Gebäude dient als Korn- und Bokemühle (18. Jh., technische Einrichtung um 1900). In der Nähe befindet sich (rechts) der *Westmünsterländer Einzelhof* (J), der die nicht sehr wohlhabenden Bauern des Landstrichs nahe der holländischen Grenze repräsentiert. Die bevorzugte Weidewirtschaft wirkt sich auf die Einrichtung der Häuser aus, deren Stallteil fast ausschließlich für Kühe und Rinder vorgesehen ist. Das Zweiständerhaus hat eine sehr altertümliche Konstruktion (Ankerbalkengefüge), es wurde jedoch erst 1789/90 errichtet. Für die holzarme Region sind der weite Fachabstand der Ständer, der Verzicht auf hölzerne Schwellen, die Verwendung von Kopfstreben und die Ausmauerung mit Backsteinen (seit dem 18. Jh.) typisch. Wohnteil und Deele sind durch eine Wand getrennt, die Feuerstelle in der Küche, wie um 1800 üblich, mit einem Kamin gefaßt, so daß der Rauch durch den Schornstein in das Freie ziehen kann. Bemalte Wandfliesen zeigen den Einfluß der holländischen Kunst, Klappmöbel unterstreichen die spärliche platzsparende Ausstattung. Charakteristisch für die Einrichtung eines Hauses in der Mitte des 19. Jahrhunderts ist der blaue Wandanstrich in Deele und Küche. – Die Scheune entstand um 1775, der Wagenschuppen mit freiem Unterstand und typischer Ankerbalkenkonstruktion 1743, das Back- und Brauhaus 1747. Auf einer von sumpfigem Spitzgraben umgebenen Insel befindet sich der spätmittelalterliche einst lehmumpanzerte Speicher mit einer Entstehungszeit um 1455,

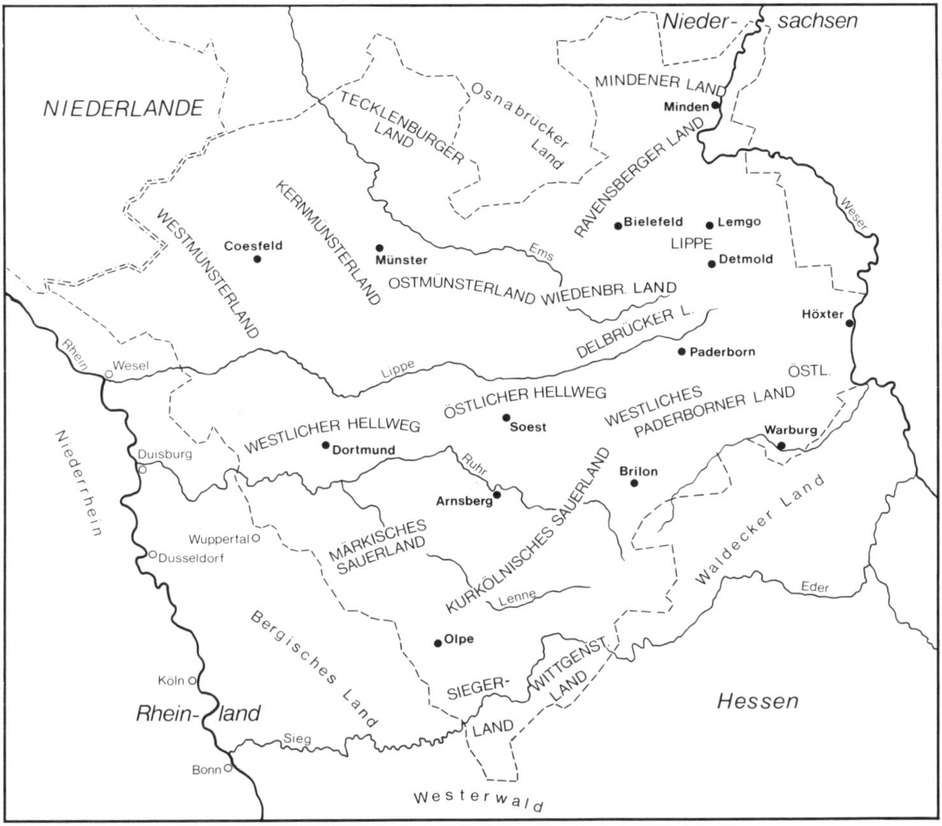

Übersichtskarte der Hauslandschaften Westfalens

das weitaus älteste in Fachwerk konstruierte Museumsgebäude. Rechts des Haupthauses stehen zwei Speicherbauten auf pyramidenförmigen Steinen, sogenannte Mäusepfeilerspeicher, die gut unterlüftet und angeblich vor Mäusefraß sicher sind. Der Flachsdörrofen, um 1860, und der Rutenberg (19. Jh.) zum Stapeln des Heus sind abseits des Hofes untergebracht: An einem Mittelständer ist ein verschiebbares pilzförmiges Dach befestigt, daher wird diese Form als Einrutenberg (im Gegensatz zum Vierrutenberg oder Fünfrutenberg) bezeichnet. Heute sieht man diese Form der Heustapelung nur noch jenseits der Grenzen, in den östlichen Niederlanden.

Der nach einem kurzen Wegstück folgende *Einzelhof* zeigt Gebäude des westlichen Hellweges vom Ruhrgebiet bis zur Soester Börde. Das Haupthaus aus Dortmund-Brakel wurde 1793 errichtet und ist mit den für das Ruhrgebiet im 18. Jahrhundert typischen

Westfälisches Freilichtmuseum Detmold / Landesmuseum für Volkskunde

Dörfer und Weiler

Ⓐ *Paderborner Dorf*
- 5 *Kirchhofspeicher*
- 6 *Kirchhofspeicher*
- 9 *Haupthaus Valepagenhof*
- 10 *Scheune*
- 11 *Speicher*
- 12 *Dörrofen*
- 14 *Haupthaus*
- 15 *Scheune*
- 18 *Schmiede*
- 19 *Kapellchen*
- 20 *Brunnen*
- 21 *Haus Moven*
- 22 *Haus Golücke*
- 24 *Schönhof*
- 25 *Schuppen*
- 26 *Gartenhaus*
- 28 *Ackerbürgerhaus*
- 60 *Ackerbürgerhaus*
- 61 *Spritzenhaus*
- 80 *Kapelle*

Ⓑ *Siegerländer-Wittgensteiner Weiler*

Ⓒ *Sauerländer Dorf*

Einzelhöfe aus dem Westen Westfalens

Ⓓ *Westsauerländer Hof und Kotten*

Ⓗ *Westhellweg-Hof*
- 1 *Haupthaus*
- 4 *Speicher*
- 5 *Spritzenhaus*
- 6 *Schule*

Ⓙ *Westmünsterländer Hof und Kotten*
- 1 *Haupthaus*
- 2 *Scheune*
- 3 *Schuppen*
- 4 *Backhaus*
- 5 *Lehmspeicher*
- 7 *Kornspeicher*
- 8 *Haferkasten*
- 9 *Flachsofen*
- 10 *Rutenberg*

Ⓚ *Innermünsterländer Gräftenhof und Kotten*
- 1 *Haupthaus*
- 2 *Torhaus*
- 3 *Holzschuppen*
- 4 *Neuer Speicher*
- 5 *Backhaus*
- 6 *Alter Speicher*
- 7 *Bleichhütte*
- 9 *Durchfahrtsscheune*
- 10 *Schweinehaus*
- 11 *Abort*
- 12 *Schafstall*

Höfegruppen aus dem Nordosten Westfalens

Ⓞ *Osnabrücker Hof*
- 1 *Haupthaus*
- 2 *Schafstall*
- 3 *Scheune*
- 4 *Schweineschuppen*
- 5 *Backspeicher*
- 6 *Bienenhaus*
- 7 *Bleichhütte*
- 8 *Abort*
- 9 *Töpferei*

Ⓟ *Kotten*
- 1 *Tecklenburger Kotten*
- 2 *Doppelheuerhaus*

Ⓠ *Mindener Hof*
- 1 *Haupthaus*
- 2 *Speicher*
- 3 *Schweinehaus*
- 4 *Holzschuppen*
- 5 *Backhaus*
- 6 *Scheune*
- 7 *Brandscheune*
- 8 *Abort*

Ⓡ *Bückeburger Hof*

Ⓢ *Ravensberger Höfe*

Ⓣ *Lippischer Meierhof und lippische Kotten*
- 1 *Haupthaus*
- 2 *Speicher*

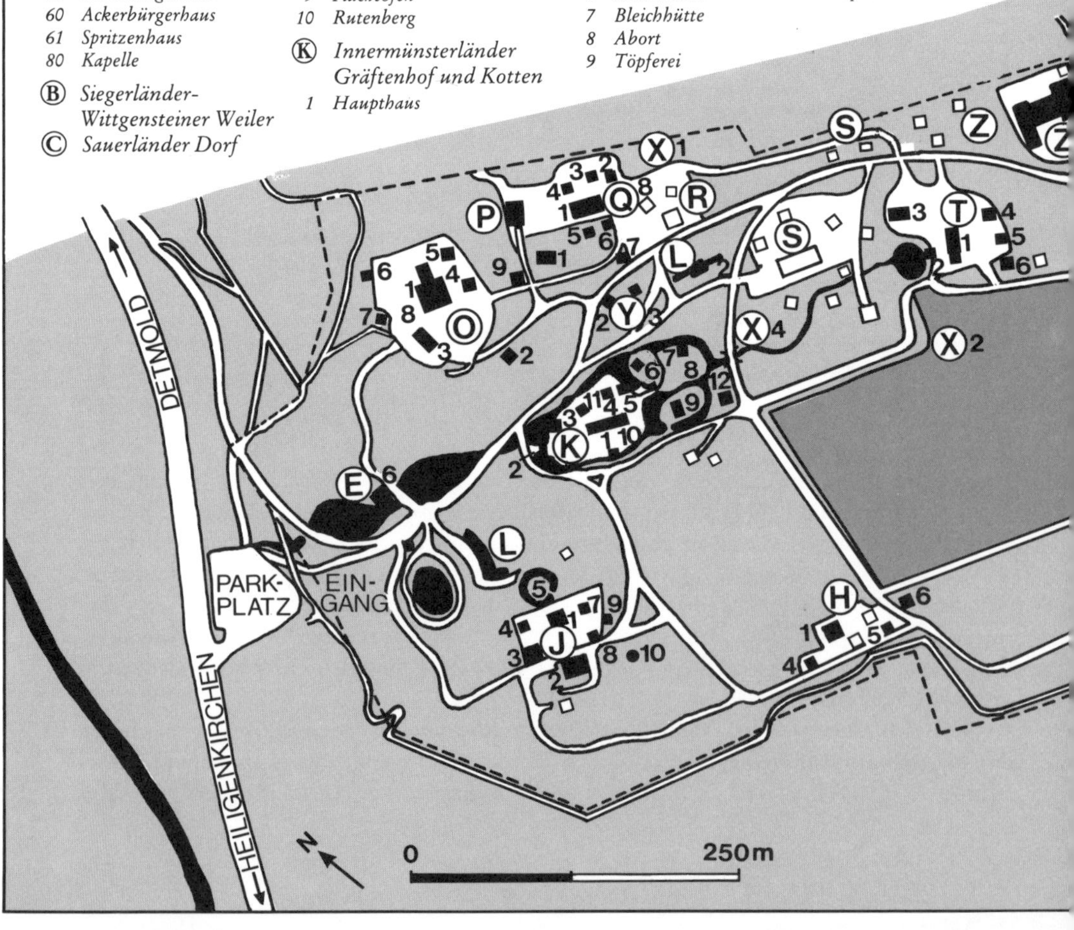

3 *Scheune*
4 *Leibzucht*
5 *Backhaus*
6 *Stallspeicher*

Sonstiges

Ⓔ *Mühlen*
1 *Kappenwindmühle*
2 *Scheune*
4 *Bockwindmühle*
6 *Wassermühle*

Ⓛ *Ehemalige Orangerie und Fasanerie*
1 *Krummes Haus*
2 *Fasanerie*

Ⓦ *Gutshof*

Ⓧ *Bildstöcke, Grenzsteine und dgl.*
1 *Glockenstuhl*
2 *Grenzstein*
3 *Grenzstein*
4 *Brücke*

Ⓨ *Gaststätten, WC*
1 *Gaststätte*
2 *Nebengaststätte*
3 *Toilettengebäude/Schweinehaus*
4 *Toilettengebäude/Pferdestall*

Ⓩ *Betriebsbauten*

■ *vorhandene Museumsbauten*
□ *geplante Museumsbauten*
---- *Museumsgrenze*

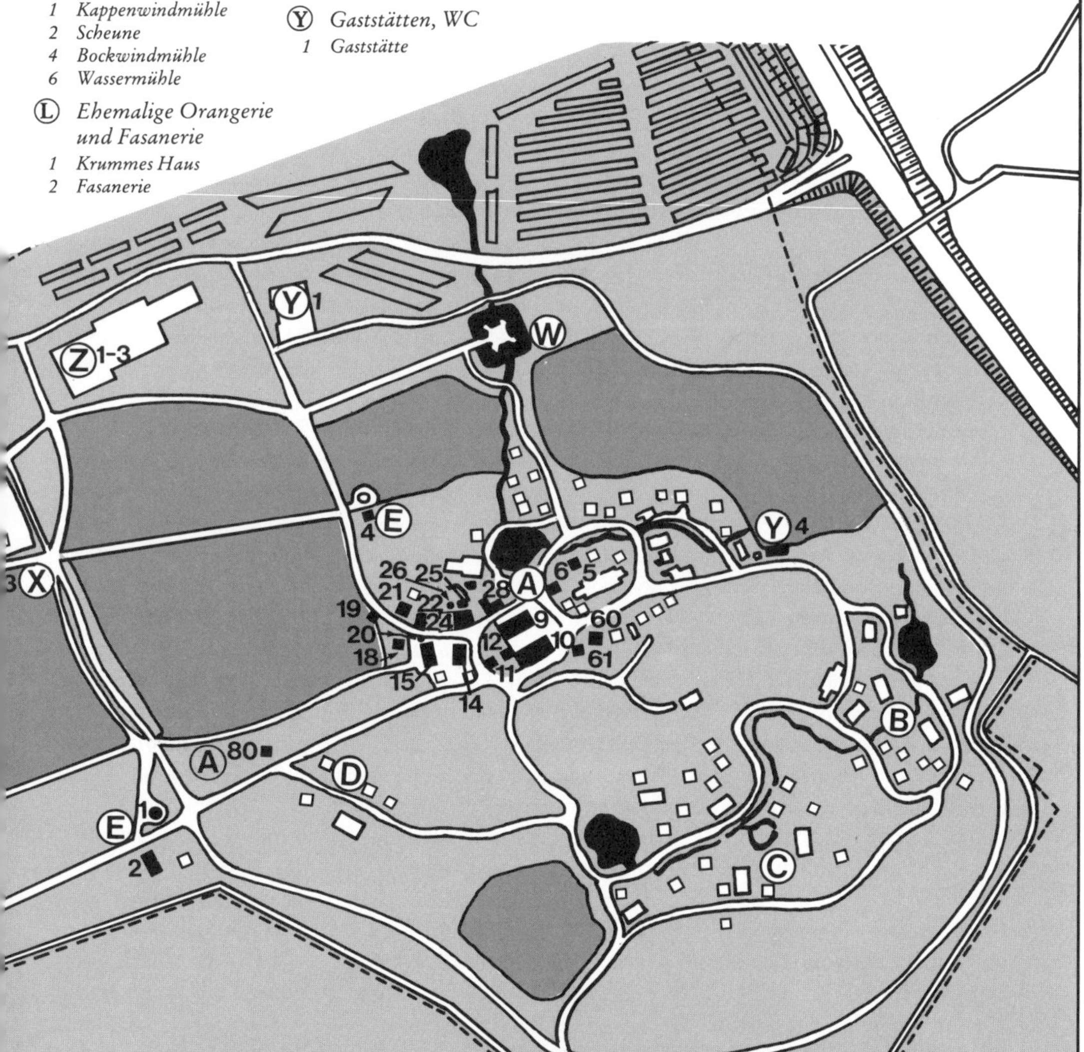

Strebenformen versehen. Von der engräumigen Deele ist die niedrige Küche durch eine Wand vollständig abgeteilt. Von hier aus werden zugleich die seitlichen Stuben und Kammern erschlossen. Das Mobiliar, teilweise noch aus dem späten 18. Jahrhundert, zumeist aber aus dem 19. Jahrhundert, ist einfacher und billiger als in den nordwestfälischen Höfen. – Von den Nebengebäuden steht bislang nur ein Speicher aus der Mitte des 18. Jahrhunderts. Das dem Hof benachbarte Spritzenhaus aus Einecke von 1846 enthält im Innern eine kleine Arrestzelle. Die Spritze gehört zum Bestand dieses Spritzenhauses. Die einklassige Dorfschule wurde 1837 in Thöningsen bei Soest erbaut, ein Lehrer unterrichtete hier 10 bis 40 Kinder, zumeist in zwei Gruppen getrennt. – Die Pflasterstraße führt hangabwärts zum nordwestfälischen Höfetrupp (s. u.) und hangaufwärts zur Kappenwindmühle aus Tonnenheide, 1842 auf einem Sockel von 1789 neu errichtet (Abb. 103). Kappenwindmühlen, im 16. Jahrhundert entwickelt und seit dem 18. Jahrhundert in Deutschland zunehmend verbreitet, haben ihren Namen nach der drehbaren Kappe über einem festen Unterbau. Dies ermöglicht, die Flügel jeweils in die Windrichtung zu drehen. Dazu dient der altertümliche Steert, der mit Hilfe langer Schwerter an der Kappe befestigt ist. Die Mühle enthält zwei Mahlgänge und ist damit außerordentlich leistungsfähig. Sie wird im Museum von einem Windmüller betrieben. – Zum Mühlenanwesen gehören eine Scheune aus Herten von 1695 und ein Müllerhaus (geplant), denn in der Mühle selbst wurde niemals gewohnt.

An der Hofkapelle aus Westenholz (1775) vorbei gelangt man zum *Paderborner Dorf* (A). Diese größte Baugruppe eines europäischen Freilichtmuseums folgt in der Anlage Dörfern des Kreises Höxter, wie beispielsweise Sommersell oder Godelheim an der Weser. Auch wenn dieses Dorf aus den Bauten einer ganzen Landschaft, zwischen Paderborn und Höxter, zusammengestellt wird, so zeigt es doch in großer Genauigkeit die Erscheinungsform einer dörflichen Siedlung dieser Gegend mit Bauten aller Sozialschichten und besonders auch ländlicher Handwerksbetriebe. Damit unterscheidet sich das Paderborner Dorf im Westfälischen Freilichtmuseum Detmold von älteren Freilichtmuseumsgründungen, wo die Bezeichnung ›Dorf‹ für die komplette Anlage gewählt wurde, aber kein Dorf im siedlungsgeographischen Sinne, sondern nur eine museale Anhäufung von ländlichen Häusern gemeint ist. Das Zentrum nimmt der Dorfanger mit dem ummauerten ehemaligen Wehrkirchhof ein, auf dem der lehmumputzte Kirchhofspeicher aus Mellrich (1505/06) bereits wiedererrichtet ist und weitere Speicherbauten sowie die Kirche in absehbarer Zeit folgen werden (im Bau: Speicher des 16. Jh. aus Etteln). Auf der Bergseite wird eine Gruppe von sechs eng aneinanderstehenden giebelständigen Häusern errichtet, wie man sie ganz ähnlich in Godelheim sehen kann. Als erstes Gebäude neben dem Spritzenhaus Hummersen (1839) entsteht hier ein Wohnhaus aus Holzminden, im 18. Jahrhundert mit Schnitzereien und repräsentativen Utluchten gebaut. Das rückwärtige Ende des Dorfes ist durch ein massives ehemaliges Stallgebäude gekennzeichnet (jetzt Toiletten), eines Tages wird man von dort weiter in das geplante Siegerland- und das Sauerland-Dorf gelangen. Unterhalb des Kirchplatzes befindet sich der Dorfteich, an dessen Rand in Kürze ebenfalls weitere Gebäude entstehen sollen.

Der *Valepagenhof* direkt am Kirchplatz ist wegen des reich geschnitzten Renaissancegiebels besonders berühmt (1577). Der katholischen Gegend gemäß ist am Giebel der auferstehende Christus dargestellt sowie als Symbol der Taufe der Hirsch am Brunnen. Ferner entdeckten wir Hunde, die einen Hasen jagen bzw. wildern – Motive, die z. T im Zusammenhang mit der Legende der hl. Ida von Herzfeld im 16. Jahrhundert sehr beliebt waren. Dazu kommen Fabelwesen, die Darstellung einer Meute jagender Hunde, Büsten sowie Fächerrosetten (Farbt. 31). Der Wohnteil des im 19. Jahrhundert umgebauten Hauses entstand um 1880/90 und ist im Stil der Kaiserzeit eingerichtet, die gute Stube enthält Plüschsofa und Sessel, einen Eisengußofen und ein Vertiko; die Küche ist mit schwarzen und weißen Fliesen ausgelegt und mit Geräten der Jahrhundertwende ausgestattet. – Die benachbarte Scheune aus dem 18. Jahrhundert dient dem Museum derzeit als Ausstellungsraum. Der Hofspeicher aus Winkhausen entstand 1561, mit Außentreppe und Schwebegiebel recht altertümlich wirkend; der Obstdörrofen auf der Obstweide ist ein Bruchsteinbau des 19. Jahrhunderts.

Die gepflasterte Dorfstraße entlang gelangt man am *Haus Stahl* aus Gütersloh vorbei (1730, Anbau 1748), berühmt durch das Rokokoportal aus dem späten 18. Jahrhundert, zum äußerlich schlichten *Schönhof* aus Wiedenbrück. Die Bedeutung dieses Gebäudes liegt in der reichen Innenausstattung, die aus den Resten einer einst berühmten Bildersammlung des Wiedenbrücker Stiftsdechanten Karl Florenz Harsewinkel sowie Wand- und Deckenmalerei und Mobiliar des späten 18. Jahrhunderts besteht. Von der Straßenseite gelangt man durch einen kleinen Vorraum, von dem die Treppe in das Obergeschoß und nach rechts die Raumflucht der Wohn- und Arbeitsräume des Dechanten aufgeht, nach links in die Küche. Hier fällt das Großgemälde an der Kaminschürze, Jakob unter der Himmelsleiter darstellend (Jakobs Traum) auf, an der Seitenwand sieht man ein Porträt des Franz Wilhelm Harsewinkel, der das Haus zu Beginn des 18. Jahrhunderts errichten ließ. Der ebenerdige Salon ist mit Möbeln aus der Werkstatt des bedeutenden Kunstschreiners Philipp F. L. Bartscher aus Rietberg ausgestattet, die auf ägyptisierenden Sphingen stehen. Wenige Stufen führen neben dem Küchenkamin zum ›Schönhof-Saal‹, der wohl um 1770 die Deckenmalerei mit dem Durchblick in den Himmel auf die Göttin Athena erhielt, die Wände in etwas anderem Farbton übermalte 1796 der Maler Rosenckrant, unmittelbar nach dem Verkauf der berühmten harsewinkelschen Bildersammlung, die nach damaliger Einschätzung Werke von Dürer, Holbein, Cranach, Rubens und Tizian enthielt. Auch die bedeutenden Möbelstücke dieses Raumes stammen aus der Werkstatt Ph. F. L. Bartschers.

Das gegenüberliegende *Haus,* dessen giebelseitige Gefache mit Backsteinziersetzungen ausgemauert sind, dient dem Museum heute als *Gaststätte* und *Museumsladen.* Es wurde bis 1731 in Grohnde aufgebaut und zeigt sich heute im Zustand des späten 19. Jahrhunderts. Die zugehörige Scheune ist rund hundert Jahre älter. Einen ähnlichen Ziergiebel hat auch das kleinere *Bauernhaus aus Amelunxen,* 1767. Es ist ein hochwandiges Dorfbauernhaus aus engbebauter Lage, ein Durchgangsdeelenhaus, bei dem sich die Wohnräume nicht am hinteren Ende, sondern zu Seiten der Deele befinden. Vorne handelt es sich um zwei Stuben, rechts dahinter die Küche und eine Kammer. Links befindet sich der einzige Stallraum dieses

Hauses. Am Rückgiebel entstehen z. Zt. ein Kuhstall-Anbau samt einem Aborthäuschen sowie ein Backhaus aus dem 19. Jahrhundert, wie sie für solche Dörfer typisch sind. Nebenan steht das 1651 erbaute *Haus Moven* aus Bruchhausen, zu dessen Deele sich ursprünglich weite Luchten für Küche und Ställe hin öffneten, die im Laufe des 19. Jahrhunderts zugesetzt wurden, nicht zuletzt um dem schweren Dachgewicht eine zusätzliche Unterstützung zu geben. Teile des ursprünglichen Kleinpflasters konnten bei einer Ausgrabung in Bruchhausen festgestellt und übertragen werden, insgesamt zeigt dieses Haus jedoch den Umbauzustand von etwa 1870 mit angeschütteter Lehmdeele und durchgebogenen Wandteilen. – Das Bruchsteingehäuse des Brunnens aus Godelheim (19. Jh.) sitzt über einem Brunnenschacht des 12. Jahrhunderts (aus Schieder), damit übrigens das älteste Bauwerk des Freilichtmuseums in Detmold. Benachbart sollen 1984 noch eine Schmiede und ein Kapellchen entstehen. Am Dorfrand sehen wir die 1812 in Groß-Lobke bei Hildesheim als ›westfälische Mühle‹ erbaute Bockwindmühle des kunstvollen Mühlenbauers Christian Baars. Hier ist das gesamte Gehäuse an einem langen Hebel, dem Steert, über einem feststehenden Bock in den Wind drehbar, daher die Bezeichnung Bockwindmühle. Das im Vergleich zur Kappenwindmühle kleinere Gehäuse enthält nur einen Mahlgang, an dem ein Getreidesichter von 1895 angeschlossen ist.

Über einen schmalen Fußweg gelangt man zurück zu den aus dem Norden Westfalens stammenden Einzelhöfen aus Lippe, Minden und Osnabrück (Ravensburg und Bückeburg geplant). Sie bilden eine gemeinsame Ansiedlung, einen Höfetrupp (Drubbel). Der *Lippische Meierhof* (T) setzt sich aus besonders alten Gebäuden zusammen, mit auffällig kräftigem Holzwerk. Sein Haupthaus, im Kern 1570, um 1600 durch ein Kammerfach mit Stube und Schlafkammern erweitert, zeigt das typische Zweiständergefüge, bei dem jeder Deckenbalken über zwei Ständern aufliegt, so daß zwei Ständerreihen zu Seiten der Deele die tragende Konstruktion bilden (Farbt. 21). Das Dach ist tief herabgeschleppt und von niedrigen statisch unbedeutenden Außenwänden unterfangen. Charakteristisch ist die Stalleinrichtung mit einer Seite für Kühe und Rinder (niedrige Freßtröge) und einer Seite für Pferde. Es handelt sich um ein Rauchhaus, bei dem der Rauch der offenen Feuerstelle nicht durch einen Schornstein abgeführt wird, sondern durch das gesamte Haus zieht, bis er unter der Giebelspitze ins Freie gelangen kann. Dies räuchert den Schinken, schützt das Getreide vor Ungeziefer und konserviert das Strohdach, eine dichte und warme Dachdeckung im Gegensatz zu Dächern aus Ziegeln und Steinen. Der Bereich um die Feuerstelle ist das Flett, der Kochplatz, durch seitliche Luchten erweitert: Beim ›klassischen‹ Hallenhaus handelt es sich auf der einen Seite um die Waschlucht (hier links, niedrig, mit Spülbecken) und auf der anderen Seite um die Eßlucht, in der die Hofbewohner in hierarchischer Ordnung beim Essen zusammensaßen. Die an die Rückwand des Flett folgenden Räume bilden das Kammerfach, außer zwei Schlafkammern handelt es sich links um die Stube mit einer bemalten Wandvertäfelung des späten 18. Jahrhunderts. Auch die Scheune (1599) und der zweigeschossige Speicher (um 1585) am Quellteich sind noch strohgedeckte Bauten mit kräftigen Hölzern und zeittypischen Kopfbändern, ebenso die Leibzucht, in der die Eltern des Hofbesitzers wohnten (1619). Starben sie, konnte dieses Gebäude als Kotten genutzt, also vermietet werden. Es enthält nur sehr kleine Räume und wenig Stellplätze für Vieh.

Der Rundgang führt weiter an einem Bauerschafts-Glockenmast (1877) vorbei zum *Mindener Hof* (Q). Das Haupthaus mit ›klassischer‹ Inneneinteilung entstand 1673, der Rückgiebel wurde 1780 massiv erneuert. Das Flett mit niedrigen seitlichen Luchten erhielt 1828 ein kleinteiliges Pflaster aus etwa 15000 Steinchen. Im Kammerfach fallen die geschnitzten und farbig bemalten Möbel auf, wie besonders das Wandbett zwischen Stube und Spinnstube, Anfang 19. Jahrhundert (Abb. 104). Bei den Nebengebäuden handelt es sich hangseitig um den Kornspeicher (1712), dahinter das Schweinehaus in altertümlicher Konstruktion (um 1585) sowie den Holzschuppen, dessen Giebelgefache zur besseren Durchlüftung nur mit Heidekraut abgedichtet ist. Auf der anderen Seite befinden sich die Stallscheune von 1671 und das Backhaus von 1617 sowie etwas abseits vom Hof eine ›Brandscheune‹ zur feuersicheren Aufbewahrung des Saatgutes (um 1700).

Westlich schließen sich dieser Hofgruppe zwei *Kotten* (P) an, die die ärmlichen Wohnverhältnisse dieser Bevölkerungsschicht zeigen, deren Besitzstand trotz Armut und Abhängigkeit sicherlich für viele Knechte ein erstrebenswertes Ziel gewesen sein mag. Dem heutigen Museumsbesucher allerdings fällt es meist schwer, sich angesichts dieser Gebäude Ärmlichkeit vorzustellen, dienen solche Häuser heute doch sehr oft als Wochenenddomizil besonders wohlhabender Mitbürger, das einst ärmliche Mobiliar ziert heute manch gutbürgerliches Wohnzimmer und erzielt im Antiquitätenhandel hohe Preise. Das Doppelheuerhaus, im Kern aus dem Jahre 1609, wurde 1738 der Länge nach aufgeteilt und 1764 nochmals verändert, jede Hälfte des Hauses war an eine Familie vermietet. Auch der *Tecklenburger Kotten* (1784) ist ein ärmlicheres Gebäude, wie schon durch die altertümliche Gebäudeform mit tief heruntergezogenen Strohdächern auch in den Giebelseiten und durch die Ausmauerung mit billigen Lesesteinen auffällt. In der Stube befindet sich ein den engen räumlichen Verhältnissen angepaßter runder Ofen, der gleichzeitig auch zum Kochen benutzt werden konnte.

Der *Osnabrücker Hof* (O) (Farbt. 20) vertritt ein Gebiet, das bis 1603 zu Westfalen gehörte. Gegenüber den beiden Kotten steht die zu diesem Hof gehörende Töpferei Hehemann, 1828 in Hagen-Gellenbeck errichtet, 1929 erneuert und bis 1949 betrieben, deren Produkte in mehreren nordwestdeutschen Museen stehen, u.a. in Cloppenburg, Detmold und Osnabrück. Der Brennofen und die Einrichtung konnten nach umfangreichen Quellen originalgetreu und funktionsfähig wiederhergestellt werden. Der – wie am alten Standort – etwas abseits gelegene Schafstall (1792) stammt vom selben Hof wie das Haupthaus (Große Endebrock). Dieses entstand 1609 und hebt sich durch seine schlichte äußere Fachwerkgestaltung mit weiten Ständerabständen deutlich vom jüngeren Fachwerk des Osnabrücker Raumes ab, vertreten etwa durch die Scheune vor dem Haupthaus (1763) mit einem charakteristischen engmaschigen Fachwerkraster im Giebel. Vom Hofeingang aus sieht man rechts den Schweineschuppen (1827), dahinter den Backspeicher (1710) sowie den Brunnen. Links des Haupthauses befindet sich ein besonders eindrucksvoller Bauerngarten in symmetrischer dem Barock entlehnter Anlage, darin das Bienenhaus und daneben die Bleichhütte, beide aus dem 19. Jahrhundert. Das Haupthaus entspricht in seiner inneren Aufteilung dem des Mindener Hofes, doch reichte es ursprünglich nur bis zur Wand hinter der Feuerstelle: Das gesamte Kammerfach mit Saal und Stube entstand erst Ende des 18. Jh., als geänderte Wohnbedürfnisse die Schaffung neuer Räume nötig machten.

Nahe dem gegenwärtigen Museumseingang liegt der *Münsterländer Gräftenhof* (K), mit insgesamt zwölf Gebäuden die größte Hofanlage im Freilichtmuseum. Er ist ein klassischer Einzelhof, fernab vom nächsten Nachbarn gelegen. Die Bauten sind auf mehrere Inseln verteilt und von Wassergräben (Gräften) umgeben, die diesem Hoftyp den Namen gegeben haben. Der Hof zeigt den Zustand der Jahrhundertwende um 1800, die Gräften hatten damals keine unmittelbare Wehrfunktion mehr und waren zumeist nur noch schmale Gräben, teilweise sogar verlandet. Auch die Schießscharten des Torhauses (1767) dienen nur noch zur Verzierung und zur Erinnerung an vergangene Zeiten. Zur Hauptinsel gelangt man quer durch das Torhaus, das in einem Nebenraum die Hofwerkstatt enthält, unverzichtbarer Bestandteil eines auf die Selbstversorgung angewiesenen Einzelhofes. Die wohlhabenderen Höfe sind in dieser reichen Gegend außerordentlich groß, seit etwa 1800 zeigen die Haupthäuser unbehandeltes Holzwerk und rote Backsteingefache, doch wenig verzierende Einzelformen wie in den Dorfregionen Westfalens. Das Innere allerdings war farbig gefaßt. Das heutige Haupthaus entstand nach einem Brand 1787, es ist ein Fachwerkbau mit Backsteingefachen. Der Bauherr, ein vom Münsteraner Bischof abhängiger Schulte, durfte beim Neubau die Mindestlänge von 140 Fuß nicht unterschreiten, so daß dieses Gebäude mit 42 m Länge und 15 m Breite das größte des Freilichtmuseums ist. Der Stallteil hat die klassische Aufteilung mit einer Pferde- und einer Kuhseite. Die anschließende Flettküche ist durch ein breites hölzernes Flügeltor von der Deele abzuteilen, was für den gewandelten Wohnkomfort des späten 18. Jahrhunderts typisch ist. Zu dieser Zeit gerieten die offenen Feuer, deren Rauch das ganze Haus durchzog, außer Mode, man leitete den Rauch lieber durch Schornstein ab und mußte deswegen Trennwände einfügen (Zug); zugleich konnte man wegen des Funkenfluges das Dach nicht mehr mit Stroh decken, sondern mußte auf feste Baustoffe zurückgreifen, wie Ziegel. Der gleichfalls durch einen Kamin beheizbare Saal enthält das Ehebett des Hofinhabers; die farbigen Glasfenster sind Fensterbierscheiben, die von Nachbarn und Freunden bei der Hauseinweihung und ähnlichen Gelegenheiten gestiftet wurden und die Wappen oder bildliche Darstellungen tragen. Der ebenerdige Salon dürfte das Zimmer des bischöflichen Vertreters gewesen sein, der zu bestimmten Anlässen jährlich auf den Hof kam. – Unter den Nebengebäuden auf der Nordseite fällt neben dem luftigen Holzschuppen des 19. Jahrhunderts, dem Abort und dem Backhaus von etwa 1695 vor allem der hohe zweigeschossige ›neue‹ Speicher auf, 1711 errichtet und mit Schnitzereien versehen, die auf die Bedeutung dieses wichtigen Lagerhauses hinweisen. Auf einer eigenen Insel steht der alte Speicher (Abb. 102) von 1561–63, an dessen Obergeschoß sich rückseitig ein Aborterker befindet – zu bestimmten Gelegenheiten mag auch dieser Speicher bewohnt gewesen sein, vielleicht wurde er einst vom bischöflichen Verwalter genutzt, wie ab 1787 der Salon des Haupthauses. – Das zweitälteste Gebäude dieses Hofes ist der Schweinestall, der neben dem Haupthaus liegt, um 1600.

Auf einer nur über eine Zugbrücke zugänglichen Garteninsel befindet sich inmitten eines kleinen barocken Gärtchens eine Sonnenuhr, ferner die Bleichhütte; auf einer weiteren Insel steht die Durchfahrtsscheune von 1796, zur Durchlüftung und zum Schutz vor Ungeziefer auf spitze Sandsteinpfeiler hochgebockt. Hinter ihr schließt sich noch der Schafstall an, der um 1700 erbaut worden sein dürfte.

Anmerkungen

1 H. Kreft, J. Soenke, Die Weserrenaissance, Hameln [4]1975, S. 274
2 L. Schreiner, Schinkel in Westfalen, Berlin 1969, S. 274
3 Übersichtskarte bei der Kreisverwaltung Minden-Lübbecke, Postfach 2580, 4950 Minden, erhältlich. Text: W. Brepohl; zu Ovenstädt: H. Bönnighausen, Gernheim – ein technisches Denkmal der westfälischen Glasindustrie, in: Westfalen 1978, S. 182–188
4 Das der Forschung bis vor kurzem unbekannt gebliebene Dorfbild wurde 1976 durch Mitglieder des Arbeitskreises für Hausforschung (Detmold) inventarisiert.
5 K. Honselmann, Die Herforder Marien-Vision, in: Westfälische Zeitschrift 131/132, 1981/82, S. 243–256
6 Bielefeld, Das Buch der Stadt, bearbeitet von Dr. E. Schoneweg, Bielefeld 1926
7 Sennestadt, Geschichte einer Landschaft, Sennestadt 1968, S. 231 ff. (Redaktion: H. Wasgindt)
8 Paul Pieper, Der Altar von Schildesche, Bielefeld 1981
9 J. Leiss, Bildtapeten aus alter und neuer Zeit, Hamburg 1961
10 Horst Conrad, Zur Baugeschichte der Johannes-von-Nepomuk-Kapelle in Rietberg, in: Westfalen 1978, S. 174–181
11 U. Mainzer, Form, Funktion und Bedeutung der Westvorhalle des St. Patrokli-Domes zu Soest, in: Soester Zeitschrift 91, 1979, S. 4–34
12 U. D. Korn, Glasmalerei aus St. Patrokli in Soest, in: Kunst und Kultur im Weserraum, Münster 1966, S. 729 ff.
13 H. Claussen, Zur Farbigkeit von Kirchenräumen des 12. und 13. Jahrhunderts in Westfalen, in: Westfalen 1978, Seite 18–72
14 Rolf Fritz, Heinrich Aldegrever als Maler, Dortmund 1959
15 Soest, Stadt – Territorium – Reich, Soest 1981; hier G.-U. Piesch, Heimatschutzarchitektur in Soest am Beispiel einiger Bauten von Paul Schlipf, S. 731 ff.
16 R. Budde, Deutsche Romanische Skulptur 1050–1250, München 1979 (s. a. Rezension G. Jászai, in: Westfalen 1982, S. 261–266)
17 W. Tack, Die Paradiesvorhalle des Paderborner Domes und die Wallfahrt nach Santiago de Compostela, in: Alte und neue Kunst im Erzbistum Paderborn, 1958, S. 27–62
18 H. Neuheuser, Geschichte der Gemeinde Altenbeken, Altenbeken 1960, S. 134
19 K. Hüser, Wewelsburg 1933–1945, Kult- und Terrorstätte der SS, Paderborn 1982
20 nach D. Großmann, Marburg. Vgl. Hildesheim, St. Godehard (um 1150)
21 U. Wulfhorst, Der westfälische Orgelbauer Johann Patroclus Möller, Kassel 1967
22 F. Sagebiel, Baumeister in und um Corvey, Detmold 1973
23 F. Kaspar, ›Die Heimlichkeit‹, Der Abort als baulicher Luxus reicher Lemgoer Bürger um 1600, in: Lemgoer Hefte 18/1982, S. 16–19
24 O. Gaul, U.-D. Korn, Stadt Lemgo, Die Bau- und Kunstdenkmäler von Westfalen, Bd. 49, Teil I, Münster 1983
25 W. Salber, Drehfiguren, Karl Junker: Maler, Architekt, Bildhauer, Lemgo 1978
26 Herrn Dr. H. Bönnighausen gilt für die Überlassung unpublizierter Unterlagen herzlicher Dank
27 Freundl. Hinweis Enno Goens, Marburg
28 D. Großmann, Klosterkirche Lippoldsberg, [2]1974

Literatur

Zeitschriften, Buchreihen

Bau- und Kunstdenkmäler von Westfalen, Bd. 1 bis Bd. 49 (zuletzt: O. Gaul, U.-D. Korn, Stadt Lemgo, Münster 1983)

Der Raum Westfalen, hrsg. von H. Aubin u. a. ab 1931 im Auftrag der Provinz Westfalen bzw. des Landschaftsverbandes Westfalen-Lippe

Westfalen, Hefte für Geschichte, Kunst und Volkskunde, Münster (zul. Bd. 60 = 1982)

Westfälische Zeitschrift, Paderborn (zuletzt Bd. 132 = 1982)

Alte und neue Kunst im Erzbistum Paderborn, Paderborn

Lippische Mitteilungen aus Geschichte und Landeskunde (zuletzt Bd. 51 = 1982)

Ausstellungskataloge

Kunst und Kultur im Weserraum 800–1600, Ausstellung Corvey 1966 (Katalog Münster 1966, Forschungsband 1970)

Konservieren – Restaurieren, Ausstellungskatalog Münster 1975 (Redaktion B. Korzus), = 20. Sonderheft der Zeitschrift Westfalen

Köln – Westfalen 1180–1980, Ausstellungskatalog Münster 1980, hrsg. von P. Berghaus und S. Kessemeier

Monastisches Westfalen, Klöster und Stifte 800–1800, Ausstellungskatalog Münster 1982, hrsg. von Géza Jászai

Johann Conrad Schlaun, Ausstellungskatalog 1973, hrsg. von Klaus Bußmann

Einzelpublikationen

H. Bauer, F.G. Hohmann, Alte Kirchen im Hochstift Paderborn, Paderborn 1979

S. Baumeier (Hrsg.), Museumsführer, Westfälisches Freilichtmuseum Detmold – Landesmuseum für Volkskunde, Detmold 1982

W. Hansen, H. Kreft, Fachwerk im Weserraum, Hameln 1980

W. Hansmann, Kunstwanderungen in Westfalen, Stuttgart 1966

A. Henze (u. a.), Reclams Kunstführer Deutschland III, Nordrhein-Westfalen, Stuttgart 1982

G. Jászai (Hrsg.), Heilige Ida von Herzfeld 980–1980, Festschrift, Münster 1980

F. Kaspar, Fachwerkbauten in Westfalen vor 1600, Münster 1978

F. Kaspar, Bauen und Wohnen in einer alten Hansestadt, Zur Nutzung von Wohnbauten zwischen dem 16. und 19. Jh. dargestellt am Beispiel der Stadt Lemgo, Münster (msch.) 1982

D. Kluge, W. Hansmann, Dehio, Handbuch der Deutschen Kunstdenkmäler, Westfalen, München 1967

F. v. Klocke, J. Bauermann (Hrsg.), Handbuch der historischen Stätten Deutschlands, III, Nordrhein-Westfalen, Stuttgart 1963

H. Kreft, J. Soenke, Die Weserrenaissance, Hameln 1975

Minden, Zeugen und Zeugnisse einer städtebaulichen Entwicklung, Minden 1979

C. Meckseper, Kleine Kunstgeschichte der deutschen Stadt im Mittelalter, Darmstadt 1982

R. Reuter, Orgeln in Westfalen, Kassel 1965

H. Rothert, Westfälische Geschichte, Gütersloh 1949 ff.

D. Sauermann, Volksfest in Westfalen, Münster 1977

J. Schepers, Haus und Hof westfälischer Bauern, Münster ^{5}1981

K.J. Schmitz, Grundlagen und Anfänge barocker Kirchenbaukunst in Westfalen, Paderborn 1969

E. Schoneweg, Bielefeld, Das Buch der Stadt, Bielefeld 1926

H. Schwartz, Soest in seinen Denkmälern, Soest 1955 ff.

Glossar

Fachbegriffe zur Kunst und Kultur Westfalens (Auswahl)

Akroterion Giebelzierform, die der griechischen Kunst entlehnt ist und im Historismus vorkommt.

Ankerbalkengefüge Fachwerkgefüge, bei dem ein Balken mit langen Zapfen zwei gegenüberliegende Ständer ›durchsticht‹ und miteinander verankert.

Basilika Kirchenaufriß mit einem hohen mittleren und zwei niedrigeren seitlichen Schiffen. Das Mittelschiff hat eigene Fenster.

Bauerschaft Zusammenhängende Höfegruppe, meist locker bebaut, innerhalb einer größeren Gemeinde

Bokemühle Mühle zum Boken, d. h. zum Zerstampfen der harten Teile des Flachses, die vor der Weiterverarbeitung des Flachses entfernt werden müssen.

Confessio Innerhalb einer Krypta Vorraum vor dem Märtyrer-(Heiligen-)Grab

Deele Teil des niederdeutschen Hallenhauses im Stallbereich

Dienst Hohes schlankes Säulchen in der gotischen Baukunst zur optischen Unterstützung von Gewölberippen oder Bögen; häufig sind vier Dienste um einen Rundpfeiler angeordnet.

Domikalgewölbe Kuppelartig überhöhte Gewölbeform (gebust)

Fachwerk Hölzernes Baugefüge, das ein Gerüst bildet und dessen Gefache mit Holz, Lehm oder Steinen geschlossen sind. Das Holzgefüge besteht in der Regel aus einer *Schwelle,* darüberstehend den *Ständern* und als waagerechtem Abschluß zumeist einem *Rähm.*

Zwischen den Ständern sitzen *Riegel,* zur Versteifung dienen *Streben,* bei spätmittelalterlichen Häusern auch lange aufgeblattete *Schwertungen. Balken* nennt man nur die waagerechten Decken- bzw. Fußbodenbalken. Das Obergeschoß kann über dem unteren Geschoß vorkragen, die Vorkragung durch ein Winkelholz *(Knagge)* unterstützt sein.

Flett Teil des niederdeutschen Hallenhauses mit offener Feuerstelle

Göpel Pferdeantrieb für Maschinen, bei dem im Kreis gehende Pferde eine Drehbewegung als Maschinenantrieb erzeugen.

Gräfte Wassergraben, der z. B. einen Bauernhof oder ein Wasserschloß umgibt (Gräftenhof).

Gruppenbau Anlageform der mittelalterlichen Burg, die keinen regelmäßigen geometrischen Grundriß hat, sondern bei der mehrere Einzelgebäude scheinbar willkürlich angeordnet sind, jeder Bau mit einer speziellen Aufgabe.

Hagendorf Dorfform, bei der die einzelnen Höfe an einer Straße aufgereiht sind und hinter ihnen zumeist die zugehörigen Parzellen liegen.

Hallenhaus (niederdeutsches) Ländliche Hausform, bei der der Stallteil aus drei ›Schiffen‹ besteht, die durch Ständer getrennt werden. Die Ständer tragen die querliegenden Deckenbalken. Je nachdem, ob ein Deckenbalken auf zwei Ständerreihen liegt (das Dach ist dann tief herabgeschleppt) oder auf vier Ständerreihen, unterscheidet man Zweiständer- oder Vierständerhäuser. Das Haus besteht aus der *Deele* mit den seitlichen Ställen, dem *Flett* und dem *Kammerfach.*

Hallenkirche Kirchenaufriß mit drei annähernd gleichhohen Schiffen, im Gegensatz zur Basilika

Historismus Stilphase des 19. und frühen 20. Jahrhunderts, die durch das Wiederaufgreifen historischer Bau- und Kunststile gekennzeichnet ist (Romanik, Gotik, Renaissance, Barock).

Knagge s. Fachwerk

Lettner Chorschranke, die den Laienteil einer Kirche abtrennt und ursprünglich oft mit einem Lesepult versehen war.

Lucht Seitlicher Teil des Fletts im niederdeutschen Hallenhaus (oder vergleichbaren Stadthäusern), der nicht durch Stützen verstellt ist und daher die bessere Beleuchtung des Kochplatzes ermöglicht.

Niedersächsischer Stützenwechsel
In der niedersächsischen romanischen Baukunst gebräuchliche Stützenform in Kirchen, bei der ein Pfeiler und zwei Säulen miteinander abwechseln.

Obergaden Fensterzone im Mittelschiff einer Basilika

Orgel Der *Orgelprospekt* setzt sich aus mehreren Teilen zusammen. Man unterscheidet *Hauptwerk, Brustwerk* und *Oberwerk* vor dem Orgelspieler und das *Rückpositiv* im Rücken des Orgelspielers. Die hohen seitlichen Türme sind die *Pedaltürme.* Seitliches dekorierendes Schnitzwerk (geschnitzte Bretter) nennt man *Ohren.*

Palmetten-Ringband-Kapitell Besondere Kapitellform, bei der ein umlaufender Palmettenfries durch ein Ringband zusammengehalten wird.

Pseudobasilika Kirche mit basilikalem Aufriß, jedoch Mittelschiff ohne eigene Fenster

Régence Stilphase des Barock, benannt nach der Regentschaft Philipps von Orlêans (1715–1723)

Schwertung s. Fachwerk

Steinwerk Steinerner Bauteil an zumeist städtischen Häusern, der (in Westfalen) im hinteren Hausteil den Saal und (oder) Speicherräume enthielt (Saalbau); kennzeichnend für spätmittelalterliche und frühneuzeitliche Bauten.

Stufenhalle Kirche mit hallenartigem Aufriß, jedoch überhöhtem Mittelschiff (Gewölbeansätze für alle Schiffe auf einer Höhe)

Umflut Durch Stauwehr bewirkte Umleitung eines Wasserlaufes

Utlucht Am Erdboden ansetzender Vorbau an Fassaden, der auf die Straße vorgeschoben ist. Üblich an Steinbauten der Renaissance und Fachwerkbauten des 17. und 18. Jahrhunderts. Im Gegensatz zur Utlucht setzt der Erker erst oberhalb des Erdbodens auf Konsolen u. ä. an.

Weserrenaissance Bezeichnung für besonders aufwendige Renaissancebauten im Weserraum mit charakteristischen Dekorationsformen an Giebeln und Fassaden

Westwerk Westlicher Teil vorromanischer und romanischer Kirchen, der mindestens dreigeschossig ist und mindestens auf drei Seiten von mindestens zweigeschossigen Anbauten begleitet wird, diese öffnen sich als Empore zum mittleren Bauteil (z. B. Corvey im ursprünglichen Zustand). Doppelturmfassaden oder Einturmfassaden mit Treppentürmen werden dagegen nicht als Westwerk bezeichnet.

Wichhäuschen Ecktürmchen am Fuß eines Turmhelmes

Windmühle Windangetriebenes Maschinengebäude (niemals Wohnhaus): Zu unterscheiden sind Mühlen mit drehbarer Kappe auf feststehendem, mehrgeschossigen turmartigen Unterbau *(Kappenwindmühle,* auch Holländerwindmühle genannt) und Mühlen mit drehbarem Holzgebäude über feststehendem Bock *(Bockwindmühle)*

Abbildungsnachweis

Farbtafeln und Schwarzweiß-Abbildungen

Bildagentur Prenzel, Gröbenzell Farbt. 5
Bildarchiv Foto Marburg, Marburg Abb. 64
Dieter Großmann, Marburg Abb. 101
G. Ulrich Großmann, Detmold Farbt. 22, 31; Abb. 3, 7, 9, 10, 12–15, 18, 20, 22–25, 31, 32, 51, 55, 57, 59, 60, 65, 68, 70, 71, 75–77, 80, 82–90, 92, 93, 97, 98, 102, 105–111, 113, 115, 116, 118, 121, 122
Michael Jeiter, Aachen Umschlagrückseite, Farbt. 1, 11, 25; Abb. 2, 4–6, 17, 34, 36–38, 40, 42, 44, 53, 54, 61, 72–74, 78, 81, 95, 103, 120
Peter Klaes (†), Radevormwald Umschlagvorderseite, Farbt. 2–4, 6–9, 12–17, 19, 23, 26–30
Landschaftsverband Westfalen-Lippe (Landesbildstelle Westfalen), Münster Abb. 11
Landesdenkmalamt Westfalen-Lippe, Münster Abb. 29, 35, 67, 114
Wulf Ligges, Flaurling Umschlagklappe vorn, Farbt. 32, 33; Abb. 1, 8, 19, 33, 43, 47–49, 79, 94, 117
Löbl-Schreyer, Bad Tölz Farbt. 10, 18; Abb. 100
Klaus Thiele, Warburg Farbt. 24; Abb. 63
Westfälisches Amt für Denkmalpflege, Münster Abb. 16, 21, 26–28, 30, 39, 41, 45, 46, 50, 52, 56, 58, 62, 66, 69, 96, 99, 112, 119
Westfälisches Freilichtmuseum, Detmold Farbt. 20, 21; Abb. 104

Abbildungen im Text

(Die Zahlen bezeichnen die Seiten im Buch)

S. Adams, B. Folge, A. Görz, R. Große, H.-J. Grote, P. Konzack, R. Krause, R. Kuhlmann 30
Dieter Großmann, Marburg 284
G. Ulrich Großmann, Detmold 62, 249, 276
Heimatmuseum Lippstadt 112
Fred Kaspar, Münster 266, 267
Hans Koepf, Baukunst aus fünf Jahrtausenden. Verlag W. Kohlhammer GmbH, Stuttgart 1967 155
Bernd Kösters, Paderborn, Zeichnungen nach der Natur, Bonifatius-Druckerei, Paderborn 157
Bernd Kösters und Paul Pieper, Soest in 100 Zeichnungen, gesehen von einem Architekten. Texte von Paul Pieper. Aschendorffsche Verlagsbuchhandlung, Münster 1982 103
Firma A. Ochsenfarth, Paderborn Frontispiz S. 2, 124/125, 159, 162, 202, 221, 253, 259
R. P. Recknagel, Karlshafen. Bärenreiter-Verlag, Kassel 1958 278
Josef Schepers, Haus und Hof westfälischer Bauern, Aschendorffsche Verlagsbuchhandlung, Münster 1980 287
Westfalia Picta, Westfälisches Landesmuseum für Kunst- und Kulturgeschichte (H. Deuker),

Münster 9, 13, 14/15, 17, 22, 28, 32, 68, 75, 78/79, 180, 209, 226, 229, 261

Westfälisches Amt für Baupflege, Landschaftsverband Westfalen-Lippe (Gerhard Eitzen), Münster 274

Westfälisches Amt für Denkmalpflege, Münster 228, 252. Aus: A. Ludorff, Bau- und Kunstdenkmäler von Westfalen, Münster 1901 ff. 16, 52, 55, 71, 80, 100, 106, 113, 118, 121, 128, 160, 166, 168, 171, 174, 176, 178, 182, 184, 203, 204, 205, 206, 210, 211, 214, 222, 223, 229, 230, 258

Westfälisches Freilichtmuseum industrieller Kulturdenkmale (H. Bönninghausen), Münster 272

Westfälisches Freilichtmuseum Detmold / Landesmuseum für Volkskunde. Landschaftsverband Westfalen-Lippe, Detmold 288/89

Alle Karten und Pläne wurden eigens für dieses Buch neu gestaltet, unter Benutzung von Vorlagen der jeweiligen Gemeinden.

Raum für Reisenotizen

Anschriften neuer Freunde, Foto- u. Filmvermerke, neuentdeckte gute Restaurants, etc.

Raum für Reisenotizen

Anschriften neuer Freunde, Foto- u. Filmvermerke, neuentdeckte gute Restaurants, etc.

Praktische Reisehinweise

Wege nach Westfalen

Das östliche Westfalen erreicht man auf *Fernstraßen* über folgende Strecken:
Von Norden
über die Autobahnen 7 und 2 (Hamburg – Hannover bzw. Hannover – Bielefeld – Dortmund) oder
über die Autobahnen 1 bzw. 30 (Hamburg – Bremen – Osnabrück – Münster bzw. Osnabrück – Porta Westfalica)
von Westen und Südwesten (Münsterland, Ruhrgebiet)
über die B 64 (Münster – Warendorf – Rheda) oder über die A 2 und die A 44 (Ruhrgebiet – Dortmund – Bielefeld bzw. Dortmund – Paderborn)
von Süden (Sauerland, Waldecksches Upland)
über reizvolle, aber mühselige Landstraßen
von Südosten und Osten
über die A 44 (Kassel – Paderborn) oder über die Bundesstraßen 80 und 83 (entlang der Weser).

Eisenbahnreisende fahren von
Kassel in Richtung Altenbeken
Göttingen in Richtung Altenbeken
Hannover/Hameln in Richtung Altenbeken oder
Hannover in Richtung Minden
Hamburg in Richtung Minden
Osnabrück in Richtung Herford oder Minden
Münster in Richtung Rheda
Dortmund in Richtung Minden oder Paderborn/Altenbeken.

Wasserstraßen im Bereich Ostwestfalens sind die Weser und der Mittellandkanal.

Die nächstgelegenen überregionalen *Flugplätze* sind Hannover und Düsseldorf bzw. Köln. In Ostwestfalen liegt zwar kein wichtiger Verkehrsflughafen, dafür aber der wichtigste deutsche Segelflugplatz: Oerlinghausen.

Wandern

Ostwestfalen, namentlich der Teutoburger Wald, ist von zahlreichen Wanderwegen, darunter auch Fernwanderwege wie der Hermannsweg, durchzogen. Informationen, teilweise auch Karten erhält man über die örtlichen Verkehrsämter.

Fahrrad

Radtouren lohnen vor allem in den flachen Teilen Ostwestfalens. Radwanderkarten werden derzeit von den meisten Landkreisen erarbeitet. Ungeübte Radfahrer sollten bedenken, das im östlichen Westfalen die Mittelgebirgslandschaft vorherrscht.

Besichtigungen

Schloßbesichtigungen setzen in der Regel eine Anmeldung voraus, da die meisten Schlösser im Privatbesitz verblieben sind. Aus Sicherungsgründen sind die Schlösser in der Regel nur bei Führungen zugänglich. Das Schloß in Detmold ist täglich geöffnet. Die Schlösser in Vinsebeck und Rheda erfordern Voranmeldung (s. Beschreibung im Text).

Technische Denkmäler werden in zunehmendem Maße zur Besichtigung geöffnet. Die Dampfziegelei in Lage-Sylbach und die Glashütte Gernheim bei Ovenstädt werden dem Westfälischen Industriemuseum angegliedert, Öffnungszeiten stehen noch nicht fest, doch die Anlagen können schon besichtigt werden. Das Wasserstraßenkreuz bei Minden ist täglich geöffnet. Über die Wind- und Wassermühlen im Kreis Minden-Lübbecke informiert ein Prospekt mit Übersichtskarte, erhältlich beim Kreis Minden-Lübbecke, 4950 Minden, Postfach 2580. Dort ist auch eine Karte über die Baudenkmäler erhältlich.

Kirchen: Die Regel, derzufolge katholische Kirchen zugänglich und protestantische abgeschlossen sind, gilt nicht immer. Telefonische Nachfrage bei den Pfarrämtern ist zumindest bei den protestantischen Kirchen empfehlenswert. Zumeist offen findet man die Kirchen (bei größeren Orten) in Brakel, Büren, Erwitte, Höxter, Lemgo, Paderborn, Rüthen und Wiedenbrück, ferner Kirchen in Zusammenhang mit Klöstern und Wallfahrtsstätten, teils geöffnet findet man die Kirchen in Bielefeld, Geseke, Herford, Hofgeismar (Hessen), Minden, Soest und Warburg; zumeist geschlossen sind die Kirchen in Detmold, Lippstadt und Lügde.

Karten

Für die Orientierung in den flachen Landesteilen, besonders abseits der Bundesstraßen und das Suchen von im Text nicht genannten Bauten (insbesondere technischen Denkmälern) empfiehlt sich die Verwendung eines Meßtischblattes 1 : 50000 oder der auf gleichem Maßstab durch das Landesvermessungsamt herausgegebenen Kreiskarten. Für die ›normale‹ Wochenendfahrt genügt die Straßenkarte im Maßstab bis zu 1 : 250000.

Museen

Altenbeken
Egge-Museum
Alter Kirchweg, ✆ 05255/387; di, do u. sa 14–17 Uhr, so 15–18 Uhr

Bad Driburg
Missionsmuseum St. Xaver
Dringenbergstr. 32, ✆ 05253/2060; mo–fr 8–12 Uhr, 13–18 Uhr; auch am Wochenende zu besichtigen (an der Pforte klingeln)

Bad Oeynhausen
Deutsches Märchen- und Wesersagenmuseum
Am Kurpark 3, ✆ 05731/22428 u. 91488;
Heimatmuseum (Freilichtanlage)
Schützenstr. 35 a; beide di–so 10–12 Uhr, 15–17.30 Uhr

Bad Salzuflen
Stadt- und Bädermuseum
Lange Str. 41, ✆ 05222/59766; di–so 11–17 Uhr
Bielefeld
Bauernhof-Museum
Dornberger Str. 82, ✆ 0521/512485; 1.4. bis 31.10.: di–so 10–13 Uhr, 14–17 Uhr; 1.11.–31.3.: di–so 10–13 Uhr, 15–18 Uhr
Kunsthalle
Artur-Ladebek-Str. 5, ✆ 0521/512479; di bis so 11–18 Uhr, do bis 22 Uhr
Historische Sammlung Bethel
Kantensiek 9, ✆ 0521/1442611, n. V.; Eintritt frei
Borgentreich
Orgelmuseum
Marktstr. 6, ✆ 05643/1212; do–so 14.30–17.30 Uh, fr auch 9.30–11.30 Uhr
Bünde
Kreisheimatmuseum ›Striediecks Hof‹ und Deutsches Tabak- und Zigarrenmuseum
Fünfhausenstr. 12, ✆ 05223/161325; mo bis sa 10–12 Uhr, 15–17 Uhr, so und feiertags 11–12.30 Uhr, Eintritt frei
Büren s. Wewelsburg
Detmold
Lippisches Landesmuseum
Ameide 4, ✆ 05231/25232; di–fr 9–12 Uhr, 14–17 Uhr, sa 9–12 Uhr
Westfälisches Freilichtmuseum Detmold / Landesmuseum für Volkskunde
Krummes Haus, ✆ 05231/23964; 1.4. bis 31.10. di–so 9–18 Uhr (Einlaß bis 17 Uhr). In dieser Zeit an Feiertagen auch mo geöffnet.
Enger
Widukind-Haus
Kirchplatz 10, ✆ 05224/1752; di–fr 10–12 Uhr, 15–17 Uhr, sa 10–12 Uhr, so 11–12.30 Uhr, 14.30–16.30 Uhr.
Geseke
Städtisches Hellweg-Museum
Hellweg 13, ✆ 02942/1021–7; mi, sa 16–18 Uhr; so 11–12 Uhr, 16–18 Uhr, n. V., Eintritt frei
Gütersloh
Heimathaus
Domhof 5, ✆ 05241/29985; mi, fr 15–18 Uhr, n. V., Eintritt frei
Herford
Städtisches Museum
Deichtorwall 2, ✆ 05221/189-315; di–fr 11–13 Uhr, 15–17 Uhr, sa 11–13 Uhr, so 10–13 Uhr, 15–17 Uhr, Eintritt frei
Höxter
Museum Höxter-Corvey
Schloß Corvey, ✆ 05271/2472; 1.4. bis 31.10.: täglich 9–18 Uhr
Lemgo
Hexenbürgermeisterhaus (Heimatmuseum)
Breite Str. 19, ✆ 05261/213276; di–fr, so 10–17 Uhr, sa 10–13 Uhr
Junkerhaus
Hamelner Str. 36, ✆ 05261/2421; di, do–so 10–18 Uhr, mi 10–13 Uhr
Lippstadt
Heimatmuseum
Rathausstr. 13, ✆ 02941/76245; di–sa 10–12 Uhr, 15–18 Uhr, so 10–13 Uhr, Eintritt frei
Lübbecke
Heimatmuseum
Burgmannshof, ✆ 05741/8061; di–sa 10–12 Uhr, di–fr 15–16.30 Uhr, Eintritt frei
Lügde
Heimatmuseum
Am Markt 1, ✆ 05281/7011; n. V., Eintritt frei
Minden
Ausstellungshalle an der Schachtschleuse
Am Hohen Ufer 1, ✆ 0571/27015; 1.4. bis

31. 10. täglich 9–17 Uhr

Domschatzkammer

Haus am Dom, Kleiner Domhof 30, n. V., ✆ 0571/23074; Eintritt frei

Museum für Geschichte, Landes- und Volkskunde

Ritterstr. 23–31, ✆ 0571/89316; di–fr, so 10–17 Uhr, n. V., Eintritt frei

Möhnesee

Museum der Gemeinde

Möhnesee-Körbecke, Küerbiker Str. 3, ✆ 02924/7812; mi 14–16 Uhr, Mai–Oktober so 10–12 Uhr, Eintritt frei

Oerlinghausen

Archäologisches Freilichtmuseum

Am Barkhauser Berg, ✆ 05202/2220; April bis September: täglich 9–12 Uhr, 13.30–18 Uhr, bis 1.11. täglich 9–12 Uhr, 13.30–17 Uhr

Paderborn

Erzbischöfliches Diözesanmuseum

Markt 17, ✆ 05251/207216; di–so 10–17 Uhr, do auch 19–21 Uhr

Museum für Stadtgeschichte

Hathumarstr. 7/9, ✆ 05251/206350; di–sa 10–13 Uhr und 15–18 Uhr, sonntags 10–13 Uhr

Museum in der Kaiserpfalz

Ikenberg, ✆ 05251/22910; di–so 10–17 Uhr

Naturkundemuseum

Rathaus, am Rathausplatz, ✆ 05251/206497; di–sa 10–13 Uhr, 15–18 Uhr, so 10–13 Uhr, Eintritt frei

Preußisch Oldendorf

Feuerwehrmuseum Schröttinghausen

Preußisch Oldendorf-Schröttinghausen, Dahlinghauser Str. 5, ✆ 05742/2814; täglich 8–18 Uhr nach Voranmeldung bei Heinrich Husemeyer, Dahlinghauser Str. 3, Eintritt frei

Rahden

Museumshof

✆ 05771/2282; April–September di–so 9–18 Uhr, Oktober–März di–so 9–17 Uhr

Soest

Burghofmuseum

Burghofstr. 22, ✆ 02921/103332; di–sa 10–12 Uhr, 15–17 Uhr, so 11–13 Uhr, Eintritt frei

St. Patrokli-Dom-Museum

St. Patrokli, ✆ 02921/3302; sa und so 14–16 Uhr, n. V.

Wilhelm-Morgner-Haus

Thomästraße, ✆ 02921/3524; mo–sa 10.30–12 Uhr, 16–17 Uhr, so 10.30–12.30 Uhr, Eintritt frei

Warburg

Heimatmuseum

Sternstr. 35, ✆ 05641/2051; täglich 8–12 Uhr, 15–17 Uhr, Eintritt frei

Wewelsburg

Kreismuseum Wewelsburg

Büren-Wewelsburg, Am Burgwall 17 (= im Schloß), ✆ 02955/6108; di–fr 10–12 Uhr, 13-17 Uhr, sa 13–18 Uhr, so 10–12 Uhr, 13–18 Uhr

Dauerausstellung Wewelsburg 1933–1945

Öffnungszeiten wie Kreismuseum, Eintritt frei

Willebadessen

Europäischer Skulpturenpark

Schloß, ✆ 05646/721, di–so 14–18 Uhr, Eintritt in den Park frei

Museen in Nordhessen

Bad Karlshafen

Hugenottenmuseum

An der Schlagd, ✆ 05672/2621; geöffnet n. V.

Grebenstein
Ackerbürgermuseum ›Diemelhaus‹ (Haus Leck)
Schachtener Str. 11, ✆ 05674/313
(1983 Umbau und Neueinrichtung; Ausstellungsgebäude gegenüber); geöffnet n. V.
Hofgeismar
Städtische Sammlung für Heimatkunde
✆ 05671/711; so 11–13 Uhr, 15–18 Uhr, n. V., Eintritt frei

Wichtige Kurorte

Bad Driburg
(Herz, Kreislauf, Rheuma, Galle, Leber, Frauenkrankheiten), Informationen bei der Kurverwaltung
Bad Lippspringe
(Atemwege, Asthma, Allergie, Magen, Darm, Leber, Galle, Stoffwechsel, Herz, Kreislauf), Informationen bei der Stadtverwaltung
Bad Meinberg
(Rheuma, Psychosomatische Erkrankungen, Herz, Kreislauf, Stoffwechsel, Frauenkrankheiten), Informationen bei der Staatlichen Kurverwaltung, im Kurpark
Bad Oeynhausen
(Herz, Gefäßkrankheiten, Rheuma, Frauenleiden, organ. Nervenleiden, Unfall-Verletzungen), Informationen beim Verkehrsverein Bad Oeynhausen, am Kurpark
Bad Pyrmont
(Niedersachsen, unweit Lügde) (Herz, Kreislauf, Frauenleiden, Rheumatische Erkrankungen), Informationen beim Staatsbad Pyrmont, Postfach 1660
Bad Sassendorf
(Rheuma, Herz, Kreislauf, Luftwege-Erkrankungen, Frauenleiden), Informationen bei der Kurverwaltung

Volksfeste

Die Volkskundliche Kommission für Westfalen beim Landschaftsverband Westfalen-Lippe hat 1977 durch Dietmar Sauermann einen Festkalender ›Volksfeste in Westfalen‹ zusammenstellen lassen, in dem sich die Fest-Termine aller westfälischen Orte finden lassen.

Einen besonderen Hinweis verdienen folgende Bereiche:
Osterbräuche: Osterräderlauf in Lügde, Osterfeuer in zahlreichen Orten, u. a. um Detmold, Kreuztracht am Karfreitag in Delbrück und Wiedenbrück;
Schützenfeste: Sie finden im Juni/Juli/August in nahezu allen Landesteilen statt, u. a. Pfingsten in Borgentreich, zumeist in zwei- bis dreijährigem Turnus;
besondere Feste sind u. a. das Liborifest in der letzten Juli-Woche in Paderborn und die verschiedenen Märkte und Feste vor Weihnachten wie die Andreasmesse in Detmold, der Kläschenmarkt in Lemgo, Märkte in Bielefeld und Paderborn. Das größte westfälische Fest dieser Art ist die fünftägige Allerheiligenkirmes in Soest, über die gesamte Altstadtfläche verteilt.

Zu den *Kuriosa* zählen Oldtimer-Rennen, Traktoren-Rennen und ähnliche Veranstaltungen, namentlich das sommerliche Schweinerennen in Steinheim (Kreis Höxter).

Speise und Trank

Die westfälische Küche ist bekannt und beliebt. Sie kann mit Recht als nahrhafte Hausmannskost bezeichnet werden. Obwohl vor noch nicht langer Zeit vor allem die französische ›Nouvelle cuisine‹ als das Non-Plus-Ultra propagiert wurde, erfreut sich seit neuestem die deftige deutsche Küche mit ihren oft althergebrachten Rezepten wachsender Beliebtheit. Deshalb folgen jetzt einige Informationen über die ostwestfälische Küche.

Viele hier erwähnte Gerichte sind natürlich nicht nur auf Ost-Westfalen beschränkt, sondern sind auch (oft variiert) in anderen Regionen, wie im Sauer- und Siegerland sowie dem Münsterland bekannt.

Nicht nur von den Bauern wurden (werden) im Winter vor allem *Eintopf-Gerichte* gegessen. (Der ›Eintopf‹ hat seinen Namen daher, daß das Essen in nur einem Topf gekocht wird.) So bereitet man den in ganz Norddeutschland beliebten *Grünkohl* (nach dem ersten Frost) mit frischer oder geräucherter Kohlwurst zu. (Kohlwurst ist eine aus Schweinefleisch bereitete Wurst.) Auch dicke Bohnen mit Speck, Lippische Ananas (Steckrübeneintopf) oder Pfefferpotthast (Schweinepfeffer) bieten schmackhafte Abwechslung.

Pfefferpotthast
1 kg Rinderkamm, 1 Teelöffel Salz, 500 g Zwiebeln, 70 g Schmalz, 10 Pfefferkörner (zerrieben), 1 Lorbeerblatt, 2 Nelken, 1 Eßlöffel Kapern, 1 l Fleischbrühe, Saft und Schale (gerieben) einer Zitrone, Mehl.

Das Fett wird in einer Kasserolle erhitzt und das in Würfel geschnittene Fleisch kurz darin angebraten. Man schneidet die Zwiebeln in Scheiben und gibt sie dazu. Dann löscht man mit Brühe ab und würzt. Das Fleisch muß ca. 1½ Std. garen. Schließlich bindet man die Soße mit Mehl und schmeckt mit Zitrone und Kapern ab. Passende Beilagen sind Salzkartoffeln und Gewürzgurken (Rezept nach Gisela Allkemper).

Ein typisches Gericht ist der *Westfälische Sauerbraten,* der, im Gegensatz zum Rheinischen Sauerbraten, ursprünglich aus Pferdefleisch hergestellt wurde. Aus diesem Grund sind (in Deutschland wenig übliche) Pferdemetzgereien, wie z. B. in Schötmar/Bad Salzuflen und auf dem Herforder Wochenmarkt nicht außergewöhnlich.

Der Lippische Pickert ist eine besondere Spezialität, der aus Buchweizenmehl, Milch, Eiern und Kartoffeln besteht und in einer speziellen Pickertpfanne gebacken wird. Dazu wird, je nach Geschmack, Rübensirup oder Lippische Leberwurst serviert.

Lippischer Pickert
30 g Hefe, 3 Eßlöffel Milch, 1¼ kg rohe Kartoffeln, 3 Eier, Salz, ⅛ l saure Sahne oder Milch oder Wasser, 160 g Buchweizenmehl oder Weizenmehl, evtl. einige Speckscheiben.

Die Milch lauwarm machen und die Hefe darin anrühren, gehen lassen. Die geschälten Kartoffeln werden gerieben und ausgedrückt. Die Flüssigkeit wird weggegossen. Man vermengt den Brei mit den Eiern, dem Salz, dem Mehl und der Sahne. Die Hefe mischt man unter und läßt den Teig 1½ Std. gehen. Anschließend wird eine Pickertpfanne eingefettet und erhitzt. (Je nach Geschmack kann man einige Speckscheiben darin auslassen.) Man füllt soviel Teig ein, daß große Pfannkuchen gebacken werden können (Rezept nach Gisela Allkemper).

Der *Wurstebrei,* in der Gegend um Wartburg Wittmett genannt, bietet eine weitere delikate Variante, ein wohlschmeckendes, sehr preiswertes Gericht zu bereiten. Er wird heiß gemacht mit Salzkartoffeln und Gürkchen gegessen.

Wie überall in Westfalen spielt natürlich der *Schinken* eine bedeutende Rolle. Bevor er über Buchen- oder Wacholderfeuer geräuchert werden kann, wird er zuerst in Pökelsalz gelegt. Dann wird er gewässert, schließlich in den Kamin und endlich in luftdurchlässige Leinensäckchen gehängt. Brot mit Westfälischem Schinken belegt ist nach wie vor ein rustikaler kulinarischer Genuß.

Aber auch *andere Fleischwaren* sind typisch für diese Gegend, so die oben erwähnte Kohlwurst, die Lippische Leberwurst (frisch oder geräuchert), die Westfälische Mettwurst, der Wurstebrei.

Zu einem deftigen Essen gehört auf jeden Fall ein *Bier* und ein *Korn.* Viele Bauernhöfe hatten früher daher ihre eigene Brauerei. Neben dem Pils und dem Altbier ist eine Spezialität zu erwähnen, die Altbierbowle. Sie wird mit frischen Früchten zubereitet. Auch der Korn (oder Klare) wurde oft selbst gebrannt.

Register

Personen

Orte

DuMont Kunst-Reiseführer

Ägypten und Sinai – Geschichte, Kunst und Kultur im Niltal
Vom Reich der Pharaonen bis zur Gegenwart. Von Hans Strelocke.

Algerien – Kunst, Kultur und Landschaft
Von den Stätten der Römer zu den Tuareg der zentralen Sahara. Von Hans Strelocke

---

Belgien – Spiegelbild Europas
Eine Einladung nach Brüssel, Gent, Brügge, Antwerpen, Lüttich und zu anderen Kunststätten. Von Ernst Günther Grimme

---

Dänemark
Land zwischen den Meeren. Kunst – Kultur – Geschichte. Von Reinhold Dey

---

Deutsche Demokratische Republik
Geschichte und Kunst von der Romanik bis zur Gegenwart. Brandenburg, Mecklenburg, Sachsen-Anhalt, Sachsen, Thüringen. Von Gerd Baier, Elmar Faber und Eckhard Hollmann

---

Bundesrepublik Deutschland

Das Bergische Land
Kultur, Geschichte, Landschaft zwischen Ruhr und Sieg. Von Bernd Fischer

Bodensee und Oberschwaben
Zwischen Donau und Alpen: Wege und Wunder im ›Himmelreich des Barock‹. Von Karlheinz Ebert

Franken – Kunst, Geschichte und Landschaft
Entdeckungsfahrten in einem schönen Land – Würzburg, Rothenburg, Bamberg, Nürnberg und die Kunststätten der Umgebung. Von Werner Dettelbacher

Hessen
Vom Edersee zur Bergstraße. Die Vielfalt von Kunst und Landschaft zwischen Kassel und Darmstadt. Von Friedhelm Häring und Hans-Joachim Klein

Köln
Stadt am Rhein zwischen Tradition und Fortschritt. Von Willehad Paul Eckert

München
Von der welfischen Gründung Heinrichs des Löwen bis zur Gegenwart: Kunst, Kultur, Geschichte. Von Klaus Gallas

Münster und das Münsterland
Geschichte und Kultur. Ein Reisebegleiter in das Herz Westfalens. Von Bernd Fischer

Der Niederrhein
Das Land und seine Städte, Burgen und Kirchen. Von Willehad Paul Eckert

Oberbayern
Kultur, Geschichte, Landschaft zwischen Donau und Alpen, Lech und Salzach. Von Gerhard Eckert

Oberpfalz, Bayerischer Wald, Niederbayern
Regensburg und das nordöstliche Bayern. Kunst, Kultur und Landschaft. Von Werner Dettelbacher

Ostfriesland mit Jever- und Wangerland
Über Moor, Geest und Marsch zum Wattenmeer und zu den Inseln Borkum, Juist, Norderney, Baltrum, Langeoog, Spiekeroog und Wangerooge. Von Rainer Krawitz

Die Pfalz
Die Weinstraße – Der Pfälzer Wald – Wasgau und Westrich. Wanderungen im ›Garten Deutschlands‹. Von Peter Mayer

Der Rhein von Mainz bis Köln
Eine Reise durch das Rheintal – Geschichte, Kunst und Landschaft. Von Werner Schäfke

Schleswig-Holstein
Zwischen Nordsee und Ostsee: Kultur – Geschichte – Landschaft. Von Johannes Hugo Koch

Der Schwarzwald und das Oberrheinland
Wege zur Kunst zwischen Karlsruhe und Waldshut: Ortenau, Breisgau, Kaiserstuhl und Markgräflerland. Von Karlheinz Ebert.

Sylt, Amrum, Föhr, Helgoland, Pellworm, Nordstrand und Halligen
Natur und Kultur auf Helgoland und den Nordfriesischen Inseln. Entdeckungsreisen durch eine Landschaft zwischen Meer und Festlandküste. Von Albert am Zehnhoff (DuMont Landschaftsführer)

Der Westerwald
Vom Siebengebirge zum Hessischen Hinterland. Kultur und Landschaft zwischen Rhein, Lahn und Sieg. Von Hermann Joseph Roth

Östliches Westfalen
Vom Hellweg zur Weser. Kunst und Kultur zwischen Soest und Paderborn, Minden und Warburg. Von G. Ulrich Großmann

Zwischen Neckar und Donau
Kunst, Kultur und Landschaft von Heidelberg bis Heilbronn, im Hohenloher Land, Ries, Altmühltal und an der oberen Donau. Von Werner Dettelbacher

---

Frankreich

Auvergne und Zentralmassiv
Entdeckungsreisen von Clermont-Ferrand über die Vulkane und Schluchten des Zentralmassivs zum Cevennen-Nationalpark. Von Ulrich Rosenbaum

Die Bretagne
Im Land der Dolmen, Menhire und Calvaires. Von Almut und Frank Rother

Burgund
Kunst, Geschichte, Landschaft. Burgen, Klöster und Kathedralen im Herzen Frankreichs: Das Land um Dijon, Auxerre, Nevers, Autun und Tournus. Von Klaus Bußmann

Côte d'Azur
Frankreichs Mittelmeer-Küste von Marseille bis Menton. Von Rolf Legler

Das Elsaß
Wegzeichen europäischer Kultur und Geschichte zwischen Oberrhein und Vogesen. Von Karlheinz Ebert

Frankreich für Pferdefreunde
Kulturgeschichte des Pferdes von der Höhlenmalerei bis zur Gegenwart. Camargue, Pyrenäen-Vorland, Périgord, Burgund, Loiretal, Bretagne, Normandie, Lothringen. Von Gerhard Kapitzke (DuMont Landschaftsführer)

Frankreichs gotische Kathedralen
Eine Reise zu den Höhepunkten mittelalterlicher Architektur in Frankreich. Von Werner Schäfke

Korsika
Natur und Kultur auf der ›Insel der Schönheit‹. Menhirstatuen, pisanische Kirchen und genuesische Zitadellen. Von Almut und Frank Rother

Languedoc – Roussillon
Von der Rhône zu den Pyrenäen. Von Rolf Legler

Das Tal der Loire
Schlösser, Kirchen und Städte im ›Garten Frankreichs‹. Von Wilfried Hansmann

Die Normandie
Vom Seine-Tal zum Mont St. Michel. Von Werner Schäfke

Paris und die Ile de France
Die Metropole und das Herzland Frankreichs. Von der antiken Lutetia bis zur Millionenstadt. Von Klaus Bußmann

Périgord und Atlantikküste
Kunst und Natur im Lande der Dordogne und an der Côte d'Argent von Bordeaux bis Biarritz. Von Thorsten Droste

Die Provence
Ein Reisebegleiter durch eine der schönsten Kulturlandschaften Europas. Von Ingeborg Tetzlaff

Savoyen
Vom Genfer See zum Montblanc – Natur und Kunst in den französischen Alpen. Von Ruth und Jean-Yves Mariotte

Südwest-Frankreich
Vom Zentralmassiv zu den Pyrenäen – Kunst, Kultur und Geschichte. Von Rolf Legler

---

Griechenland

Athen
Geschichte, Kunst und Leben der ältesten europäischen Großstadt von der Antike bis zur Gegenwart. Von Evi Melas

Die griechischen Inseln
Ein Reisebegleiter zu den Inseln des Lichts. Kultur und Geschichte. Hrsg. von Evi Melas

Kreta – Kunst aus fünf Jahrtausenden
Minoische Paläste – Byzantinische Kirchen – Venezianische Kastelle. Von Klaus Gallas

Alte Kirchen und Klöster Griechenlands
Ein Begleiter zu den byzantinischen Stätten. Hrsg. von Evi Melas

Tempel und Stätten der Götter Griechenlands
Ein Reisebegleiter zu den antiken Kulturzentren der Griechen. Hrsg. von Evi Melas

---

Großbritannien

Englische Kathedralen
Eine Reise zu den Höhepunkten englischer Architektur von 1066 bis heute. Von Werner Schäfke

Die Kanalinseln und die Insel Wight
Kunst, Geschichte und Landschaft. Die britischen Inseln zwischen Normandie und Süd-England. Von Bernd Rink

Schottland
Geschichte und Literatur. Architektur und Landschaft. Von Peter Sager

Süd-England
Von Kent bis Cornwall. Architektur und Landschaft, Literatur und Geschichte. Von Peter Sager

---

Guatemala

Honduras – Belize. Die versunkene Welt der Maya. Von Hans Helfritz

---

Holland

Kunst, Kultur und Landschaft. Ein Reisebegleiter durch Städte und Provinzen der Niederlande. Von Jutka Rona

---

Indien

Indien
Von den Klöstern im Himalaya zu den Tempelstätten Südindiens. Von Niels Gutschow und Jan Pieper

Ladakh und Zanskar
Lamaistische Klosterkultur im Land zwischen Indien und Tibet. Von Anneliese und Peter Keilhauer

---

Indonesien

Indonesien
Ein Reisebegleiter nach Java, Sumatra, Bali und Sulawesi (Celebes). Von Hans Helfritz

Bali
Tempel, Mythen und Volkskunst auf der tropischen Insel zwischen Indischem und Pazifischem Ozean. Von Günter Spitzing

---

Iran

Kulturstätten Persiens zwischen Wüsten, Steppen und Bergen. Von Klaus Gallas

---

Irland – Kunst, Kultur und Landschaft

Entdeckungsfahrten zu den Kunststätten der ›Grünen Insel‹. Von Wolfgang Ziegler

---

Italien

Apulien – Kathedralen und Kastelle
Ein Reisebegleiter durch das normannisch-staufische Apulien. Von Carl Arnold Willemsen

Elba
Ferieninsel im Tyrrhenischen Meer. Macchienwildnis, Kulturstätten, Dörfer, Mineralienfundorte. Von Almut und Frank Rother (DuMont Landschaftsführer)

Das etruskische Italien
Entdeckungsfahrten zu den Kunststätten und Nekropolen der Etrusker. Von Robert Hess und Elfriede Paschinger

Florenz und die Medici
Ein Begleiter durch das Florenz der Renaissance. Von My Heilmann

Ober-Italien
Kunst, Kultur und Landschaft zwischen den Oberitalienischen Seen und der Adria. Von Fritz Baumgart

Von Pavia nach Rom
Ein Reisebegleiter entlang der mittelalterlichen Kaiserstraße Italiens. Von Werner Goez

Rom
Kunst und Kultur der ›Ewigen Stadt‹ in mehr als 1000 Bildern. Von Leonard von Matt und Franco Barelli

Das antike Rom
Die Stadt der sieben Hügel: Plätze, Monumente und Kunstwerke. Geschichte und Leben im alten Rom. Von Herbert Alexander Stützer

Sardinien
Geschichte, Kultur und Landschaft – Entdeckungsreisen auf einer der schönsten Inseln im Mittelmeer. Von Rainer Pauli

Sizilien
Insel zwischen Morgenland und Abendland. Sikaner/Sikuler, Karthager/Phönizier, Griechen, Römer, Araber, Normannen und Staufer. Von Klaus Gallas

Südtirol
Begegnungen nördlicher und südlicher Kulturtradition in der Landschaft zwischen Brenner und Salurner Klause. Von Ida Pallhuber und Walter Pippke

Toscana
Das Hügelland und die historischen Stadtzentren. Pisa · Lucca · Pistoia · Prato · Arezzo · Siena · San Gimignano · Volterra. Von Klaus Zimmermanns

Venedig – Geschichte und Kunst
Erlebnis einer einzigartigen Stadt. Von Marianne Langewiesche

Japan – Tempel, Gärten und Paläste
Einführung in Geschichte und Kultur und Begleiter zu den Kunststätten Japans. Von Thomas Immoos und Erwin Halpern

Der Jemen
Nord- und Südjemen. Antikes und islamisches Südarabien – Geschichte, Kultur und Kunst zwischen Rotem Meer und Arabischer Wüste. Von Peter Wald

Jugoslawien
Kunst, Geschichte und Landschaft zwischen Adria und Donau. Von Frank Rother

Kenya
Kunst, Kultur und Geschichte am Eingangstor zu Innerafrika. Von Helmtraut Sheikh-Dilthey

Luxemburg
Entdeckungsfahrten zu den Burgen, Schlössern, Kirchen und Städten des Großherzogtums. Von Udo Moll

Malta und Gozo
Die goldenen Felseninseln – Urzeittempel und Malteserburgen. Von Ingeborg Tetzlaff

Marokko – Berberburgen und Königsstädte des Islam
Ein Reisebegleiter zur Kunst Marokkos. Von Hans Helfritz

Mexiko
Ein Reisebegleiter zu den Götterburgen und Kolonialbauten Mexikos. Von Hans Helfritz

Nepal – Königreich im Himalaya
Geschichte, Kunst und Kultur im Kathmandu-Tal. Von Ulrich Wiesner

Österreich

Kärnten und Steiermark
Vom Großglockner zum steirischen Weinland. Geschichte, Kultur und Landschaft ›Innerösterreichs‹. Von Heinz Held

Salzburg, Salzkammergut, Oberösterreich
Kunst und Kultur auf einer Alpenreise vom Dachstein bis zum Böhmerwald. Von Werner Dettelbacher

Tirol
Nordtirol und Osttirol. Kunstlandschaft und Urlaubsland an Inn und Isel. Von Bernd Fischer

Wien und Umgebung
Kunst, Kultur und Geschichte der Donaumetropole. Von Felix Czeike und Walther Brauneis

Pakistan
Drei Hochkulturen am Indus. Harappa – Gandhara – Die Moguln. Von Tonny Rosiny

Portugal
Vom Algarve zum Minho. Von Hans Strelocke

Rumänien
Schwarzmeerküste – Donaudelta – Moldau – Walachei – Siebenbürgen: Kultur und Geschichte. Von Evi Melas

Sahel Senegal, Mauretanien, Mali, Niger
Islamische und traditionelle schwarzafrikanische Kultur zwischen Atlantik und Tschadsee. Von Thomas Krings

Die Schweiz
Zwischen Basel und Bodensee · Französische Schweiz · Das Tessin · Graubünden · Vierwaldstätter See · Berner Land · Die großen Städte. Von Gerhard Eckert

Skandinavien – Dänemark, Norwegen, Schweden, Finnland
Kultur, Geschichte, Landschaft. Von Reinhold Dey

Sowjetunion

Kunst in Rußland
Ein Reisebegleiter zu russischen Kunststätten. Von Ewald Behrens

Sowjetischer Orient
Kunst und Kultur, Geschichte und Gegenwart der Völker Mittelasiens. Von Klaus Pander

Spanien

Die Kanarischen Inseln
Inseln des ewigen Frühlings: Teneriffa, Gomera, Hierro, La Palma, Gran Canaria, Fuerteventura, Lanzarote. Von Almut und Frank Rother (DuMont Landschaftsführer)

Katalonien und Andorra
Von den Pyrenäen zum Ebro. Costa Brava – Barcelona – Tarragona – Die Königsklöster. Von Fritz René Allemann und Xenia v. Bahder

Mallorca – Menorca
Ein Begleiter zu den kulturellen Stätten und landschaftlichen Schönheiten der großen Balearen-Inseln. Von Hans Strelocke

Zentral-Spanien
Kunst und Kultur in Madrid, El Escorial, Toledo und Aranjuez, Avila, Segovia, Alcalá de Henares. Von Anton Dieterich

Sudan
Steinerne Gräber und lebendige Kulturen am Nil. Von Bernhard Streck

Südamerika: präkolumbische Hochkulturen
Kunst der Kolonialzeit. Ein Reisebegleiter zu den Kunststätten in Kolumbien, Ekuador, Peru und Bolivien. Von Hans Helfritz

Syrien
Hochkulturen zwischen Mittelmeer und Arabischer Wüste – 5000 Jahre Geschichte im Spannungsfeld von Orient und Okzident. Von Johannes Odenthal

Thailand und Burma
Tempelanlagen und Königsstädte zwischen Mekong und Indischem Ozean. Von Johanna Dittmar

Städte und Stätten der Türkei
Ein Begleiter zu den Kunstwerken Istanbuls und Kleinasiens. Von Kurt Wilhelm Blohm

Tunesien
Karthager, Römer, Araber – Kunst, Kultur und Geschichte am Rande der Wüste. Von Hans Strelocke

USA – Der Südwesten
Indianerkulturen und Naturwunder zwischen Colorado und Rio Grande. Von Werner Rockstroh

»Richtig reisen«

»Richtig reisen«: Algerische Sahara
Reise-Handbuch
Von Ursula und Wolfgang Eckert. 330 Seiten mit 42 farbigen und 151 einfarbigen Abbildungen

»Richtig reisen«: Amsterdam
Von Eddy und Henriette Posthuma de Boer. 252 Seiten mit 50 farbigen und 142 einfarbigen Abbildungen

»Richtig reisen«: Arabische Halbinsel
Reise-Handbuch
Saudi-Arabien und Golfstaaten.
Von Gerhard Heck und Manfred Wöbcke. 294 Seiten mit 48 farbigen und 146 einfarbigen Abbildungen

»Richtig reisen«: Australien
Reise-Handbuch
Von Johannes Schultz-Tesmar. Etwa 360 Seiten mit etwa 45 farbigen und etwa 130 einfarbigen Abbildungen (Erscheint Herbst '83)

»Richtig reisen«: Bahamas
Von Manfred Ph. Obst. Fotos von Werner Lengemann. Etwa 300 Seiten mit etwa 58 farbigen und etwa 130 einfarbigen Abbildungen (Erscheint Herbst '83)

»Richtig reisen«: Bangkok
Von Stefan Loose und Renate Ramb. 326 Seiten mit 58 farbigen und 286 einfarbigen Abbildungen

»Richtig reisen«: Berlin
Von Ursula von Kardorff und Helga Sittl. 344 Seiten mit 76 farbigen und 217 einfarbigen Abbildungen

»Richtig reisen«: Budapest
Von Erika Bollweg. Etwa 330 Seiten mit etwa 50 farbigen und etwa 100 einfarbigen Abbildungen (Erscheint Herbst '83)

»Richtig reisen«: Florida
Von Manfred Ph. Obst. Fotos von Werner Lengemann. 334 Seiten mit 45 farbigen und 170 einfarbigen Abbildungen

»Richtig reisen«: Griechenland
Delphi, Athen, Peloponnes und Inseln
Von Evi Melas. 344 Seiten mit 45 farbigen und 124 einfarbigen Abbildungen

»Richtig reisen«: Griechische Inseln
Reise-Handbuch
Von Dana Facaros. 344 Seiten mit 50 farbigen und 142 einfarbigen Abbildungen

»Richtig reisen«: Großbritannien
England, Wales, Schottland
Von Rolf Breitenstein. 284 Seiten mit 58 farbigen und 140 einfarbigen Abbildungen

»Richtig reisen«: Hawaii
Von Kurt Jochen Ohlhoff. Etwa 330 Seiten mit etwa 54 farbigen und etwa 110 einfarbigen Abbildungen (Erscheint Herbst '83)

»Richtig reisen«: Hongkong
Mit Macau und Kanton
Von Uli Franz. 360 Seiten mit 52 farbigen und 158 einfarbigen Abbildungen

»Richtig reisen«: Ibiza/Formentera
Von Ursula von Kardorff und Helga Sittl. 248 Seiten mit 52 farbigen und 153 einfarbigen Abbildungen

»Richtig reisen«: Istanbul
Von Klaus und Lissi Barisch. 257 Seiten mit 28 farbigen und 173 einfarbigen Abbildungen

»Richtig reisen«: Kairo
Von Peter Wald. 336 Seiten mit 90 farbigen und 166 einfarbigen Abbildungen

»Richtig reisen«: Kalifornien
Von Horst Schmidt-Brümmer und Gudrun Wasmuth. 408 Seiten mit 59 farbigen und 295 einfarbigen Abbildungen

»Richtig reisen«: Kanada und Alaska
Von Ferdi Wenger. 325 Seiten mit 39 farbigen und 118 einfarbigen Abbildungen

»Richtig reisen«: Kopenhagen
Von Karl-Richard Könnecke. 200 Seiten mit 32 farbigen und 118 einfarbigen Abbildungen

»Richtig reisen«: Kreta
Von Horst Schwartz. 240 Seiten mit 48 farbigen und 106 einfarbigen Abbildungen

»Richtig reisen«: London
Von Klaus Barisch und Peter Sahla. 251 Seiten mit 18 farbigen und 189 einfarbigen Abbildungen

»Richtig reisen«: Los Angeles
Hollywood, Venice, Santa Monica
Von Priscilla und Matthew Breindel. 344 Seiten mit 75 farbigen und 256 einfarbigen Abbildungen

»Richtig reisen«: Malediven
Reise-Handbuch
Von Norbert Schmidt. 207 Seiten mit 43 farbigen und 64 einfarbigen Abbildungen

»Richtig reisen«: Marokko
Reise-Handbuch
Von Michael Köhler. 387 Seiten mit 38 farbigen und 170 einfarbigen Abbildungen

»Richtig reisen«: Mexiko und Zentralamerika
Von Thomas Binder. 330 Seiten mit 32 farbigen und 119 einfarbigen Abbildungen

»Richtig reisen«: Moskau
Von Wolfgang Kuballa. 268 Seiten mit 36 farbigen und 157 einfarbigen Abbildungen

»Richtig reisen«: München
Von Hannelore Schütz-Doinet und Brigitte Zander. 365 Seiten mit 63 farbigen und 272 einfarbigen Abbildungen

»Richtig reisen«: Nepal
Kathmandu: Tor zum Nepal-Trekking
Von Dieter Bedenig. 288 Seiten mit 37 farbigen und 97 einfarbigen Abbildungen

»Richtig reisen:« Neu-England
Boston und die Staaten Connecticut, Massachusetts, Rhode Island, Vermont, New Hampshire, Maine. Von Christine Metzger. Etwa 330 Seiten mit 50 farbigen und etwa 100 einfarbigen Abbildungen (Erscheint Herbst '83)

»Richtig reisen«: New Mexico
Santa Fe – Rio Grande – Taos
Von Gudrun Wasmuth u. a. 320 Seiten mit 65 farbigen und 200 einfarbigen Abbildungen

»Richtig reisen«: New Orleans
und die Südstaaten
Louisiana, Mississippi, Alabama, Tennessee, Georgia
Von Hanne Zens, Horst Schmidt-Brümmer und Gudrun Wasmuth. 407 Seiten mit 66 farbigen und 241 einfarbigen Abbildungen

»Richtig reisen«: New York
Von Gabriele von Arnim und Bruni Mayor. 312 Seiten mit 61 farbigen und 178 einfarbigen Abbildungen

»Richtig reisen«: Nord-Indien
Von Henriette Rouillard. 332 Seiten mit 36 farbigen und 121 einfarbigen Abbildungen

Richtig reisen:« Norwegen
Von Reinhold Dey. 392 Seiten mit 65 farbigen und 170 einfarbigen Abbildungen

»Richtig reisen«: Paris
Von Ursula von Kardorff und Helga Sittl. 277 Seiten mit 34 farbigen und 178 einfarbigen Abbildungen

»Richtig reisen«: Peking und Shanghai
Von Uli Franz. 334 Seiten mit 46 farbigen und 138 einfarbigen Abbildungen

»Richtig reisen«: Rom
Von Birgit Kraatz. 360 Seiten mit 70 farbigen und 296 einfarbigen Abbildungen

»Richtig reisen«: San Francisco
Von Hartmut Gerdes. 248 Seiten mit 33 farbigen und 155 einfarbigen Abbildungen

»Richtig reisen«: Die Schweiz und ihre Städte
Von Antje Ziehr. 317 Seiten mit 50 farbigen und 219 einfarbigen Abbildungen

»Richtig reisen«: Südamerika 1
Kolumbien, Ekuador, Peru, Bolivien
Von Thomas Binder. 252 Seiten mit 35 farbigen und 121 einfarbigen Abbildungen

»Richtig reisen«: Südamerika 2
Argentinien, Chile, Uruguay, Paraguay
Von Thomas Binder. 330 Seiten mit 37 farbigen und 110 einfarbigen Abbildungen

»Richtig reisen«: Südamerika 3
Brasilien, Venezuela, die Guayanas
Von Thomas Binder. 332 Seiten mit 39 farbigen und 117 einfarbigen Abbildungen

»Richtig reisen«: Süd-Indien
Von Henriette Rouillard. 352 Seiten mit 43 farbigen und 110 einfarbigen Abbildungen

»Richtig reisen«: Tokio
Von Frank und Ceci Whitford. 270 Seiten mit 49 farbigen und 120 einfarbigen Abbildungen

»Richtig reisen«: Tunesien
Reise-Handbuch
Von Michael Köhler. Etwa 350 Seiten mit etwa 40 farbigen und etwa 160 einfarbigen Abbildungen (Erscheint Herbst '83)

»Richtig reisen«: Venedig
Von Eva Bakos. 312 Seiten mit 46 farbigen und 221 einfarbigen Abbildungen

»Richtig reisen«: Wien
Wachau, Wienerwald, Burgenland
Von Wolfgang Kuballa und Arno Mayer. 320 Seiten mit 66 farbigen und 172 einfarbigen Abbildungen